GIDS
MICHELIN

NEDERLAND

MICHELIN

INHOUD

Introductie

Raadpleeg de Michelingids op
www.Viamichelin.com
en schrijf ons naar:
guidemichelingids@michelin.com

BESTE LEZER,

Met veel plezier presenteren wij de MICHELIN gids Nederland editie 2019.De lat wordt in deze nieuwe gids nog wat hoger gelegd om de beste restaurants, hotels en bed and breakfasts voor u te kunnen selecteren.

● De inspecteurs doorkruisten Nederland traditiegetrouw heel het jaar door om de fijnste restaurants te vinden, de comfortabelste hotels en de charmantste bed and breakfasts. En dat in uiteenlopende standing- en prijsklassen. Kwaliteit is de rode draad van deze selectie. In elk van de geselecteerde bedrijven beleeft u een ervaring.

● U eet uitstekend in alle restaurants die we aanraden. Onze sterren ✿ –één, twee of drie– bekronen de meest uitzonderlijke bedrijven, ongeacht het type keuken: van lekker traditioneel tot verrassend creatief ... De uitmuntendheid van de producten, de vakkennis van de chef, de originaliteit van de gerechten, de kwaliteit van de presentatie, tijdens de maaltijd en door de seizoenen heen: dat is wat altijd en bij iedere keukenstijl de lekkerste borden definieert ... en dus ook het plezier van de lekkerbekken!

● En omdat men ook moet kunnen genieten zonder al te veel aan zijn portemonnee te denken, is er de bekende Bib Gourmand ☺: de trouwe gezel aan tafels die met vrienden of familie gedeeld worden, het unieke keurmerk van lekkere adresjes met een uitstekende prijs-kwaliteitverhouding.

● Ons engagement is aandacht hebben voor de eisen en de verwachtingen van onze lezers, zowel op het gebied van kwaliteit als budget. We hechten dan ook veel belang aan uw mening over de adressen die in onze selectie staan, zodat we die voortdurend kunnen verrijken. En omdat we u steeds beter willen begeleiden op uw reizen.

Herberg De Loohoeve

Talentvolle chefs bevestigen vakmanschap

● *Nederland krijgt er in deze editie twee nieuwe restaurants bij met twee sterren. Syrco Bakker en Sergio Herman van* **Pure C** *in Cadzand en Nico Boreas van* **Sabero** *in Roermond maken hun naam opnieuw waar met deze nieuwe onderscheiding. Talent komt altijd bovendrijven, deze topchefs zijn er het mooiste bewijs van.*

● *Dat geldt ook voor verschillende restaurants die hun eerste ster krijgen. Zo maken Menno Post van* **Olivijn** *in Haarlem, Wim Severein van* **The Millèn** *in Rotterdam en Richard van Oostenbrugge en Thomas Groot van* **Restaurant 212** *in Amsterdam de hoge verwachtingen waar. Deze talentvolle chefs onderscheiden zich door hun creativiteit en de culinaire ervaring die zij elke dag weten te bieden.*

● *Een voornamelijk jonge groep jonge chefs wordt voor het eerst onderscheiden met de o zo begeerde Michelin ster. Jermain de Rozario van* **De Rozario** *in Helmond voor zijn Indonesische smaken, de intense moderne keuken van Paul Kappé van* **Monarh** *in Tilburg, Jeroen*

Brouwer van **De Loohoeve** in Schoonloo en Thomas van Santvoort van **Flicka** in Kerkdriel. Intensiteit typeert ook de inventiviteit van Jim en Mike Cornelissen van **Rijnzicht** in Doornenburg en de finesse van de keuken van **OONIVOO** in Uden. Om te genieten van heerlijk eten en luxe zijn restaurants **Bougainville** in Amsterdam en **Voltaire** in Leersum absolute toppers. Danny Tsang van **O&O** in Sint Willebrord toont met zijn creatieve Aziatische bereidingen dat continuïteit ook z'n vruchten afwerpt.

Jonge garde sommeliers staat op

• Monica, de dochter van chef Tsang, is een van de gezichten van een jonge garde sommeliers die met veel passie wijnassociaties creëren. Hun inbreng versterkt de ervaring die al de restaurants in deze gids bieden. De internationale en originele invulling die Nederlandse chefs aan de moderne keuken geven, wordt steeds vaker versterkt door de heerlijke wijn.

• De provincie Noord-Holland is dus opnieuw zeer goed vertegenwoordigd in deze nieuwe editie. De meeste nieuwe inschrijvingen neemt Amsterdam voor zijn rekening. Ook Haarlem verdient een vermelding met vijf nieuwe bedrijven in de gids. Negentien restaurants worden voor het eerst onderscheiden met een Bib Gourmand, waarvan er zes uit Noord-Holland komen.

2019...
HET PALMARES!

STERREN...

Cadzand	**Pure C**
Roermond	**Sabero**

Amsterdam	**Bougainville**
Amsterdam	**Restaurant 212**
Doornenburg	**Rijnzicht**
Haarlem	**Olivijn**
Helmond	**Derozario**
Kerkdriel	**Flicka**
Leersum	**Voltaire**
Rotterdam	**The Millèn**
Schoonloo	**De Loohoeve**
Sint Willebrord	**O&O**
Tilburg	**Monarh**
Uden	**OONIVOO**

Herberg De Loohoeve

... & BIB GOURMAND

De sterrenrestaurants 2019
Starred establishments

De kleur geeft het etablissement met de meeste sterren aan in de betreffende plaats.

The colour corresponds to the establishment with the most stars in this location.

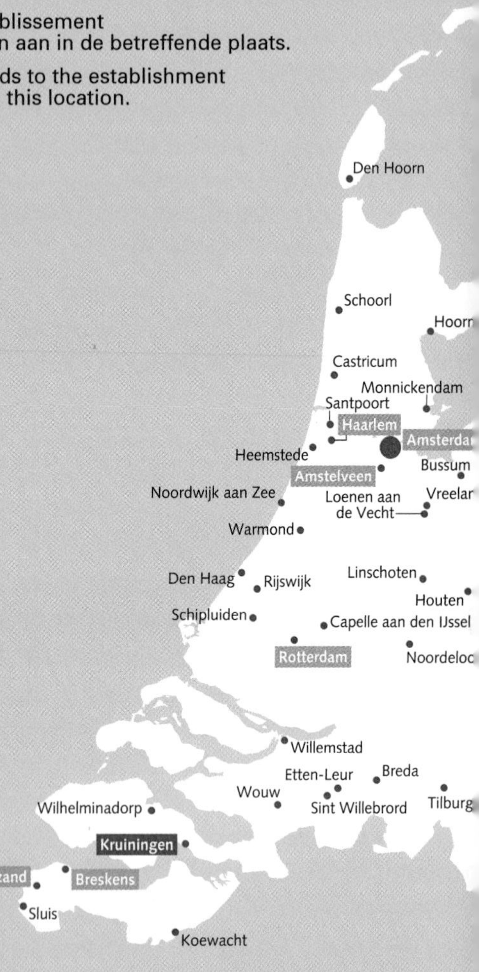

Zwolle	❀❀❀	Plaats met minstens één restaurant met 3 sterren This location has at least one 3 stars restaurant
Maastricht	❀❀	Plaats met minstens één restaurant met 2 sterren This location has at least one 2 stars restaurant
Breda	❀	Plaats met minstens één restaurant met 1 ster This location has at least one 1 star restaurant

De Bib Gourmand-etablissementen 2019

The 2019 Bib Gourmand

Den Burg
Den Helder
Werverhoof
Bergen
Oudendij
Castricum
Amsterdam   Alme
Heemstede   Muiden
Lisserbroek   Amstelveen   Bussum
Noordwijk aan Zee   Hilversum
Kaag   Maartensdijk
Noorden
Voorschoten   Bilthoven
Leidschendam   Linschoten
Den Haag   Utrecht
Nootdorp   Gouda
Delft   Montfoort
Rotterdam   Streefkerk   Noordelo
Papendrecht
Middelharnis   Sleeuwijk
Veere   Breda
Steenbergen   Hoeven   Tilburg
Etten-Leur
Bergen op Zoom
Ossendrecht
Lamswaarde

Plaatsen met minstens één Bib Gourmand-etablissement.
Places with at least one Bib Gourmand establishment.

Groningen

Weidum

Beetsterzwaag

Sneek

Assen

Steenwijk

Meppel

Dalfsen

Hellendoorn

Almelo Tubbergen

Lattrop

Zenderen

Harderwijk

Holten

Borne

Deventer

Apeldoorn

Amersfoort

Brummen

Ede Otterlo

Velp

Ruurlo

Rhenen

Renkum

Doetinchem

oelen

Druten Andelst

Wamel Nijmegen Berg en Dal

Ravenstein

Malden

's-Hertogenbosch

Sint-Oedenrode

Eindhoven

Venlo

Eersel

Nederweert

Weert

Stevensweert

Echt

Sittard

Elsloo

Beek

Heerlen

Maastricht

Simpelveld

Vijlen

DE PRINCIPES VAN DE MICHELIN GIDS

ERVARING TEN DIENSTE VAN KWALITEIT!

Of ze nu in Japan, de Verenigde Staten, China of Europa zijn, de inspecteurs van de MICHELIN gids hanteren steeds dezelfde criteria om de kwaliteit van een maaltijd of een hotel te beoordelen, en volgen altijd dezelfde regels bij hun bezoeken. De Gids dankt zijn wereldfaam aan de constante kwaliteit waartoe MICHELIN zich ten opzichte van zijn lezers heeft verbonden. Dit engagement leggen wij vast in de volgende principes :

Anonieme inspectie

De eerste gouden regel: onze inspecteurs testen anoniem en regelmatig de restaurants en de hotels uit de selectie om zo goed mogelijk de kwaliteit in te schatten die de klant mag verwachten. De inspecteurs betalen dus altijd hun rekening. Daarna kunnen ze zich voor-stellen om nadere inlichtingen over het bedrijf in te winnen. Brieven en e-mails van lezers zijn voor ons ook een belangrijke bron van informatie.

Onafhankelijkheid

Om objectief te blijven – in het belang van de lezer – gebeurt de selectie van de hotels en restaurants in alle onafhankelijkheid en is een vermelding in de Gids volledig gratis. Alle beslissingen worden besproken door de inspecteurs en de hoofdinspecteur. Voor het toekennen van de hoogste onderscheidingen wordt op Europees niveau overlegd.

Onze sterren – een ✿, twee ✿✿ of drie ✿✿✿ – bekronen de meest uitzonderlijke restaurants, ongeacht de kookstijl. De uitmuntendheid van de producten, het beheersen van gaartijden en smaken, de persoonlijkheid van de keuken, de constantheid van de prestaties en de prijs-kwaliteitverhouding: dat is wat de mooiste tafels kenmerkt.

Selectie

De Gids is zoveel meer dan een adresboek. Hij biedt een selectie van de beste hotels en restaurants in elke prijsklasse en in elke kwaliteitscategorie, gemaakt op basis van een methode die door alle inspecteurs even nauwkeurig wordt toegepast, ongeacht in welk land ze ook werken.

✿✿✿ DRIE MICHELIN STERREN

Unieke keuken. De reis waard!

De signatuur van een heel grote chef! Uitzonderlijke producten, pure en krachtige smaken, evenwichtige creaties. Hier wordt koken tot kunst verheven. Perfecte gerechten die vaak uitgroeien tot klassiekers.

✿✿ TWEE MICHELIN STERREN

Uitzonderlijke keuken. Een omweg waard!

De beste producten schitteren door het savoir-faire en de inspiratie van een chef boordevol talent. Samen met zijn keukenteam creëert hij zowel subtiele als rake smaken die origineel uit de hoek kunnen komen.

✿ ÉÉN MICHELIN STER

Verfijnde keuken. Zeker een bezoek waard!

Topproducten die met finesse bewerkt worden, uitgesproken smaken, gerechten die op een gelijkwaardig hoog niveau bereid worden.

BIB GOURMAND

Onze beste prijs-kwaliteitverhoudingen.

Smullen voor maximaal 37€. Uitstekende producten die tot hun recht komen in gerechten voor een heel aantrekkelijke prijs.

HET MICHELIN BORDJE:

Kwaliteitsvolle keuken.

Bereidingen met kwaliteitsproducten, een vakkundige chef. Gewoonweg lekker eten!

Jaarlijkse update

Ieder jaar worden alle praktische inlichtingen, classificaties en onderscheidingen herzien en eventueel aangepast om zo de meest betrouwbare en actuele informatie te kunnen bieden.

Eén selectieprocedure

De beoordelingscriteria zijn volledig gelijk voor alle landen waar de MICHELIN gids actief is. Iedere cultuur heeft zijn keuken, maar kwaliteit blijft ons universele streven.

"Bijdragen tot een betere mobiliteit" luidt dan ook de missie van Michelin.

GEBRUIKSAANWIJZING

HOE DEZE GIDS TE GEBRUIKEN

Restaurants

De restaurants zijn gerangschikt volgens de kwaliteit van hun keuken:

Sterren

❀❀❀ Unieke keuken. De reis waard!

❀❀ Uitzonderlijke keuken. Een omweg waard!

❀ Verfijnde keuken. Zeker een bezoek waard!

Bib Gourmand

☺ Onze beste prijs-kwaliteitverhoudingen

Bordje

🍽 Kwaliteitsvolle keuken.

In de verschillende kwaliteitscategorieën zijn de restaurants gerangschikt volgens hun standing van ⵝⵝⵝⵝⵝ tot ⵝ.

In het rood: Charme, karakter en een warm hart: dit zijn de mooiste adressen die wij u kunnen aanbevelen.

Hotels

Comfortcategorie: de hotels zijn gerangschikt volgens hun comfort van 🏨🏨🏨🏨 tot 🏠.

🏠 Gastenkamers.

In het rood: Charme, karakter en een warm hart: dit zijn de mooiste adressen die wij u kunnen aanbevelen.

Lokaliseren van het bedrijf

Verwijzing naar de plattegrond, met coördinaten bij het adres.

ASSEN
Drenthe – Atlas n° **1** A2

❀ **Auberge van Jasmin**

LUXUS • KLASSISCH ⵝⵝ Twee
restaurant, een in de zaal en ee
Wereldwijnen en grote bordea
→ Eendenleverterrine met bo
Crème brûlée met jasminthee
Modern table owned in tande
kitchen). Fancy setting, comfo
wines.
Lunch 38 € – Menu 45/63
Plattegrond: BX-c - *Pr Bernha*
– www.vanjasmin.com – geslo

☺ **Tulip Garden**

LUXUS • KLASSISCH ⵝⵝ Dit in
register. De eigentijdse kaart
doet immers eten !
This intimate, small and stylish
menu is regularly recompose
Lunch 21 € 🍷 – Menu 33 €
Plattegrond: BZ-d - *Oranjestra*
– www.tulipgarden.com - ges

🍽 **Da Nello**

LUXUS • KLASSISCH ⵝⵝ Dit in
register. De eigentijdse kaart
doet immers eten !
This intimate, small and stylish
menu is regularly recompose
Lunch 17 € 🍷 – Menu 33/6
Oranjestraat– ⵉ 5721 GC – ⏱ (
laatste 2 weken juli en di avond

🏨 **Museumhotel**

LUXUS • KLASSISCH Dit impos
de smaak vallen bij de liefheb
Jugendstil lovers (Germanic t
mansion built in the beginning
24 ch ⵉ – ⏱ 48 € 👫 65/85
Plattegrond: AU-b - *Balkenwe*
– www.museumhotel.com – ge

Kernwoorden

Twee kernwoorden geven een omschrijving van de keuken (voor de restaurants) en decor of sfeer van het bedrijf.

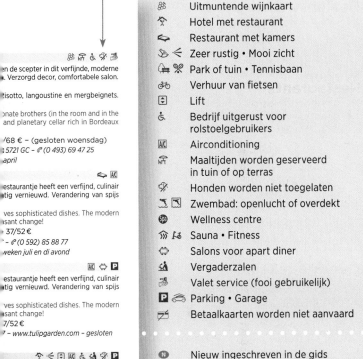

ℬ 🏡 🕭 ℅ 🎾 🚲

en de scepter in dit verfijnde, moderne
a. Verzorgd decor, comfortabele salon.

isotto, langoustine en mergbeignets.

nate brothers (in the room and in the
and planetary cellar rich in Bordeaux

/68 € – (gesloten woensdag)
5721 GC – ℰ (0 493) 69 47 25
april

⇦ 🆊

estaurantje heeft een verfijnd, culinair
tig vernieuwd. Verandering van spijs

ves sophisticated dishes. The modern
asant change!
37/52 €
' – ℰ (0 592) 85 88 77
weken juli en di avond

🆊 ⇔ 🅿

estaurantje heeft een verfijnd, culinair
tig vernieuwd. Verandering van spijs

ves sophisticated dishes. The modern
asant change!
7/52 €
' – www.tulipgarden.com – gesloten

🏡 ℅ 🔼 🆊 🕭 ⚒ ⚗ 🅿

het begin van de 20e eeuw zal zeker in
stil. Kamers met stijlmeubilair.

w Art) will be keen on this imposing
ylish furniture in the bedrooms.

CC – ℰ (0 592) 85 96 75
juli-16 augustus en zondag

Voorzieningen & diensten

ℬ	Uitmuntende wijnkaart
🏡	Hotel met restaurant
⇦	Restaurant met kamers
🕭 ≺	Zeer rustig • Mooi zicht
🌳 🎾	Park of tuin • Tennisbaan
🚲	Verhuur van fietsen
🔼	Lift
🕭	Bedrijf uitgerust voor rolstoelgebruikers
🆊	Airconditioning
🍽	Maaltijden worden geserveerd in tuin of op terras
⚗	Honden worden niet toegelaten
🏊 🏊	Zwembad: openlucht of overdekt
💧	Wellness centre
🧖 🏋	Sauna • Fitness
⇔	Salons voor apart diner
⚒	Vergaderzalen
🎩	Valet service (fooi gebruikelijk)
🅿 🚗	Parking • Garage
🚫	Betaalkaarten worden niet aanvaard
🆚	Nieuw ingeschreven in de gids

Prijs

Restaurants

Lunch 18 €	Menu alleen 's middags geserveerd op werkdagen
Menu 35/60 €	Prijs Min/Max van de menu's
Carte 20/35 €	Maaltijd a la carte (prijs Min/Max), zonder drank
🍷	Drank inbegrepen

Hotels

🛏🕴 85/110 €	Prijs Min / Max voor
🛏🕴🕴 120/150	1 kamer 1 en 2 pers, ontbijt inbegrepen
🛏 10 €	Prijs van het ontbijt
½ P	Hotel biedt half pension aan.

17

LEGENDA VAN DE PLATTEGRONDEN

Bezienswaardigheden

● Hotels
● Restaurants

Interessant gebouw

Interessant kerkelijk gebouw

Wegen

Autosnelweg, weg met gescheiden rijbanen.

Genummerde knooppunten/aansluitingen: volledig, gedeeltelijk

Hoofdverkeersweg

Onbegaanbare straat of beperkt toegankelijk

Voetgangersgebied

Parkeerplaats

Tunnel

Station en spoorweg

Kabelspoor

Kabelbaan

Overige tekens

Informatie voor toeristen

Kerkelijk gebouw

Toren • Ruïne • Windmolen

Tuin, park, bos • Begraafplaats

Stadion • Golfterrein • Renbaan

Zwembad: openlucht, overdekt

Uitzicht • Panorama

Gedenkteken, standbeeld • Fontein

Jachthaven

Vuurtoren

Luchthaven

Metrostation

Busstation

Tramlijn

Vervoer per boot:
passagiers en auto's/uitsluitend passagiers

Hoofdkantoor voor poste-restante

Stadhuis • Universiteit, hogeschool

CONTENTS

Introduction

Herberg De Loohoeve

DEAR READER

We have great pleasure in introducing the 2019 edition of the Nederland MICHELIN Guide. In this new guide we have raised the bar even higher in order to select the very best restaurants, hotels and bed and breakfasts for our readers.

● As usual, the inspectors spent the year travelling the length and breadth of Nederland in their search for the best restaurants, the most comfortable hotels and the most charming B&Bs, all to suit different tastes and budgets. Quality is the hallmark of the properties selected, all of which offer their guests a very special experience.

● All of our recommended restaurants are chosen for their excellent food. Our ❀ stars – one, two or three – are awarded to the most outstanding restaurants, regardless of the type of cuisine they serve, which ranges from traditional to astonishingly creative. The excellence of the ingredients, the expertise of the chef, the originality of the dishes and the quality of the presentation, during the meal and throughout the seasons, are all qualities which characterise the finest dishes, irrespective of the type of cuisine on offer, ensuring that food-lovers continue to enjoy the best culinary experience possible!

● And because it's important to be able to enjoy your food without having to think too much about your wallet, there's also the famous Bib Gourmand ☺: the perfect guide for more relaxed dining with friends and family. This unique label highlights the best addresses offering excellent value for money.

● We are committed to paying attention to the expectations and demands of our readers, both in terms of quality and budget. Consequently, we attach a great deal of importance to your opinion of the addresses included in our guides. Your feedback allows us to improve our choices, ensuring that our guides continue to act as the perfect companion on your travels.

Rens Janssens/Auberge de Veste

Talented chefs show off their skills

● *In this current edition, the Netherlands welcome two new 2-star restaurants. Top chefs Syrco Bakker and Sergio Herman of* **Pure C** *in Cadzand and Nico Boreas of* **Sabero** *in Roermond consolidate their reputations with this new award, proving that real talent always shines through.*

● *The same is true for a number of restaurants which have been awarded their first star this year. For example, Menno Post at* **Olivijn** *in Haarlem, Wim Severein at* **The Millèn** *in Rotterdam and Richard van Oostenbrugge and Thomas Groot at* **Restaurant 212** *in Amsterdam have all lived up to the inspectors' high expectations. These talented chefs demonstrate real creativity, offering their guests a culinary experience which makes them truly stand out from the crowd.*

● *A group of mostly young chefs will be receiving the much-desired Michelin star for the very first time, including Jermain de Rozario for his Indonesian flavours at* **De Rozario** *in Helmond, and Paul Kappé at* **Monarh** *in Tilburg, Jeroen Brouwer at De Loohoeve in Schoonloo and Thomas van Santvoort at* **Flicka** *in Kerkdriel for their intense and fragrant modern cuisine. Intensity is also*

what distinguishes Jim and Mike Cornelissen's cooking at **Rijnzicht** in Doornenburg, while the finesse of the cuisine stands out at **OONIVOO** in Uden. When it comes to enjoying delicious food in luxurious surroundings, **Bougainville** in Amsterdam and **Voltaire** in Leersum are simply the best, while the inventive Asian dishes prepared by Danny Tsang at **O&O** in Sint Willebrord prove that continuity really does bear fruit.

A new young guard of sommeliers

● *Monica, daughter of chef Tsang, is one of the faces of a young guard of sommeliers who are full of passion when it comes to compiling a wine menu. Their input enhances the experience offered by all the restaurants in this guide, with superb wines increasingly complimenting the international and original twist that Dutch chefs bring to modern cuisine.*

● *The province of North Holland is once again well represented in this new edition. Most of the new entries are situated in Amsterdam, whilst Haarlem also deserves a mention, having five new properties in this latest guide. Meanwhile, nineteen restaurants have been awarded Bib Gourmand status for the first time, six of which are located in North Holland.*

Robby Harts fotografie/Restaurant Diverso

THE MICHELIN GUIDE'S COMMITMENTS

EXPERIENCED IN QUALITY!

Whether they are in Japan, the USA, China or Europe, our inspectors apply the same criteria to judge the quality of each and every hotel and restaurant that they visit. The Michelin guide commands a worldwide reputation thanks to the commitments we make to our readers – and we reiterate these below:

Anonymous inspections

Our inspectors make regular and anonymous visits to hotels and restaurants to gauge the quality of products and services offered to an ordinary customer. They settle their own bill and may then introduce themselves and ask for more information about the establishment. Our readers' comments are also a valuable source of information, which we can follow up with a visit of our own.

Independence

To remain totally objective for our readers, the selection is made with complete independence. Entry into the guide is free. All decisions are discussed with the Editor and our highest awards are considered at a European level.

Our famous one ❀, two ❀❀ and three ❀❀❀ stars identify establishments serving the highest quality cuisine – taking into account the quality of ingredients, the mastery of techniques and flavours, the levels of creativity and, of course, consistency.

Selection and choice

The guide offers a selection of the best hotels and restaurants in every category of comfort and price. This is only possible because all the inspectors rigorously apply the same methods.

✿✿✿ THREE MICHELIN STARS
Exceptional cuisine, worth a special journey!
Our highest award is given for the superlative cooking of chefs at the peak of their profession. The ingredients are exemplary, the cooking is elevated to an art form and their dishes are often destined to become classics.

✿✿ TWO MICHELIN STARS
Excellent cooking, worth a detour!
The personality and talent of the chef and their team is evident in the expertly crafted dishes, which are refined, inspired and sometimes original.

✿ ONE MICHELIN STAR
High quality cooking, worth a stop!
Using top quality ingredients, dishes with distinct flavours are carefully prepared to a consistently high standard.

☺ BIB GOURMAND
Good quality, good value cooking.
'Bibs' are awarded for simple yet skilful cooking for under £28 or €40.

⭐○ THE MICHELIN PLATE
Good cooking
Fresh ingredients, carefully prepared: simply a good meal.

Annual updates
All the practical information, classifications and awards are revised and updated every year to give the most reliable information possible.

Consistency
The criteria for the classifications are the same in every country covered by the MICHELIN guide.

The sole intention of Michelin is to make your travels safe and enjoyable.

SEEK AND SELECT...

HOW TO USE THIS GUIDE

ASSEN
Drenthe – Atlas n° 1 A2

Auberge van Jasmin
LUXUS • KLASSISCH XXX Twee
restaurant, een in de zaal en ee
Wereldwijnen en grote bordea
→ Eendenleverterrine met bo
Crème brûlée met jasminthee
Modern table owned in tander
kitchen). Fancy setting, comfo
wines.
Lunch 38 € – Menu 45/63
Plattegrond: BX-c - Pr Bernha
– www.vanjasmin.com – geslot

Tulip Garden
LUXUS • KLASSISCH XX Dit in
register. De eigentijdse kaart
doet immers eten !
This intimate, small and stylish
menu is regularly recomposed
Lunch 21 € – Menu 33 €/
Plattegrond: BZ-d - Oranjestra
– www.tulipgarden.com – ges

Da Nello
LUXUS • KLASSISCH XX Dit in
register. De eigentijdse kaart
doet immers eten !
This intimate, small and stylish
menu is regularly recomposed
Lunch 17 € – Menu 33/60
Oranjestraat – ✉ 5721 GC –
laatste 2 weken juli en di avond

Museumhotel
LUXUS • KLASSISCH Dit impos
de smaak vallen bij de liefhebb
Jugendstil lovers (Germanic t
mansion built in the beginning
24 ch – 48 € 65/85
Plattegrond: AU-b - Balkenwe
– www.museumhotel.com – ge

Restaurants

Restaurants are classified by the quality of their cuisine:

Stars

✿✿✿ Exceptional cuisine, worth a special journey!

✿✿ Excellent cooking, worth a detour!

✿ High quality cooking, worth a stop!

Bib Gourmand

Good quality, good value cooking. Menu for less than 32 €, 36 € in Paris

The Assiette

Good cooking.

Within each cuisine category, restaurantsare listed by comfort, from XXXXX to X.

Red: Our most delightful places.

Hotels

Hotels are classified by categories of comfort, from 🏨🏨🏨🏨🏨 to 🏨.

Red: Our most delightful places.

Other accommodation (guesthouses, farmhouses and private homes).

Locating the establishment

Location and coordinates on the town plan, with main sights.

Key words

Each entry now comes with two keywords, making it quick and easy to identify the type of establishment and/or the food that it serves.

🍇 ⛱ ♿ 🚫🐕 🚗
en de scepter in dit verfijnde, moderne
ı. Verzorgd decor, comfortabele salon.

Risotto, langoustine en mergbeignets.

onate brothers (in the room and in the
and planetary cellar rich in Bordeaux

/68 € – (gesloten woensdag)
✉ 5721 GC – ☎ (0 493) 69 47 25
april

🛏 [A/C]
restaurantje heeft een verfijnd, culinair
atig vernieuwd. Verandering van spijs

rves sophisticated dishes. The modern
asant change!
37/52 €
– ☎ (0 592) 85 88 77
weken juli en di avond

[A/C] ⊕ [P]
restaurantje heeft een verfijnd, culinair
atig vernieuwd. Verandering van spijs

rves sophisticated dishes. The modern
asant change!
7/52 €
7 – www.tulipgarden.com – gesloten

🏨 ≤ ⇳ [A/C] ♿ 👥 🚫🐕 [P]
het begin van de 20e eeuw zal zeker in
ıstil. Kamers met stijlmeubilair.
ew Art) will be keen on this imposing
tylish furniture in the bedrooms.

5 CC – ☎ (0 592) 85 96 75
4 juli-16 augustus en zondag

Facilities & services

- 🍇 Particularly interesting wine list
- 🏨 Hotel with a restaurant
- 🛏 Restaurant with bedrooms
- 🕊 Peaceful establishment
- ≤ Great view
- 🌳 🎾 Garden or park • Tennis court
- 🚲 Cycle hire
- ⇳ Lift (elevator)
- ♿ Wheelchair access
- [A/C] Air conditioning
- ⛱ Outside dining available
- 🚫🐕 No dogs allowed
- 🏊 ⛶ Swimming pool: outdoor or indoor
- [Spa] Wellness centre
- ♨ 🏋 Sauna • Exercise room
- 👥 Conference room
- ⊕ Private dining room
- 🚗 Valet parking
- [P] 🚘 Car park • Garage
- 💳 Credit cards not accepted
- ✉ Postal code

- 🅽 New establishment in the guide

Prices

Restaurants

Lunch 18 €	Meal served at lunchtime on weekdays only
Menu 35/60 €	Fixed price menu. Lowest/highest price
Carte 20/35 €	À la carte menu. Lowest/highest price
🍷	Includes drinks (wine)

Hotels

☕🚹 85/110 € ☕🚹🚹 120/150 €	Lowest/highest price for single and double room, breakfast included
☕10 €	Breakfast price where not included in rate.
½ P	Establishment also offering half board

TOWN PLAN KEY

● Hotels
● Restaurants

Sights

Place of interest
Interesting place of worship

Road

Motorway, dual carriageway
Junction: complete, limited
Main traffic artery
Unsuitable for traffic; street subject to restrictions
Pedestrian street
Car park
Tunnel
Station and railway
Funicular
Cable car, cable way

Various signs

Tourist Information Centre
Place of worship
Tower or mast • Ruins • Windmill
Garden, park, wood • Cemetery
Stadium • Golf course • Racecourse
Outdoor or indoor swimming pool
View • Panorama
Monument • Fountain
Pleasure boat harbour
Lighthouse
Airport
Underground station
Coach station
Tramway
Ferry services:
passengers and cars, passengers only
Main post office with poste restante
Town Hall • University, College

Nederland op kaarten

Regional maps

Plaats met minstens...

- ● een hotel of restaurant
- ✿ een sterrenbedrijf
- ⊛ een Bib Gourmand
- ⌂ een aangenaam hotel

Place with at least...

- ● one hotel or a restaurant
- ✿ one starred restaurant
- ⊛ one Bib Gourmand restaurant
- ⌂ one particularly pleasant hotel or guesthouse

Nederland
The Netherlands

NOORDZEE

Noord-Holland ⑧

AMSTERDAM

Haarlem

Zuid-Holland ⑫

Den Haag

Utrecht

Utrec

Rotterdam

A 15

Dordrecht

Noord-Braban

⑦

Zeeland ⑪

Tilburg

Breda

A 57 — E 312 — A 58

Antwerpen

Brugge

BELGIQUE

BE

Gent

BRUXELLES
BRUSSEL

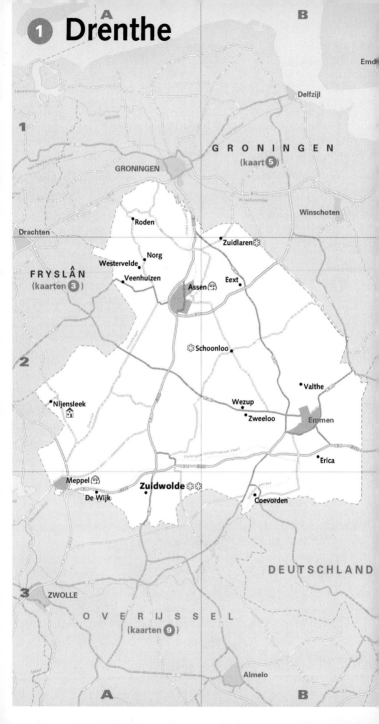

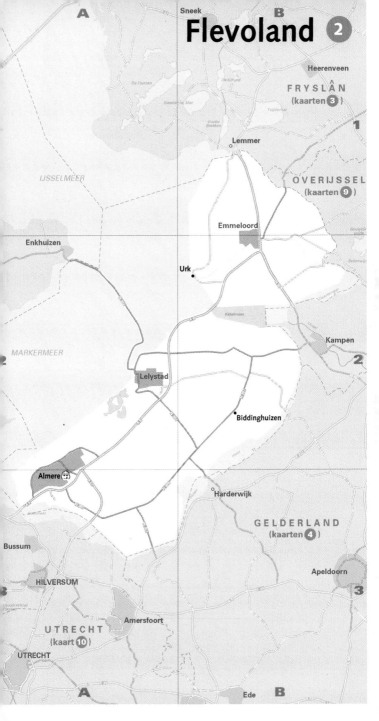

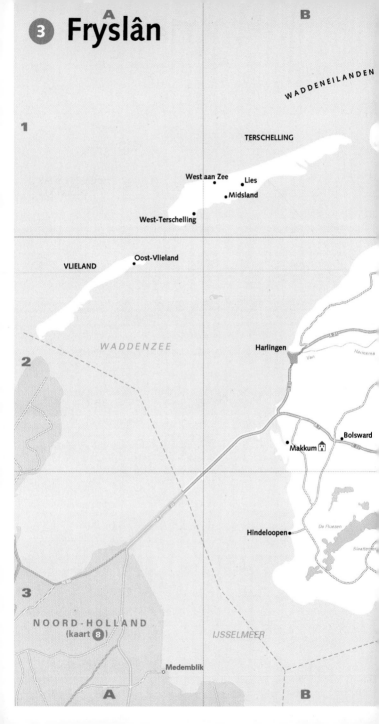

3 Fryslân

A **B**

1

WADDENEILANDEN

TERSCHELLING

West aan Zee • • Lies

• Midsland

West-Terschelling •

Oost-Vlieland •

VLIELAND

2

WADDENZEE

Harlingen •

Van

Harinxma

Bolsward •

Makkum •

Hindeloopen •

De Fluezen

Sleattemer

3

NOORD-HOLLAND
(kaart 8)

IJSSELMEER

Medemblik

A **B**

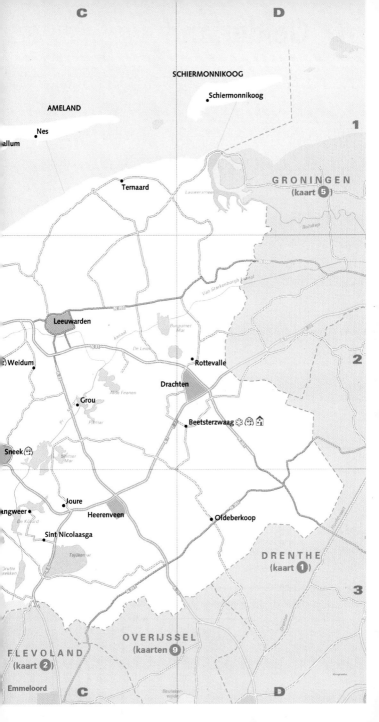

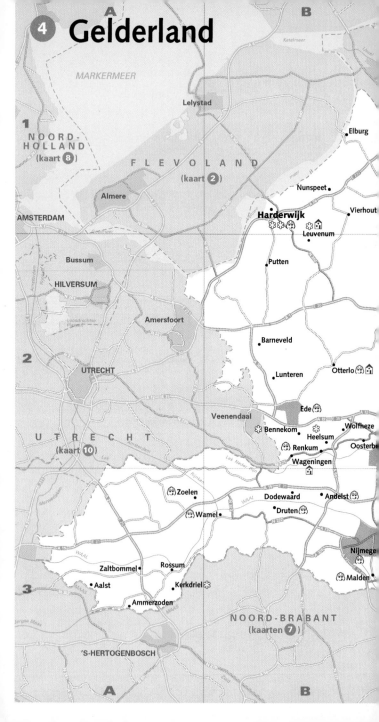

4 Gelderland

MARKERMEER

Ketelmeer

NOORD-HOLLAND (kaart 8)

FLEVOLAND (kaart 2)

Lelystad

Elburg

Nunspeet

Vierhout

Harderwijk

Leuvenum

Almere

AMSTERDAM

Putten

Bussum

HILVERSUM

Loosdrechtse Plassen

Amersfoort

Barneveld

Lunteren

Otterlo

Ede

Veenendaal

Bennekom

Heelsum

Wolfheze

Renkum

Oosterbe

Wageningen

UTRECHT (kaart 10)

Lek Neder-Rijn

UTRECHT

Merwede

Rijn

WAAL

Zoelen

Dodewaard

Andelst

Wamel

Druten

Zaltbommel

Rossum

Aalst

Kerkdriel

Nijmege

Malden

Ammerzoden

MAAS

NOORD-BRABANT (kaarten 7)

'S-HERTOGENBOSCH

A   B

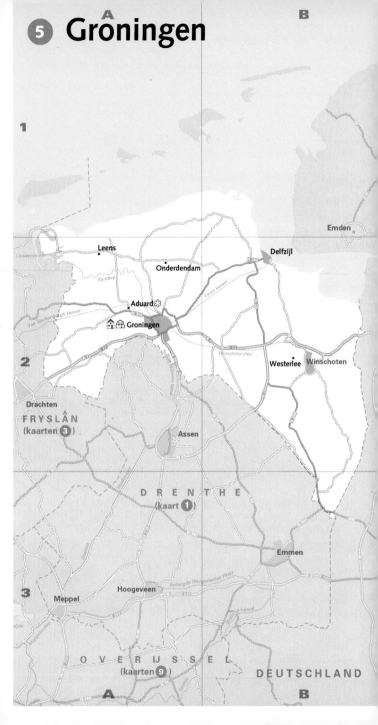

⑤ Groningen

A B

1

Emden

Leens Delfzijl
Lauwersmeer Onderdendam

Reitdiep Eems kanaal

Aduard
Van Starkenborgh kanaal 🏠 🏛 Groningen

2 Winschoterdiep
Westerlee Winschoten

Drachten
FRYSLÂN
(kaarten ③) Assen

D R E N T H E
(kaart ①)

Emmen

3 Hoogeveen
Meppel Verlengde Hoogeveensche Vaart

O V E R I J S S E L
(kaarten ⑨) DEUTSCHLAND

A B

Limburg 6

DEUTSCHLAND

NOORD-BRABANT
(kaarten 7)

Helmond

EINDHOVEN

Well ✿🏠
Wellerlooi

Venray •

MAAS

Venlo ✿ 👥
Baarlo •
Tegelen

Nederweert 👥

👥 Weert

BELGIQUE

Roermond ✿✿
Herkenbosch •

👥 Stevensweert
Maasbracht ✿

BELGIË

👥 Echt

DEUTSCHLAND

👥 Sittard
Doenrade •
Geleen
Schinnen • Brunssum •
👥 Elsloo • Beek 👥
Landgraaf
Heerlen 👥
Kerkrade
🏠 Houthem • Valkenburg
Ubachsberg ✿
🏠 👥 ✿✿ Maastricht
Gulpen • Wittem • Simpelveld 👥
Wahlwiller • Vijlen 👥
Eijsden • Slenaken 🏠 AACHEN
Epen • Vaals

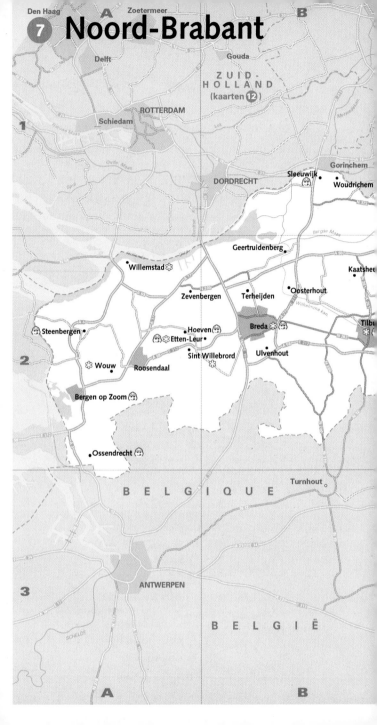

7 Noord-Brabant

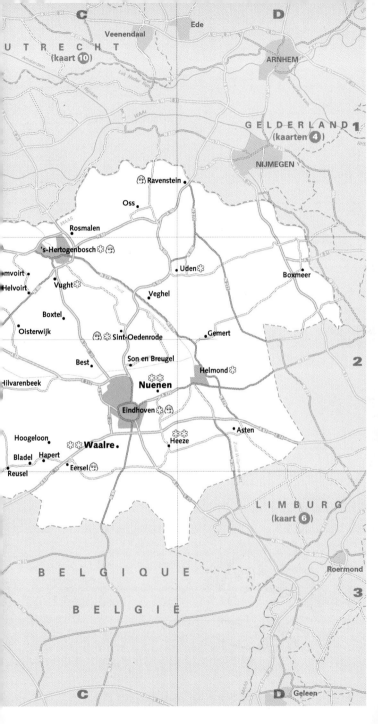

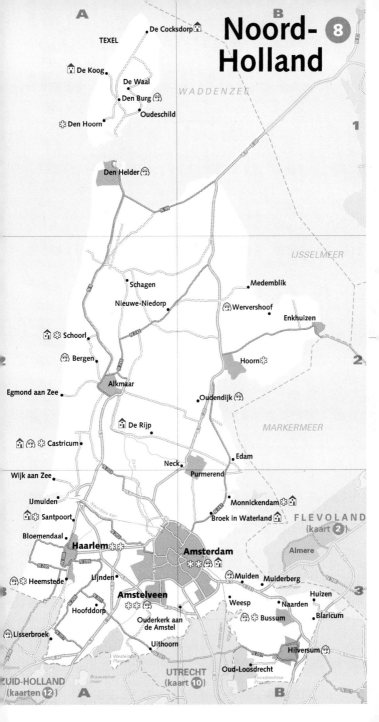

Noord-Holland

8

TEXEL

De Cocksdorp

De Koog

De Waal

Den Burg

Oudeschild

Den Hoorn

WADDENZEE

Den Helder

IJSSELMEER

Schagen

Nieuwe-Niedorp

Medemblik

Wervershoof

Enkhuizen

Schoorl

Bergen

Alkmaar

Hoorn

Egmond aan Zee

De Rijp

Oudendijk

MARKERMEER

Castricum

Neck

Edam

Wijk aan Zee

Purmerend

IJmuiden

Monnickendam

Santpoort

Broek in Waterland

FLEVOLAND
(kaart 2)

Bloemendaal

Haarlem

Amsterdam

Almere

Heemstede

Lijnden

Muiden

Muiderberg

Huizen

Amstelveen

Weesp

Naarden

Blaricum

Hoofddorp

Bussum

Ouderkerk aan
de Amstel

Lisserbroek

Uithoorn

Hilversum

ZUID-HOLLAND
(kaarten 12)

Westeinder Plassen

Braassemer meer

UTRECHT
(kaart 10)

Oud-Loosdrecht

Loosdrechtse Plassen

A

B

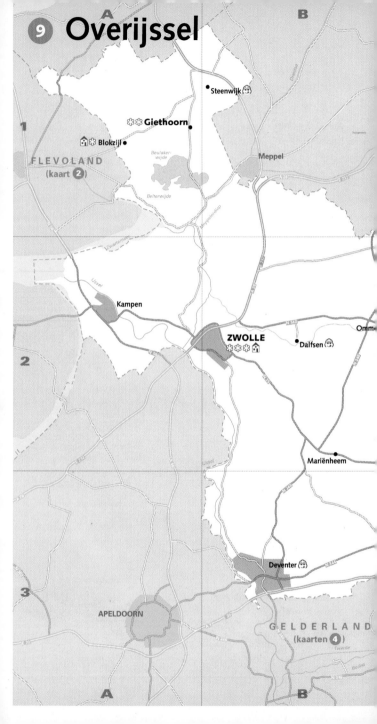

⑨ Overijssel

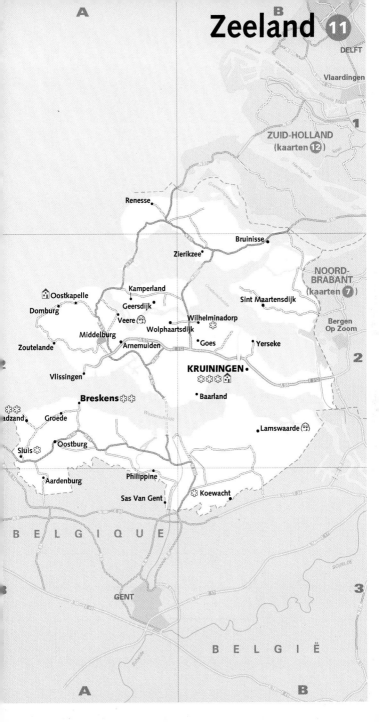

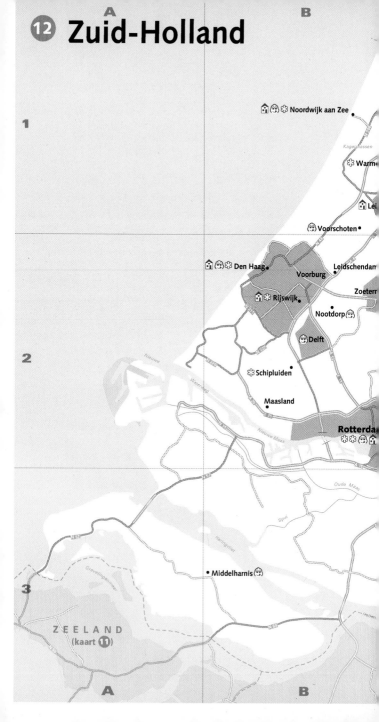

⑫ Zuid-Holland

A **B**

1

Noordwijk aan Zee

Kagerplassen

Warm

Lei

Voorschoten

Den Haag
Voorburg
Leidschendam

Zoeterr

Rijswijk
Nootdorp

Delft

2

Schipluiden

Maasland

Nieuwe Maas

Rotterda

Oude Maas

Spui

Haringvliet

3

Middelharnis

Grevelingenmeer

ZEELAND
(kaart ⑪)

A **B**

Restaurants & hotels

Restaurants & Hotels

Steden van A to Z

Towns from A to Z

AALST

Gelderland – Zaltbommel – Atlas n° **4**-A3

⅋○ De Fuik   ◁ 🏠 ↻ **P**

CREATIEF · LUXE 𝕏𝕩 Het team achter De Fuik, onder leiding van een jong stel, laat zich voor hun speelse keuken inspireren door de prachtige ligging, hangend boven het weidse water van de Maas. Het terras langs de rivier is ronduit heerlijk.

The beautiful location of this restaurant, overlooking the wide expanse of the River Maas, provides the inspiration for the playful cooking of the team at De Fuik, who are led by a young couple. The stunning terrace offers unique, panoramic views over the water.

Lunch 35 € – Menu 56/82 € – Carte 52/86 €

Maasdijk 1 ⊠ 5308 JA – ℰ 0418 552 247 – www.defuik.nl – alleen diner behalve vrijdag en zondag – Gesloten 28 december-11 januari, 23 tot 29 april, 15 tot 21 oktober, maandag en dinsdag

AARDENBURG

Zeeland – Sluis – Atlas n° **11**-A3

⅋○ De Schaapskooi   🏠 🍽 ↻ **P**

KLASSIEKE KEUKEN · FAMILIAAL 𝕏 Fijnproevers worden met zorg omringd in een rustiek, chic decor of buiten. Goede seizoensproducten, lamsspecialiteiten, heerlijke bourgognes en bordeauxs, tearoom door de week.

A former sheepfold where gourmets dine in a chic, rustic indoor setting or outside. Excellent seasonal ingredients, lamb specialities, fine wine list and tea room on weekdays.

Carte 46/81 €

Zuiderbruggeweg 23, (in Heille, West: 2 km) ⊠ 4524 KH – ℰ 0117 491 600 – www.deschaapskooi.nl – Gesloten 25 februari-8 maart, 17 tot 27 juni, 9 tot 19 september, 4 tot 14 november, maandag behalve 15 juli-25 augustus en dinsdag

ADUARD

Groningen - Zuidhorn – Atlas n° **5**-A2

⅋ Herberg Onder de Linden (Steven Klein Nijenhuis)   ⇦ 🍴 👜 🏠 **P**

AZIATISCHE INVLOEDEN · HERBERG 𝕏𝕩 Chef Klein Nijenhuis en zijn team zetten de culinaire traditie van dit elegant restaurant voort. De kwaliteit van de producten en de finesse van de bereidingen spatten hier als vanouds van het bord! De chef verwerkt Aziatische invloeden in zijn moderne kookstijl, waarmee hij weet te verleiden en te verrassen.

Chef Klein Nijenhuis and his team carry on the tradition of this elegant, long-standing restaurant. The quality of the produce and the refinement of the preparations is fantastic. The chef's modern style of cooking includes some interesting Asian influences and his dishes both surprise and seduce.

→ Coquilles met een coulis van peterselie en passievrucht. Gebakken reefilet met wortelstructuren en pompoencrème. Gebakken ananas met roomijs van groene kerrie.

Menu 70/95 € – *(een enkel menu)*

5 kam ⊠ – 🛏115/130 € 🛏🛏115/130 €

Burg. van Barneveldweg 3 ⊠ 9831 RD – ℰ 050 204 1235 – www.herbergonderdelinden.com – alleen diner – Gesloten 1 tot 8 januari, maandag en dinsdag

ALKMAAR

Noord-Holland – Atlas n° **8**-A2

⅋○ Rue de la Plume 🆕   🕸

MODERNE KEUKEN · GEZELLIG 𝕏 Passie typeert het sympathieke restaurant van Luella en Madelene. Luella doet niets liever dan haar gasten verbazen met goede producten en moderne smaakcombinaties, de begeleidende wijnen van Madelene zijn interessant en vullen de diepgaande smaken mooi aan. De gedrevenheid van dit duo is aanstekelijk!

Passion characterises Luella and Madelene's pleasant restaurant. Luella loves surprising her guests with modern combinations of good quality ingredients, and the accompanying wines Madelene chooses are interesting and complement the intense flavours. The enthusiasm of this duo is contagious!

Menu 38/58 €

Veerstraat 22 ⊠ *1811 LB – ☏ 072 520 1212 – www.ruedelaplume.nl – alleen diner*
– Gesloten dinsdag en woensdag

ALMELO
Overijssel – Atlas n° **9**-C2

Ledeboer
🏠 ♿ 🏧 ⇔

MARKTKEUKEN · BRASSERIE ✗ Tot 1994 huisde er een bank in dit statig gebouw, vandaag vullen retro en industrieel elkaar mooi aan in dit trendy restaurant. U kan hier zowel een snelle als een uitgebreide hap eten, al is het keuzemenu dé topper. De chef brengt moderne combinaties op een verfijnde manier, zonder te overdrijven. Hier regeert smaak.

Until 1994 this stately building housed a bank. Today retro and industrial features complement one another beautifully at this trendy restaurant offering quick snacks as well as larger meals, with the top choices on the set menu. The chef produces modern combinations with a sophisticated twist. At Ledeboer, taste reigns supreme.

Lunch 26 € – Menu 35/50 € – Carte ong. 45 €

Wierdensestraat 2 ⊠ *7607 GH – ☏ 0546 745 781 – www.ledeboer-almelo.nl*
– Gesloten zondag, maandag en na 20.00 u.

Huis van Bewaring
P

STADSHOTEL · EIGENTIJDS Van strafinrichting tot oord van genot: uit deze voormalige gevangenis, waar de structuur van het gebouw is behouden, wilt u niet ontsnappen. Grauwe cellen hebben plaatsgemaakt voor chique, moderne kamers met veel warme en donkere kleuren. Hier bromt u met plezier.

From a penal institution to a relaxing retreat, you will definitely not want to escape from this former prison, which remains true to its original structure. Austere cells have made way for chic, modern rooms with warm and dark colours. Doing time here has become a true pleasure!

23 kam – ♦80/115 € ♦♦100/190 € – ⊒ 10 €

Marktstraat 7 ⊠ *7607 HC – ☏ 0546 852 206 – www.huisvanbewaring.nu*

ALMEN
Gelderland – Lochem – Atlas n° **4**-C2

Villa Rozenhof
🐾 ← 🏠 🏧 🚫 **P** ⊄

HISTORISCH PAND · PLATTELANDS Een monumentaal pand uit 1902 dat omgeven is door een rustige landelijke omgeving ... Heerlijk! U verblijft er in kamers die zeer verzorgd en ruim zijn, maar dé troef van dit B&B is de persoonlijke aanpak van de eigenaresse.

Dating back to 1902, this historical building enveloped in peaceful, rustic surroundings creates a gorgeous setting for Villa Rozenhof. You will stay in immaculate, spacious rooms but the B&B's trump card is the proprietor's personal touch.

6 kam ⊒ – ♦75/100 € ♦♦90/115 €

Scheggertdijk 47 ⊠ *7218 MZ – ☏ 0575 433 307 – www.villarozenhof.nl*

Een lekkere maaltijd voor een scherpe prijs?
Volg onze Bib Gourmand ㊙.

ALMERE
Flevoland – Atlas n° **2**-A3

⌂ **Brasserie Bakboord**   ⇐ 🏠 AC ⚥ ⇔ **P**

FRANS MODERN · EIGENTIJDS XX Eten op een terras aan de jachthaven van Almere, het is een ervaring waar men nooit genoeg van krijgt! Binnen wordt die ambiance doorgetrokken in het mooie decor. De chef werkt met groenten en kruiden uit eigen moestuin en speelt graag met texturen en smaken. Hij heeft ook enkele klassiekers op de kaart, die hij met evenveel beheersing bereidt.

Eating out on the terrace in Almere marina is an experience you won't forget, while you'll find that the same attractive ambience is reflected in the beautiful decor inside. The chef uses vegetables and herbs from the brasserie's own kitchen garden and enjoys experimenting with different textures and flavours. The menu also features a few traditional dishes, prepared with equal mastery.

Lunch 28 € – Menu 37 € – Carte 39/73 €

Veerkade 10, (in Almere-Haven) ✉ *1357 PK – ☎ 036 540 4040 – www.brasseriebakboord.nl – Gesloten 1 tot 11 januari*

ⓘ○ **Bij Brons**   🏠 AC ⚥

KLASSIEKE KEUKEN · ELEGANT XX Bij Yvonne en John Brons geniet u van lekker eten in een huiselijk restaurant, pal in de havenkom van Almere-Haven. Vis komt hier in het juiste seizoen (buiten de paaitijd) kraakvers op het bord, maar kies gerust ook voor vlees. De eigentijdse bereidingen van de chef zullen u in ieder geval plezieren.

At Yvonne and John Brons' laid-back restaurant, you can enjoy a good meal in the very heart of the Almere-Haven harbour. Fresh fish served in the right season (when the fish are not breeding) is the highlight, but the meat dishes are great too; the contemporary cooking will delight you, whatever you choose.

Menu 37/44 € – Carte 33/56 €

Sluis 3, (in Almere-Haven) ✉ *1357 NZ – ☎ 036 540 1126 – www.bijbrons.nl – alleen diner – Gesloten 26 december en 31 december-1 januari en maandag*

AMELAND (Eiland) Fryslân → Zie Waddeneilanden

AMERONGEN
Utrecht – Utrechtse Heuvelrug – Atlas n° **10**-B2

ⓘ○ **Bentinck** ⓝ   🏠 ⇔ **P**

CREATIEF · HISTORISCH XX Details als smeedwerk en staldeuren herinneren eraan dat u in de voormalige paardenstallen van Buitenplaats Amerongen zit, op een historisch landgoed. U eet er in een moderne omgeving, en geniet van resoluut inventieve gerechten. Ingrediënten uit de eigen kasteeltuin komen samen in technische, spannende ensembles.

Details like the barn doors and ironwork remind you that you're sitting in the former stables of Buitenplaats Amerongen, a historic estate. The room is modern and the dishes are resolutely inventive. Ingredients from the castle's garden come together in exciting combinations that are prepared with great technical skill.

Lunch 22 € – Menu 37/54 € – Carte ong. 60 €

Drostestraat 12 ✉ *3958 BK – ☎ 0343 206 002 – www.restaurantbentinck.nl – Gesloten maandag*

ⓘ○ **Herberg Den Rooden Leeuw**   🏠 ⇔ **P**

TRADITIONELE KEUKEN · HERBERG XX Gezellig pand (18de eeuw) aan de rand van het dorp, met een mooi uitzicht op de polders. Menu met goede prijs-kwaliteitverhouding; eenvoudige formule in de stallerij op zondag.

18C inn presenting a classic menu in a bright dining room with parquet flooring. On Sundays, simple meals are served in the former stables. Front terrace.

Menu 38/48 € – Carte ong. 45 €

Drostestraat 35 ✉ *3958 BK – ☎ 0343 454 055 – www.denroodenleeuw.nl – alleen diner behalve zondag – Gesloten dinsdag en woensdag*

✿ Blok's (Marco Blok)

FRANS CREATIEF · HEDENDAAGSE SFEER X Bij het moderne en stijlvolle Blok's vindt u creatieve gerechten tegen een onklopbare prijs. Kwaliteitsproducten staan centraal en worden in heerlijke, zwierige combinaties tot een hoogtepunt gebracht. De kaart is niet zo uitgebreid, maar biedt o zo veel smaken.

In the modern and stylish Blok's you will find creative dishes at unbeatable prices. The emphasis is on quality produce, transformed into delicious and flamboyant combinations. The menu is not extensive but offers flavours aplenty.

→ Noorse kreeft met citroen, ansjovis, courgette en kikkererwten. Anjouduif, gebraden met spitskool, boekweit en knolselderij. Creatie met rode biet, walnoten, karamel en salmiak.

Menu 40/71 € – Carte 40/58 €

Krommestraat 49 ⊠ 3811 CB – ☎ 033 461 0222 – www.bloksrestaurant.nl – alleen diner tot 20.30 u. – Gesloten 31 december-1 januari, 29 januari-12 februari, 27 april, 20 augustus-10 september, dinsdag en woensdag

De Aubergerie

MODERNE KEUKEN · KNUS XX Vroeger kwam men om snoepjes in dit pand, en eigenlijk is dat nog steeds zo. U doet dat nu in een aangenaam restaurant dat over een mooi terras bij de grachten beschikt. De snoepjes, dat zijn gerechten die eveneens modern en verzorgd zijn. De chef heeft oog voor kwaliteit en brengt smaak met originaliteit en kunde.

People used to come to De Aubergerie for sweets, and in a sense they still do. This is now a pleasant restaurant with a beautiful canal terrace, and the 'sweets' these days are modern, flawlessly turned-out dishes. The chef has an eye for quality and produces flavour with originality and skill.

Menu 36/65 € – Carte ong. 50 €

Kamp 88 ⊠ 3811 AT – ☎ 033 475 6096 – www.deaubergerie.nl – alleen diner – Gesloten 27 december-10 januari, 27 april, 4 mei, 28 juli-19 augustus, zondag, maandag en na 20.30 u.

⊞○ Tollius

FRANS MODERN · INTIEM XX Bij Tollius eet men in een warm decor, onder intieme verlichting en uitkijkend op moderne schilderijen. Een prachtige setting! De chef doet daar niet voor onder met zijn eigentijdse creaties, die worden bijgestaan door een mooie wijnselectie. Hij bereidt bordjes vol plezier, en dat voor scherpe prijzen.

At Tollius, the food is served in warm, intimately lit surroundings, with modern paintings on display in this beautiful setting. The chef's contemporary creations, complemented by a selection of fine wines, are unsurpassed. His dishes are joyful and served at competitive prices.

Menu 38/68 € – Carte 39/54 €

Utrechtseweg 42 ⊠ 3818 EM – ☎ 033 465 1793 – www.tollius.nl – alleen diner – Gesloten maandag en na 20 u. 30

⊞○ Het Bergpaviljoen

KLASSIEKE KEUKEN · TRADITIONEEL XX Art-deco-elementen geven dit klassiek paviljoen cachet, het aangename terras is een must bij mooi weer. Maar smulpapen zullen vooral oog hebben voor de verse vis in de toonbank. U raadt dus al wat hier de specialiteit is. De chef verwerkt hun klassieke smaken in moderne borden en pakt uit met een aantrekkelijk keuzemenu.

Art Deco details lend this classic pavilion a touch of class, and the charming terrace is a must in fine weather. However, the display of fresh fish will be of particular interest to gourmets – you've probably already guessed the speciality here! The chef has incorporated classic flavours into modern dishes, as well as offering an attractive, fixed-price menu.

Menu 38/85 € ♈ – Carte 41/101 €

Utrechtseweg 180, (Zuidwest : 2,5 km) ⊠ 3818 ES – ☎ 033 461 5000 – www.bergpaviljoen.nl – Gesloten zaterdagmiddag en zondag

⑩ Merlot   🏠

MARKTKEUKEN · WIJNBAR ✕✕ Sfeervol en trendy restaurant-wijnbar, met open keuken, waar het hedendaags en smaakvol dineren is. Mooie wijnkaart. Parkeren aan de overzijde van de Eem.

Attractive and trendy restaurant-wine bar with open kitchen for a contemporary and tasteful dinner. Lovely wine list. Carpark on the other side of the Eem.

Menu 40/75 € – Carte 43/63 €

Grote Koppel 16, (parkeren Eemslaan 21) ⊠ 3813 AA – ℰ 033 455 7614
– www.merlot.nl – alleen diner – Gesloten zondag

⑩ De Saffraan   🏠 AC

CREATIEF · DESIGN ✕ De Saffraan is hip en design, het heeft een knap dakterras, maar vooral de locatie is hier opmerkelijk. Men eet namelijk in een verbouwde klipper die nog in het kanaal ligt. De keuken doet deze prachtige omgeving eer aan met zijn subtiliteit en persoonlijkheid. Hier kookt een chef die innovatieve technieken beheerst.

De Saffraan is cool and unique with its beautiful roof terrace, but especially noteworthy is its remarkable location. Dinner is served inside a refurbished clipper moored in the canal. The personalised, subtle cuisine enhances the magnificent surroundings, headed by a chef with some avant-garde touches.

Lunch 38 € – Menu 69/85 € – Carte 66/86 €

Kleine Koppel 3 ⊠ 3812 PG – ℰ 033 448 1753 – www.desaffraan.nl – alleen
diner behalve donderdag en vrijdag – Gesloten 31 december-3 januari,
28 april-6 mei, 28 juli-14 augustus, zondag en maandag

⑩ Rauw   🏠

VLEES · BRASSERIE ✕ Rauw is het interieur van deze industriële loods, waarin de rode stoelen en de rijpkast met gerijpt rundervlees opvallen. Rauw is ook de manier waarop de borden worden gedresseerd: zonder poespas, maar met kwaliteit. Zo geniet u hier van zelfgemaakte charcuterie en kiest u zelf uw vlees aan de beenhouwerstoog.

Rauw (Dutch for 'raw') describes the interior of this industrial warehouse, in which the red seats and the meat aging closet immediately catch the eye. Rauw also describes the presentation of the food: no-nonsense yet high quality. Here you can enjoy homemade charcuterie and pick out your own piece of meat at the butcher's counter.

Lunch 24 € – Carte 33/113 € – *(eenvoudige lunchkaart)*

Kaliumweg 8, (Noordwest : 2,5 km) ⊠ 3812 PT – ℰ 033 461 9394
– www.restaurantrauw.nl – Gesloten 25, 26, 31 december-1 januari, 27 april,
zaterdagmiddag en zondag

AMMERZODEN
Gelderland – Maasdriel – Atlas n° **4**-A3

⑩ Het Oude Veerhuis   ≤ 🏠 ✗ ⇔ **P**

REGIONAAL · HERBERG ✕✕ Jeroen en Monique Roeters zijn al de zesde generatie die aan het roer staan van dit restaurant, waar het zicht op de Maas de eyecatcher is. Het terras is top! Typische Nederlandse en Franse gerechten staan hier samen op de kaart. Uiteraard speelt vis een belangrijke rol, al kan de chef ook uitpakken met mooie vleesrassen.

Jeroen and Monique Roeters are the sixth generation to manage this restaurant with its stunning terrace, with a view of the River Maas as the main attraction. The menu features characteristic Dutch and French dishes side by side. Fish plays an important role, although the chef also produces lavish meat dishes.

Carte 33/73 €

Molendijk 1 ⊠ 5324 BC – ℰ 073 599 1342 – www.hetoudeveerhuis.nl – alleen
diner behalve van mei tot augustus – Gesloten 27 december-5 januari,
23 februari-5 maart, dinsdag van oktober tot mei en maandag

VOOR ALLE
DAADKRACHTIGE
DOENERS
AL 50 JAAR

Makro inspireert en ondersteunt alle horeca-ondernemers. Al 50 jaar.
Met ultra-verse vis, vlees en AGF. Met mooie wijnen en kazen. Met inspiratie
en advies van onze vakspecialisten. En nog veel meer. Tegen scherpe prijzen.
Waarom? Omdat het onze business is om jouw zaak echt verder te helpen.
Met alles wat je nodig hebt. Bij al onze vestigingen. Doordeweeks al vanaf
7 uur 's ochtends. Oh en we kunnen natuurlijk ook bezorgen. Zo zijn we
uitgegroeid tot de one-stop shop van ondernemend Nederland.
Voor doeners, door doeners.

Your success is our business. Al 50 jaar!

AMSTELVEEN

Noord-Holland – Atlas n° **8**-A3

❀❀ **Aan de Poel** (Stefan van Sprang)

CUISINE CRÉATIVE · **ELEGANT** XxX Wat is het heerlijk om te tafelen aan het meer de Poel. Het zicht op het water is hier verbluffend! Dankzij de grote raampartijen geniet men in heel het restaurant van dat spektakel. Het chic en geraffineerd designinterieur is de prachtige setting om uw ogen de kost te geven. En dat zult u, want Stefan van Sprang is een kei in het dresseren. Hij komt af en toe aan tafel om een bereiding af te werken en uitleg te geven. Een persoonlijke geste die wordt geapprecieerd.

Chef Van Sprang weet klassieke recepten om te vormen naar moderne gerechten. Langoustines geeft hij bijvoorbeeld pittigheid door er een kruidenmengeling over te strooien. Een gel van mango en een jus van wakame en komkommer zorgen voor de elegante tegenbalans, met pecannoot zorgt hij voor een verrassende smaaktwist.

De creativiteit van Stefan van Sprang uit zich in ongemeen boeiende gerechten. Hij haalt inspiratie uit zijn mooie kruidentuin achter het restaurant, dat merkt u aan de fijne nuances die hij met kruiden toevoegt. Een ware streling voor tong en oog!

A meal by De Poel lake is a wonderful experience. The restaurant's location offers a picturesque view of the water, with large windows making it possible for all diners to enjoy the spectacle. The chic and refined design-inspired interior provides a magnificent backdrop for the beautifully presented cuisine, which is prepared by the talented chef Stefan van Sprang who occasionally comes to the table to finish and explain a dish, a much-appreciated personal gesture.

Van Sprang succeeds in translating classic recipes into modern dishes. He adds spicy notes to langoustines by sprinkling them with a mix of herbs; a gel of mango and a jus of wakame and cucumber ensure an elegant counterbalance, while pecans introduce a surprising twist.

Stefan van Sprang's creativity is expressed in unusually exciting dishes. He takes inspiration from his beautiful herb garden behind the restaurant, as guests will note from the fine herbal nuances he adds to his cuisine. A feast for the eyes and tastebuds alike!

→ Tonijn en ganzenlever met pistache en baconvinaigrette. Gegrilde sukade met een ganzenleverterrine en morieljessaus. Geblazen suikerbal met structuren van bramen en lavendel.

Lunch 55 € – Menu 119 € – Carte 96/147 €

Handweg 1 ⊠ 1185 TS

- ☏ 020 345 1763 – www.aandepoel.nl

- Gesloten 27 december-10 januari, 27 april-1 mei, 28 juli-12 augustus, zaterdagmiddag, zondag en maandag

☺ **De Jonge Dikkert**

STREEKGEBONDEN · **ROMANTISCH** XX Deze Jonge Dikkert blaast nieuw leven in een windmolen uit de 17de eeuw. Het is er gezellig tafelen onder de houten balken, het moderne decor zorgt voor een intieme sfeer. De chef gebruikt vooral Nederlandse producten, tot tachtig procent!, en bewerkt die uitvoerig met eigentijdse technieken. Het resultaat? Verrassende verfijning!

The Jonge Dikkert has given this 17C windmill a new lease of life with its modern decor, intimate atmosphere and attractive dining room with wooden beams. Here the chef uses predominantly Dutch produce (up to 80%!) in his creative, contemporary-style dishes, resulting in a surprisingly refined cuisine.

Lunch 35 € – Menu 36/68 € – Carte 47/57 €

Amsterdamseweg 104a ⊠ 1182 HG

- ☏ 020 643 3333 – www.jongedikkert.nl

- Gesloten 24 en 31 december-5 januari, 3 weken augustus, zaterdagmiddag en zondagmiddag

Kronenburg

MODERNE KEUKEN • EIGENTIJDS XX Dit is een oase in het zakelijke kwartier Kronenburg. U eet er in een groene omgeving, aan de rand van een vijver, en geniet dankzij het terras en de glazen façade van die mooie setting. Het lumineuze interieur schittert evenzeer. De kleine gerechten verraden de hand van een jonge chef. De smaken zijn werelds, divers en lekker modern!

This is a welcome oasis in the Kronenburg business quarter, where you can dine surrounded by lush greenery beside a lake, enjoying the beautiful setting through the glass façade of the terrace. The light, airy interior is equally stunning. The young chef here creates modest-sized dishes with sophisticated, diverse and delicious modern flavours.

Menu 29/42 € – Carte 28/50 €

Prof. E.M. Meijerslaan 6 ✉ *1183 AV –* ✆ *020 345 5489*
– www.restaurant-kronenburg.nl – Gesloten 27 april, 11 tot 27 augustus, zaterdagmiddag en zondag

AMSTERDAM

Amsterdam is een wereldstad en dat laat zich ook voelen op culinair vlak. U vindt er namelijk de grootste diversiteit aan restaurants van heel Nederland. Of het nu een pittige Indonesische rijsttafel betreft, een typisch Franse steak tartaar of een creatief samenspel van texturen; alle verlangens worden er vervuld. Dat kan zowel in gezellige bistrootjes als in indrukwekkende megarestaurants, maar zoek ook gerust de vele uitstekende restaurants op die de Amsterdamse hotels rijk zijn.

Het diverse Amsterdam is tegelijkertijd ook echt Nederlands. Het maakt niet uit of u in maatpak bent of hoge hakken draagt, de fiets is met voorsprong het beste transportmiddel om de verschillende wijken van de stad te doorkruisen. Ze zijn tevens handig om de vele terrasjes te ontdekken. Amsterdam is een echte terrassenstad, dat merkt u al van bij het kleinste zonnestraaltje. Een koffie drinken of een plat du jour eten op het terras van een van de vele grand cafés, zo ontdekt u het echte Amsterdam!

Noord-Holland – 799 278 inw.

• Atlas: 8 B3

haoliang / iStock

RESTAURANTS
RESTAURANTS

ALFABETISCHE LIJST VAN RESTAURANTS
INDEX OF RESTAURANTS

ShikharBhattarai/iStock

RESTAURANTS PER TYPE KEUKEN
RESTAURANTS BY CUISINE TYPE

RESTAURANTS
GEOPEND OP ZATERDAG EN ZONDAG
RESTAURANTS
OPEN ON SATURDAY AND SUNDAY

RESTAURANTS 'S AVONDS LAAT GEOPEND
RESTAURANTS OPEN LATE

LauriPatterson/iStock

HOTELS
HOTELS

baona/iStock

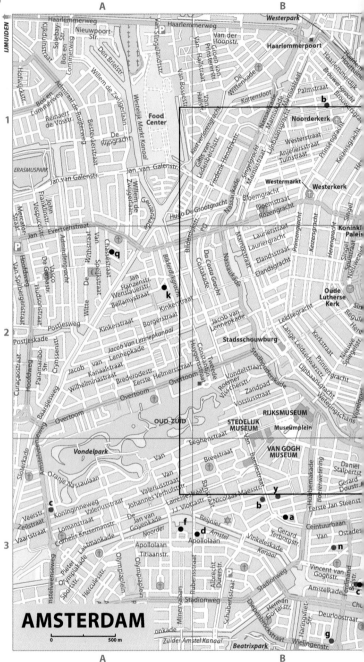

AMSTERDAM

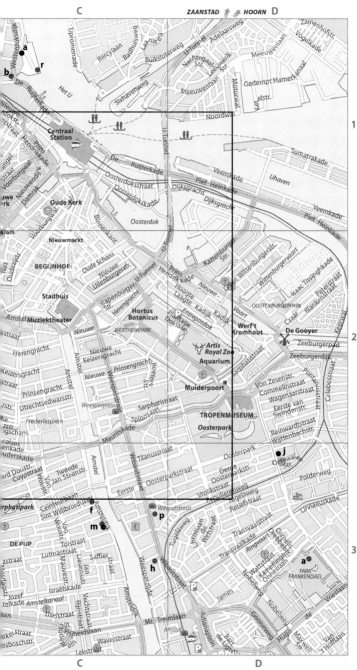

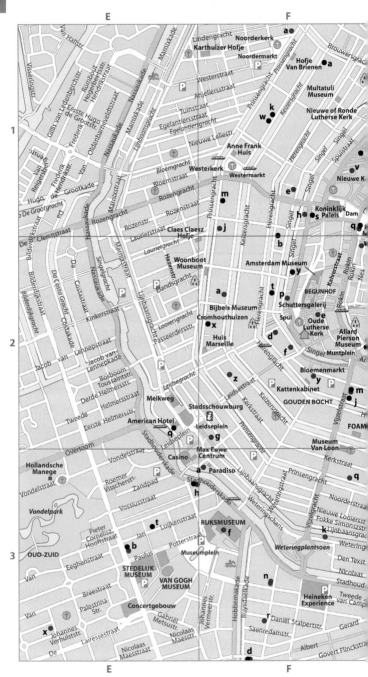

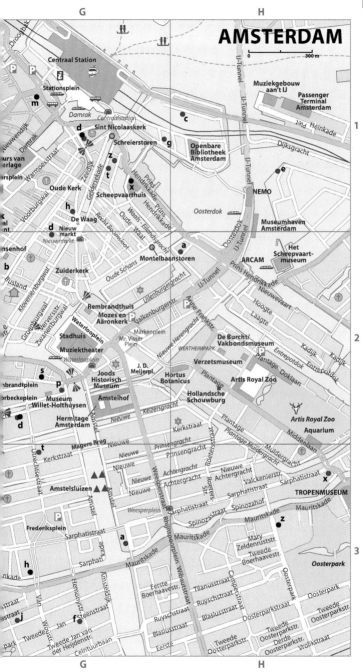

AMSTERDAM

Centraal Station
Stationsplein
m
Damrak
Centraalstation
d
c
Sint Nicolaaskerk
Schreierstoren
g
z
t
Oude Kerk
h
Scheepvaarthuis
x
De Waag
d
Nieuw markt
Nieuwmarkt
a
Montelbaanstoren
b
Zuiderkerk
Oude Schans
Rembrandthuis
Mozes en
Aäronkerk
Markenplein
Stadhuis
Muziektheater
Waterlooplein
Mr. Visser Plein
s
p
J. D. Meijerpl.
Joods Historisch Museum
Hortus Botanicus
Museum Willet-Holthuysen
Amstelhof
Hollandsche Schouwburg
Hermitage Amsterdam
d
t
Magere Brug
Kerkstraat
Kerkstraat
Amstelsluizen
Frederiksplein
a
h

U-Tunnel
U-Tunnel
Muziekgebouw aan't IJ
Passenger Terminal Amsterdam
Piet Heinkade
Dijksgracht
e
NEMO
Oosterdok
Museumhaven Amsterdam
Het Scheepvaart-museum
ARCAM
Prins Hendrikkade
Nieuwevaart
Hoogte
Laagte
De Burcht/ Vakbondsmuseum
Verzetsmuseum
Artis Royal Zoo
Entrepotdok
Kadijk
Kadijk
Plantage
Artis Royal Zoo
Aquarium
Plantage Middenlaan
Muidergracht
Valckenierstr.
Sarphatistraat
x
TROPENMUSEUM
Mauritskade
z
Mary Zeldenruststr.
Mauritskade
Oosterpark
Oosterpark

Openbare Bibliotheek Amsterdam

0   300 m

77

Centrum

AleksandarGeorgiev/iStock

Restaurants

✿✿ Spectrum   🍽 🅰🅲 🍷 🛋 🍴

CREATIEF · LUXE XxxX Zodra u uw sleutels aan de portier toevertrouwt, wordt u ondergedompeld in een wereld van luxe. Dit restaurant is ondergebracht in een typisch kanaalpand en is buitengewoon mooi ingericht. De elegantie is verbluffend. Hier beleeft u een echte fine dining ervaring, getekend door Sidney Schutte. Hij werkte jarenlang voor toprestaurants als De Librije (Zwolle) en Amber (Hongkong) alvorens zijn eigen keuken te ontwikkelen.

Chef Schutte speelt graag met texturen en crackers, maar dat gaat nooit ten koste van smaak. De borden ogen prachtig, Aziatische invloeden zorgen voor diepgang. Zijn inventiviteit is ongemeen boeiend. Hij kopieert niet, hij creëert. Wat dacht u bijvoorbeeld van krokantjes van cacao en chocolade die in cajeta (karamelpasta) worden gestoken. Quenelles ijs op basis van bruine rum en melk van blauwe kaas, met daarop geraspte nootjes, vormen een geweldige tegenbalans. De beheersing van dit gerecht toont de klasse van chef Schutte. Wat een smaakbom!

Librije's Zusje wordt in januari 2019 omgedoopt naar Spectrum en zal opgefrist worden. Sidney Schutte blijft de keuken met veel passie beheren, en zet met deze nieuwe start zijn ambitie kracht bij.

Immerse yourself in a world of luxury in this restaurant occupying a typical canal house with a beautiful interior decorated to an exceptional standard. The elegance here is astonishing and provides the perfect backdrop for a fine dining experience created by Sidney Schutte who for many years worked in top restaurants such as De Librije (Zwolle) and Amber (Hong Kong) before developing his own cuisine here.

Schutte is never happier than when playing with textures and crackers, but never at the expense of flavour. His dishes are wonderful, with Asian influences that create depth. His inventiveness is fascinating in dishes such as crunchy biscuits of cocoa and chocolate in cajeta (a caramel paste), and dark rum and blue cheese milk ice-cream quenelles with grated nuts, which together provide a wonderful counterbalance. The mastery of this dish reflects Schutte's ability, releasing an explosion of aromatic flavours.

At Spectrum (former Librije's Zusje) you can savour contemporary cuisine with its own panache, where Sidney Schutte creates his own unique dishes that continue to amaze his guests.

→ Carabinerogarnaal met runderrib en sherryroomsausje, gember, watermeloen en gebrande paprika. Kabeljauwrug met fenergiek, morieljes, wortel en konijnniertjes. Avocadosorbet met appel, komkommer en yoghurt.

Menu 98/168 € – Carte 81/135 €

Plattegrond: 4G2-d – Hotel Waldorf Astoria, Herengracht 542 ✉ 1017 CG – ☎ 020 718 4643 – www.restaurantspectrum.com – alleen diner – Gesloten 1 tot 21 januari, 27 april, 28 juli-19 augustus, zondag en maandag

&Moshik (Moshik Roth)

CREATIEF · DESIGN XxX Moshik Roth neemt u mee in zijn culinaire leefwereld. U ziet hem met zijn equipe aan het werk in de keuken die volledig achter glas is. Het is een echte eyecatcher in het modieuze decor van &Moshik, waar kunstwerken mooi op hun plaats zijn. Het is een zeer aangename omgeving om de inventiviteit van chef Roth te ontdekken.

Hij bezit de technische bagage om zijn uitdagende ideeën naar het bord te vertalen. Het vergt namelijk veel precisie, geduld en een gevoel voor verfijning. De fantastische kwaliteit van eend uit Challans benadrukt hij bijvoorbeeld door het perfect rosé te garen en er een saus bij te serveren die heel wat reliëf biedt. Een crème van gefermenteerde noten zorgt voor zoetigheid, een crème van citrus voor fraîcheur. De gnocchis à la crème ondersteunen deze eclatante bereiding op heerlijke wijze.

Moshik Roth weet zijn creatieve uitspattingen te bundelen in borden vol verrassing. De wereld inspireert hem en kleurt de geweldige reis waarop hij u trakteert.

Moshik Roth takes you on a journey into his culinary world, where you can admire him and his team at work in the glass-fronted kitchen. This is a real eyecatching feature of the trendy decor at &Moshik, where works of art are also very much part of the fabric, providing a very pleasant setting in which to discover the inventiveness of the chef.

Roth is endowed with the technical ability necessary to translate his challenging ideas onto your plate, something that requires no little precision, patience and sophistication. The amazing quality of the duck, for example, is highlighted by the way it is cooked – perfectly medium rare and served with a sauce that offers plenty of contrast, with a cream of fermented nuts which adds sweetness, and a cream of citrus fruit providing a hint of freshness. The creamy gnocchi are the perfect foil to this sensational dish.

Moshik Roth has the requisite skill to translate his creative talent onto your plate in a way that will surprise you, taking inspiration from the world around him and adding glorious colour to the amazing journey embarked upon by his guests.

→ Kabeljauw met angelicavinaigrette, kruidnagel en aardpeer. Eend uit Challans met gnocchi in roomsausje en gefermenteerde noten. Moderne pavlova van duindoornbes, kokos en mandarijn.

Menu 145/190 € – Carte 117/245 €

Plattegrond: 4G1-g – *Oosterdokskade 5* ⌖ *1011 AD* – ☎ *020 260 2094*
– www.moshikrestaurant.com – alleen diner behalve vrijdag en zondag – Gesloten maandag en dinsdag

Bord'Eau

CREATIEF · ELEGANT XxxX Bord'Eau is een geweldig luxerestaurant. Van het stijlvolle decor tot de prachtig gedresseerde borden: dit is pure klasse. De chef gebruikt ingrediënten uit diverse windstreken om bij momenten sterke smaakcontrasten te creëren, maar toch zijn de combinaties heel delicaat. Probeer ook zeker de kaas uit, de selectie is top!

Bord'Eau is a delightful luxurious restaurant with a classy feel which is evident throughout, from the stylish decor to the beautifully dressed plates. The chef uses ingredients from all corners of the world to create strongly contrasting flavours in delicate combinations. Make sure you try the cheese – the selection is great!

→ Coquilles met Thaise garnalenconsommé, yuzu en groene papaja. Gebakken tarbot met olijfjes, knolselderij en gezouten citroen. Rode Roos : lychee met rode biet, geitenkaas en olijfolie.

Lunch 48 € – Menu 110/138 € – Carte 98/114 €

Plattegrond: 3F2-c – *Hotel de l'Europe, Nieuwe Doelenstraat 2* ⌖ *1012 CP*
– ☎ 020 531 1619 – www.bordeau.nl – Gesloten zaterdagmiddag, zondag en maandag

❀ Bougainville ◐

MODERNE KEUKEN · ELEGANT XxX Warme stoffen en luxueus design hullen Bougainville in een intieme sfeer. Het prachtige uitzicht op de Dam benadrukt de pracht van dit restaurant. Uw smaakpapillen reizen er van west naar oost. De chef is technisch onderlegd en uit zijn creativiteit met veel nuance. Hij kookt op gevoel, dit is zijn keuken. De selectie van de sommelier verrast evenzeer!

Warm materials and luxurious designs give Restaurant Bougainville an intimate atmosphere, and its splendour is emphasized by the stunning view of the Dam. Let your taste buds travel from west to east enjoying dishes prepared by the highly technical chef, who has a creative, refined and intuitive style of cooking. The sommelier's selection is just as impressive as the cuisine.

→ Carpaccio van coquilles met tamarillo, krab, avocado en groene kerrie. Hoeve-kip met za'atar kruiden, worteltexturen en Albuferasaus. Inspiratie op de Cariño cocktail.

Menu 75/100 € – Carte 100/125 €

Plattegrond: 3F1-q – *Hotel TwentySeven, Dam 27* ✉ *1012 JS* – ✆ *020 218 2180 – www.restaurantbougainville.com – alleen diner – Gesloten zondag en maandag*

❀ The Duchess

MEDITERRAAN · CHIC XxX De grandeur van deze voormalige lokettenzaal is indrukwekkend. Het gebruik van donker marmer en de belle époque sfeer geven The Duchess flair. Prachtig! Uit de mooie Molteni keuken komen overheerlijke, genereuze gerechten die op-en-top klassiek smaken. Waar vind je bijvoorbeeld nog zo'n lekkere, traditionele beef Wellington?

The grandeur of this former ticket office is impressive. This is a magnificent venue, where the use of dark marble and the Belle Époque atmosphere lend The Duchess real flair. The beautiful Molteni kitchen turns out generous, classic dishes. Where else would you find such a delicious, traditional beef Wellington?

→ Kreeft en koningskrab met avocado en tomaat. Runderhaas Wellington. Tartelette Tropézienne met oranjebloesembrioche, vanilleschuimpje en geroosterde amandelen.

Carte 60/85 €

Plattegrond: 3F1-h – *Spuistraat 172* ✉ *1012 VT* – ✆ *020 811 3322 – www.the-duchess.com – open tot 23.00 u.*

❀ Vinkeles

CREATIEF · GEZELLIG XxX De zichtbare restanten van dit 18de-eeuws bakkers-pand maakt van Vinkeles een bijzondere plek om te eten, en dan zeker in combi-natie met het stijlvolle interieur. De keuken verdient eveneens alle lof. De crea-tieve chef weet spanning en nuance op het bord te brengen, maar verliest de natuurlijke smaken nooit uit het oog.

The original features of this 18C bakery make Vinkeles a special place to eat, es-pecially in combination with the stylish interior. The food deserves the highest praise, as the creative chef succeeds in bringing excitement and nuance to the plate, while never losing sight of natural flavours.

→ Langoustines met tijgermelk, koolrabi, rozenwater en geitenkaas. Anjouduifje "au sang" met ingelegde bramen, gyoza van de bout en een sausje met eenden-lever. Creatie van cheesecake, havermout, koriander en mandarijnsorbet.

Menu 95/140 € – Carte 79/298 €

Plattegrond: 3F2-a – *Hotel The Dylan, Keizersgracht 384* ✉ *1016 GB – ✆ 020 530 2010 – www.vinkeles.com – alleen diner – Gesloten 1 tot 8 januari, 29 april-5 mei, 5 tot 20 augustus, zondag en maandag*

❀ The White Room by Jacob Jan Boerma

MODERNE KEUKEN · KLASSIEK XxX U waant zich een Oostenrijkse prins of prin-ses in deze witte/gouden eetzaal (1885), waarin klassieke elegantie met modern meubilair wordt gecombineerd. Prachtig! Frisse zuren en exotische specerijen worden er ingezet in een creatief samenspel. De chef beheerst zijn technieken en weet wat van raffinement af!

You can imagine yourself as an Austrian prince or princess in this white and gold dining room, which dates from 1885 and magnificently combines classical elegance with modern furnishings. Citrus flavours and exotic spices are combined in a creative interplay. The chef is a strong technician and understands what refinement really means.

→ Amsterdams tuintje : groentenpalet met kruiden en specerijen. Tarbot met bloemkool, lardo di Colonnata en beurre noisette. Perzik met room, ras-el-hanout en citroen.

Lunch 40 € – Menu 69 € – Carte ong. 96 € – *(een enkel menu in het weekend)*

Plattegrond: 4G1-k – *NH Grand Hotel Krasnapolsky, Dam 9* ✉ *1012 JS*
– ☎ *020 554 9454 – www.restaurantthewhiteroom.com*
– *Gesloten 1 tot 16 januari, 27 april-8 mei, 28 juli-20 augustus, dinsdagmiddag, woensdagmiddag, zondag en maandag*

Bridges Dining

VIS EN ZEEVRUCHTEN · ELEGANT XxX Een lofzang is op zijn plaats: de gerechten in dit prachtige visrestaurant combineren producten van uitmuntende kwaliteit, verfijning, verrassing en originele combinaties. Het vernieuwde, strakke interieur sluit daar mooi bij aan. Deze zaak slaat een brug tussen gastronomie en zachte prijzen.

The dishes on offer in this beautiful fish restaurant combine refinement, surprise, originality and quality, and are worthy of the utmost praise. Overall, good quality, reasonably priced cuisine.

→ Cilinder van tonijn en sesam met wasabi, roomkaas en sojavinaigrette. Krokant gebakken rode mul en langoustine met lardo, waldorfslaatje en verjus. Hazelnootgebakje met appel, kersmeringue en roomijs.

Lunch 42 € – Menu 64 € – Carte 54/95 €

Plattegrond: 4G2-b – *Hotel Sofitel The Grand, O.Z. Voorburgwal 197* ✉ *1012 EX*
– ☎ *020 555 3560 – www.bridges-amsterdam.nl*
– *Gesloten maandagmiddag*

Vermeer

BIO · DESIGN XxX Dit mooie restaurant is een relaxte plek dankzij het sober design. Chef Naylor brengt een persoonlijke keuken waarvoor hij gretig gebruik maakt van producten uit zijn moestuin (op het dak van het hotel!). Hij doet dat weldoordacht en inventief, hij creëert heerlijke contrasten en harmonieën. Een intense smaakervaring.

The simple design makes this beautiful restaurant a relaxed spot. Chef Naylor offers food with a personal touch, with generous use of produce from his own vegetable garden, located on the hotel roof. His dishes are well thought through and inventive, creating delicious contrasts and harmonies for an intense flavour experience.

→ Met appel en zurkel gemarineerde makreel, komkommer, yoghurt en avocado. Gebraden lamsrug met knoflook en munt, gebakken artisjok en walnootjus. Slaatje van aardbeien met agavelikeur en chiboustcrème met limoen.

Menu 70/90 €

Plattegrond: 4G1-d – *Hotel NH Barbizon Palace, Prins Hendrikkade 59* ✉ *1012 AD*
– ☎ *020 556 4885 – www.restaurantvermeer.nl – alleen diner – Gesloten 1 tot 7 januari, 15 juli-5 augustus en zondag*

Bij ieder ✿ restaurant worden drie gerechten vermeld, waarmee een beeld wordt gegeven van de kookstijl van het huis.
Deze gerechten staan niet altijd op de kaart, maar ruimen af en toe plaats voor smakelijke recepten van het moment.

🌲 **MOS** (Egon van Hoof) 🏠 🎇 🖨

FRANS CREATIEF · HEDENDAAGSE SFEER XX Het interieur is relaxed en chic, de grote ramen bieden een fantastisch zicht op het IJ en het eten is heerlijk. MOS is TOP! De chef toont hoe je met creativiteit een variatie aan uitgesproken smaken kunt opwekken en hen evenwichtig samenbrengt. Verfijnd en genereus! Tip: vraag bij reservering naar de parkeerformule.

The interior is relaxed and chic, the large windows offer a fantastic view of the IJ river, and the food is delicious. MOS is sublime. The chef shows how a little creativity conjures up a variety of prominent flavours, producing balanced combinations that are both rich and refined. Guests are advised to ask about parking when reserving.

→ Slaatje met gerookte paling, pastilles van takuan en zwarte sesam. Parelhoen met gepofte aardpeer, gebrande pruimen en macadamiasausje. Dessert met groene appel, yoghurt en verbena.

Lunch 38 € – Menu 55/95 € – Carte 71/83 €

Plattegrond: 2C1-r – *IJdok 185* ✉ *1013 MM*
– 📞 *020 638 0866* – *www.mosamsterdam.nl*
– *Gesloten 27 april, 5 tot 19 augustus, zaterdagmiddag, zondag en maandag*

🌲 **Restaurant 212** Ⓝ (Richard van Oostenbrugge & Thomas Groot) 🎇 🎇

CREATIEF · EIGENTIJDS XX De open keuken staat als een theater centraal in deze moderne zaak. Iedereen geniet van de interactie met de chefs, al is een plaats aan de counter een aanrader. U ziet er hoe Richard van Oostenbrugge en Thomas Groot nauwkeurig en delicaat te werk gaan. Hun keuken is uiterst inventief, telkens weer wordt u verbluft door onverwachte smaaksensaties.

The open-plan kitchen has a central place in this modern restaurant where guests enjoy interacting with the chefs from the seats at the counter. Here you can watch Richard van Oostenbrugge and Thomas Groot working with delicate precision, preparing inventive and creative dishes which surprise diners with their unexpectedly striking flavours.

→ Gekookte krieltjesgnocchi met rivierkreeft, robiolakaas en kervel. BBQ tarbot met rasp van spek en ui, ossenstaartjus en merg. Amarenakersen met smoky Bourbon, citrus, zwarte olijf en krokante walnoot.

Menu 108/138 € – Carte 64/174 €

Plattegrond: 4G2-p – *Amstel 212* ✉ *1017 AH*
– 📞 *020 334 8685* – *www.restaurant-212.com*
– *Gesloten zondag en maandag*

🌲 **Lastage** (Rogier van Dam) 🆎 🎇

CREATIEF · GEZELLIG X Lastage is een verleidelijk restaurantje waar men zich meteen welkom voelt. Al van bij de hapjes bekoort chef Van Dam met zijn karaktervolle bereidingen. Niets is onnodig op het bord, elk ingrediënt zorgt voor samenhang en boeit. De zachte prijzen die voor dergelijke kwaliteit worden gevraagd, zijn verbazend. Kleine zaak, grootse smaken!

Lastage is an appealing little restaurant which will immediately make you feel welcome. Chef Van Dam delights the taste buds with dishes that are full of personality. Nothing on the plate is unnecessary – every ingredient adds interest and is there to enhance the dish. For the quality, the prices are more than reasonable. This is a little establishment with big flavours!

→ Geelvinmakreel met avocado, groene kerrie en gambapoffertje. Met eendenlever en salie gevulde kwartel, snijbiet en pepersausje. Citroenmeringue met bros van honingkaramel, pecannoten en geitenyoghurtsorbet.

Menu 47/89 €

Plattegrond: 4G1-t – *Geldersekade 29* ✉ *1011 EJ*
– 📞 *020 737 0811* – *www.restaurantlastage.nl*
– *alleen diner – Gesloten 31 december-8 januari, 27 en 28 april, 29 juli-16 augustus en maandag*

AMSTERDAM

⊕ Hoofdstad 🏠 AC ✍

KLASSIEKE KEUKEN · BISTRO XX Op het terras van deze luxueuze brasserie, langs de bruggetjes en de bootjes, komt Amsterdam helemaal tot leven. Natuurlijk is het ook binnen echt genieten van de heerlijke gerechten, nooit gezocht en altijd vol smaak. Sole meunière of op kolen gegrilde entrecote: het zijn maar enkele van de smaakmakers van deze keuken.

On the terrace of this luxurious canal-side brasserie, with its views of bridges and passing boats, Amsterdam really comes into its own. The delicious dishes, which are uncomplicated yet always full of flavour, can also be enjoyed indoors. Sole meunière and charcoal-grilled entrecote are just two of the kitchen's culinary delights.

Menu 37 € – Carte 60/102 €

Plattegrond: 3K2-c - *Hotel de l'Europe, Nieuwe Doelenstraat 2* ✉ *1012 CP* - *☎ 020 531 1619* - *www.hoofdstadbrasserie.nl* - *open tot 23.00 u.*

⊕ Nacarat ❶ ← AC

MIDDEN-OOSTERS · ELEGANT XX Breng smaken uit het Midden-Oosten en Griekenland samen, geef authentieke bereidingen een moderne twist, en je krijgt de verrassend delicieuze keuken van Nacarat. De gerechten zijn er licht, de smaken des te rijker! Het fashionable decor getuigt eveneens van smaak, met een opmerkelijke mozaïekvloer. En dan dat zicht op de stad … Een top-Bib!

Bring together flavours from the Middle East and Greece, add a modern twist to authentic dishes, and what you get is the surprisingly delicate cuisine served at Nacarat restaurant, where the light dishes are full of rich flavours. The fashionable decor is also tasteful (note the remarkable mosaic floor), plus there's a stunning view of the city from the dining room.

Menu 45/67 € – Carte 26/45 €

Plattegrond: 3F2-u - *Rokin 49* ✉ *1012 KK* - *☎ 020 790 0320* - *www.nacarat.nl*

⊕ Van Vlaanderen 🏠 AC ♻

MODERNE KEUKEN · KLASSIEK XX Liefhebbers van de bourgondische way of life weten al langer dat Van Vlaanderen veel lekkers komt. De succesformule? Een leuke locatie in het centrum (met aanlegsteiger), een knap gerestyled decor en een begeesterd team. U proeft hun enthousiasme in hun frisse, moderne uitvoeringen van bekende gerechten. Een hartverwarmende Bib!

Van Vlaanderen has long been recognised as the place to go for the good things in life. The restaurant's success lies in its pleasant location right in the centre of Amsterdam with its own jetty on the patio, and attentive service of a young, spirited team whose enthusiasm is evident in the modern, original versions of the classic dishes served here. A heart-warming experience.

Lunch 30 € – Menu 37/53 €

Plattegrond: 3F3-k - *Weteringschans 175* ✉ *1017 XD* - *☎ 020 622 8292* - *www.restaurant-vanvlaanderen.nl* - *alleen diner behalve vrijdag* - *Gesloten 1 tot 14 januari, 23 juli-6 augustus, zondag en maandag*

⊕ A-Fusion

AZIATISCH · BRASSERIE X Samensmelting van Chinese en Japanse keuken in hartje Chinatown. U vindt hier zowel een sushibar, een grill, een dimsum- als een wokkeuken. Probeer zeker eens de dimsum van garnaal, het rundvlees met zwarte pepersaus en de oesters met gember. Of laat u verrassen en geef de koks carte blanche.

A fusion of Chinese and Japanese cuisine in the heart of Amsterdam's Chinatown. This restaurant boasts a grill, a sushi bar and a wok kitchen. Be sure to try the prawn dim sum, the beef with black pepper sauce and the oysters with ginger. Alternatively, give the cooks carte blanche to come up with some surprising choices.

Menu 34 € – Carte 23/43 €

Plattegrond: 4G1-h - *Zeedijk 130* ✉ *1012 BC* - *☎ 020 330 4068* - *www.a-fusion.nl* - *open tot 23.00 u.*

Scheepskameel 🏛

TRADITIONELE KEUKEN • BRASSERIE X Scheepskameel is een levendige zaak, ongedwongen, waar rechttoe rechtaan wordt gekookt. Hier begint alles bij de topkwaliteit van de producten, die zonder poespas worden bereid, maar wel heel sterk op smaak zijn. De wijnkaart is volledig Duits en zorgt voor een mooie ondersteuning van de gerechten.

Scheepskameel is a lively, relaxed establishment, providing honest, straightforward food. Everything here starts with top-quality ingredients, prepared without fuss and beautifully seasoned. The wine list is comprised entirely of German wines and accompanies the food perfectly.

Menu 35/75 € – Carte 31/125 €

Plattegrond: 4H1-e – *Kattenburgerstraat 7* ✉ *1018 JA* – ☎ *020 337 9680 – www.scheepskameel.nl – alleen diner – Gesloten 24 december-1 januari, zondag en maandag*

Tempo doeloe AK 🚭

INDONESISCH • TRADITIONEEL X Al jarenlang kunnen enthousiaste fans van Tempo doeloe, "de tijd van toen", hun glimlach niet verbergen als ze aanbellen. Ze weten dat er hun een Indonesisch feestmaal wacht zoals er in Amsterdam geen twee zijn. Het eten smaakt hier net als daar, aan de westerse smaak worden geen toegevingen gedaan. Selamat makan!

Regular diners at Tempo doeloe or 'Times Gone By' find it difficult to hide their enthusiasm when they visit this restaurant. They know that an Indonesian feast like no other in Amsterdam awaits them. The food here is authentically Indonesian, with no concessions to Western tastes. Selamat makan!

Menu 24/38 € – Carte 35/63 €

Plattegrond: 4G3-t – *Utrechtsestraat 75* ✉ *1017 VJ* – ☎ *020 625 6718 – www.tempodoeloerestaurant.nl – Gesloten 25, 26 en 31 december-1 januari, 27 april, maandagmiddag, dinsdagmiddag en zondag*

La Rive ⪦ 🏛 AK 🚭 ♻ 🚬 P

FRANS MODERN • CHIC XxxX Zodra u deze geraffineerde zaak betreedt, voelt u dat het een rijke geschiedenis achter zich heeft. Al is het de Amstel die hier de show steelt, dankzij de toplocatie aan de oever van de rivier. Dit is een klassieke zaak, maar de chef kookt volgens de laatste trends, met Aziatische inspiraties, en speelt graag met fruitige zuren.

On entering this refined establishment, guests will immediately sense its rich history, although it is the Amstel that really steals the show here, thanks to the wonderful location on the riverbank. This is a classic restaurant, where the chef also works with the latest trends, taking inspiration from Asia and playing with the acidity balance of his food.

Menu 90/125 € – Carte 130/145 €

Plattegrond: 4G3-a – *Hotel Amstel, Prof. Tulpplein 1* ✉ *1018 GX* – ☎ *020 520 3264 – www.restaurantlarive.com – alleen diner – Gesloten 6 tot 24 januari*

De Silveren Spiegel 🍴 🏛 🚭 ♻

FRANS CREATIEF • HISTORISCH XxX Het authentieke interieur van deze twee trapgevelpandjes (1614) heeft de tand des tijds mooi doorstaan, de open haard met bijpassende tegels is zeer gezellig. Het contrast met het bord is groot: de gerechten zijn modern en gedetailleerd. De jonge chef werkt vooral met Nederlandse producten en wordt terecht geroemd.

The authentic interior of these two buildings with stepped gables, dating back to 1614, has stood the test of time, retaining features such as a warm open hearth with matching tiles. In stark contrast with the decor, the food is modern down to the last detail. The young chef works mainly with Dutch ingredients and has a well-deserved reputation.

Menu 53/93 € – Carte ong. 73 €

Plattegrond: 4G1-r – *Kattengat 4* ✉ *1012 SZ* – ☎ *020 624 6589 – www.desilverenspiegel.com – alleen diner – Gesloten 5 tot13 januari, 27 april en zondag*

ⅰ⊖ John Dory   🏠 ℘ ⇔

VIS EN ZEEVRUCHTEN · GEZELLIG ✕✕ De charme en het karakter van dit pak-huispand (1680) is geweldig. De plaatsjes rond de open keuken zijn gegeerd om te ontdekken wat 'vistronomie' is. De kwaliteit van vis uit Nederlandse wateren schittert hier in combinatie met allerlei creatieve garnituren. De verfijning van het menu (4 tot 10 gangen) zal u verbazen!

The charm and character of this 1680s warehouse is fantastic. The seats around the open kitchen are in demand for those wishing to discover what 'vistronomie' is. The quality of the fish, which comes directly from the North Sea, shines through here, and comes with all kinds of creative garnishes. The refinement of the 4-10 course menu will surprise you!

Menu 40/90 € - *(een enkel menu)*

Plattegrond: 3F3-q - *Prinsengracht 999* ✉ *1017 KM*

- ℘ *020 622 9044 - www.johndory.nl*
- *alleen diner behalve vrijdag en laatste zondag van de maand*
- *Gesloten 31 december-1 januari, zondag en maandag*

ⅰ⊖ Blauw aan de Wal   🐧 🏠 🅰🅲 ℘ ⇔

MARKTKEUKEN · RUSTIEK ✕✕ Restaurant in een steegje op de Amsterdamse wallen met een sober interieur in een terras onder de bomen. De keuken is modern, het menu is aantrekkelijk en zowel de wijnkelder als de advisering is goed.

A popular restaurant at the end of a cul-de-sac in the lively red light district. Discreet décor, simple and tasty modern cuisine, good wine selection and a shady terrace.

Menu 45/67 € - *(een enkel menu)*

Plattegrond: 4G2-d - *O.Z. Achterburgwal 99* ✉ *1012 DD*

- ℘ *020 330 2257 - www.blauwaandewal.com*
- *alleen diner tot 23.00 u. - Gesloten zondag*

ⅰ⊖ Dynasty   🏠 🅰🅲 ℘ ⇔

CHINEES · ELEGANT ✕✕ Dit aangename Aziatische restaurant in een drukke straat is sinds 1982 een begrip. Exotisch-trendy decor, even gezellig als kleurrijk. Mooi achterterras, toegewijde bediening.

A pleasant, long-standing restaurant featuring cuisine from around Asia. The trendy, exotic décor is warm and colourful. There's a lovely terrace at the back and service is attentive.

Menu 45/50 € - Carte 35/80 €

Plattegrond: 3F2-q - *Reguliersdwarsstraat 30* ✉ *1017 BM*

- ℘ *020 626 8400 - www.restaurantdynasty.nl*
- *alleen diner*
- *Gesloten 27 december-31 januari en dinsdag*

ⅰ⊖ Hosokawa   🅰🅲 ℘ ⇔

TEPPANYAKI · TRENDY ✕✕ De ervaren Hiromichi Hosokawa beheerst de Japanse keuken tot in de puntjes. Hij opende zijn strak, trendy restaurant in 1992 en bereidt er traditionele gerechten op de teppanyaki, de robatayaki en in de sushi-bar. De gekende Japanse precisie, finesse en volle smaken zijn hier op de afspraak.

Experienced chef Hiromichi Hosokawa has mastered Japanese cuisine down to the fine details. In 1992 he opened this smart restaurant, where he continues to prepare traditional teppanyaki, robatayaki and sushi dishes. Characteristic Japanese precision, finesse and full flavours are part and parcel of the experience.

Menu 50/95 € - Carte 31/110 €

Plattegrond: 3F3-a - *Max Euweplein 22* ✉ *1017 MB*

- ℘ *020 638 8086 - www.hosokawa.nl - alleen diner*
- *Gesloten 31 december,-1 januari en 27 april*

⅃○ Ron Gastrobar Oriental

CHINEES • ORIËNTAALSE SFEER XX Het licht is gedempt, Aziatische- en natuur-elementen bepalen het interieur en een gereputeerde bartender shaket cocktails achter de grote bar. De sfeer is hier top! Op het bord komen Chinese gerechten in een moderne versie, pittig en lekker.

Subtle lighting, Asian decor and natural materials set the mood at this stylish restaurant, while a renowned bartender shakes cocktails at the extensive bar. Full of flavour, the delicious dishes offer a contemporary take on traditional Chinese cuisine.

Lunch 24 € – Menu 39/63 € – Carte 30/60 €

Plattegrond: 3F2-z – *Kerkstraat 23* ✉ *1017 GA* – ℰ *020 223 5352*
– www.rongastrobaroriental.nl – alleen diner tot 23.00 u. – Gesloten 31 december, 1 januari en 27 april

⅃○ Senses

MODERNE KEUKEN • INTIEM XX Lars Bertelsen barst van de creativiteit. Dat merkt u aan de manier van dresseren, aan de diverse texturen en de bij momenten verrassende smaakcombinaties. De chef beschikt ook over heel wat talent, dat bewijst de ervaring die Senses u bezorgt. De opfrissing van het decor, dat verleidelijk knus en kleurrijk is geworden, zet zijn ambitie kracht bij.

Lars Bertelsen is a chef bursting with creativity, as guests will notice in the presentation, diverse textures and sometimes surprising flavour combinations in his food. He is also highly talented, as proven by the entire experience at Senses. The restyling of the cosy, colourful room emphasises his ambition.

Lunch 40 € – Menu 43/79 €

Plattegrond: 3F2-m – *Hotel The Albus, Vijzelstraat 45* ✉ *1017 HE* – ℰ *020 530 6266*
– www.sensesrestaurant.nl – Gesloten 25 en 26 december en 27 april

⅃○ d'Vijff Vlieghen

TRADITIONELE KEUKEN • HISTORISCH XX In deze 17de-eeuwse pandjes worden eerder klassieke gerechten geserveerd, bereid met typisch Nederlandse producten. Diverse charmante, rustieke eetkamers met ter decoratie onder meer originele etsen van Rembrandt.

The classic dishes on offer at these charming 17C premises are all prepared with typical Dutch products. Various attractive, country-style dining rooms where original Rembrandt sketches decorate the walls.

Menu 39/80 € ♼ – Carte 40/55 €

Plattegrond: 3F2-p – *Spuistraat 294, (ingang via Vlieghendesteeg 1)* ✉ *1012 VX*
– ℰ 020 530 4060 – www.vijffvlieghen.nl – alleen diner
– Gesloten 24 december-4 januari, 27 april en 5 tot 18 augustus

⅃○ Daalder

CREATIEF • FRANSE BISTRO X Daalder heeft een voormalige buurtkroeg fraai omgevormd tot een must-do voor foodies. De talentvolle Dennis Huwaë zet hier namelijk een persoonlijke stijl neer: weldoordachte creativiteit die interessant is, getekend door een constante zoektocht naar variatie en verrassing. De verhouding tussen kwaliteit en prijs is fantastisch!

A former local pub has been successfully transformed into this must-visit venue for foodies. Here, the talented Dennis Huwaë expresses his personal style, creating carefully considered and interesting dishes marked by a constant search for variation and surprise. Excellent value for money.

Lunch 38 € – Menu 69/89 € – *(een enkel menu)*

Plattegrond: 1B1-b – *Lindengracht 90* ✉ *1015 KK* – ℰ *020 624 8864*
– www.daalderamsterdam.nl – Gesloten 22 januari-5 februari, donderdagmiddag, zaterdagmiddag, dinsdag en woensdag

⅃○ Envy

MEDITERRAAN • TRENDY X Zin om lekker te gaan eten in een trendy ambiance? Ga dan gauw richting deze trattoria nieuwe stijl. Op de kaart staat een mooi scala van creatieve gerechten in tapasporties, waarin de combinatie van uitgesproken en fijne smaken voor diepgang zorgt. Let op: het aantal tafels dat u kunt reserveren is hier beperkt.

Looking for a place to eat in trendy surroundings? Then head for this stylish trattoria, where the menu offers a beautiful range of creative recipes in tapas-style portions and the combination of subtle and pronounced flavours adds overall depth to the dishes. Note that the number of tables available for advance booking is very limited.

Lunch 28 € – Menu 47/67 € – Carte 32/55 €

Plattegrond: 3F1-j – *Prinsengracht 381 ⊠ 1016 HL – ✆ 020 344 6407*
– www.envy.nl – alleen diner behalve vrijdag, zaterdag en zondag

ⅩO **Wolf Atelier** ⇐ 斎

FRANS MODERN · **HEDENDAAGSE SFEER** Ⅹ Michael Wolf speelt met smaken en moderne combinaties, geeft u de kans die uit te testen (ook keuze uit vaste gerechten) en verfijnt ze om uiteindelijk de beste over te houden. De naam atelier is hier dus op zijn plaats, al is dit wel een trendy/industrieel exemplaar – op een oude spoorbrug! – met een mooi zicht op het IJ.

Michael Wolf plays with flavours and modern combinations, offering diners the opportunity to test them out (as well as a choice of regular dishes), then refines them to retain their best features. The name Atelier is therefore particularly appropriate in this trendy, industrial-style restaurant, which is located on an old railway bridge with a beautiful view of the IJ.

Lunch 23 € – Menu 43/75 € – Carte ong. 50 €

Plattegrond: 2C1-b – *Westerdoksplein 20 ⊠ 1013 AZ – ✆ 020 344 6428*
– www.wolfatelier.nl – Gesloten 25 december, 1 januari en zondag

ⅩO **BAK** ⇐ ⅏

VEGETARISCH · **VINTAGE** Ⅹ Neem de trap naar de derde etage van dit neutraal pakhuis, waar u 's avonds moet aanbellen, en ontdek het industriële BAK en het mooie uitzicht op het IJ. Hier wordt met verantwoorde producten gewerkt die respectvol zijn geteeld. De gerechten zijn veelal vegetarisch, maar vooral origineel. De chef verrast telkens weer met spetterende smaken!

Take the stairs to the third floor of this unobtrusive warehouse (you'll need to ring the bell in the evening) to discover the industrial-style BAK restaurant with its lovely view over the IJ river. The focus here is on original, vegetarian dishes made from sustainably produced ingredients which are full of surprising and delicious flavours.

Menu 33/70 € – *(een enkel menu)*

Van Diemenstraat 408 ⊠ 1013 CR – ✆ 020 737 2553 – www.bakrestaurant.nl
– alleen diner behalve zaterdag en zondag – Gesloten 27 april, 29 juli-13 augustus, maandag en dinsdag

ⅩO **Beulings** ⅏

FRANS KLASSIEK · **INTIEM** Ⅹ Nummer negen in de Beulingstraat huisvest dit sfeervol pareltje. Lisja staat in voor de bediening, Bas zorgt in zijn open keuken voor heerlijke gerechten. Hij heeft een neus voor kwaliteit en weet op speelse wijze een overvloed aan smaken te creëren. De verhouding tussen prijs en (top)kwaliteit is hier opmerkelijk!

Number nine Beulingstraat houses this pleasant little gem. Lisja is in charge of the service, while Bas creates delicious dishes in the open kitchen. He works with top quality produce and playfully creates a multitude of flavours. The value for money here is remarkable!

Menu 63 € – *(een enkel menu)*

Plattegrond: 3F2-d – *Beulingstraat 9 ⊠ 1017 BA – ✆ 020 320 6100*
– www.beulings.nl – alleen diner – Gesloten dinsdag en woensdag

ⅩO **Bistrot Neuf** 錄 ᴀᴋ

KLASSIEKE KEUKEN · **FRANSE BISTRO** Ⅹ Deze ongedwongen bistro past prima in de levendige buurt waar hij gelegen is. Ook in de traditionele Franse gerechten, hidder gekookt en met veel smaak, proeft u de Amsterdamse flair die deze zaak uitademt. Het interieur is lekker strak, de service vlot.

With its clean, modern design, this relaxed bistro is ideally located in a lively area of Amsterdam. Traditional French dishes exhibit original Amsterdam flair and are impeccably cooked to bring out the true flavours of the ingredients. Efficient service.

Lunch 22 € – Menu 35/53 € – Carte 37/81 €

Plattegrond: 3F1-t – *Haarlemmerstraat 9 ⊠ 1013 EH – ✆ 020 400 3210*
– www.bistrotneuf.nl

Breda

MODERNE KEUKEN · BRASSERIE Het is bruisend, een beetje retro, wat luxe ook; maar vooral een plek waar je lekker eet. Welkom bij Breda! U kunt hier enkel verrassingsmenu's kiezen om van de creativiteit van de chefs te genieten. Internationaal, gevarieerd en goed op smaak!

Welcome to Breda: dazzling, a touch retro, and luxurious too, but above all a place for delicious food. Choose from surprise menus featuring a range of inventive dishes created by the chef. International, varied and tasty.

Lunch 30 € – Menu 60/80 € – *(een enkel surprise menu)*

Plattegrond: 3F1-e – *Singel 210* ✉ *1016 AB* – ℰ *020 622 5233*
– *www.breda-amsterdam.com* – *Gesloten 26 december, 1 januari en 27 april*

Choux

FRANS MODERN · TRENDY Groenten de hoofdrol laten spelen in een gerecht is niet evident, maar bij het trendy Choux slagen ze daar wonderwel in. De bij momenten verrassende ingrediënten, de creatieve bereidingen en de intense smaken zorgen voor veel voldoening. Hier wordt u meegenomen op een heerlijke ontdekkingstocht!

Giving prominence to vegetables may not always be the obvious choice, but at this trendy restaurant it works beautifully. The continually surprising ingredients, creative preparations and intense flavours ensure complete fulfilment, taking diners on a wonderful voyage of discovery.

Lunch 30 € – Menu 38/69 € – Carte ong. 39 €

Plattegrond: 4H1-c – *De Ruyterkade 128* ✉ *1011 AC* – ℰ *020 210 3090*
– *www.choux.nl* – *Gesloten 31 december-7 januari, 22 en 27 april, 10 juni, 4 tot 12 augustus, maandagavond, zaterdagmiddag en zondag*

The French Connection

FRANS CREATIEF · GEZELLIG Frankrijk is hier overduidelijk de rode draad, van het nogal brute interieur tot de kaart. De ervaren chef schotelt gerechten voor waarin hij klassieke Franse recepten met creativiteit onder handen neemt. Dat doet hij met raffinement, precisie en voor een sterke prijs-kwaliteitverhouding.

France is clearly the theme here, from the rustic interior to the Gallic menu. The experienced chef serves up tasty dishes which deliver a creative take on classic French recipes, while also demonstrating refined precision and offering great value for money.

Menu 42/68 € – Carte ong. 50 €

Plattegrond: 3F2-f – *Singel 460* ✉ *1017 AW* – ℰ *020 737 3051*
– *www.tfcrestaurant.nl* – *alleen diner* – *Gesloten zondag en maandag*

Gebr. Hartering

FRANS · BISTRO Niek en Paul Hartering hebben een gezamenlijke liefde voor het product. Daarom vindt u in deze joviale zaak ook maar een kleine kaart en een menu dat regelmatig wijzigt. Hun markt/fusion keuken steunt namelijk op wat die dag op zijn best is. Smaken liegen niet ...

Niek and Paul Hartering share a love of ingredients. This cheerful venue proposes a short menu, which changes regularly, as the fusion cuisine depends on the ingredients at their best on the day. Flavours don't lie.

Menu 55/80 € – Carte 50/79 €

Plattegrond: 4H2-a – *Peperstraat 10hs* ✉ *1011 TL* – ℰ *020 421 0699*
– *www.gebr-hartering.nl* – *alleen diner* – *Gesloten 24, 25, 26 en 31 december-1 januari*

Geisha

AZIATISCH · EXOTISCHE SFEER Deze trendy Geisha verwent u met het lekkers dat Zuidoost-Azië te bieden heeft. De traditionele precisie en versheid zijn uiteraard op de afspraak, en worden aangevuld met meer vernieuwende bereidingen. U kunt er nu ook in fingerfood vorm van proeven in de cocktailbar, bijgestaan door een lekker drankje.

This trendy Geisha spoils guests with the delicacies of Southeast Asia. The traditional precision and freshness are certainly part of the deal, and are supplemented with more innovative dishes. You can also enjoy hors-d'oeuvres-style options at the bar, accompanied by a choice of delicious cocktails.

Menu 33/55 € - Carte 24/68 €

Plattegrond: 4G1-z - *Prins Hendrikkade 106a ✉ 1011 AJ*
- *☏ 020 626 2410 - www.restaurantgeisha.nl*
- *alleen diner - Gesloten 25 en 31 december, 1 januari, 27 april en zondag*

Kaagman & Kortekaas

MARKTKEUKEN • GEZELLIG Giel Kaagman & Bram Kortekaas gaan in hun informele bistro voor kwaliteit. De chef werkt graag met wild en gevogelte, en maakt zelf charcuteriebereidingen zoals terrines. Die worden mooi verwerkt in gerechten die eerder traditioneel smaken maar wel volledig met hun tijd mee zijn.

Giel Kaagman and Bram Kortekaas focus on quality in their informal bistro. The chef likes to work with game and poultry, making his own charcuterie and terrines. These are cleverly worked into dishes that present an up-to-date take on traditional flavours.

Menu 50 €

Plattegrond: 3F1-v - *Sint Nicolaasstraat 43 ✉ 1012 NJ*
- *☏ 020 233 6544 - www.kaagmanenkortekaas.nl*
- *alleen diner - Gesloten zondag en maandag*

The Seafood Bar

VIS EN ZEEVRUCHTEN • BRASSERIE Het zal u niet verbazen: in deze trendy zaak zijn vis en zeevruchten koning. U ziet hen blinken in de koelingen en smult op het bord van hun pure smaken, zonder al teveel poespas bereid. Het uitgebreide, uitermate verse aanbod garandeert een topetentje!

You will not be surprised to find that this trendy establishment is a mecca for lovers of seafood. The delicacies glisten on the display counters and look mouthwatering on the plate, prepared with the minimum of fuss. The extensive array of fresh ingredients guarantees a superb meal.

Lunch 16 € - Menu 38/49 € - Carte 29/69 €

Plattegrond: 3F2-e - *Spui 15 ✉ 1012 WX*
- *☏ 020 233 7452 - www.theseafoodbar.com*
- *Gesloten kerstavond en oudejaarsavond*

Hotels

Amstel

GROTE LUXE • HISTORISCH Het is een bastion van stijl en luxe, dit paleis aan de Amstel. De ruime kamers zijn met zorg voor details en met opvallend mooi stijlmeubilair ingericht. Uiteraard is de service zeer efficiënt en geniet u hier van alle denkbare faciliteiten. In de brasserie defileren geüpdatete brasseriegerechten, die evenwel herkenbaar smaken.

A veritable haven of luxury and good taste in this grand hotel on the banks of the Amstel. The vast rooms are decorated with stylish furnishings and attention to detail. Service is efficient and they offer every conceivable facility. The food at Amstel Brasserie showcases updated brasserie dishes, without meddling with their characteristic flavours.

62 kam - †450/750 € ††450/750 € - 17 suites - ☕ 39 €

Plattegrond: 4G3-a - *Prof. Tulpplein 1 ✉ 1018 GX*
- *☏ 020 622 6060*
- *www.amsterdam.intercontinental.com*

La Rive - zie restaurantselectie

Sofitel Legend The Grand

STADSPALEIS · GROTE LUXE De historische grandeur van dit prachtige pand waar Willem van Oranje ooit verbleef is fantastisch. Zowel de kamers als de openbare ruimtes ademen luxe en Franse elegantie, en om u nog beter te bedienen is er nu zelfs een butlerdienst. In Bridges BarBistro bedient men fans van internationale bistrogerechten op hun wenken.

This magnificent building, where William of Orange once stayed, oozes historic grandeur. The guestrooms and public spaces breathe luxury and French elegance – and there is even a butler service. Bridges BarBistro will delight fans of international bistro cuisine.

177 kam ☲ – †320/520 € ††350/550 € – 29 suites

Plattegrond: 4G2-b – *O.Z. Voorburgwal 197* ✉ *1012 EX* – ☎ *020 555 3111* – *www.sofitel-legend-thegrand.com*

Bridges Dining ✿ – zie restaurantselectie

Andaz

LUXE · DESIGN Topdesigner Marcel Wanders heeft deze voormalige stadsbibliotheek omgetoverd tot een prachtig designhotel. U ervaart er wat luxe is en komt tot rust in stijlvolle kamers waarin telkens vissen zijn afgebeeld. De persoonlijke ontvangst en begeleiding maken uw beleving bij Andaz compleet.

Top designer Marcel Wanders converted this former city library into a magnificent designer-style hotel. Guests can experience true luxury and find peace in stylish bedrooms with fish-themed decor. The personal welcome and attention complete the experience at Andaz.

117 kam – †335/495 € ††335/495 € – 5 suites – ☲ 20 €

Plattegrond: 3F2-x – *Prinsengracht 587* ✉ *1016 HT* – ☎ *020 523 1234* – *www.amsterdam.prinsengracht.andaz.com*

Hotel de l'Europe

PALACE · ELEGANT Dit luxehotel uit het einde van de 19de eeuw is een chique combinatie van charme en traditie. De kamers zijn stijlvol en de junior suites werden geïnspireerd door de Nederlandse meesters. Mooi zicht op de Amstel.

This luxury hotel, which dates back to the end of the 19C, offers a chic combination of charm and tradition. The rooms are elegant and the junior suites were inspired by the Dutch School. Views of the canals.

88 kam – †399/699 € ††399/799 € – 23 suites – ☲ 42 €

Plattegrond: 3F2-c – *Nieuwe Doelenstraat 2* ✉ *1012 CP* – ☎ *020 531 1777* – *www.deleurope.com*

Bord'Eau ✿ • **Hoofdstad** ☺ – zie restaurantselectie

TwentySeven

HISTORISCH PAND · GROTE LUXE Enkel het beste volstaat bij TwentySeven. De warme retrostijl van het weelderige decor geeft het hotel cachet, de aangeboden service is gewoonweg uniek. Privé-butlers, nanny's, een internationaal geroemde bartender in de cocktaillounge, ... Hier beleeft men luxe met een grote L. Dit soort exclusiviteit is ongezien in de Benelux!

Only the best is good enough at TwentySeven. The warm, retro style of the sumptuous decor gives the hotel cachet, while the service offered is simply unique. Private butlers, nannies, an internationally acclaimed bartender in the cocktail lounge – this hotel offers luxury with a capital L and the kind of exclusive service which is unparalleled in the Benelux countries.

16 kam – †350/1500 € ††350/1500 € – 13 suites – ☲ 30 €

Plattegrond: 3F1-q – *Dam 27* ✉ *1012 JS* – ☎ *020 218 2180* – *www.hoteltwentyseven.com*

Bougainville ✿ – zie restaurantselectie

🏨 Waldorf Astoria   ☆ 🛏 📺 🔟 🛁 📶 🔁 🐾 🅰🅲 🛄 🚗

GROTE LUXE · ELEGANT Zes grachtenhuizen uit de 17de eeuw zijn omgetoverd tot een oord van luxe. Een interieur dat klasse uitstraalt, marmer in de badkamers, personeel dat altijd tot uw dienst staat … En dan dat zicht: de kamers vooraan kijken uit op de Herengracht, die achteraan op de mooie binnentuin. Heerlijk!

Six canal houses from the 17C have been transformed into a luxury hotel with stylish decor, marble bathrooms and staff who are ever attentive to guests' needs. The views add to the appeal, with the front rooms overlooking the Herengracht and those to the rear overlooking the beautiful courtyard. Wonderful!

93 kam – 🛏500/850 € 🛏🛏500/850 € – 11 suites – ⌑ 38 €

Plattegrond: 4G2-d – *Herengracht 542* ✉ *1017 CG* – ☎ *020 718 4600*
– *www.waldorfastoria.com/amsterdam*

Spectrum ✿✿ – zie restaurantselectie

🏨 art'otel   ☆ 📺 📶 🔁 🐾 🅰🅲 ✂ 🚗

BUSINESS · TRENDY Van de expositie in de kelder tot de creaties in de gangen en kamers: kunst is de rode draad in dit moderne hotel. Ook de kunst van het verwennen heeft men onder de knie. Hier geniet u zowel van luxe en comfort in de kamers als van fijne zorgen in de wellness. En, uiteraard, van een mooie penseelstreek.

From the exhibition in the cellar to the creations in the corridors and bedrooms, art is the theme of this modern hotel. It also exhibits a good grasp of the art of indulgence, from the luxury and comfort of the bedrooms to the exquisite care provided in the wellness suite. All this with the backdrop of beautiful works of art.

107 kam ⌑ – 🛏259/699 € 🛏🛏259/699 €

Plattegrond: 4G1-m – *Prins Hendrikkade 33* ✉ *1012 TM* – ☎ *020 719 7200*
– *www.artotelamsterdam.com*

🏨 Grand Hotel Amrâth   ☆ 📺 📶 🔁 🐾 🅰🅲 ✂ 🚗 🅿

HISTORISCH · ART DÉCO De monumentale trappenhal van dit indrukwekkende art-nouveauhotel is uw "stairway to heaven": hier zal het u aan niets ontbreken. De ligging is lekker centraal, de kamers comfortabel en de service erg persoonlijk en attent. In het restaurant vindt u een vleugje retro in het interieur en een internationale bries op uw bord.

The monumental staircase in this imposing Art Nouveau hotel will be your stairway to heaven as you won't want for anything here. The location is nice and central, the rooms are comfortable and the service is very personal and attentive. In the restaurant, you will find a hint of retro in the decor and an international flavour on your plate.

205 kam – 🛏199/475 € 🛏🛏199/475 € – 9 suites – ⌑ 25 €

Plattegrond: 4G1-x – *Prins Hendrikkade 108* ✉ *1011 AK* – ☎ *020 552 0000*
– *www.amrathamsterdam.com*

🏨 NH Grand Hotel Krasnapolsky   ☆ 📶 🔁 🐾 🔁 🅰🅲 🚗 🛎

LUXE · HISTORISCH Monumenten moet je koesteren, daarom is dit historisch grand hotel uit 1855 ook volledig gerenoveerd. Zowel zakenmensen als vakantiegangers zullen hier de moderne luxe en de klassiekere karaktertrekken appreciëren. Het ontbijt in de wintertuin en het etentje in het stijlvolle Grand Café dragen bij tot de beleving.

Monuments should be cherished – that is why this historic grand hotel dating back to 1855 has been fully renovated. Business people and holidaymakers alike will appreciate the modern luxury and the more classic features. Breakfast in the winter garden and dinner in the stylish Grand Café complete the experience.

451 kam – 🛏180/600 € 🛏🛏180/600 € – 2 suites – ⌑ 30 €

Plattegrond: 4G1-k – *Dam 9* ✉ *1012 JS* – ☎ *020 554 9111* – *www.nh-collection.com*

The White Room by Jacob Jan Boerma ✿ – zie restaurantselectie

🏨 Pulitzer

HISTORISCH PAND · ROMANTISCH Karaktervol complex van maar liefst 25 huizen (17de en 18de eeuw), rond een verzorgde tuin. De kamers zijn met veel smaak heringericht en de kunstwerken in de gemeenschappelijke ruimten zorgen voor een aangename ambiance. Luxebrasserie Jansz. is een hippe plek waar u heel de dag door lekker hedendaags kunt eten.

Characterful complex of no less than 25 houses (17C and 18C), set around a beautifully kept garden. The rooms have been tastefully redecorated and the artwork in the communal areas creates a pleasant ambience. Luxury brasserie Jansz. is a trendy spot for tasty contemporary dishes at any time of day.

225 kam – ♦309/600 € ♦♦309/600 € – 9 suites – ☲ 32 €

Plattegrond: 3F1-m – *Prinsengracht 315* ✉ *1016 GZ* – ☎ *020 523 5235*
– *www.pulitzeramsterdam.com*

🏨 W Amsterdam

STADSHOTEL · DESIGN Uw avontuur begint op het 6de verdiep, bij de check-in, waar u het mooie zicht op de stad ontdekt. W Amsterdam bevindt zich in het oude PTT schakelkantoor en een bank, maar vormt nu één prachtig geheel. Dutch designers hebben het onder handen genomen en koppelen er trendiness aan pure luxe. Zoals de trendy brasserie (lekker!) en het zwembad op het dak, Wauw!

The adventure begins with check-in on the 6th floor, where guests will discover the beautiful view of the city. W Amsterdam is situated in an old post office and a bank, which now form a magnificent unified venue. Dutch designers have taken it in hand, coupling trendiness with pure luxury and adding stunning features like the rooftop swimming pool and the trendy brasserie.

238 kam – ♦240/699 € ♦♦240/699 € – ☲ 35 €

Plattegrond: 3F1-s *Spuistraat 175* ✉ *1012 VN* – ☎ *020 811 2500*
– *www.wamsterdam.com*

🏨 Ambassade

HISTORISCH PAND · ELEGANT U merkt het aan de CoBrA-collectie en de bibliotheek met gesigneerde boeken van auteurs die hier verbleven: dit is een kunstig adresje, erg passend voor het artistieke Amsterdam!

The CoBrA collection and the books in the library signed by authors who have stayed here all testify to the artistic style of this hotel. It is just perfect for art loving Amsterdam!

53 kam – ♦225/315 € ♦♦325/450 € – 3 suites – ☲ 23 €

Plattegrond: 3F2-t – *Herengracht 341* ✉ *1016 AZ* – ☎ *020 555 0222*
– *www.ambassade-hotel.nl*

🏨 Canal House

STADSHOTEL · BIJZONDER Canal House, dat is luxueus logeren langs de Amsterdamse grachten. U hebt de keuze uit kamers gaande van good over better tot best, de ultieme verwennerij! Het moderne karakter van de kamers past perfect bij het historische kader van dit hotel.

Canal House is synonymous with luxury and is set alongside one of Amsterdam's canals. Take your pick from guestrooms ranging in category from 'good' to 'better' to 'best', the ultimate treat! The modern character of the rooms fits in perfectly with the historic ambience of this hotel.

23 kam ☲ – ♦295/800 € ♦♦295/800 €

Plattegrond: 3F1-k – *Keizersgracht 148* ✉ *1015 CX* – ☎ *020 622 5182*
– *www.canalhouse.nl*

🏨 The Dylan

STADSPALEIS · ROMANTISCH Ontdek de intieme harmonie van dit 17de-eeuwse boetiekhotel met verrassend designdecor. Prachtige kamers en persoonlijke service maken dit één van de bijzondere adressen van de stad. Bij Brasserie OCCO werkt de chef met goede producten, die hij combineert in gevarieerde en op-en-top eigentijdse gerechten.

Discover the intimate harmony of this 17C boutique hotel with its surprising designer decor. Magnificent guestrooms and personal service make this one of the city's special addresses. At Brasserie OCCO, the chef works with good quality ingredients, combining them to create varied and thoroughly contemporary dishes.

40 kam – ♦330/490 € ♦♦350/560 € – ⌷ 28 €

Plattegrond: 3F2-a – *Keizersgracht 384* ⊠ *1016 GB* – ☏ *020 530 2010*
– *www.dylanamsterdam.com*

Vinkeles ✿ – zie restaurantselectie

Estheréa

HISTORISCH PAND · ELEGANT Estheréa is een kokette dame, een echte beauty queen: ze verleidt u met een warm interieur vol rood velours en klassieke charme, en wint u helemaal voor zich met het verzorgde ontbijt.

The Estheréa is a beautiful, elegant hotel full of charm. Its warm, classic interior clad in red velvet will tempt you in, and its excellent breakfasts will win you over completely.

91 kam – ♦120/450 € ♦♦150/550 € – 2 suites – ⌷ 18 €

Plattegrond: 3F2-y – *Singel 305* ⊠ *1012 WJ* – ☏ *020 624 5146*
– *www.estherea.nl*

Aitana

KETENHOTEL · HEDENDAAGS Aitana is een knap designhotel op het IJ, en wat voor één! Veel lichtinval en minimalistisch design zorgen zowel in de themakamers als de suites voor een zengevoel. U kunt er lekker lang genieten van de heerlijke bedden want het ontbijt wordt tot 12 uur geserveerd. Leuke extra: het hotel heeft een eigen marina.

Aitana is a handsome design hotel on the IJ, and quite an exceptional one too! Lots of light and minimalist designs in the themed rooms and suites create a relaxed 'Zen-like' feel. Breakfast is served until noon, allowing guests a lazy morning in the comfortable beds. A nice extra touch: the hotel has its own marina.

285 kam – ♦279/409 € ♦♦279/409 € – ⌷ 19 €

Plattegrond: 2C1-a – *IJdok 6* ⊠ *1013 MM* – ☏ *020 891 4800*
– *www.room-matehotels.com*

American

HISTORISCH · KLASSIEK Dit historisch gebouw grijpt meteen uw aandacht. De indrukwekkende façade ademt een zekere statigheid uit en binnen wordt de lijn doorgetrokken, met comfortabele kamers die karakter hebben. De fijne keuken van Café Americain wordt opgediend in een stijlvolle art-decozaal, onder een schitterend plafond.

This historic building immediately grabs your attention, with its imposing façade that exudes a certain dignity, and its very characterful, comfortable interior. Café Americain offers fine cuisine in a stylish Art Deco room with a magnificent ceiling.

175 kam – ♦140/600 € ♦♦140/600 € – ⌷ 23 €

Plattegrond: 3E2-q – *Leidsekade 97* ⊠ *1017 PN* – ☏ *020 556 3000*
– *www.hampshire-hotels.com/american*

Banks Mansion

BUSINESS · ELEGANT De knappe architectuur van Berlage kondigt het al aan: hier verblijft u in stijl, zoals u het in een mansion verwacht. Leuke extra: de minibar én de whisky zijn inbegrepen!

The handsome Berlage architecture of this hotel hints at the elegant accommodation on offer here. As an added attraction, the minibar and the whisky are included in the price of the room.

51 kam ⌷ – ♦199/289 € ♦♦199/319 €

Plattegrond: 3F2-j – *Herengracht 519* ⊠ *1017 BV* – ☏ *020 420 0055*
– *www.banksmansion.nl*

INK ⚒ 🛏 📺 ♿ 🆎 🚭

STADSHOTEL · EIGENTIJDS Inkt vloeide hier jarenlang toen de krant De Tijd er nog huisde, vandaag vloeit inkt om de charme en het karakter van dit modern hotel te omschrijven. Details in het decor herinneren aan dat verleden, atlasstekeningen van Amsterdam aan de muren vallen op. Hier wordt opnieuw een mooi verhaal geschreven.

Full of charm and character, this modern hotel owes its name to the rich history of the building. Housed in the former home of the newspaper De Tijd, the hotel boasts decor that is reminiscent of that past, with maps of Amsterdam prominently featured on the walls. Another good story is in the making here.

149 kam – ♦179/399 € ♦♦179/399 € – 1 suite – ☐ 25 €

Plattegrond: 3F1-n – *Nieuwezijds Voorburgwal 67* ✉ *1012 RE* – ☎ *020 627 5900* – *www.ink-hotel-amsterdam.com*

NH Barbizon Palace ⚒ 🎴 🛏 📺 ♿ 🆎 🧖 ♨ 🚗

STADSHOTEL · ELEGANT Dit elegant onderkomen recht tegenover het station wordt gerenoveerd, maar aan de 17de-eeuwse charme en het klassieke comfort wordt niet geraakt. De Amsterdamse grachten wachten om door u verkend te worden vanaf de privé-aanlegsteiger. Bij Bar Mar-Dique ontdekt u moderne bistrogerechten, met een voorliefde voor groenten.

This elegant property directly opposite the station has a hint of 17C charm. Renovations are taking place to upgrade the traditional comfort. The famous Amsterdam canals await discovery from the private jetty. At Bar Mar-Dique discover dishes prepared in a modern bistro style, with a penchant for vegetables.

271 kam – ♦229/529 € ♦♦229/529 € – 3 suites – ☐ 24 €

Plattegrond: 4G1-d – *Prins Hendrikkade 59* ✉ *1012 AD* – ☎ *020 556 4564* – *www.nh-hotels.com*

Vermeer ✿ – zie restaurantselectie

Notting Hill ⚒ 📺 🆎 🚭 🚗

BOETIEKHOTEL · EIGENTIJDS Boetiekhotel dat van alle moderne comfort is voorzien. De kamers zien er niet alleen mooi uit, ze zijn ook ingericht met kwalitatief hoogstaande materialen. De parkeergarage van het hotel komt hier, in het stadscentrum, goed van pas. Voor design en internationale gerechten moet u in het restaurant zijn.

A boutique hotel equipped with every type of modern comfort. The rooms not only look sumptuous, they are also finished with top quality materials. The hotel's car park is handy in this location in the city centre. Enjoy international cuisine to a backdrop of designer decor in the restaurant.

71 kam – ♦150/400 € ♦♦150/400 € – ☐ 24 €

Plattegrond: 4G3-h – *Westeinde 26* ✉ *1017 ZP* – ☎ *020 523 1030* – *www.hotelnottinghill.nl*

Rembrandt Square ⚒ 📺 🆎 🚭 🧖

BUSINESS · FUNCTIONEEL Het Rembrandtplein ligt net om de hoek, dit is dus een uitstekend hotel om Amsterdam te verkennen. Temeer omdat de kamers modern en goed uitgerust zijn. De (kleinere) kamers van Eden, het aanleunende broertje, bieden eveneens het nodige comfort om uw stapbenen te laten rusten. Voor goede traditionele kost moet u dan weer bij Brasserie FLO zijn.

Rembrandt Square is just around the corner, making this an excellent base for exploring Amsterdam, with modern, well-furnished guestrooms. Eden, the establishment's little brother next door, provides (smaller) comfortable guestrooms in which to recharge after a busy day's sightseeing. Typical brasserie fare and good set menus at Brasserie FLO.

168 kam – ♦110/450 € ♦♦110/450 € – ☐ 19 €

Plattegrond: 4G2-s – *Amstelstraat 17* ✉ *1017 DA* – ☎ *020 890 4747* – *www.hampshire-hotels.com*

The Toren

BOETIEKHOTEL · ROMANTISCH Op enkele passen van het Anne Frank Huis vindt u dit romantisch boudoirhotel. De ontbijtzaal is elegant en de kamers zijn warm ingericht, in neobarokke stijl, met als uitschieter de drie tuinsuites: een droom om in te slapen!

This romantic boutique hotel can be found just a few steps away from the Anne Frank House. The breakfast room is elegant and the bedrooms are decorated in a warm, neo-Baroque style. The three garden suites will ensure a memorable stay.

40 kam – ♦100/200 € ♦♦200/300 € – ☼14 €

Plattegrond: 3F1-w – *Keizersgracht 164* ✉ *1015 CZ* – ℰ *020 622 6352*
– *www.thetoren.nl*

The Albus

STADSHOTEL · TRENDY Smart, superb, stunning, … De kamers van dit designhotel zijn een voor een fris en modern, en worden terecht lovend omschreven. U bent hier in handen van een gedreven team dat u graag meer vertelt over de ecologische werking van The Albus.

Smart, superb, stunning: every one of the guestrooms in this design hotel is fresh and modern, leading to rave reviews. Visitors are in the hands of a highly motivated team who are happy to explain the eco-friendly aspects of The Albus.

75 kam – ♦179/379 € ♦♦179/379 € – ☼19 €

Plattegrond: 3F2-m – *Vijzelstraat 49* ✉ *1017 HE* – ℰ *020 530 6200*
– *www.albushotel.com*

Senses ⑪ – zie restaurantselectie

The Hoxton

HISTORISCH · GEZELLIG Piepklein is het uithangbord, groot zal uw verbazing zijn wanneer u binnen een bedrijvige, huiselijke woonkamer ontdekt. De gezelligheid wordt doorgetrokken tot in de kamers, waar vintage en moderne elementen samenspelen. In het restaurant geniet u 's ochtends van een ontbijt a la carte en later van eigentijdse kost.

The sign outside is tiny, so you might be surprised to step inside The Hoxton and discover a bustling, homely living room. The cosy feel reaches as far as the bedrooms, where vintage and modern elements intertwine. In the restaurant guests can enjoy an à la carte breakfast in the morning and contemporary cuisine later in the day.

111 kam ☼ – ♦89/299 € ♦♦99/529 €

Plattegrond: 3F2-b – *Herengracht 255* ✉ *1016 BJ* – ℰ *020 888 5555*
– *www.thehoxton.com*

Sebastian's

BOETIEKHOTEL · ELEGANT Een boetiekhotel met gewaagde maar warme kleuren dat door z'n fijne ligging langs de Keizersgracht, dicht bij de Jordaan, zowel zakenlui als party people zal bevallen. Trendy bar.

A boutique hotel with an adventurous, yet warm colour scheme. Its convenient location on the Keizersgracht canal, close to the Jordaan area, will suit business travellers and night-owls alike. Trendy bar.

33 kam – ♦81/189 € ♦♦95/252 € – ☼14 €

Plattegrond: 3F1-a – *Keizersgracht 15* ✉ *1055 CC* – ℰ *020 423 2342*
– *www.hotelsebastians.nl*

Adressen met gastenkamers 🏠 bieden niet dezelfde service als een hotel. Zij onderscheiden zich vaak door hun onthaal en decor, die vooral de persoonlijkheid van de eigenaars naar voren brengt. De B&B's vermeld in het rood 🏠 zijn het charmantst.

Museumplein (Rijksmuseum, Stedelijk Museum, Van Gogh Museum)

sinsy/iStock

Restaurants

❀ **RIJKS®** 🍽 ♿ 🚫 🚗

CREATIEF · HEDENDAAGSE SFEER XX Deze levendige luxebrasserie is de culinaire parel van het Rijksmuseum. De kookeilanden leveren een leuk schouwspel, maar het spektakel wordt door de uiterst boeiende gerechten verzorgd. Chef Bijdendijk barst van de ideeën en sublimeert bij voorkeur Nederlandse producten. Exotische invloeden en oog voor verfijning typeren zijn delicieuze creativiteit.

This lively luxurious brasserie is the culinary pearl of the Rijksmuseum, where guests can enjoy watching the chefs preparing dishes at the kitchen islands. Chef Bijdendijk is full of ideas and seeks to refine typical Dutch produce, with his delicious creativity reflecting exotic influences and an eye for refinement.

➜ Koolrabi met oester, rettich, appel en vermouthvinaigrette. Drooggerijpte tamme eend : borst, bout, hart en ei. In zoutkorst gepofte biet met amandelmakaron en hibiscus.

Lunch 38 € – Menu 70 € – Carte 50/65 €

Plattegrond: 3F3-f – *Museumstraat 2* ✉ *1077 XX* – ☎ *020 674 7555* – *www.rijksrestaurant.nl – Gesloten 31 december-1 januari, 27 april en zondagavond*

☺ **Brasserie van Baerle** 🍴 🍽 ♿

KLASSIEKE KEUKEN · VINTAGE XX Deze luxebrasserie mag gerust een Amsterdams begrip genoemd worden. Hier hangt altijd een gezellige drukte en dat lokt een diverse klantenkring. Zij raden u ongetwijfeld het aanlokkelijke keuzemenu aan, maar zeker ook het ruime aanbod wijnen per glas en de prima steak tartaar 'minute'.

This retro brasserie attracts regular customers, mainly from the local area because of its appealing menu, tasty steak tartare and well-matched wines. Courtyard terrace.

Menu 37 € – Carte 48/56 €

Plattegrond: 1B3-b – *Van Baerlestraat 158* ✉ *1071 BG* – ☎ *020 679 1532* – *www.brasserievanbaerle.nl – Gesloten 31 december-1 januari, 27 april, maandagmiddag en zaterdagmiddag*

☺ **Oud-Zuid** 🍽 ♿

TRADITIONELE KEUKEN · BRASSERIE X Brasseriestijl in de zaal en op uw bord: dit karaktervolle restaurant schotelt u traditionele gerechten voor met hedendaagse accenten. Tip voor muziekliefhebbers: in minder dan 10 minuten wandelt u van hier naar het Concertgebouw.

This characterful restaurant with a brasserie-style dining room presents traditional dishes with a modern touch. For music lovers, Oud-Zuid is less than a 10 min walk from the Concertgebouw.

Lunch 28 € – Menu 37 € – Carte 47/64 €

Plattegrond: 3E3-x – *Johannes Verhulststraat 64* ✉ *1071 NH* – ☎ *020 676 6058* – *www.restaurantoudzuid.nl – Gesloten 25, 26 en 31 december-1 januari en 27 april*

Le Garage

FRANS • TRENDY XX Het rode velours, de spiegels, de kleine lampjes ... De luxe-brasserie-inrichting geeft Le Garage een echte showbizz-uitstraling! Dankzij het aantrekkelijke menu en de uitgebreide kaart kunt u hier naar hartenlust kiezen. De traditionele Franse gerechten bekoren dankzij hun genereuze smaken, het occasioneel vleugje creativiteit smaakt evenzeer.

Red velour, mirrors and small lamps all combine to create a luxurious brasserie interior which gives Le Garage a genuine showbiz look! The impressive and extensive menu offers a wide choice of enticing traditional French dishes which are full of flavour – with occasional touches of creativity which make the food just a little bit more special.

Menu 37 € – Carte 46/60 €

Plattegrond: 1B3-y – *Ruysdaelstraat 54* ✉ *1071 XE* – ✆ *020 679 7176*
– *www.restaurantlegarage.nl* – *alleen diner* – *Gesloten zaterdagmiddag en zondag*

MOMO

AZIATISCHE INVLOEDEN • EIGENTIJDS XX Een van dé hotspots van de stad, met Aziatische fusionkeuken in een lekker fashionable decor. 's Middags bento (Japanse lunchbox), 's avonds gerechtjes om te delen: want "sharing is caring". MOMO, dat is pure kosmopolitische klasse.

MOMO is still one of the city's hotspots, offering fusion cuisine in a fashionable setting. Bento (Japanese lunchboxes) are served at lunchtime, followed by a menu designed for sharing in the evening.

Lunch 25 € – Menu 50/100 € – Carte 57/120 € – *(eenvoudige lunchkaart)*

Plattegrond: 3E3-h – *Hotel Park, Hobbemastraat 1* ✉ *1071 XZ* – ✆ *020 671 7474*
– *www.momo-amsterdam.com* – *open tot 23.00 u.*

Taiko

AZIATISCHE INVLOEDEN • ELEGANT XX U stapt een kosmopolitisch restaurant binnen, intiem en trendy, en in de open keuken ziet u de sushimeester al aan het werk. Dat wordt smullen! Aziatische ingrediënten en bereidingen worden hier ingezet om een intense smaakharmonie te creëren. De ruime kaart geeft zowel plaats aan traditionele als moderne bereidingen, beide even puur als delicaat.

This cosmopolitan restaurant has an intimate and stylish ambience, with an open kitchen where you can watch the sushi master at work. Prepare for a feast! Asian ingredients and recipes are used to create an intense harmony of flavours, with an extensive menu comprising both traditional and modern dishes, which are as pure as they are delicate.

Menu 95/115 € – Carte 78/160 €

Plattegrond: 3E3-b – *Hotel Conservatorium, Van Baerlestraat 27* ✉ *1071 AN*
– ✆ *020 570 0000* – *www.taikorestaurant.nl* – *alleen diner* – *Gesloten zondag*

Hotels

Conservatorium

STADSPALEIS • GROTE LUXE Het Conservatorium is een van de paradepaardjes van het Amsterdams hotelaanbod. Kosten noch moeite werden gespaard bij de renovatie van deze neoklassieke parel uit het einde van de 19de eeuw, en dat ziet u. Voor het personeel is geen moeite te veel; hier verblijven is onversneden luxe ervaren.

The Conservatorium is one of Amsterdam's finest hotels. Neither expense nor effort was spared in the renovation of this neo-Classical jewel that dates back to the end of the 19C. Excellent service, with staff at hand to meet your every need. Pure, unadulterated luxury.

129 kam – 🛏399/799 € 🛏🛏399/799 € – 7 suites – 🍽43 €

Plattegrond: 3E3-b – *Van Baerlestraat 27* ✉ *1071 AN* – ✆ *020 570 0000*
– *www.conservatoriumhotel.com*

Taiko 🍴 – *zie restaurantselectie*

AMSTERDAM

The College

HISTORISCH · ELEGANT The College bevindt zich in een ronduit verbluffend 19de-eeuws pand. Het heeft karakter, dat ervaart u ook in de stijlvolle kamers waarin authentieke elementen voor cachet zorgen. Beloftevolle studenten komen in dit voormalige jongenscollege ervaring opdoen en zorgen voor een goede service. In de bar-lounge kunt u heel de dag wat eten.

The College is housed in a stunning 19C building, offering real character in its stylish rooms where authentic elements add a touch of cachet. Talented students come to this former boys' college to gain experience, while also offering guests excellent service. Food is available throughout the day in the bar-lounge.

40 kam – ♦119/390 € ♦♦119/470 € – ☐ 20 €

Plattegrond: 1B3-a – *Roelof Hartstraat 1* ✉ *1071 VE* – 𝒞 *020 571 1511*
– *www.thecollegehotel.com*

Park

STADSHOTEL · DESIGN Geheel gerenoveerd, modern hotel tussen het Vondel-park en het centrum. Vijf types royale kamers met een aangename, trendy ambiance. Vergaderzalen, fitness en prima service.

Fully renovated, hi-tech hotel set between the Vondelpark and the busy city centre. Five types of spacious and pleasant, trendy rooms. Meeting and fitness facilities. Stylish service.

189 kam – ♦130/400 € ♦♦130/400 € – ☐ 24 €

Plattegrond: 3E3-h – *Stadhouderskade 25* ✉ *1071 ZD* – 𝒞 *020 671 1222*
– *www.parkhotel.nl*
MOMO ⫟○ – zie restaurantselectie

JL n° 76

HERENHUIS · ELEGANT In de Jan Luijkenstraat zijn twee 18de-eeuwse herenhui-zen omgevormd tot dit leuke boetiekhotel. De kamers zijn modern, stijlvol en in de meeste kunt u vanuit het bubbelbad naar tv kijken! Het is hier ook rustig, zelfs al ligt het hotel in de bedrijvige mode- en museumbuurt. In het restaurant hebt u de keuze uit een kaart die kort en eigentijds is.

Two 18C mansions on Jan Luijkenstraat have been converted into this lovely bou-tique hotel, which has a peaceful ambience despite being located in the bustling fashion and museum district. The bedrooms are modern, stylish and most have a whirlpool bath from which you can watch TV. In the restaurant, choose from a menu that is both concise and contemporary.

39 kam – ♦80/450 € ♦♦80/450 € – ☐ 20 €

Plattegrond: 3E3-t – *Jan Luijkenstraat 76* ✉ *1071 CT* – 𝒞 *020 348 5555*
– *www.hoteljlno76.com*

West en Zuid (RAI)

Restaurants

✿✿ Ciel Bleu

CREATIEF · ELEGANT XxxX U stapt internationaal luxehotel Okura binnen, neemt de lift tot de 23ste verdieping en ontdekt een verbluffend decor dat een toonbeeld is van moderne elegantie. Wat een entree! En dat is niet alles, want het zicht op Amsterdam is hier spectaculair.

Tijd om van al die emoties te bekomen hebt u niet, want chef Onno Kokmeijer pakt meteen uit met zijn technische kunde en creativiteit. Uitvoerige details en internationale invloeden zorgen voor verrassende variaties. De samenhang van smaken is soms onverwacht, en dat maakt elk gerecht des te interessanter. Een signatuurgerecht van chef Kokmeijer is koningskrab die hij combineert met ijs van blankebotersaus, gezouten citroen, kaviaar en een velletje bladgoud. Met deze evenwichtige bereiding toont de chef dat hij buiten de lijntjes durft te kleuren. Hij wil niet alleen dat zijn gerechten er spectaculair uitzien, ze moeten ook spectaculair smaken!

Eten bij Ciel Bleu is dus een geweldige ervaring. U wordt er zelfs bediend door een van de beste brigades van het land, met sommelier Noël Vanwittenbergh in de hoofdrol. The sky is hier werkelijk the limit!

Housed on the twenty-third floor of the international luxury hotel Okura, this restaurant is a model of modern elegance with stunning decor which is further enhanced by the spectacular view of Amsterdam.

Here, chef Onno Kokmeijer wows his guests with his technical skill and creativity. Attention to detail and international influences result in surprising variations, with occasionally unexpected combinations of flavours which make each dish all the more enticing. One of the chef's signature dishes brings together king crab with ice-cream made from beurre blanc, along with preserved lemon, caviar and a sliver of gold leaf. This balanced dish showcases the chef's bold and innovative approach, demonstrating a desire to produce food which is spectacular not only in appearance but also in flavour.

Dining at Ciel Bleu, where guests are served by one of the best teams in the country and the excellent sommelier Noël Vanwittenbergh, is a memorable experience. The sky is truly the limit here.

→ Koningskrab met kaviaar, roomijs van beurre blanc en gezouten citroen. Dorsetlam met polenta, groene asperges en foyotsaus. Banaan met gianduja, pinda en bruine rum.

Menu 185/195 €

Plattegrond: 1B3-c – *Hotel Okura, 23ste etage, Ferdinand Bolstraat 333*
✉ *1072 LH* – ☎ *020 678 7450* – *www.okura.nl* – *alleen diner*
– Gesloten 30 december-6 januari, 4 tot 25 augustus en zondag

---

Wilt u een feestje organiseren of een maaltijd met zakenrelaties? Kijk dan naar de restaurants met het symbool ⇨.

✿ Yamazato 🏊 AC 🎐 🛗 🛎 🅿

JAPANS • MINIMALISTISCH XXX De intieme soberheid van het interieur en het zicht op de Japanse tuin bezorgen u meteen een zen-gevoel. Dames in kimono brengen authentieke kaiseki-gerechten op tafel die de subtiliteit en technische beheersing van de Japanse keuken aantonen. De traditie wordt hier geëerd, dat kunt u ook ontdekken met een eenvoudige lunch (bentobox).

The intimate, spartan interior and view of the Japanese garden produce a Zen feel. Ladies in kimonos bring authentic kaiseki dishes to the table, showcasing the subtlety and technical accomplishment of Japanese cuisine. This place honours tradition, as visitors will also discover when ordering a simple bento box lunch.

→ Omakase en nigiri sushi. Tempura van kreeft. Shabu shabu, dunne plakjes entrecote en groenten in een bouillon.

Lunch 45 € – Menu 95/125 € – Carte 38/172 €

Plattegrond: 1B3-c – *Hotel Okura, Ferdinand Bolstraat 333* ✉ *1072 LH* – 𝒞 *020 678 7450 – www.okura.nl – Gesloten 8 tot 19 juli en maandag*

✿ RON Gastrobar (Ron Blaauw) 🍴 AC 🛗 🛎

FRANS CREATIEF • TRENDY XX Ron Blaauw keert terug naar de bron: pure, eerlijke producten swingen hier op uw bord. Deze urban gastrobar combineert een hippe, levendige ambiance met een topkeuken zonder franjes. Geen stijf gedoe dus, maar origineel, lekker eten en verbluffende smaken. De prijs-kwaliteitverhouding is – ook in de wijnkaart – fenomenaal!

Ron Blaauw returns to basics here, creating cuisine that is pure and prepared with quality ingredients. This urban gastro-bar combines a hip, lively ambience with top class cuisine without the frills. It also means little formality but original, delicious food and sensational flavours. Phenomenal value for money, which is also reflected in the wine list.

→ Gebakken ganzenlever met gemarineerde bietjes, krenten in madeira en parmezaanschuim. Barbecue spare ribs met huisgemaakte sambal. Surprise ei.

Lunch 24 € – Menu 39/68 € – Carte ong. 60 €

Plattegrond: 1A3-c – *Sophialaan 55* ✉ *1075 BP* – 𝒞 *020 496 1943* – *www.rongastrobar.nl – Gesloten 31 december-1 januari en 27 april*

✿ Bolenius (Luc Kusters) 🏊 🍴 🛗

CREATIEF • DESIGN XX Luc Kusters is een ambassadeur van de Nederlandse keuken. Producten van eigen bodem (de moestuin ligt naast het restaurant) laat hij schitteren met een zeer eigen inventiviteit. Hij werkt bij voorkeur met groenten om zijn lichte keuken power te geven. De smaken zijn boeiend, elke hap is prikkelend. Bolenius, dat is minimalistische klasse!

Luc Kusters is an ambassador of Dutch cuisine with his creativity turning homegrown produce (the vegetable garden is right next to the restaurant) into wonderful dishes. Vegetables play an important role in his exciting culinary experience, really exploring the power of natural flavours. The sleek and minimalistic style of Bolenius has indeed a class of its own.

→ Spaghetti van asperge met kokkels. Lam en paling met kuit en aubergine. Peer en pastinaak met drop, granen en chocolade.

Lunch 49 € – Menu 79/99 € – Carte 72/123 €

George Gershwinlaan 30 ✉ *1082 MT* – 𝒞 *020 404 4411* – *www.bolenius-restaurant.nl* – *Gesloten 26 december-2 januari, 3 tot 19 augustus, feestdagen, zaterdagmiddag en zondag*

✿ Le Restaurant (Jan de Wit) AC 🎐

MARKTKEUKEN • BISTRO X Le Restaurant van Jan de Wit is verhuisd naar een gezellig pand waar een bistrosfeer hangt, zijn succesformule blijft dezelfde: maar één menu, maar wat voor één! Het beste van de markt wordt zonder teveel liflafjes bereid, komt puur op het bord, en overtuigt met zijn machtige smaken. De prijs-plezierverhouding is top!

Jan de Wit's Le Restaurant has moved to a cosy building with a bistro feel. His formula for success remains the same: a simple but spectacular menu. The best of market produce is prepared without too much fuss and plated up in its authentic form to convince diners with its powerful flavours. The price-pleasure ratio is spot on.

→ Ceviche van makreel en coquilles, asperges en dashi. Tamme eend van de Japanse grill met amandel, romanesco en emulsie van gepofte knoflook. Hollandse aardbeien met rabarber, chartreusesabayon en kaffirlimoen.

Menu 65/85 € – *(een enkel menu)*

Plattegrond: 3F3-n – *Frans Halsstraat 26H* ✉ *1072 BR* – ☎ *020 379 2207*
– *www.lerestaurant.nl* – *alleen diner* – *Gesloten 24 december-4 januari,*
23 april-1 mei, 16 juli-3 augustus, zondag en maandag

Sinne (Alexander Ioannou) ⬛

MODERNE KEUKEN · EIGENTIJDS Als was het een toneel ziet u de chefs koken in de open keuken achteraan deze gezellige zaak. Chef Ioannou legt er de finishing touch aan gerechten waarin Franse, mediterrane en oosterse invloeden samenvloeien. Het resultaat is opmerkelijk: de gerechten hebben punch en pit, complexe smaken vormen hier één. De zachte prijzen zijn al even interessant!

The open-plan kitchen at the back of this warm and friendly restaurant is reminiscent of a theatre scene. Chef Ioannou adds the finishing touch to dishes where French, Mediterranean and Oriental influences meet. The result is remarkable – dishes full of wonderful and complex flavours at affordable prices.

→ Ceviche van makreel met limoendressing, rettich en gepofte mais. Eendenborst op de barbecue met rode kerrie, linzen, boleten en eigen jus. Bananencremeux met gezouten pinda, chocoladeganache en kalamansi.

Menu 39/87 €

Plattegrond: 2C3-e – *Ceintuurbaan 342* ✉ *1072 GP* – ☎ *020 682 7290*
– *www.restaurantsinne.nl* – *alleen diner behalve zondag* – *Gesloten maandag en dinsdag*

Le Hollandais ⬛

KLASSIEKE KEUKEN · VINTAGE Bent u in een nostalgische bui? Dan is dit een uitstekend adres, want het draait de klok voor u terug! In de eetzaal waant u zich in de jaren zeventig en de chef weet nog steeds gerechten voor te schotelen die, zoals de tijd van toen, genereus en rijk aan smaak zijn! Hier eet u Frans klassiek zoals het hoort te smaken.

Feeling a little nostalgic? Then this is the place for you, as Le Hollandais really turns the clock back. The dining hall is reminiscent of the 1970s and the chef still serves up generous dishes with rich flavours, just like the old days. You will experience classic French cuisine the way it is meant to taste.

Menu 37/65 € 🍷 – Carte 51/61 €

Plattegrond: 2C3-f – *Amsteldijk 41* ✉ *1074 HV* – ☎ *020 679 1248*
– *www.lehollandais.nl* – *alleen diner* – *Gesloten 22 december-6 januari, 27 april,*
1 tot 25 augustus, zondag en maandag

Serre ⬛

MODERNE KEUKEN · BRASSERIE Net als de andere restaurants van Okura staat kwaliteit centraal in deze chique luxebrasserie, die een prachtig terras langs de gracht heeft. Uitstekende producten ondersteunen hier de internationaal getinte keuken. De chef gebruikt bereidingen van diverse kookstijlen en verenigt ze in gerechten die ronduit lekker zijn.

Like Okura's other restaurants, quality is the focus of this chic brasserie, with its magnificent canal-side terrace. Excellent ingredients go into the international cuisine served here. The chef selects techniques from diverse cuisines, unifying them in straightforwardly delicious dishes.

Menu 37/40 € – Carte 42/58 €

Plattegrond: 1B3-c – *Hotel Okura, Ferdinand Bolstraat 333* ✉ *1072 LH*
– ☎ *020 678 7450* – *www.okura.nl* – *Gesloten van 18 februari-1 maart*

Arles ⒩ 🏠 🍽

FRANS MODERN · BISTRO ⅹ Arles haalt de Provence naar Amsterdam. De prenten aan de muren van dit leuke bistrootje herinneren aan de geboortestad van de chef, die hier tevens zijn liefde voor jazzmuziek deelt. Zijn kookstijl is dan weer neo bistro, een frisse update van gekende Franse smaken. Het maandelijks wisselende keuzemenu is een topper!

This attractive bistro brings a touch of Provence to Amsterdam, with framed photos of the chef's native city Arles adorning the walls. The chef, a fan of jazz music, creates neo-bistro-style dishes which offer a fresh reinterpretation of familiar French flavours. The fixed-price menu, which changes every month, is a real winner!

Menu 37 €

Plattegrond: 4G3-j – *Govert Flinckstraat 251* ✉ *1073 BX* – ☏ *020 679 8240* – *www.arles-amsterdam.nl* – *alleen diner* – *Gesloten eind december-begin januari*

Café Caron ⒩ 🏠

FRANS KLASSIEK · BISTRO ⅹ Deze gezellige bistro staat onder het toeziend oog van Alain Caron (een bekende tv-personaliteit en chef) en zijn familie. De ambiance is hier très français en dat geldt ook voor de kaart. Typische bistrogerechten worden volgens de regels van de kunst bereid, de generositeit is gemeend. Wat is het een plezier om hier het keuzemenu uit te proberen!

This cosy bistro is run by Alain Caron (a well-known TV personality and chef) and his family. The ambience here is typically French, as is the menu which features traditional, generous bistro-style dishes which are a work of art in their own right. Trying out the set menu here is a real joy.

Menu 37 € – Carte 37/49 €

Plattegrond: 3F3-n – *Frans Halsstraat 28* ✉ *1072 BS* – ☏ *020 675 8668* – *www.cafecaron.nl* – *alleen diner* – *Gesloten 31 januari en 27 april*

Het Bosch 🍴 ≤ 🏠 🍽 🅿

FRANS MODERN · TRENDY ⅹⅹ Vanuit dit contemporain restaurant geniet u van een adembenemend zicht op de jachthaven van de Nieuwe Meer. Wat een droomlocatie! De chef pleziert u op zijn beurt met gerechten die genereus zijn, up-to-date en met knowhow bereid.

From this contemporary restaurant diners enjoy a breathtaking view of the Nieuwe Meer marina. In this dream location the chef entertains diners with lavish, up-to-date dishes prepared with real know-how.

Lunch 40 € – Menu 45/65 € – Carte 38/50 €

Jollenpad 10 ✉ *1081 KC* – ☏ *020 644 5800* – *www.hetbosch.com* – *Gesloten 23 december-6 januari en zondag*

The Roast Room 🍴 🏠 🍽 ♻

VLEES · EIGENTIJDS ⅹⅹ Wat een imposante steakhouse! Zowel in de Roast Bar (brasserie op de parterre) als in de Rotisserie (restaurant op de etage) domineren glas, staal, hout en ... vlees. U ziet het hangen in de slagerij, ruikt hoe het gegrild wordt en proeft hoe het een perfecte cuisson heeft gekregen. En de bijgerechten? Die zijn top!

An impressive steakhouse. Glass, steel, wood and meat are the dominant features of the Roast Bar (brasserie on the ground floor) and the Rotisserie (restaurant upstairs). See the meat hanging ready to cook, smell it on the grill and taste the results when it has been cooked to perfection. Excellent side dishes complete the picture.

Lunch 35 € – Menu 45 € – Carte 50/85 €

Europaplein 2 ✉ *1078 GZ* – ☏ *020 723 9614* – *www.theroastroom.nl* – *open tot 23.30 u.* – *Gesloten 26 en 27 april, zaterdagmiddag en zondagmiddag*

Sazanka 🆎 🍽 🥢 🅿

TEPPANYAKI · GEZELLIG ⅹⅹ Begroet de dames in kimono, installeer u rond de teppanyaki en laat de show beginnen. U zit hier namelijk met zeven tot tien mensen rond de typische Japanse bakplaat en ziet hoe de teppan-chef goochelt met allerhande producten. Het is een entertainend spektakel dat uitmondt in lekkere Japanse gerechten.

After being greeted by ladies dressed in kimonos, you sit down around the teppenyaki grill and the show begins. Seven to ten people can be accommodated here to watch the teppan-chef juggle with all kinds of produce. It is an entertaining spectacle that results in delicious Japanese dishes.

Menu 90/125 € – Carte 63/111 €

Plattegrond: 1B3-c – *Hotel Okura, Ferdinand Bolstraat 333* ✉ *1072 LH*
- ✆ *020 678 7450 – www.okura.nl – alleen diner – Gesloten 22 juli-2 augustus*

�🍴 **ARC. by Lute** 🅝

MODERNE KEUKEN · TRENDY ✕✕ Stap langs de monumentale boom die het terras bekleedt, en ontdek dit strakke restaurant. ARC is op-en-top contemporain, kosmopolitisch en trendy. Peter Lute zet er een keuken neer die volledig aansluit bij de locatie: moderne technieken en internationale invloeden komen samen in bordjes vol smaak. Hip en lekker vormen hier één!

Boasting a terrace shaded by a large tree, this stylish restaurant has a contemporary, cosmopolitan and trendy feel. Peter Lute's creations do full justice to the fine location, demonstrating modern techniques and international influences in dishes bursting with flavour. A fashionable venue offering truly delicious cuisine!

Lunch 38 € – Menu 48/99 € – Carte 56/76 €

Plattegrond: 2C3-m – *Hotel Pestana Amsterdam Riverside, Amsteldijk 67*
✉ *1074 HZ* – ✆ *020 220 6902 – www.arc.amsterdam*

�🍴 **Graham's Kitchen** 🅝

MODERN BRITS · GEZELLIG ✕✕ De keuken van Graham Mee verraadt subtiel zijn Engelse roots, maar toont vooral aan dat hij een creatieve ziel is. Dankzij passages bij sterrenzaken weet hij maar al te goed hoe hij een sterk gerecht moet opbouwen. Het gezellige interieur is al even aantrekkelijk, met een opvallende muurschildering als eyecatcher.

Graham Mee's cuisine not only reflects his English origins, but also demonstrates his creative flair and his ability to prepare strong dishes, thanks to his experience in top-class establishments. The restaurant's cosy interior is equally attractive, with an eye-catching mural forming part of the decor.

Menu 39/63 €

Plattegrond: 4G3-f – *Hemonystraat 38* ✉ *1074 BS* – ✆ *020 364 2560*
- www.grahamskitchen.amsterdam – alleen diner
- Gesloten 27 december-2 januari, zondag en maandag

�🍴 **Maris Piper** 🅝

MODERNE KEUKEN · HEDENDAAGSE SFEER ✕✕ Er hangt een chic Londens sfeertje in deze grote luxebrasserie. De kaart is al even leuk. De gerechten zijn niet onnodig ingewikkeld, maar sterk op smaak en bereid door een chef die over de grenzen durft te kijken om zijn gasten te plezieren. De Chef's Table (enkel 's avonds) is dan ook een beleving!

There is a chic, London-style atmosphere in this large luxurious brasserie. The menu is equally good with dishes which are not unnecessarily complex yet full of strong flavours and prepared by a chef who delights his guests with his internationally influenced dishes. The Chef's Table (only in the evening) is a real experience.

Carte 39/83 €

Plattegrond: 3F3-r – *Frans Halsstraat 76* ✉ *1072 BV*
- ✆ *020 737 2479 – www.maris-piper.com*
- Gesloten 26 december, 1 januari en 27 april

Een lekkere maaltijd voor een scherpe prijs?
Volg onze Bib Gourmand 🍴.

⫶○ **Visaandeschelde** 🏠 AC 🛁

VIS EN ZEEVRUCHTEN · TRADITIONEEL XX Voor lekkere vis moet je aan het Scheldeplein zijn. Het leuke nautische decor en de swingende sfeer maken van dit restaurant al sinds 1999 een publiekslieveling. Gasten komen er maar al te graag de fraîcheur van lekkers uit de zee degusteren. De creatieve aanpak van klassieke smaken geeft ze zelfs nog wat extra punch!

The Scheldeplein is the place to come for tasty fish. The attractive nautical décor and the lively atmosphere contribute to the success it has achieved since 1999. Guests love to come and enjoy fresh delicacies plucked straight from the sea. A creative approach to classic combinations gives the flavours plenty of punch!

Lunch 40 € – Menu 45/65 € – Carte 57/98 €

Plattegrond: 1B3-g – *Scheldeplein 4* ✉ *1078 GR*
– ☎ 020 675 1583 – www.visaandeschelde.nl
– open tot 23.00 u. – Gesloten 31 december-1 januari, 27 april, zaterdagmiddag en zondagmiddag

⫶○ **EN** 🕸 🏠 🍴

JAPANS · GEZELLIG X Aan de toog van dit Aziatisch restaurant, waar u de chef aan het werk ziet, ontdekt u dat EN onder meer verbinding betekent. Het is de gebalanceerde connectie tussen authentieke Japanse smaken die de gasten hier verblijdt, maar ook het uitgebreide aanbod sake op de kaart is een waar plezier.

At the bar of this Asian restaurant, where you can see the chef at work, you will discover that one of the meanings of EN is connection. The restaurant delights guests with its balanced and authentic Japanese flavours, while the extensive range of sake is a true pleasure.

Menu 40/80 € – Carte 45/125 €

Plattegrond: 1B3-n – *Dusartstraat 53* ✉ *1072 HP – ☎ 020 470 3666*
– www.en-amsterdam.nl – alleen diner – Gesloten zondag

⫶○ **Izakaya** 🏠 AC 🍴 🛁

JAPANS · BRASSERIE X Bent u klaar voor een ontdekkingstocht? In deze mooie luxebrasserie worden aparte smaken gecreëerd door een mix van Japanse recepten en uitstekende producten. Dankzij de kleine gerechtjes kunt u de kaart uitvoerig uitproberen.

Head off on a voyage of discovery in this beautiful brasserie. Enjoy individual flavours influenced by Japanese cuisine. The small servings allow you to carry out an extensive exploration of the menu.

Lunch 25 € – Carte 38/95 € – *(eenvoudige lunchkaart)*

Plattegrond: 3F3-d – *Hotel Albert, Albert Cuypstraat 6* ✉ *1072 CT*
– ☎ 020 305 3090 – www.izakaya-amsterdam.com
– open tot 23.00 u.

⫶○ **ZUID** Ⓝ 🏠

FRANS MODERN · EIGENTIJDS X Zuid-Amsterdam boomt, dat merkt u aan een zaak als ZUID. Het is een leuke plek waar u heel de dag terecht kunt. Of u nu voor een broodje komt of een volwaardig driegangendiner, lekker zal het zijn. De keuken is helemaal met zijn tijd mee, kent geen grenzen en is divers. Geen poespas, des te meer plezier!

Zuid-Amsterdam is booming, as is demonstrated by establishments such as ZUID. This pleasant restaurant is open throughout the day; whether you choose a sandwich or a three-course dinner, you can rest assured it will be delicious. The cuisine is modern, varied and international in flavour. No fuss and plenty of fun!

Lunch 28 € – Menu 35/53 € – Carte 35/46 €

Stadionweg 320 ✉ *1076 PK – ☎ 020 210 3321 – www.restaurantzuid.amsterdam*
– Gesloten 1 januari en maandagen van juni tot augustus

Hotels

🏨 Okura   🐾 ⤸ 🖼 💲 🛅 🌊 ➕ 🚭 🅰🅲 🤸 🚗

PALACE · PERSOONLIJK CACHET Een verblijf in dit internationaal luxehotel is een ervaring. U wordt er met alle egards ontvangen en geniet steeds van een persoonlijke service. De kamers zijn gewoonweg prachtig, mooi zicht op de stad incluis, en dat geldt ook voor de faciliteiten. Okura is eveneens een walhalla voor lekkerbekken en verwent hen van 's ochtends tot 's avonds.

A stay in this international luxury hotel is a real experience. Guests are received with great respect and enjoy thoroughly personal service. The bedrooms are simply magnificent, with a beautiful view of the city thrown in, and the same goes for the facilities. Okura is a Valhalla for foodies, a treat from morning to night.

291 kam – 🛏205/470 € 🛏🛏205/470 € – 9 suites – 🍴 33 €

Plattegrond: 1B3-c – *Ferdinand Bolstraat 333* ✉ *1072 LH* – ☏ *020 678 7111*
– *www.okura.nl*

Ciel Bleu ✿✿ • **Yamazato** ✿ • **Serre** ❀ • **Sazanka** ⅱ○ – zie restaurantselectie

🏨 Hilton   ⚘ ⤸ 🛏 🌊 🛅 ➕ 🚭 🅰🅲 🤸 🅿

KETENHOTEL · HEDENDAAGS Dit hotel is bekend van de "bed-in" die John Lennon en Yoko Ono er in 1969 hielden tegen de Vietnamoorlog. Eens u uw bed opzoekt en geniet van het uitstekende comfort dat eigen is aan deze hotelketen, zou u hun voorbeeld wel eens kunnen volgen. Wie toch moet werken, geniet hier van goede vergaderfaciliteiten.

This hotel is known for John Lennon and Yoko Ono's 1969 "bed-in" protest against the Vietnam War. Having found their beds and enjoyed the outstanding comfort characteristic of this hotel chain, guests might consider following their example. Visitors who are here on business can expect excellent meeting facilities.

271 kam – 🛏169/399 € 🛏🛏169/399 € – 4 suites – 🍴 20 €

Plattegrond: 1A3-f – *Apollolaan 138* ✉ *1077 BG* – ☏ *020 710 6000*
– *www.amsterdam.hilton.com*

🏨 Pestana Amsterdam Riverside 🅝   🖼 💲 🌊 🅰🅲 🤸

PALACE · HISTORISCH De indrukwekkende inkomsthal herinnert aan de rijke geschiedenis van dit monumentale pand, dat dienst heeft gedaan als gemeentehuis en stadsarchief van Amstel. De charme van het gebouw wordt in de kamers aangevuld met heerlijk modern comfort. Wie langer in Amsterdam verblijft, kan hier ook een short stay appartement boeken.

The impressive entrance hall recalls the rich history of this imposing building, which served both as Amstel's town hall and the city's archives. The building's charm is complemented by the delightfully modern and comfortable bedrooms. Those wishing to prolong their stay in Amsterdam can also book a short-stay apartment.

154 kam 🍴 – 🛏200/600 € 🛏🛏200/600 €

Plattegrond: 2C3-m – *Amsteldijk 67* ✉ *1074 HZ* – ☏ *020 220 6900*
– *www.pestana.com/en/hotel/pestana-amsterdam-riverside*

ARC. by Lute ⅱ○ – zie restaurantselectie

🏨 Bilderberg Garden   ⚘ ➕ 🅰🅲 🤸 🛁

BUSINESS · ELEGANT De elegante ambiance van de openbare ruimten en de zorg die wordt besteed aan het comfort van de kamers apprecieert elke gast. Zakenmensen zullen ook blij zijn te horen dat er valet parking en uitstekende vergaderfaciliteiten zijn. Nog een aanrader nodig? De combinatie van een overnachting met een op-en-top modern etentje bij De Kersentuin!

The elegant ambience of the public spaces and the care and attention focused on comfort in the bedrooms will be appreciated by every guest at this hotel. Valet parking and the excellent meeting facilities will appeal to business travellers. The De Kersentuin restaurant is an added attraction.

124 kam – 🛏129/399 € 🛏🛏129/399 € – 2 suites – 🍴 24 €

Plattegrond: 1B3-d – *Dijsselhofplantsoen 7* ✉ *1077 BJ* – ☏ *020 570 5600*
– *www.bilderberg.nl/hotels/garden-hotel*

🏨 Chassé   ⌂ ♨ 🔊 AC 🚭

BOETIEKHOTEL · ELEGANT De voormalige Chassékerk, in een rustig gedeelte van Amsterdam-Zuid, heeft plaats gemaakt voor dit op-en-top modern hotel. Het biedt alle comfort aan dat een gast vandaag verwacht. Origineel: naast het hotel heeft Chassé ook dansstudio's.

The former Chassé church, in a quiet part of Amsterdam-Zuid, has made way for this thoroughly modern hotel offering the comforts expected by the guests of to-day. In addition to the hotel, Chassé also has its own dance studios.

47 kam – 🛏115/175 € 🛏🛏115/175 € – 🍽15 €

Plattegrond: 1A2-q – *Chasséstraat 62* ✉ *1057 JJ* – ✆ *020 238 2300* – *www.chassehotel.com*

🏨 Albert   ♨ 🔊 AC 🚭

STADSHOTEL · DESIGN Sir Albert ontvangt u met open armen in zijn boetiekhotel. Zijn geest is hier aanwezig door subtiele attenties, zoals briefjes op de spiegels en kunstwerken. Design en luxe heersen in al de kamers, die vooral in zwart en wit zijn gekleurd. Een topadresje in volksbuurt De Pijp!

Sir Albert receives you with open arms in his boutique hotel, where his spirit is kept alive through subtle touches such as notes on the mirrors and works of art. Design and luxury rule supreme in all the rooms, which are decorated mainly in black and white. This top quality address is situated in De Pijp, a residential district of Amsterdam.

87 kam – 🛏160/425 € 🛏🛏160/425 € – 3 suites – 🍽24 €

Plattegrond: 3F3-d – *Albert Cuypstraat 6* ✉ *1072 CT* – ✆ *020 305 3020* – *www.siralberthotel.com*

Izakaya ⑩ – zie restaurantselectie

🏨 De Hallen   ⌂ 🔊 ♿ AC 🚭 ♨ 🚗

HISTORISCH · DESIGN Het tramdepot vlak bij de Amsterdamse Foodhallen is omgebouwd tot een eigentijds hotel. U ontdekt er allerhande elementen die retro, industrieel, trendy en Scandinavisch design combineren. Het resultaat? Een warm en charmant hotel.

The tram depot near Amsterdam's Foodhallen has been converted into a contemporary hotel. You will discover a combination of retro, industrial, trendy and Scandinavian design elements, all of which result in a warm and charming hotel.

57 kam – 🛏80/450 € 🛏🛏80/450 € – 🍽20 €

Plattegrond: 1A2-k – *Bellamyplein 47* ✉ *1053 AT* – ✆ *020 820 8670* – *www.hoteldehallen.com*

Oost

kwasny221/iStock

Restaurants

🙂 Elkaar 🏠 AC

FRANS MODERN · FAMILIAAL 🍴 Relaxed met elkaar gaan eten, daarvoor is deze sympathieke zaak met leuk zomerterras een uitgelezen plek. Het menu is een aanrader, want het biedt u de keuze uit de gerechten die op de kaart staan. De chef verbindt kwaliteitsproducten op een eigentijdse manier met elkaar, niet té ingewikkeld maar steeds mooi op smaak.

If you are looking for a relaxed meal out together, this friendly establishment with a pleasant summer terrace is a great option. The set menu is a good choice, offering a selection from the à la carte menu. The chef combines quality ingredients in a contemporary manner, creating beautiful flavours without overcomplicating things.

Menu 37/55 € – Carte 45/55 €

Plattegrond: 4H3-x – *Alexanderplein 6* ✉ *1018 CG* – ☎ *020 330 7559* – *www.etenbijelkaar.nl* – *Gesloten 24 december-7 januari, 27 april, zondag en maandag*

🙂 Rijsel 🎋

TRADITIONELE KEUKEN · EENVOUDIG 🍴 Het eenvoudige interieur heeft iets van een klas, Rijsel deelt dan ook zijn ingang met die van een school ... In de open keuken ziet u hoe de 'meester' zijn les Franse gastronomie voorbereidt. Hij heeft een goede productkennis en verwerkt in zijn traditionele gerechten een knipoog naar de Vlaamse keuken.

Rijsel's simple interior resembles a classroom, and the restaurant happens to share its entrance with a school. In the open kitchen you can see the master at work preparing his delicious French cuisine. He has an excellent knowledge of ingredients and his traditional dishes also include a nod to Flemish food.

Menu 36/75 € – Carte 40/105 €

Plattegrond: 2C3-h – *Marcusstraat 52b* ✉ *1091 TK* – ☎ *020 463 2142* – *www.rijsel.com* – *alleen diner* – *Gesloten 1 tot 14 augustus en zondag*

🍴 De Kas ⬅ 🏠 AC 🍽 🚪

BIO · LANDELIJK 🍴🍴 Het is in een reusachtige kas dat u dit aangename restaurant vindt. Groenten worden ter plaatse geteeld en de chefs beschikken ook over een grotere akker in de Beemster polder. Die duurzame producten worden ingezet in weldoordachte gerechten die licht en modern zijn. Het contrasterende samenspel van zoete en friszure smaken is typisch De Kas.

Occupying a spacious greenhouse, this delightful restaurant serves light, modern and carefully prepared dishes that are made from sustainably grown vegetables produced either on site or in the chefs' larger field in the Beemster polder. The contrasting combination of sweet and sour flavours is typical of De Kas.

Menu 35/65 € – *(een enkel menu)*

Plattegrond: 2D3-a – *Kamerlingh Onneslaan 3, (in Park Frankendael)* ✉ *1097 DE* – ☎ *020 462 4562* – *www.restaurantdekas.nl* – *Gesloten 24 december-2 januari, 27 april, zaterdagmiddag en zondag*

ⓘ◯ Restaurant C

FRANS CREATIEF · EIGENTIJDS ✗✗ Het eigentijdse, chique Restaurant Celsius is een bruisende plek, en dan zeker rond de keukenbar. De verwijzing naar graden benadrukt de precisie die de chefs nastreven, want dat maakt het verschil tussen goed en lekker. De creatieve manier waarop ze sterke smaken en texturen combineren, maakt van C een warme aanrader.

The contemporary, chic Restaurant Celsius is a dazzling spot, especially the kitchen bar. The reference to degrees emphasises the precision the chefs strive for, because that is what makes the difference between good food and delicious cuisine. Creativity in the combination of strong flavours and textures makes C a top choice.

Lunch 25 € – Menu 35/75 € – Carte 41/48 €

Plattegrond: 2C3-p – *Wibautstraat 125* ✉ *1091 GL* – ✆ *020 210 3011*
– www.c.amsterdam – open tot 23. 00 u. – Gesloten 1 januari en 27 april

Hotels

🏨 Arena

HISTORISCH · TRENDY Dit monumentaal pand (1886) was ooit een weeshuis, vandaag is het een ultra trendy hotel. Drie prachtige trappen en andere authentieke ornamenten herinneren aan het verleden, maar Arena combineert dat met modern comfort en knap design. Het restaurant is al even eigentijds en beschikt over een mooi terras aan het Oosterpark.

This historic building dating back to 1886 was once an orphanage; today it is an ultra-trendy hotel. Three beautiful staircases and other authentic features remain as reminders of the past, but Arena combines these with modern comfort and smart design. The restaurant is also thoroughly contemporary and has a charming terrace next to the Oosterpark.

139 kam – ✝129/389 € ✝✝129/389 € – ☲ 20 €

Plattegrond: 4H3-z – *'s-Gravesandestraat 51* ✉ *1092 AA* – ✆ *020 850 2400*
– www.hotelarena.nl

🏨 Lloyd

HISTORISCH · VINTAGE Lloyd is geen typisch hotel. Het is ondergebracht in een monument (1921) waar landverhuizers jarenlang onderdak vonden. Vandaag kunt u er terecht in kamers die zowel zeer eenvoudig als luxueus zijn, informeer u dus goed! Heel het pand ademt kunst uit, hier logeren en eten (eerder traditioneel) is een ervaring op zich.

Lloyd is no typical hotel. Housed in a historic building dating back to 1921, where emigrants were accommodated for many years, today the guestrooms range from very simple to absolutely luxurious, so choose carefully. The entire building breathes art. Staying overnight and sampling the traditional cuisine here is an experience in itself.

117 kam – ✝100/250 € ✝✝100/250 € – ☲ 18 €

Oostelijke Handelskade 34 ✉ *1019 BN* – ✆ *020 561 3636 – www.lloydhotel.com*

🏨 The Manor

STADSPALEIS · HEDENDAAGS Het monumentale karakter van dit voormalig Burgerziekenhuis is mooi bewaard, en dat maakt de combinatie met moderne en trendy materialen eens te aangenaam. U logeert hier in alle comfort en kunt de stad gemakkelijk verkennen met de tram die vlakbij stopt. Het restaurant is een gezellige plek om lekker Italiaans te eten.

A former civic hospital that has been transformed into a lovely place to stay. This is thanks to its carefully maintained historic character and the harmonious use of modern, trendy materials. Every comfort is provided for your stay, and you can easily explore the city from the tram that stops nearby. The restaurant is inspired by Italian cuisine.

125 kam – ✝120/350 € ✝✝135/350 € – ☲ 15 €

Plattegrond: 4D3-j – *Linnaeusstraat 89* ✉ *1093 EK* – ✆ *020 700 8400*
– www.hampshirehotelmanoramsterdam.com

ANDELST
Gelderland – Overbetuwe – Atlas n° **4**-B3

Kromhout
🏡 ⏡

REGIONAAL · FAMILIAAL ❌❌ Op zoek naar een ambachtelijke keuken met eerlijke smaken die licht geprijsd is? Probeer dan dit restaurant, gerund door een vriendelijk echtpaar met een passie voor streekproducten.

If you're looking for traditional cuisine with authentic flavours at reasonable prices, you'll enjoy this restaurant. It is run by a friendly couple with a passion for regional produce.

Menu 36 € – Carte 46/57 €

Tielsestraat 190 ✉ *6673 AE – ☎ 0488 422 888 – www.restaurantkromhout.nl – alleen diner – Gesloten 30 december-2 januari, 2 tot 11 maart, 17 en 18 mei, 21 juli-7 augustus, zondag en maandag*

APELDOORN
Gelderland – Atlas n° **4**-C2

Sizzles
🏡 🅰🅲 ⏡

INTERNATIONAAL · GEZELLIG ❌❌ Sizzles, dat is een trendy restaurant waar altijd een bruisende ambiance hangt. De originele gerechten van chef Habers – af en toe met een oosters tintje – zijn met kennis van zaken samengesteld en hebben zowel subtiliteit als generositeit als kwaliteiten. En dat voor zachte prijzen ... Wat een Bib Gourmand!

Sizzles is a trendy restaurant with a delightfully lively atmosphere. Chef Habers' original dishes – with the occasional hint of the east – are knowledgeably composed, exude subtlety and generosity and are modestly priced. A fabulous Bib Gourmand.

Menu 37/57 € – Carte 40/62 €

Koninginnelaan 37 ✉ *7315 BL – ☎ 055 578 9222 – www.sizzles.nl – alleen diner – Gesloten 27 december-10 januari en maandag*

Twenty2
🏡 ⏣

MODERNE KEUKEN · EIGENTIJDS ❌ Twenty2 is het geluksgetal van Gerwin en Paula, en zal ongetwijfeld ook voor u iets gaan betekenen. U geniet hier namelijk van de geneugtes van de Veluwe, dat als het ware wordt binnengehaald in het interieur. De chef bewerkt streekproducten dan weer uitvoerig. Hij gebruikt veel ingrediënten, dresseert ze zeer mooi en overtuigt met straffe smaken!

Twenty2 is Gerwin and Paula's lucky number, and once you've tasted their delicious cuisine you'll probably think that it's yours too! Both the decor and the cuisine served here are typical of the Veluwe region, with the chef using mainly regional produce and beautifully garnished ingredients to create dishes full of strong flavours.

Menu 37/70 € – Carte ong. 45 €

Van Kinsbergenstraat 2 ✉ *7311 BM – ☎ 055 576 7484 – www.restaurant-twenty2.nl – alleen diner – Gesloten 30 december-4 januari, zondag en maandag*

De Echoput
🕯 🐾 🛏 🖼 🎿 🛁 🏊 ♿ 🅰🅲 🧖 🅿

BUSINESS · ELEGANT Modern en luxueus hotel dat een oord van rust vormt in een bosrijk gebied. De waterput die Lodewijk Napoleon er liet aanleggen (1811) levert nu water voor het zwembad. De kamers zijn ruim en comfortabel, het ontbijt is lekker. In het chique restaurant wordt allerhande lekkers uit de omringende natuur met creativiteit bereid.

A modern and luxurious hotel offering a haven of tranquillity in this wooded area. The well, originally commissioned by Louis Napoleon in 1811, is still drawing water for the swimming pool. Spacious and comfortable guestrooms, good breakfast. Creative cooking at the smart restaurant.

42 kam – 🛏110/150 € 🛏🛏110/150 € – 4 suites – ⊑ 23 € – ½ P

Amersfoortseweg 86, (in Hoog-Soeren) ✉ *7346 AA – ☎ 055 519 1248 – www.echoput.nl*

De Keizerskroon 🏨 ⌂ ⛄ 💺 ☐ ♿ 🏋 🚗

BUSINESS · KLASSIEK De Koninklijke familie ontving er zijn gasten tijdens de 17de eeuw, de weelderige tuinen van paleis Het Loo zijn vlakbij ... Dit elegante hotel heeft historie, en dat voelt u. Toch zijn de kamers modern en lekker comfortabel. In het restaurant serveert men traditionele- en grillgerechten, in de lobby is er een kleine kaart.

During the 17C the royal family received guests at De Keizerskroon, which sits close to the lush gardens of Het Loo Palace. You can really feel the history of this elegant hotel, yet the guestrooms are modern and delightfully comfortable. The restaurant features traditional and grill dishes, while a modest à la carte menu is offered in the lobby.

94 kam – ♙89/169 € ♙♙89/169 € – ⌑ 15 € – ½ P

Koningstraat 7 ✉ 7315 HR – ☎ 055 521 7744 – www.bilderberg.nl

Oranjeoord ⌂ ⌕ ☐ ♿ 🏋 🅿

LANDHUIS · ELEGANT Gebouw in koloniale stijl, vlakbij een golfbaan. Hier is alles wat nodig is om goed te slapen, te vergaderen en te eten. U kunt gastronomisch tafelen in restaurant Hoogheid of eigentijdse gerechtjes van de ambitieuze chef proeven in de gastrobar.

Set close to the golf course, a Colonial-style building which is well-equipped for sleeping, meeting and eating. The gourmet restaurant, Hoogheid, is complemented by a gastrobar, where the ambitious chef prepares contemporary dishes.

29 kam ⌑ – ♙59/79 € ♙♙69/89 €

Hoog Soeren 134 ✉ 7346 AH – ☎ 055 519 1227 – www.restauranthoogheid.nl

ZenZeZ ⌂

HERENHUIS · ELEGANT Deze mooie jugendstilvilla uit 1904 heeft zich een Riviera Maison-stijl aangemeten. Zachte kleuren en zowel landelijke als romantische invloeden hullen dit hotel in een prettige sfeer. Dat geldt ook voor de lounge, waar u kunt genieten van een lunch, high· tea of een glaasje wijn.

This beautiful 1904 Jugendstilhouse has been furnished by Rivièra Maison. Soft colours and romantic, rustic influences give this hotel a pleasant feel. The same applies to the lounge, where you can enjoy lunch, high tea or a glass of wine.

10 kam – ♙100/125 € ♙♙100/125 € – ⌑ 12 €

Canadalaan 26 ✉ 7316 BX – ☎ 055 522 2433 – www.zenzeshotelandlounge.nl
– Gesloten eerste week januari en drie weken augustus

ARNEMUIDEN
Zeeland - Middelburg – Atlas n° **11**-A2

Het Veerse Meer ⓝ ⌕ 🏋 ☐ ♿ 🏧 🏋 🅿

KETENHOTEL · AAN EEN MEER Het Veerse meer en het omringend groen zijn de grote troeven van dit hotel. Hier geniet u dus van de natuur en rust, heerlijk voor een wandeling of een fietstocht. Het hotel maakt optimaal gebruik van het invallende licht en biedt al het moderne comfort, zodat u volledig uitgerust kunt genieten van deze toplocatie.

The Veerse Meer (Lake Veere) and its surrounding greenery are the main attractions of this hotel, which boasts tranquil natural landscapes perfect for walking and cycling. The hotel makes the most of the natural light and offers all modern comforts so that guests can relax completely and enjoy this very special location.

51 kam – ♙69/110 € ♙♙89/225 €

Oranjeplaatweg 1 ✉ 4341 RZ – ☎ 0118 820 388 – www.hotelhetveersemeer.nl

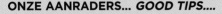

fotostock

ONZE AANRADERS... *GOOD TIPS....*

't Amusement, voor de talentvolle chef Estée Strooker, die zoveel mogelijk nose to tail werkt. De Steenen Tafel, dat uitpakt met niet te versmaden wildgerechten. Modez, waar de kamers zijn ingericht door modeontwerpers.

't Amusement, where the talented chef Estée Strooker works from nose to tail. De Steenen Tafel, for their delicious game recipes. Modez, where fashion designers have styled the guestrooms.

ARNHEM
Gelderland – 153 818 inw. – Atlas n° **4**-B2

Restaurants

🍴○ **De Steenen Tafel**   🏮 🕸 🅿

MODERNE KEUKEN · ROMANTISCH 🕸🕸 Chic restaurant aan de voet van een watertoren (1928) op een beboste heuvel, waar de wildgerechten niet te versmaden zijn. Puur ambachtelijke keuken. Mooi terras in het groen.

A water tower dating from 1928 protruding from a wooded hill shelters this smart restaurant. Entirely homemade cuisine. Lush green terrace.

Menu 45/90 € – Carte 57/83 €

Weg achter het Bosch 1 ✉ *6822 LV*
– ☎ *026 443 5313 – www.desteenentafel.nl*
– alleen diner – Gesloten maandag en na 20.30 u.

🍴○ **'t Amusement**

FRANS MODERN · TRENDY 🕸🕸 Welkom in het trendy restaurant van Estée Strooker, een chef boordevol talent. Ze weet verrassing in haar bereidingen te brengen en amuseert met creatieve gerechten die pep hebben. De aandacht die ze heeft voor groenten en duurzaamheid (ze werkt zoveel mogelijk nose to tail) maakt uw plezier des te groter.

Welcome to Estée Strooker's trendy restaurant. She is a chef brimming with talent, who knows how to prepare creative culinary surprises by bringing diners dishes combining precision, pep and flavour. Her focus on vegetables and sustainability (she works from nose to tail as often as possible), further amplifies the experience.

Menu 42/65 €

Plattegrond: A2-c *– Roermondsplein 35* ✉ *6811 JN*
– ☎ *026 848 1697 – www.restaurant-amusement.nl*
– alleen diner – Gesloten 25 december-1 januari, zondag behalve feestdagen, maandag en dinsdag

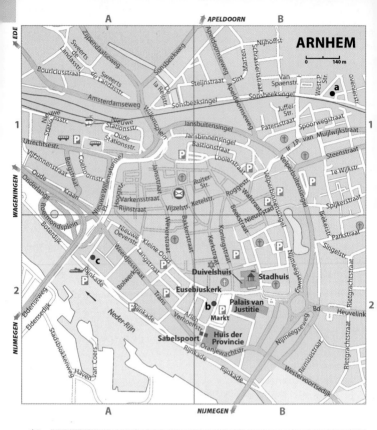

🍴 Da Giulio   🆎

ITALIAANS · EIGENTIJDS ❌❌ De goudbrasem in zoutkorst is een echte aanrader in deze moderne trattoria, waar speciale bereidingen aan tafel worden gedaan. Open keuken en vrolijke ambiance.

The gilthead bream in a salt crust is highly recommended in this modern trattoria where special dishes are prepared at the table. Open kitchen and cheerful ambience.

Menu 37/90 € – Carte 45/56 €

Plattegrond: B2-b – Markt 37 ⊠ 6811 CJ – ☎ 026 442 9900 – www.dagiulio.nl – Gesloten zaterdagmiddag, zondag en maandag

Hotels

🏨 Landgoed Groot Warnsborn   🎏 🐕 ⌁ 🛎 🖨 🆎 🛗 🅿

LANDHUIS · HISTORISCH Een prachtig park van 750 hectare omringt dit charmant landhuis, dat optimaal comfort biedt in een stijlvolle omgeving. U logeert er in chique kamers, en kunt in de oranjerie terecht voor uw feesten en recepties. In La Belle Source weet men de Franse keuken te waarderen.

A charming country house in a splendid park, offering optimum comfort in a stylish setting. The hotel boasts chic guestrooms and the orangery is available for parties and receptions. The restaurant is inspired by French cuisine.

40 kam ⌂ – ♦98/198 € ♦♦155/325 € – ½ P

Bakenbergseweg 277 ⊠ 6816 VP – ☎ 026 445 5751 – www.grootwarnsborn.nl

🏨 Modez

BUSINESS · TRENDY Design en mode kleuren dit hotel, dat in een hippe buurt aan de stadsrand ligt. De kamers, origineel en gepersonaliseerd, zijn ingericht door gevestigde modeontwerpers. 's Morgens is het genieten van de lekkere eitjes bij het ontbijt.

Design and fashion give this hotel, situated in a trendy area on the edge of town, its distinctive colour, where established fashion designers have decorated the guestrooms in an original and individual style. The delicious eggs at breakfast are a real treat.

20 kam ⌑ – ♦87/120 € ♦♦107/140 €

Plattegrond: B1-a – *Elly Lamakerplantsoen 4* ⊠ *6822 BZ* – ☎ *026 442 0993* – *www.hotelmodez.nl*

ASSEN
Drenthe – 67 061 inw. – Atlas n° **1**-A2

🏵 Bij Jaap

CREATIEF · GEZELLIG ✗✗ Een hecht team staat hier klaar voor u: Jaap kookt actuele gerechten, met veel huisbereidingen, en komt af en toe een praatje slaan in de zaal. Trijntje bedient u met een innemende glimlach en de sommelier zorgt voor gepast advies. In dit gezellige restaurant – midden in het centrum – bent u in goede handen.

A dependable team is at your service in this restaurant. Jaap conjures up contemporary dishes from scratch, in between occasional chats with guests, while Trijntje serves you with an engaging smile, and the sommelier dispenses suitable advice. You are in good hands in this cosy restaurant in the very centre of town.

Menu 37/60 € – Carte ong. 50 €

Markt 17 ⊠ *9401 GT* – ☎ *0592 331 950* – *www.bij-jaap.nl* – *alleen diner* – *Gesloten zondag en maandag*

ASTEN
Noord-Brabant – Atlas n° **7**-D2

🏨 Huys van Heusden

TRADITIONEEL · PERSOONLIJK CACHET Gastvrije hotelbazin, comfortabele en luxekamers (met schouw, jacuzzi of sauna naar keuze), Chesterfield salon en aangename ontbijtruimte in dit kleine hotel "just like home".

Small homely hotel with welcoming hostess, comfortable, luxurious bedrooms (choice between open fire, jacuzzi or sauna), a Chesterfield sitting-room and attractive breakfast area.

8 kam – ♦73/75 € ♦♦83/85 € – 2 suites – ⌑12 €

Vorstermansplein 3, (in Heusden) ⊠ *5725 AM* – ☎ *0493 565 464* – *www.huysvanheusden.nl*

BAARLAND
Zeeland – Borsele – Atlas n° **11**-B2

🍽 De Kleine Toren van Baarland

STREEKGEBONDEN · ELEGANT ✗✗✗ Het heeft iets imposants, eten in een voormalige kerk die omgevormd is tot een elegant restaurant. De samenhang tussen authentieke elementen en de moderne inkleding is hier zeer geslaagd. De jonge chef laat u smullen van lekkers uit de streek, zoals de oosterscheldekreeft, die hij met een lekkere moderne twist bereidt.

There is something impressive about eating in a church that has been converted into an elegant restaurant. The combination of original features and modern decor really works here. The young chef will have guests' mouths watering with local delicacies, such as Eastern Scheldt lobster, prepared with a tasty modern twist.

Lunch 37 € – Menu 44/79 € – Carte 60/74 €

Nieuweweg 3 ⊠ *4435 AB* – ☎ *0113 634 197* – *www.dekleinetoren.nl* – *Gesloten 27 december-17 januari, 10 tot 23 juli, woensdagmiddag, maandag en dinsdag*

BAARLO

Limburg – Peel en Maas – Atlas n° **6**-B2

🏰 Château De Raay   ✿ 🛏 🖭 ⅋ 🕭 🅿

HISTORISCH PAND · EIGENTIJDS Dit fraaie kasteel in een park biedt de keuze uit verschillende typen kamers waarin met kunstvoorwerpen een bijzondere ambiance is gecreëerd. Na een aperitiefje in de wijnbar onder de gewelven van het kasteel, staan de deuren van De Wintertuin voor u open voor een hedendaags restaurantbezoek.

This beautiful old-style building surrounded by a park provides a range of individually furnished rooms with objets d'art. After an aperitif in the wine bar, which occupies the castle vaults, guests can stroll through to the De Wintertuin restaurant and dine in its modern setting.

50 kam ⌕ – ♦109/159 € – ♦♦129/179 € – ½ P

Raayerveldlaan 6 ✉ *5991 EN – ☎ 077 321 4000 – www.sandton.eu/baarlo*

BARCHEM

Gelderland - Lochem – Atlas n° **4**-D2

🏠 Landgoed Woodbrooke   ✿ 🐾 🛏 ⅋ 🕭 🅿

TRADITIONEEL · HEDENDAAGS De groene omgeving van deze mooie hoeve, met strodak, daar is het hem om te doen. Het is heerlijk om in te fietsen en te wandelen, en om te genieten van de rust die er heerst. Die vindt u uiteraard ook in de ruime kamers en de brasserie, waar op het ritme van de seizoenen wordt gekookt.

The green surroundings of this pretty thatched farmhouse set the scene. It is a wonderful setting for walking, cycling, and enjoying the peace and quiet. You will also find tranquillity in the spacious guestrooms and the brasserie, which produces food that changes with the seasons.

30 kam ⌕ – ♦59/89 € ♦♦79/119 €

Woodbrookersweg 1 ✉ *7244 RB – ☎ 0573 441 734*
– www.woodbrookebarchem.nl

🏘 De Lochemse Berg   ✿ 🐾 🛏 🖭 🅿

LANDHUIS · PERSOONLIJK CACHET Mooi gelegen villa, in een klein park aan de rand van het bos, waar u zich meteen thuis zult voelen. De kamers zijn puur en met persoonlijkheid ingericht. De ervaren chef gaat graag aan de slag met groenten uit zijn eigen moestuin, en haalt inspiratie uit de seizoenen en de streek. Pas op: het restaurant is enkel op reservatie!

Guests will immediately feel at home at this beautifully located villa, in a small park on the edge of the woods. The rooms are clean-lined and decorated with personality. The experienced chef likes to work with ingredients from his own vegetable garden, and draws inspiration from the seasons and the region. The restaurant is reservation-only.

11 kam – ♦65/130 € ♦♦65/130 € – ⌕ 10 €

Lochemseweg 42, (Noord-West : 2,5 km) ✉ *7244 RS – ☎ 0573 251 377*
– www.delochemseberg.nl – Gesloten laatste week januari-eerste week februari, maandag en dinsdag

BARNEVELD

Gelderland – Atlas n° **4**-B2

🍴 De Oranjerie   🍽 ⅋ 🅿

FRANS MODERN · REGIONALE SFEER ✗ Vanuit deze nostalgische oranjerie geniet u van het omringende landgoed De Schaffelaar, op het terras kunt u zelfs het kasteel bewonderen. Hier smult u van de creativiteit van chef Hendriksen. Elk ingrediënt is mooi op smaak, maar het is de combinatie van deze topproducten die uw smaakpapillen echt zal inpalmen!

From this nostalgic orangery guests can enjoy the surrounding estate of De Schaffelaar, even admiring the manor house from the terrace while feasting on the creative dishes prepared by chef Hendriksen. Every ingredient is tasty but it is the way the top quality ingredients are combined that will really win over your taste buds.

Lunch 35 € – Menu 43/85 € – Carte 44/78 € – *(eenvoudige lunchkaart)*

Stationsweg 4a ⊠ 3771 VH – ℰ 0342 419 601 – www.restaurantdeoranjerie.nl

– Gesloten zondag en maandag

BEEK
Limburg – Atlas n° **6**-A3

😊 De Lindeboom New Style   🕸 🏠 AC 🕸 🗘

MEDITERRAAN • BRASSERIE XX Limburgse gezelligheid in de schaduw van de Sint-Martinuskerk, een weloverwogen kaart en een wijnkaart om u tegen te zeggen, dát is de succesformule van De Lindeboom New Style.

Limburg conviviality in the shadow of the church of Saint Martin, a carefully selected menu and a superior wine list all contribute to the success of the De Lindeboom New Style.

Lunch 29 € – Menu 37/60 € – Carte 50/64 €

Burg. Janssenstraat 13 ⊠ 6191 JB

– ℰ 046 437 1237 – www.delindeboom.info

– Gesloten zaterdagmiddag, zondagmiddag, maandag en dinsdag

🍴 Pasta e Vino   🏠 AC 🕸 🗘

ITALIAANS • ELEGANT XX De naam van dit elegante restaurant vertelt onomwonden wat u hier te wachten staat: Italiaanse keuken pur sang met een even Italiaanse wijnkaart. De chef heeft een voorliefde voor visbereidingen en is terecht fier op zijn huisgemaakte ravioli.

The name of this elegant restaurant tells guests straightforwardly what awaits them here: authentic Italian cuisine with an equally Italian wine list. The chef has a preference for fish dishes and is rightly proud of his homemade ravioli.

Menu 52/62 € – Carte 55/75 €

Brugstraat 2 ⊠ 6191 KC

– ℰ 046 437 9994 – www.pastaevino.nl

– alleen diner – Gesloten carnaval, eerste 2 weken augustus, maandag en dinsdag

BEETSTERZWAAG · BEETSTERSWEACH
Fryslân – Opsterland – Atlas n° **3**-D2

🌸 De Heeren van Harinxma   🕸 🏠 ⅚ 🗘 🈵 🅿

CREATIEF • ELEGANT XxxX Maak u op om in stijl te tafelen, want het klassieke kader van dit statig landhuis is tot in de puntjes verzorgd. Dat geldt ook voor de keuken van de talentvolle chef, wiens gerechten zeer bewerkt zijn en wel eens verrassen door de combinaties van contrasterende smaken. De uitstekende wijnen maken het plaatje compleet.

Get ready to dine in style, as the classic interior of this impressive mansion is dressed to perfection. Equally impressive is the cooking of the talented chef, whose highly crafted dishes sometimes surprise with their contrasting flavour combinations. An excellent selection of wines completes the picture.

→ Gemarineerde runderstaart met koffie, slaatje van knolselderij met komijn en madeiravinaigrette. Langoustines met gebrande bloemkool, citroenpuree, kokos en jus met groene kerrie. After Eight : bereidingen van pure chocolade met amandel en munt.

Lunch 45 € – Menu 58/78 € – Carte 75/95 €

Hotel Landgoed Lauswolt, Van Harinxmaweg 10 ⊠ 9244 CJ

– ℰ 0512 381 245 – www.deheerenvanharinxma.nl

– Gesloten zaterdagmiddag en zondagmiddag

Bistro Nijeholt

MARKTKEUKEN • BISTRO X Of het nu klassiek, modern of internationaal is; de chef van deze hippe bistro schakelt verschillende bereidingswijzen in om van zijn keuzemenu een topper te maken. En daar slaagt hij met verve in! De aanpak is laagdrempelig, maar u geniet hier van smakelijke gerechten die uitbundig en gul zijn.

Whether you are looking for classic, modern or international cuisine, the chef of this trendy bistro switches between different preparation methods to make his menu top notch, and he succeeds with gusto. The atmosphere is informal, allowing diners to enjoy exuberantly delicious dishes.

Menu 37 € – Carte 45/55 €

Hotel Landgoed Lauswolt, Van Harinxmaweg 10 ⊠ 9244 CJ
– ℰ 0512 381 245 – www.deheerenvanharinxma.nl
– alleen diner – Gesloten maandag

ⅠⓄ Lyf's

KLASSIEKE KEUKEN • BRASSERIE X Een heerlijk adres in het centrum van het dorp. Traditioneel-klassieke kookstijl, wijn per glas, modern decor, bistromeubilair, open keuken en schaduwrijk terras. Het seizoensmenu is op basis van smakelijke bio streekproducten.

A gourmet hideaway in the heart of the village. Up-to-date cuisine, wine by the glass, modern décor, bistro furniture, view of the kitchen, terrace shaded by black parasols.

Menu 34/56 € – Carte 48/63 €

Hoofdstraat 73 ⊠ 9244 CM – ℰ 0512 385 538 – www.lyfs.nl – Gesloten 31 december-1 januari en maandag

Landgoed Lauswolt

HISTORISCH • ELEGANT Luisterrijk 19de-eeuws landhuis in een park waar ook ooievaars zich helemaal thuis voelen, een paradijs voor golfers. Exclusieve service, stijlvolle kamers en openbare ruimten, verzorgd ontbijt, zwembad en wellnesscenter.

Lavish 19C home in a park enjoyed by golfers. Exclusive service, stylish rooms and common areas. Well-prepared breakfast, nice swimming pool, spa and beauty treatments.

65 kam – ♦179/279 € ♦♦199/299 € – 4 suites – ⌿ 25 €

Van Harinxmaweg 10 ⊠ 9244 CJ – ℰ 0512 381 245 – www.bilderberg.nl
De Heeren van Harinxma ✿ • **Bistro Nijeholt** ☺ – zie restaurantselectie

BENNEKOM
Gelderland – Ede – Atlas n° **4**-B2

✿ Het Koetshuis

MODERNE KEUKEN • ELEGANT XxX De familie Löhr biedt u een topervaring in dit klassiek huis, omgeven door de prachtige Veluwse natuur. De keuken is rijk zonder zwaar te zijn, uitgekiend en doorspekt met smaken die goed gedoseerd zijn. Sommelier Danny zorgt voor uitstekend wijnadvies om de heerlijke gerechten te begeleiden.

The Löhr family offers a top-notch experience at this classic establishment in the magnificent natural surroundings of the Veluwe. The cuisine is rich without being heavy; sophisticated and full of well-balanced flavours. Danny, the sommelier, gives excellent advice on wines to accompany the delicious dishes.

→ Langzaam gegaarde kreeft met een terrine van avocado, ingelegde groenten, haringkuit en dilleroomsausje. Gebraiseerde kalfszwezerik met morieljes en eekhoorntjesbrood, dashi van morieljes. Tropisch dessert van mango, ananas en dragon.

Lunch 40 € – Menu 65/95 € – Carte 63/77 €

Panoramaweg 23a, (Oost : 3 km) ⊠ 6721 MK – ℰ 0318 417 370
– www.hetkoetshuis.nl – alleen diner behalve vrijdag en zondag
– Gesloten 31 december-1 januari, maandag en dinsdag behalve feestdagen

BERGAMBACHT

Zuid-Holland – Krimpenerwaard – Atlas n° **12**-C2

🍴 **Pieters Restaurant**

FRANS MODERN · INTIEM XX In dit gezellig restaurant lijkt men wel op huisbe-zoek te gaan bij Pieter en Paula. Het is een fijne plek om de kookkunsten van deze ervaren chef te ontdekken. De producten en de wijn (Italiaans en Frans) zijn geweldig, en met subtiele bereidingen weet hij hun smaken nog te verster-ken. Dit is een chef die durft!

At Pieters Restaurant it's as if diners were visiting Pieter and Paula at home. Here you can discover the bold chef's culinary artistry, enhancing the flavours of excel-lent ingredients which are prepared with great subtlety, and accompanied by top-quality Italian and French wines.

Lunch 38 € – Menu 48/82 € – Carte 70/94 €

Hoofdstraat 75 ⊠ *2861 AL – ℰ 0182 355 750 – www.pietersrestaurant.nl*
– Gesloten eerste 2 weken januari, zaterdagmiddag, maandag en dinsdag

BERGEN

Noord-Holland – Atlas n° **8**-A2

😊 **DjaDjan** 🛖

INDONESISCH · EIGENTIJDS X Bij DjaDjan worden de specialiteiten van de archi-pel u met de glimlach geserveerd. De rijsttafel bulkt van de geuren en smaken, en schittert bovendien dankzij zijn variatie. Uit eten gaan bij DjaDjan is een echte traktatie, des te meer dankzij de toegewijde bediening. In hetzelfde gebouw huist ook brasserie Nero.

DjaDjan is the place to go for specialities from the Indonesian archipelago. The rijsttafel (Dutch for rice table) is rich in the tastes and scents of the region, and the variety is truly breathtaking. Dining at DjaDjan is a real treat, made even more so by the attentive service. Brasserie Nero is in the same building.

Menu 35/44 € – Carte 35/49 €

Breelaan 5 ⊠ *1861 GC – ℰ 072 581 3482 – www.djadjan.nl – alleen diner*

BERG EN DAL

Gelderland – Atlas n° **4**-C3

😊 **In geuren en kleuren** 🛖 ✿

TRADITIONELE KEUKEN · GEZELLIG XX Gerenoveerd pand (1914) met een koloni-aal karakter, gehuld in een bruine sfeer. De keuken is traditioneel Frans, met een fijne verhouding prijs-plezier. De veranda is authentiek, het terras mooi en modern.

A refurbished building from 1914 with a colonial character and a distinctly convivi-al atmosphere. The cuisine is traditional French and attractively priced. The res-taurant boasts a unique conservatory and a modern terrace.

Menu 37/55 € – Carte ong. 50 €

Oude Kleefsebaan 102, (Oost : 4 km richting Beek) ⊠ *6571 BJ – ℰ 024 322 5555*
– www.ingeurenenkleuren.nl – alleen diner van half oktober tot half mei
– Gesloten 31 december-1 januari, 1 week carnaval, derde week van juli,
zaterdagmiddag, zondagmiddag, maandag en dinsdag

😊 **Puur M** 🛖 ✿

FRANS MODERN · TRENDY X Puur mag je deze Bib Gourmand absoluut noemen. Neem nu het strakke interieur: onvervalst trendy en gezellig. De chef werkt het liefst met regionale en bioproducten en puurt daarvoor graag uit zijn eigen moestuin. Fris, vol, zout, zoet, ... De smaken die hij er mee produceert zijn keer op keer spannend.

This Bib Gourmand lives up to its "Pure" name as you can see from the slick inte-rior, which is straightforwardly trendy and comfortable. The chef prefers to work with regional, organic produce, drawing on his own vegetable garden. Fresh, rich, salty, sweet; the flavours he produces are exciting time and again.

Menu 33/48 € – Carte ong. 38 €

Zevenheuvelenweg 87, (Oost : 4 km richting Beek) ⊠ *6571 CJ – ℰ 024 684 1452*
 – www.puur-restaurant.nl – alleen diner behalve zondag – Gesloten
27 december-4 januari en dinsdag

BERGEN OP ZOOM

Noord-Brabant – Atlas n° **7**-A2

🐝 Hemingway   🏡 ⭑ 🅿

STREEKGEBONDEN · ELEGANT ✕✕ De levensgenieter in Ernest Hemingway had zeker genoten van dit elegante restaurant. Producten uit de streek, zoals Brabantse Wal asperges en Bergse oesterzwammen, spelen hier namelijk de hoofdrol in moderne bereidingen die er op visueel vlak uitspringen.

The epicurean in Ernest Hemingway would certainly have enjoyed this elegant restaurant. Regional produce, such as Brabantse Wal asparagus and Bergse oyster mushrooms, play a leading role in the modern, visually striking dishes served here.

Menu 37/75 € – Carte 50/70 €

Hotel De Draak, Grote Markt 36 ⌧ 4611 NT – 𝒞 0164 252 050
– www.restauranthemingway.nl – alleen diner – Gesloten 31 december-1 januari en zondag

🍴 De Hemel ⓝ   🏡

FRANS MODERN · KNUS ✕✕ Een tête-à-tête in een romantisch decor, of bij goed weer op het terras achteraan, en zowel genieten van leuk gezelschap als van lekkere producten die op z'n Frans zijn bereid, met een knipoog naar de moderne keuken ... Inderdaad, een hemelse ervaring!

Enjoy an intimate dinner in a romantic dining room, or on the rear terrace in fine weather, and choose from a selection of tasty dishes prepared in French style, with a nod to modern cuisine. A delightful dining experience.

Menu 30/50 € – Carte 37/67 €

Moeregrebstraat 35 ⌧ 4611 JB
– 𝒞 0164 210 108 – www.dehemelboz.nl – alleen diner – Gesloten
31 december-1 januari, 10, 17 en 24 februari, 10 maart-3 april, 28 juli-14 augustus, maandag en dinsdag

🏨 De Draak   🎭 ♨ 📶 🄰🄲 🛁 🅿

STADSHOTEL · HISTORISCH Aan de Grote Markt vindt u een van de oudste hotels van het land, dat is ondergebracht in verschillende klassieke panden. Binnen is de tijd niet stil blijven staan: heel wat kamers zijn vernieuwd en er is een wellnessruimte bijgekomen. Een tip: opteer voor een kamer in de dependance.

Situated on the Grote Markt market square and occupying several traditional buildings, De Draak is one of the oldest hotels in the country. Time has not stood still inside: some rooms have been redecorated and a spa has been added. Ask for a room in the annexe.

63 kam – 🛏105/133 € 🛏🛏105/133 € – 6 suites – 🍽 18 €

Grote Markt 36 ⌧ 4611 NT – 𝒞 0164 252 050 – www.hoteldedraak.nl
– Gesloten 31 december-1 januari

Hemingway 🐝 – zie restaurantselectie

BEST

Noord-Brabant – Atlas n° **7**-C2

🍴 Quatre Bras   🏡 ♧ 🅿

KLASSIEKE KEUKEN · BRASSERIE ✕✕ Quatre Bras heeft iets romantisch, al is het toch vooral een gezellig restaurant. Het is een zaak die al lang meedraait en dat is geen toeval. Men weet hier wat een goed product is, verwerkt het in smakelijke eigentijdse gerechten en biedt ze aan voor toegankelijke prijzen. Het interessante aanbod maakt kiezen o zo moeilijk!

A cosy, long-established restaurant with a romantic feel, Quatre Bras's experience is evident in its excellent cuisine. The chef here creates flavourful and contemporary dishes at affordable prices, with so many interesting options on the menu that it's difficult to make your choice!

Lunch 33 € – Menu 36 € – Carte 46/61 €

Nieuwstraat 79 ⌧ 5683 KB – 𝒞 0499 371 450 – www.quatrebras.nl

BIDDINGHUIZEN
Flevoland – Dronten – Atlas n° **2**-B2

🏠 **Dorhout Mees** ☆ 🐎 🏠 ⊡ 🏌 **P**

FAMILIAAL • FUNCTIONEEL Landelijk, afgelegen hotel met prima faciliteiten voor adventure en teambuilding. Sporten kan ook op het golfterrein en in de schietclub. Het restaurant, met open haard, is groot en rustiek. In het jachtseizoen wild op het menu.

A remote, rural hotel with excellent facilities for adventure and team building activities. The sporting options on offer include a golf course and a shooting range. The large, rustic restaurant has an open fireplace. Game features on the menu during the hunting season.

44 kam ⌷ – ♦69/160 € ♦♦69/160 € – ½ P

Strandgaperweg 30, (Zuid : 6 km, richting Veluwemeer) ⊠ *8256 PZ*
– ☏ 0321 331 138 – www.dorhoutmees.nl

De BILT
Utrecht – Atlas n° **10**-A2

🍴 **De Witte Zwaan** 🛖 🍸

MARKTKEUKEN • GEZELLIG ✕✕ Op-en-top modern, zo omschrijf je het best het restaurant van Timo Agterberg. De jonge chef heeft gewerkt bij grote huizen en gebruikt die ervaring om te combineren, te creëren en te overtuigen met zijn lekkere gerechten. En dat voor een uitstekende prijs-kwaliteitverhouding.

Timo Agterberg's restaurant De Witte Zwaan is best described as modern to the finest detail. The young chef has worked for some major establishments and uses that experience to combine, create and convince with his delicious dishes. Great value for money too.

Menu 42/138 € 🍸

Dorpsstraat 8 ⊠ *3732 HJ*
– ☏ 030 221 0125 – www.witte-zwaan.nl
– alleen diner – Gesloten 30 december-13 januari, 4 tot 22 augustus, zondag en maandag

BILTHOVEN
Utrecht – De Bilt – Atlas n° **10**-A2

🐟 **Brasserie le Nord** ⬤ 🛖 **P**

FRANS KLASSIEK • HERBERG ✕✕ Een fraai opgefriste boerderij uit 1885 en een ervaren Franse chef: voilà het succesrecept van le Nord. De chef eert zijn thuisland met klassiekers die hij volgens de regels bereidt, krachtig en o zo gul. Zijn modernere ingevingen voegen aangename nuances toe. Met de overheerlijke tonijnpizza eert hij Joop Braakhekke, een van zijn leermeesters.

A beautifully refurbished farmhouse dating from 1885 and an experienced French chef combine to make the Brasserie le Nord a real success. The chef pays tribute to his homeland with classic, generous and flavoursome dishes prepared in traditional style, plus a selection of more modern and nuanced options. The delicious tuna pizza is in honour of Joop Braakhekke, one of his mentors.

Lunch 27 € – Menu 36 € – Carte 39/67 €

Soestdijkseweg Noord 592 ⊠ *3723 HM*
– ☏ 030 878 4905 – www.brasserielenord.nl
– Gesloten 31 december-1 januari en maandag

Een lekkere maaltijd voor een scherpe prijs?
Volg onze Bib Gourmand ☺.

119

BLADEL

Noord-Brabant – Atlas n° **7**-C2

🍴○ **Crijns** 🗣 🏵 ⇔ **P**

FRANS CREATIEF · GEZELLIG ✕✕ Hoe je gezelligheid creëert? Door een mooie villa modern en elegant te restylen, maar vergeet de oude stijlelementen daar zeker niet in te verwerken. Perfect daarbij past een kaart waarop zowel oog is voor klassieke smaken als modernere combinaties, niet te ingewikkeld bereid en zeer lekker.

Crijns creates comfort with its elegant restyling of a beautiful villa, working in old features. The perfect menu to fit the setting presents classic flavours and more modern combinations, avoiding overly complicated techniques and prioritising flavour.

Lunch 27 € – Menu 33/63 € – Carte 46/61 €

Sniederslaan 121 ✉ *5531 EK* – ☎ *0497 338 946* – *www.restaurantcrijns.nl*
– Gesloten maandag en dinsdag

BLARICUM

Noord-Holland – Atlas n° **8**-B3

🍴○ **De Goede Gooier** ⇐ 🗣 ⇔ **P**

FRANS · TRENDY ✕✕ Een rieten dak, een trendy interieur dat warm aanvoelt... Knap, al is het toch vooral het mooie terras met zicht op heidegebied dat hier hoge ogen gooit! In de keuken staat een chef met vakkennis die Franse recepten met veel respect bereidt. De patron vertelt het u graag, want hij werkt zowel in de keuken als in de zaal.

A thatched roof, a trendy interior with a cosy feel and a beautiful terrace overlooking the heath all add to the appeal of this restaurant. The skilful chef prepares French recipes with enormous respect, while the owner here works in the kitchen as well as front of house.

Lunch 32 € – Menu 39 € – Carte 46/61 €

Crailoseweg 151, (nabij A 1, afrit 8 richting Huizen) ✉ *1261 AA* – ☎ *035 691 9304*
– www.degoedegooier.nl – Gesloten 31 december-1 januari

🍴○ **Rust Wat** 🗣 **P**

MODERNE KEUKEN · RUSTIEK ✕ Rust wat uit na een wandel- of fietstocht door de streek met een etentje op het mooie terras, aan een gezellige bosvijver. In deze fraai gerestylede herberg geniet u van een aantrekkelijk eigentijds aanbod. Dankzij de tussengerechtporties kunt u lekker proeven en uitproberen, al kunt u ook gerust grotere porties krijgen.

After a walk or bike ride through the area, relax over dinner on the delightful terrace of this beautifully restored inn situated near an enchanting forest lake. The menu features inviting, contemporary cuisine, including tasting-style dishes as well as larger servings if preferred.

Lunch 30 € – Menu 38/100 € – Carte 33/65 €

Schapendrift 79 ✉ *1261 HP* – ☎ *035 538 3286* – *www.caferestaurantrustwat.nl*

BLOEMENDAAL

Noord-Holland – Atlas n° **8**-A3

🏠 **Bleecker** 🆕 🛁

TRADITIONEEL · HEDENDAAGS Charme, dat is de grootste troef van Bleecker. Het telt niet zoveel kamers en dat zorgt voor een zekere gezelligheid. Degene op de benedenverdieping beschikken over een terras, wie op het eerste slaapt moet de trap op (geen lift). Een fietstocht met een gehuurde fiets afronden in de lunchroom is een leuke ervaring.

A cosy hotel with a limited number of guestrooms, Bleecker's biggest asset is its charming ambience. The rooms on the ground floor each have a terrace, while guests staying on the first floor will need to use the stairs (no lift). And what could be better than rounding off an enjoyable bike ride with lunch in the hotel restaurant?

11 kam – ♦80/180 € ♦♦80/180 €

Bloemendaalseweg 90 ✉ *2061 CN* – ☎ *023 527 1787* – *www.hotelbleecker.nl*

Aan tafel met 's werelds beste chef-koks.

Lavazza, de koffie die geserveerd wordt in de fijnste
restaurants wereldwijd.

TORINO, ITALIA, 1895

BLOKZIJL

Overijssel – Steenwijkerland – Atlas n° **9**-A1

🌼 **Kaatje bij de Sluis** (Peter Postma)   🚫 🅰🅲 🚫 🏵

BIO • KNUS ✗✗ Klein maar fijn typeert dit stijlvol restaurant waar cartoons de muren opfleuren. Ga voor een tafel aan het raam, want het zicht op de sluis is er prachtig! De chef werkt graag met streek- en bioproducten om gedetailleerde gerechtjes te creëren, hij gaat voor echte fine dining. De kaaskar bewijst zijn neus voor kwaliteit.

This stylish restaurant with cartoons brightening up the walls is best described as small but refined. Opt for a table at the window, as the view of the lock is magnificent. The chef likes to use local organic ingredients to create his intricate dishes, providing a true fine-dining experience. The cheese bar proves his nose for quality.

→ Lasagne van kreeft met laurier, asperges en kreeftenjus. Gebakken duif met wortel, gember en jus met citroengras. Millefeuille van gemarineerde roze grapefruit, chocolademousse, krokante karamel met mint en roze pepertjes.

Menu 85 € – Carte ong. 85 €

Hotel Kaatjes Résidence, Brouwerstraat 20 ✉ *8356 DV –* 📞 *0527 291 833*
– www.kaatje.nl – alleen diner – Gesloten 17 tot 25 februari, zondag, maandag en na 20.30 u.

🏠 **Kaatjes Résidence**   🚫 🅰🅲 🚫 🅿

LUXE • EIGENTIJDS Stijlvol hotel in een statig pand aan een sluis. Chique kamers, partyzaal en verzorgde tuin. De kleurige composities van Peter Keizer zorgen voor een artistiek elan. Ontbijt met zicht op de plezeirvaart.

A stylish canal-side hotel in stately premises. Elegant rooms, large party room and an immaculate garden. Peter Keizer's colourful compositions add artistic cachet to the decor.

7 kam ⬜ – 🛏165 € 🛏🛏185 €

Zuiderstraat 1 ✉ *8356 DZ –* 📞 *0527 291 833 – www.kaatje.nl – Gesloten 17 tot 25 februari, zondag en maandag*

Kaatje bij de Sluis 🌼 – zie restaurantselectie

🏠 **Geertien**   🌳 🐾 ♨ 🅿

FAMILIAAL • REGIONAAL Dit sympathieke familiehotelletje ligt in een moerassige veenstreek en beschikt over eigentijdse kamers met voldoende ruimte en rust. Authentiek bruin café. Internationale keuken en een knusse eetzaal. Zomerterras aan het water.

In a region of marshy peat bogs, this attractive small family hotel has modern rooms which are spacious and quiet. Café with "local colour". Local and international cuisine served in a pleasant dining room or on the waterside in summer.

12 kam – 🛏69/75 € 🛏🛏76/80 € – 2 suites – ⬜13 €

Muggenbeet 3 ✉ *8356 VK –* 📞 *0527 291 245 – www.geertien.nl*

BOLSWARD • BOALSERT

Fryslân – Súdwest Fryslân – Atlas n° **3**-B2

🏠 **Het Weeshuis**   🌳 🐾 🛎 🚫 ♨ 🅿

HISTORISCH PAND • PERSOONLIJK CACHET Er hangt een vleugje nostalgie in dit stijlvolle pand, dat in het pittoreske hart van Bolsward ligt. Die ambiance is mooi verweven met alle voorzieningen die u van een modern verblijf mag verwachten. De charme en mooie binnentuin krijgt u er bovenop.

There is a touch of nostalgia in this stylish building in the heart of Bolsward, offering all the comforts and facilities you would expect of modern accommodation. The beautiful courtyard garden will charm visitors.

14 kam ⬜ – 🛏85/104 € 🛏🛏95/104 € – ½ P

Kerkstraat 53 ✉ *8701 HR –* 📞 *0515 855 666 – www.hotelhetweeshuis.nl*

BORCULO
Gelderland – Berkelland – Atlas n° **4**-D2

ⅰ○ **Bistro de Olliemölle** 🛖 ⇔ 🅿

TRADITIONEEL · RUSTIEK 🕇 Deze bistro met ouderwetse charme is opmerkelijk. Enerzijds door de authentieke watermolen die af en toe nog rondjes draait, maar vooral door het idyllische terras aan het water! De keuken is lekker traditioneel en gul, al vindt u hier ook wel eigentijdse gerechten die de hand verraden van een ervaren chef.

This charmingly old-fashioned bistro, set in an old watermill, is a remarkable place. The water wheel still turns occasionally but the real treat is the idyllic terrace next to the water! Cooking is, in the main, traditional and generous, but you can also find some more contemporary dishes which demonstrate the chef's experience.

Menu 37 € – Carte 35/50 €

Lange Molenstraat 17 ✉ *7271 BJ –* ☎ *0545 276 556 – www.olliemolle.nl – Gesloten maandag behalve feestdagen*

BORNE
Overijssel – Atlas n° **9**-C3

⊛ **Dorset** 🛖 ⇔

MARKTKEUKEN · INTIEM 🗙🗙 Monumentaal pand dat is omgevormd tot een intiem, trendy restaurant met loungesfeer. Een erg geslaagde metamorfose! De klassieke keuken wordt gekruid met internationale invloeden, de ingrediënten komen vooral van lokale leveranciers. Hier kookt een chef die er alles aan doet om aan uw wensen te voldoen en u te verwennen.

This historical building has been converted into a welcoming, trendy restaurant with a lounge ambience – and the metamorphosis is a resounding success. Classic cuisine is seasoned to reflect international influences, with ingredients largely sourced from local suppliers. The chef goes all out to fulfil diners' wishes and pamper them.

Menu 37/90 € – Carte 50/84 €

Grotestraat 167 ✉ *7622 GE –* ☎ *074 266 1925 – www.dorset.nl – alleen diner – Gesloten 2 weken in januari, eind juli-half augustus, zondag en maandag*

BOXMEER
Noord-Brabant – Atlas n° **7**-D2

ⅰ○ **De Heerlijkheid** 🛖 🍷 ⇔

MODERNE KEUKEN · BUURTRESTAURANT 🗙 Cultureel centrum de Weijer heeft meer te bieden dan podiumkunsten en dergelijke, u kunt er namelijk ook lekker eten! Het restaurant straalt gezelligheid en warmte uit. De chef presenteert een fijne versie van moderne gerechten en stelt er een aantrekkelijke kaart mee samen.

The De Weijer cultural centre has more to offer than just performing arts; it's also a great place to eat. The restaurant exudes warmth and cosiness. The chef's attractive menu offers a refined take on modern dishes.

Lunch 25 € – Menu 37/60 € – Carte 50/61 €

De Raetsingel 1 ✉ *5831 KC –* ☎ *0485 574 919 – www.deheerlijkheidboxmeer.nl – Gesloten 29 juli-14 augustus, maandag en dinsdag*

BOXTEL
Noord-Brabant – Atlas n° **7**-C2

ⅰ○ **De Ceulse Kaar** 🛖 ♿ 🍷 ⇔ 🅿

TRADITIONELE KEUKEN · LANDELIJK 🗙🗙 In dit oude poststation aan de route Den Bosch-Keulen zorgen de rustieke zalen voor een warm gevoel, de oude bedsteden zijn ideaal voor een intiem etentje. De chef kookt traditioneel en werkt graag met nobele producten.

Rustic dining rooms create a warm ambience in this old coaching inn on the Den Bosch to Cologne route, with alcoves providing the perfect setting for an intimate dinner. The chef prepares traditional dishes with a focus on top quality produce.

Menu 37/54 € – Carte 35/44 €

Eindhovenseweg 41, (nabij A 2, afrit 26) ⊠ *5283 RA – ℰ 0411 676 282*
– www.ceulsekaar.nl – alleen diner – Gesloten maandag, dinsdag en na 20.30 u.

🍴 Molenwijk   🛋 & ⇔ 🅿

MARKTKEUKEN · GEZELLIG XX Binnenin een modern decor, buitenom een terras aan een vijver van het gemeentepark en op het bord eigentijdse gerechten bereid door een chef die weet hoe je smaken versterkt en combineert. Het menu, met keuze uit de kaart, is dan ook een aanrader.

Modern decor indoors, a terrace by a lake outdoors and contemporary food on the plate prepared by a chef who knows how to enhance and combine flavours. The set menu is a good choice, presenting a selection from the à la carte range.

Menu 33/50 €

Molenwijk 2 ⊠ *5282 SH – ℰ 0411 672 302 – www.restaurantmolenwijk.nl*
– Gesloten 28 december-5 januari, carnaval, 18 juli-16 augustus, zaterdagmiddag, zondag en maandag

BRAAMT
Gelderland – Montferland – Atlas n° **4**-C3

🍴 Mezzo   ⇦ 🛋 🎾 🅿

ITALIAANS · ELEGANT XX Sfeervol, landelijk gelegen adresje dat opgesmukt is met een gevarieerde kunstcollectie. De keuken is klassiek – kreeft staat hier heel het jaar op de kaart – en wordt aangevuld met Italiaans getinte gerechten. Smaakvolle kamers en een goed verzorgd ontbijt.

An atmospheric, rural location for this restaurant embellished with a varied art collection. Traditional cuisine with lobster on the menu throughout the year, in addition to dishes with Italian inspiration. Tastefully decorated rooms and an excellent breakfast.

Menu 40/60 € – Carte 49/87 €

7 kam – †65/70 € ††70 € – ☲ 13 €

Hooglandseweg 6 ⊠ *7047 CN – ℰ 0314 760 222 – www.mezzo-montferland.nl*
– alleen diner – Gesloten 31 december- 1 januari, maandag en dinsdag

BREDA
Noord-Brabant – Atlas n° **7**-B2

❀ Wolfslaar   🕸 🛋 & 🎾 ⇔ 🅿

CREATIEF · EIGENTIJDS XxX U rijdt een prachtig landgoed op, stapt tot aan het voormalige koetshuis en ontdekt er dit contemporain restaurant. Van een entree gesproken! De chef schotelt vervolgens gedetailleerde gerechten voor waarin hij elk ingrediënt graag in diverse vormen bewerkt. Een mooie harmonie, die wordt versterkt door de lekkere wijn.

A magnificent estate provides a spectacular entrance to this contemporary-style restaurant housed in the estate's former coach house. The chef here serves intricate dishes in which each ingredient is meticulously prepared in a multitude of ways. Beautifully prepared and harmonious dishes, enhanced by the accompaniment of some delicious wine.

→ Hollandse nieuwe haring met rettich, appel, hangop, dille en kaviaar. Gebakken tarbot met scheermesjes, slaharten, limoen en platte peterselie. Rabarber en framboos met yoghurt en ingemaakte magnolia.

Lunch 40 € – Menu 55/75 € – Carte 83/92 €

Wolfslaardreef 100 ⊠ *4803 EV – ℰ 076 560 8000 – www.wolfslaar.com*
– Gesloten 27 december-6 januari, half juli-half augustus, zaterdagmiddag en zondag

⊛ Salon de Provence   🍽 AK 🚭

FRANS • ROMANTISCH ✕✕ Romantisch en gezellig, klassiek en intiem ... Er hangt een bijzondere ambiance in dit huiskamerrestaurant. Het bord zorgt voor het vleugje Provence. De chefs gebruiken groenten uit eigen tuin en verenigen hun klassieke en moderne achtergronden, om vervolgens het beste uit beide werelden heerlijk in balans te brengen.

Romantic and cosy, classic and intimate – this restaurant has the attractive ambience of a private home. The chefs here use vegetables from their own garden to create dishes with a hint of Provençal flavour, combining their traditional and modern backgrounds in order to balance the best of both worlds.

Lunch 30 € – Menu 37/58 € – Carte ong. 65 €

Ginnekenweg 172, (in Ginneken) ⊠ 4835 NH – ℰ 076 561 5969
– www.salondeprovence.nl – Gesloten
31 december-3 januari, 19 tot 27 februari, 1 tot 4 september, zaterdagmiddag, zondag en maandag

⊛ De Stadstuin   🍽 🚭 ⇄

FRANS MODERN • ELEGANT ✕✕ Dit stijlvolle herenhuis, met achteraan een intiem stadsterras, is de speeltuin van een jonge chef. Zijn culinair repertoire is modern, met regelmatig een knipoog naar diverse Europese keukens, en zet het product telkens mooi in de picture. Hebt u achteraf nog wat plaats? Bezoek dan zeker de aangrenzende patisseriezaak.

Stylish townhouse with an intimate terrace to the rear. The young chef here produces a range of modern dishes influenced by various European cuisines and presented beautifully every time. If you have any room left after your meal, make sure you visit the adjoining patisserie.

Lunch 30 € – Menu 37/70 € – Carte 53/82 €

Ginnekenweg 138 ⊠ 4818 JK – ℰ 076 530 9636 – www.restaurantdestadstuin.nl
– Gesloten eerste week januari, 1 week met carnaval, 10 mei, 22 juli-9 augustus, zaterdagmiddag, zondag en maandag

✦○ Liefdegesticht ⓝ   🍽 ♿ AK 🚭 ⇄

CREATIEF • TRENDY ✕✕ Hotel Nassau noemt zijn trendy restaurant graag een food heiligdom en heeft met zijn talentvolle chef de juiste man om die verwachting in te lossen. Hij weet zijn creativiteit namelijk te bundelen in gevarieerde gerechten die to-the-point zijn. Niet té ingewikkeld, maar volledig gefocust op smaak.

The Hotel Nassau is keen for its trendy restaurant to be considered as a food sanctuary, and its talented chef is the right man to deliver on that expectation. He knows how to infuse creativity into a variety of dishes that are unfussy, not too complicated, and fully focused on flavour.

Lunch 28 € – Menu 37/59 € – Carte 54/84 €

Hotel Nassau, Nieuwstraat 23 ⊠ 4811 WV – ℰ 076 201 2999
– www.liefdegesticht.nl

✦○ Chocolat   🍽 AK 🚭 ⇄

WERELDKEUKEN • TRENDY ✕ In de schaduw van de kerk, hartje Breda, huist het trendy Chocolat. De diversiteit van chocolade typeert de eigentijdse nuances die de chefs zo graag gebruiken. Franse smaken, oosterse bereidingen, internationale kruiden ... Hier kookt men met open vizier! Ontdek het gerust op het terras achteraan, het is er aangenaam.

Situated in the heart of Breda, the trendy Chocolat restaurant stands next to the church. The restaurant serves contemporary cuisine with French flavours, Oriental preparation methods and international seasoning – the chef here is open to a whole host of influences! Peaceful terrace to the rear of the restaurant.

Lunch 28 € – Menu 38/45 € – Carte 42/64 €

Torenstraat 9 ⊠ 4811 XV – ℰ 076 533 5975 – www.restaurantchocolat.nl
– Gesloten zondag

🏨 Nassau Ⓝ   🛁 ⊡ ⑆ 🅰🅲 🐕 🚗

LUXE · HISTORISCH Bij Nassau drinkt u 'holy water' en er zijn zelfs nog nonne-tjes, maar dan wel op foto. Speelse religieuze elementen herinneren aan het klooster dat hier vroeger huisde, bestaande uit 5 Rijksmonumenten. Vandaag is het een luxueus hotel, waar het trendy decor zich vlekkeloos verweeft met het historische karakter.

Housed in five listed buildings, the Hotel Nassau is dotted with playful photos of nuns and other religious elements which recall the history of the site, which was once home to a convent. Today, this luxury hotel is decorated in a trendy, con-temporary style which provides a contrast to the buildings' historical character.

94 kam – ♦139/189 € ♦♦139/189 € – ⌂ 20 € – ½ P

Nieuwstraat 23 ✉ 4811 WV – ℰ 076 888 4921 – www.hotelnassaubreda.nl

Liefdegesticht ⁑○ – zie restaurantselectie

🏨 Bliss   ▧ ⊡ 🅰🅲

STADSHOTEL · THEMATISCH Een charmante businesssuite die de droom van elke zakenman waarmaakt, een Dickens & Jones suite in een trendy English style ... De thematische suites dompelen u onder in verschillende sferen, steeds in stijl en alle comfort. Bij Bliss komt u tot rust, in het hart van de stad.

A charming hotel that makes every business traveller's dream come true. It offers themed suites decorated in different styles (including a Dickens & Jones suite with a fashionable English feel), each one as smart and comfortable as the next. A relaxing base in the heart of the city.

9 kam ⌂ – ♦145/180 € ♦♦155/200 €

Torenstraat 9 ✉ 4811 XV – ℰ 076 533 5980 – www.blisshotel.nl

BRESKENS
Zeeland – Sluis – Atlas n° **11**-A2

🏵🏵 De Kromme Watergang (Edwin Vinke)   🕸 ⇆ 🏠 ⇄ ℙ

STREEKGEBONDEN · CHIC ✗✗ Bij De Kromme Watergang ontvouwen de troeven van Zeeuws-Vlaanderen zich in hun heerlijkste gedaante. Edwin Vinke maakt er namelijk een erezaak van zijn producten zo lokaal mogelijk aan te kopen. Zo levert zijn schoonvader de vis en schaal- en schelpdieren. Groenten en fruit kweekt hij dan weer zelf. Met precisie en persoonlijkheid geeft hij al dat lekkers een extra dimensie.

Chef Vinke gebruikt af en toe moderne technieken en smaakmakers uit andere keukens, maar overdrijft daar niet in. Het moet nuttig zijn. Zo geeft hij wortel de structuur van vlees door het te roken. Het is een opmerkelijke begeleiding van gebakken kip en krokante kippenhuid, dat dankzij een romige saus met kerrie lekker kruidig is. Chef Vinke wil niet onnodig verrassen, maar slaagt daar wel in met heerlijke harmonieën.

In dit chique restaurant wacht u een speciale ervaring, die nog wat aangenamer wordt in een van de mooie suites. Het biedt u de mogelijkheid om de prachtige omgeving te ontdekken en er net als chef Vinke verliefd op te worden.

Top-quality produce from Zeeland-Flanders can be enjoyed in De Kromme Watergang, where Edwin Vinke has made it his mission to purchase local ingredi-ents wherever possible. His father-in-law supplies the fish and shellfish, while Vinke himself grows the fruit and vegetables, creating dishes with a precision and character which adds an extra dimension to his ingredients.

Vinke occasionally uses modern techniques and condiments from other cuisines, but he knows where to draw the line, ensuring that all ingredients serve a pur-pose. Carrots are textured like meat through a smoking process, making the veg-etable a remarkable accompaniment to grilled chicken with crispy skin, and deli-ciously spicy thanks to a creamy curry sauce. The chef does not seek to surprise unnecessarily but succeeds in producing astonishingly delicious and harmonious combinations.

A truly special place to dine, this chic restaurant also offers beautiful suites which provide guests with the opportunity to explore the hotel's magnificent surround-ings.

→ Hoevekip met kokkels, citroengras, birambi en wortel. Scharrelvarken met zee-kat, bruine bonen, lavas en knolselderij. Soufflé van Zeeuwse bolus, gezouten karamel, kaneel en moscovadoroomijs.

Lunch 60 € – Menu 120/250 € – Carte 90/185 €

Slijkplaat 6, (Zuidoost : 5 km) ⊠ 4513 KK – ℰ 0117 348 696
– www.krommewatergang.nl – Gesloten eerste twee weken januari, 2 weken in
juni, laatste week september-eerste week oktober, maandag en dinsdag

🕸 **Spetters** (Laurent Smallegange)   ≤ 🏠 AC 🍴

MARKTKEUKEN • EIGENTIJDS XX De vonken vliegen hiervan af: het zicht op de jachthaven is prachtig en de loungemuziek zorgt voor een cosy sfeer. De kaart volgt de seizoenen en het aanbod van de markt, maar er is een constante: smaak! Geen overdaad, maar spetterende heerlijkheid.

True to its name, this restaurant sends the culinary sparks flying! The view of the marina is spectacular and the lounge music provides a cosy background atmosphere. The menu varies in line with seasonal produce, except for one constant factor: an abundance of sparkling flavours.

→ Zeebaars met duindoornbes, ponzu en citroenzestes. Schol met in algen gekonfijte en gelakte wortel, kimchi, schapenyoghurt en beurre blanc van wortel. Kersen en pecannoten met karamel en chocolade.

Lunch 44 € – Menu 59/109 € – Carte 70/158 €

Kaai 5, (1ste etage) ⊠ 4511 RC – ℰ 0117 381 223 – www.restaurantspetters.nl
– Gesloten 13 tot 24 januari, 1 tot 11 april, 24 juni-2 juli, 4 en 5 augustus,
23 september-8 oktober, maandag en dinsdag

🏠 **De Kienstee**   ♨ 🍴 P

AGRITOERISME • PLATTELANDS Ontdek de charme van Zeeuws Vlaanderen in dit heerlijke B&B, ondergebracht in een bijgebouw van een boerderij. De themakamers zijn ruim en hebben een landelijke stijl, 's morgens geniet u van een lekker ontbijt met artisanale producten.

Discover the charm of Zeelandic Flanders at this lovely B&B, housed in a farm outbuilding. The themed guestrooms are spacious and rustic in style, and in the mornings you can enjoy a delicious breakfast of artisanal products.

3 kam ⬜ – 🛏70 € 🛏🛏95/110 €

Sasputsestraat 11, (Zuidoost : 5 km) ⊠ 4507 JX – ℰ 0117 348 313
– www.dekienstee.nl – Gesloten eerste 2 weken van januari

BREUKELEN
Utrecht – Atlas n° **10**-A2

🍽○ **Buitenplaats Slangevegt** ⓝ   🏠 ♻ P

MARKTKEUKEN • LANDELIJK HUIS X Als u op zoek bent naar een gezellig restaurant waar het lekker relaxed is, zit u hier goed. Het terras aan de oever van de Vecht is top! De moderne gerechten zijn al even leuk. De chef uit zijn creativiteit in interessante bereidingen die u met plezier zult ontdekken.

If you're looking for a pleasant restaurant with a relaxed ambience, you can stop your search; the terrace on the banks of the River Vecht is a great spot and the modern dishes are equally appealing. The chef expresses his creativity in interesting preparations which are a pleasure to discover.

Menu 38/63 € – Carte 46/56 €

Straatweg 40 ⊠ 3621 BN – ℰ 0346 250 011 – www.slangevegt.nl

BROEK IN WATERLAND
Noord-Holland – Waterland – Atlas n° **8**-B3

🏠 **Inn on the Lake**   ⚡ ♨ ≤ 🚪 P

HISTORISCH PAND • PERSOONLIJK CACHET Op slechts 20 minuutjes van de hoofdstad treft u dit romantische B&B naast de kerk in een voormalig VOC-dorpje. Kijk uit over het water of maak een rondvaart in de sloep.

You can find this romantic B&B at only 20 minutes from the capital, next to the church in this former VOC (Dutch East India Company) village. Enjoy the view over the water or make a round trip in the sloop.

4 kam ⌂ – ♥185 € ♥♥185/210 €

Kerkplein 11 ✉ 1151 AH – ☎ 020 331 8573 – www.innonthelake.nl

BRUINISSE
Zeeland – Schouwen-Duiveland – Atlas n° **11**-B2

⅋○ **De Vluchthaven**   ⪕ 🛋 🅿

BIO · GEZELLIG ⅄ Puur natuur, daar staat deze gezellige brasserie voor. De chef werkt uitsluitend met biologische producten en de protagonisten op de (bondige) kaart zijn vis en schaal- en schelpdieren. Reken daarbij zachte prijzen, charmante bediening en een prachtig zicht op de Oosterschelde en u hebt een delicieuse vluchthaven.

Unadulterated natural flavours and ingredients are the hallmarks of this restaurant, where the chef works exclusively with organic products. Fish and shellfish are the protagonists on the concise menu, which is attractively priced and complemented by attentive service and a spectacular view of the Oosterschelde.

Menu 35/63 € – Carte 47/58 €

Zijpe 1, (via Rijksstraatweg) ✉ 4311 RK – ☎ 0111 481 228 – www.devluchthaven.nl – Gesloten maandag en dinsdag

BRUMMEN
Gelderland – Atlas n° **4**-C2

⊛ **Tante Blanche**   🛋 🆔 ⇔

MARKTKEUKEN · BISTRO ⅄ Charles Ek doet de herinnering aan de lekkernijen van zijn tante alle eer aan. In deze eigentijdse zaak serveert hij gerechten die lekker fris en niet te ver gezocht zijn, gewoonweg heel smakelijk! En zoals het een goede tante betaamt, laat men u niet naar huis gaan voor uw buikje vol is.

In this contemporary restaurant Charles Ek honours the memory of his aunt's fine cooking. Enjoy delicious, fresh dishes that are simple, copious, full of flavour and exciting without being overstated.

Menu 37/56 € – Carte ong. 44 €

Arnhemsestraat 22 ✉ 6971 AR – ☎ 0575 769 109 – www.tanteblanche.nl – alleen diner – Gesloten dinsdag en woensdag

⅋○ **Kasteel Engelenburg**   ⊗ ⪕ ⅋ ⇔ 🅿

MODERNE KEUKEN · LANDELIJK HUIS ⅄⅄ In dit restaurant in een 19de-eeuwse serre krijgt u een moderne kookstijl op uw bord en Zuid-Afrikaanse wijnen in uw glas. Lounge met indrukwekkende whiskycollectie voor achteraf.

In this restaurant, occupying a 19C conservatory, the cooking style is modern and the wines South African. Lounge featuring an impressive whisky collection to round off the evening.

Lunch 39 € – Menu 55/83 € – Carte 66/88 €

Hotel Kasteel Engelenburg, Eerbeekseweg 6 ✉ 6971 LB – ☎ 0575 569 999 – www.engelenburg.com – Gesloten 1 tot 5 januari en zaterdagmiddag

🏨 **Kasteel Engelenburg**

HISTORISCH PAND · HISTORISCH Weelderig buitenverblijf uit 1828 in koloniale stijl, waar men over de slotgracht het kasteelpark inkijkt. Fruit en biscuits als onthaal in de kamers, die warm en charmant zijn ingericht. Eigen golfterrein in de tuin.

A sumptuous, colonial-style country house dating back to 1828, looking straight into the castle garden across the moat. Guests will find fruit and biscuits as a welcome treat in their rooms, which are all warmly and delightfully furnished. The castle has its own golf course in its grounds.

40 kam – ♥167/190 € ♥♥220/267 € – 1 suite – ⌂ 24 € – ½ P

Eerbeekseweg 6 ✉ 6971 LB – ☎ 0575 569 999 – www.engelenburg.com – Gesloten 1 tot 5 januari

Kasteel Engelenburg ⅋○ – zie restaurantselectie

🏠 Het Oude Postkantoor

TRADITIONEEL · ELEGANT De loketruimte en de postkamer zijn omgetoverd in lichte kamers die lekker ruim zijn, de plek waar de post werd gesorteerd is nu een elegante ontbijtzaal ... en dat allemaal in een heerlijk rustige omgeving. Dit B&B is een postkaart waard!

The office and post room have been transformed into light guestrooms with plenty of space, and there is an elegant breakfast room where the post was once sorted. All in a lovely, peaceful setting – this B&B is picture postcard material.

6 kam – 🛏95/115 € 🛏🛏100/115 € – ⌷ 13 €

Zutphensestraat 6 ✉ 6971 EM – ☏ 0575 566 781 – www.hetoudepostkantoor.nl – Gesloten 1 week in februari

BRUNSSUM
Limburg – Atlas n° **6**-B3

🍴 Frunk 🅝

CREATIEF · BISTRO 🍴🍴 Hoe Luuk en Angelique in Brunssum terecht kwamen? Het ligt precies tussen hun woonplaatsen in! Dankzij hun knusse Frunk staat de gemeente op de culinaire kaart. Ze steken er hun ziel in, zelfs een deel van het meubilair is zelfgemaakt! De chef toont zijn creativiteit ook op het bord en durft te verrassen met uitdagende smaken.

How did Luuk and Angelique end up in Brussum? The answer: it lies in a position exactly between their two homes! Thanks to their cosy restaurant Frunk, this municipality is now represented on the culinary map. They have put their hearts and souls into the place; even some of the furniture is homemade! The chef shows his creativity on the plate and dares to surprise with challenging flavours.

Menu 37/59 € – Carte 59/65 €

Dorpstraat 83 ✉ 6441 CC – ☏ 045 564 2121 – www.restaurantfrunk.nl – alleen diner

BUSSUM
Noord-Holland – Gooise Meren – Atlas n° **8**-B3

🕸 Soigné (Dennis Jong)

MARKTKEUKEN · INTIEM 🍴🍴 De naam zegt het al: alles is hier tot in de puntjes verzorgd. Dat geldt zowel voor het intieme, gezellige interieur als voor de ruimte die aan kooklessen en private dining is gewijd. De behandeling van kwaliteitsproducten en de vereniging van heerlijke, contrasterende smaken is uiteraard helemaal Soigné.

The name says it all: everything here is perfectly presented down to the finest detail. That goes for both the intimate, cosy interior and the space dedicated to cookery classes and private dining. The treatment of quality ingredients and union of delicious, contrasting flavours certainly thoroughly live up to the name Soigné.

→ Cannelloni van tonijn met zwarte sesam, sushirijst, gel van wakame, soja-knoflookschuim en wasabimayonaise. Gebakken grietfilet met gestoofde ossenstaart, truffel, knolselderij en kalfsjus. Boomstammetje van pure chocolademousse, spongecake, brownie, meringue en groentheeroomijs.

Lunch 32 € – Menu 58/75 € – Carte 58/73 €

Kapelstraat 16 ✉ 1404 HX – ☏ 035 693 6379 – www.restaurantsoigne.nl – Gesloten zondag en maandag

🙂 Faulk

MODERNE KEUKEN · BISTRO 🍴 Menno en Monique zorgen er in hun gemoedelijke buurtbistro voor dat u het naar uw zin hebt. Hier wordt de moderne keuken op een weldoordachte, evenwichtige manier gebracht, met een mooie portie ambitie. Dat enthousiasme vindt u ook terug in de bediening. Dit stel gaat een mooie toekomst tegemoet.

Menno and Monique ensure that everything is to your liking in their cosy neighbourhood bistro. The ambitious, contemporary-style dishes are presented in a thoughtful, balanced way. The friendly enthusiastic service is also an indicator that this couple have a bright future ahead of them.

Menu 36/45 € – Carte 36/46 €

Herenstraat 26 ✉ 1406 PE – ☏ 035 691 1343 – www.faulk.nl – alleen diner – Gesloten 31 december-11 januari, 27 april en maandag

CADZAND

Zeeland – Sluis – Atlas n° **11**-A2

🍃🍃 **Pure C** 🐴 ⪦ ♿ AC 🚫 🚗

CREATIEF • DESIGN 🕸🕸 Bij Pure C geven Zeeland en de Noordzee hun geheimen prijs. Het restaurant bevindt zich in het Strandhotel, dat omgeven is door de duinen van Cadzand. Het moderne interieur geniet ten volle van het prachtige uitzicht op het water. De loungy sfeer is een extra troef, net als de zeer professionele service, die tegelijkertijd ongedwongen is. Het past volledig bij de visie die Sergio Herman voor Pure C heeft bedacht. Hier komt men om te genieten van puurheid in een ontspannen omgeving. Met Syrco Bakker heeft hij een chef aangesteld die dat perfect weet over te brengen. Beide chefs creëren samen de menu's.

De schatten uit de zee en de polders spelen hier een hoofdrol. Chef Bakker speelt graag met aciditeit om het evenwicht in de gerechten te verzekeren. Het creatief samenspel van smaken en texturen is ongemeen boeiend. De delicate smaak van heilbot zet hij bijvoorbeeld in de verf met de frisse zuren van een tomatenmousse. De wittewijnsaus die erbij komt, zorgt voor volheid. Deze chef weet subtiliteit aan uitbundigheid te koppelen.

De keuken van Pure C is er een met persoonlijkheid. Niets wordt aan het toeval overgelaten om de prachtige regio in de verf te zetten. Lang leve Zeeland!

At Pure C, all the secrets of Zeeland and the North Sea are revealed. The restaurant is housed in the Strandhotel, which is surrounded by the dunes of Cadzand. The modern interior really makes the most of the great view of the water and the loungy ambience is another trump card. The service is very professional but at the same time relaxed, and fits perfectly with the vision Sergio Herman has for Pure C, where guests are intended to enjoy purity in a relaxed environment. Syrco Bakker is the chef to translate that vision and both chefs work together to create the menus.

Delicacies from the sea and the polders play the main role here. The chefs like to play with acidity to assure balance in their dishes. The creative combinations of flavours and textures are extremely fascinating. The delicate taste of halibut, for example, is highlighted by the fresh acidity of a tomato mousse, while a white wine sauce gives the preparation more body. These are chefs who know how to link subtlety with exuberance.

The kitchen of Pure C is one filled with personality and nothing is left to chance when it comes to highlighting their beloved region. Long live Zeeland!

→ Langoustines à la nage. Zeebaars in zoutkorst. Memorie of happiness.

Menu 104/124 € – Carte 105/185 €

Strandhotel, Boulevard de Wielingen 49 ⊠ 4506 JK – ✆ 0117 396 036
– www.pure-c.nl – alleen diner behalve zaterdag en zondag
– Gesloten 19 december-9 januari, maandag en dinsdag

🍃 **AIRrepublic** ⪦ 🏠 ♿ AC

VIS EN ZEEVRUCHTEN • MINIMALISTISCH 🕸🕸 Sergio Herman keert terug naar de roots van zijn vader. Voornamelijk Zeeuwse vis en schaal- en schelpdieren worden volgens oude recepten bereid, maar dan wel met zijn typerende originaliteit en smaakintensiteit. Sterk! Zijn streven naar perfectie blijkt ook uit dit prachtige paviljoen, omgeven door de zee en de jachthaven. De zonsondergang is er adembenemend!

Sergio Herman has returned to his father's roots. This restaurant focuses on Zeeland fish and shellfish prepared according to time-honoured recipes, but with the chef's characteristic originality and intensity of flavours. Herman's pursuit of perfection is further revealed in the magnificent pavilion overlooking the sea and marina. The sunsets here are magnificent!

→ Gegrilde langoustines met verveineboter. Kreeft à la nage. "Ferrero Rocher" AIR.

Carte 65/145 €

Maritiem Plaza 1 ⊠ 4506 KZ – ✆ 085 833 1919 – www.air-republic.com – Gesloten woensdag en donderdag

ⅈ◯ Dell'arte ℕ   🛏 🅿

FRANS MODERN · KNUS XX Robbert Dellaert heeft zijn ouderlijk huis (1878) omgevormd tot een romantisch restaurant. Het is er intiem, de dorpstuin is prachtig. Dankzij de uitstekende service van Julie geniet u ten volle van de liefdesrelatie die de chef heeft met Zeeuws-Vlaanderen. Hij behandelt lokale producten met respect, de weldoordachte combinaties geeft ze diepgang.

Robbert Dellaert has transformed his parental home, dating from 1878, into a romantic restaurant. It is an intimate space with a beautiful garden. Thanks to Julie's excellent service, you can really enjoy the love the chef has for Zeelandic Flanders. He treats local produce with respect and his thoughtful combinations add depth.

Lunch 35 € – Menu 46 € – Carte 46/77 €

Mariastraat 34, (in Cadzand-dorp) ✉ *4506 AE –* ✆ *0117 712 603 – www.restaurantdellarte.nl – Gesloten woensdag en donderdag*

ⅈ◯ l'Angolo   🛏

ITALIAANS · BISTRO X L'Angolo herinnert aan het klassieke Italië met oude sfeerbeelden van de Italiaanse cinema en een rood/wit geblokt behangpapier. De kaart en de smaken zijn even traditioneel, met liefde voor het product bereid, en de pizza's komen uit een authentieke houtoven!

L'Angolo is reminiscent of classic Italy with old atmospheric images from Italian cinema, and red and white checked wallpaper. The menu and the flavours are similarly traditional, prepared with love for the ingredients, while the pizzas come from an authentic wood-fired oven.

Carte 40/52 €

Erasmusweg 1 ✉ *4506 AA –* ✆ *0117 851 382 – www.langolo-cadzand.nl – Gesloten woensdag*

ⅈ◯ Blueness ℕ   🅰🅲 🍸 🚗

AZIATISCHE INVLOEDEN · TRENDY X Sergio Herman die Zeeuwse producten inzet om aan te tonen wat hij met de Japanse keuken kan doen? Het laat geen enkele fijnproever blauwblauw. In dit smaakvolle 'counterrestaurant', in de lobby van het Strandhotel, toont hij aan dat hij de subtiliteiten van deze pure keuken beheerst. De cocktails en sake maken dit internationale verhaal af.

Sergio Herman uses his beloved Zeeland produce to show what he can do with Japanese cuisine – and the results will move every gourmet. In this tastefully decorated 'counterrestaurant', in the lobby of the Strandhotel, he shows that he has mastered the subtleties of this natural kitchen. Cocktails and sake lists complete this international story.

Carte 45/65 €

Strandhotel, Boulevard de Wielingen 49 ✉ *4506 JK –* ✆ *0117 833 000 – www.bluenessbar.com – Gesloten 19 december-9 januari*

🏠 De Blanke Top   🍴 🐾 ⟵ 🛏 ☐ 🍸 ♨ 🅿

LUXE · AAN ZEE De dochters des huizes laten een nieuwe wind waaien door deze zaak, met veel schwung en moderne renovaties (onder meer nieuwe wellness begin 2019). De essentie werd echter behouden: een prettig verblijf met uitzicht op strand en duinen vanaf uw eigen balkon. Eigentijdse maaltijd in de panoramische eetzaal, eenvoudige kaart onder de parasols.

This hotel is being tastefully modernised and renovated by the daughters of the house (with a new spa being created at the beginning of 2019), yet the essence of the hotel remains the same. With views of the beach or dunes from the bedrooms' private balconies it is a pleasant place to stay. Enjoy contemporary meals in the dining room with its panoramic views or dine from a simple menu on the terrace.

93 kam ⌸ – ♦135/220 € ♦♦135/220 €

Boulevard de Wielingen 1 ✉ *4506 JH –* ✆ *0117 392 040 – www.blanketop.nl*

🏠 Strandhotel   ⟵ ▣ 📶 🛏 ☐ ⚐ 🍸 ♨ 🅿

FAMILIAAL · FUNCTIONEEL De locatie tussen het dorp, het strand en de duinen is een absolute troef van dit moderne hotel. De omgeving is hier heerlijk. U logeert in alle comfort en geniet van verschillende faciliteiten die gewijd zijn aan uw welzijn, zoals heerlijke massages in het wellness salon.

Its location between the village and the beach is an absolute trump card for this modern hotel. Guests can enjoy complete relaxation with a whole host of facilities dedicated to their well-being – be sure to have a massage in the wellness centre.

70 kam ⌂ – 🛏190/310 € 🛏🛏190/310 € – 6 suites

Boulevard de Wielingen 49 ✉ 4506 JK – ☏ 0117 392 110 – www.strandhotel.eu – Gesloten 19 december-9 januari

Pure C ✿✿ • **Blueness** ⭑○ – zie restaurantselectie

CAPELLE AAN DEN IJSSEL
Zuid-Holland – Atlas n° **12**-C2

✿ **Perceel** (Jos Grootscholten)   🏠

CREATIEF • GEZELLIG ✗✗ Bij Jos en Sharon ervaart u het talent van een stel met een indrukwekkend palmares. Zij zorgt voor de attente bediening, de chef laat u ervaren hoe hij in symbiose treedt met de natuur. Hij laat de puurheid van de smaak primeren en werkt met producten uit zijn kruidentuin. Bloemen staan centraal in deze knappe zaak, zowel in het decor als op uw bord!

At Jos and Sharon's Perceel you will experience the talent of a couple with an impressive list of achievements. She takes care of the excellent service, while he focuses on pure and natural flavours, using produce from his own garden. Flowers take pride of place in this beautiful establishment, both in the décor and on your plate!

→ Tartaar van zeebrasem met avocado, ingelegde uitjes, granité van grapefruit en vinaigrette van gefermenteerde tomaat. Heilbot met een compote van rabarber en sjalot, witlof, sesam en jus van de gebruinde visgraten. Rode biet met krokante brioche, bessen, yoghurt en jasmijnmeringue.

Lunch 40 € – Menu 65/93 € – Carte ong. 80 €

Dorpsstraat 3 ✉ 2902 BC – ☏ 010 227 1922 – www.restaurantperceel.nl – Gesloten zaterdagmiddag, maandag en dinsdag

CASTRICUM
Noord-Holland – Atlas n° **8**-A2

✿ **Apicius** (Thorvald de Winter)   ᏔᏔᏔᏔ

MODERNE KEUKEN • EIGENTIJDS ✗✗✗ Twee broers zwaaien de scepter in dit verfijnde, moderne restaurant: een in de zaal en een in de keuken. Verzorgd decor, comfortabel salon. Wereldwijnen en grote bourgognes.

Modern restaurant run by two passionate brothers, one in the kitchen, one in the dining room. Refined atmosphere, comfortable lounge and international selection of wines including some vintage burgundy wines.

→ Terrine van ganzenlever met boerenjongens, reductie van balsamico-azijn en brioche. Tarbot in de oven gegaard met basilicumkorstje, tomaat, mosterd en groenten in dragonroom. Ponderaciones met sinaasappelsaus en vanilleroomijs.

Lunch 40 € – Menu 49/95 € 🍷 – Carte 58/82 €

Van der Mijleweg 16, (Bakkum), (Noordwest : 2 km) ✉ 1901 KD – ☏ 0251 676 760 – www.apicius.nl – Gesloten 2 weken in juli, 1 week in oktober, zondag en maandag

🙂 **Le Moulin**   🏠 🍴

TRADITIONELE KEUKEN • GEZELLIG ✗✗ Al meer dan 30 jaar is dit het huis van de Glastronomie: Yvonne Glas zorgt voor de charmante bediening en haar broer Frans geeft zijn persoonlijke touch aan de klassieke keuken. De zalm wordt hier nog gerookt volgens een oud familierecept. Een bezoek aan deze warme, gezellige zaak is een echt plezier!

For over 30 years this has been the home of 'Glastronomy'. Yvonne Glas provides charming service and her brother Frans adds his personal touch to the traditional kitchen, in which salmon is still smoked following an old family recipe. A visit to this warm, cosy restaurant is an absolute delight.

Lunch 30 € – Menu 37/55 € – Carte ong. 50 €

Dorpsstraat 96 ✉ 1901 EN – ☏ 0251 651 500 – www.restaurantlemoulin.nl – alleen diner – Gesloten maandag en dinsdag

‖○ Aan het Bosch

FRANS · HERBERG ✕✕ De herinnering aan de jeugdherberg die hier vroeger huisde, wordt bij Aan het Bosch mooi verweven met de gemakken van vandaag. Ook de keuken is helemaal up-to-date. De vrouwelijke chef bereidt kleine gerechtjes (neem er zeker vier) die ze zorgvuldig bewerkt. De chateaubriand is de specialiteit van het huis.

In Aan het Bosch, memories of this former youth hostel blend beautifully with the restaurant's contemporary comforts. Up-to-date cuisine, which includes a number of small, carefully crafted dishes prepared by the female chef (be sure to order at least four). Chateaubriand is the speciality of the house.

Lunch 25 € – Menu 35/45 € – Carte 34/55 € – *(eenvoudige lunchkaart)*
Hotel Huize Koningsbosch, Heereweg 84 ✉ 1901 ME
– ℰ 0251 860 385 – www.huizekoningsbosch.nl
– Gesloten zondagavond en maandag

🏠 Huize Koningsbosch

BUSINESS · HEDENDAAGS De piekfijn uitgedoste kamers zijn zeker het vermelden waard, maar dé troeven zijn hier de lichtinval en het contact dat wordt gecreëerd met de omliggende natuur. Heerlijk! In dit hotel komt u echt tot rust.

The smartly decked out guestrooms at Huize Koningsbosch are certainly worth a mention, but the real trump cards here are the lighting and connection with surrounding nature. This hotel offers a truly tranquil setting.

23 kam ⌂ – ♦55/65 € ♦♦105/115 €
Heereweg 84, (in Bakkum) ✉ 1901 ME – ℰ 0251 860 385
– www.huizekoningsbosch.nl
Aan het Bosch ‖○ – zie restaurantselectie

🏠 Het Oude Raadhuis

HISTORISCH · ELEGANT Dit lieflijk boetiekhotelletje blaast een raadhuis uit het begin van de 20ste eeuw nieuw leven in. Dankzij een geslaagde restyling krijgt u hier een gevoel van warmte en ruimte, de kamer in de nok en de suite zijn daar prachtige voorbeelden van. Charme in het hart van Castricum!

This lovely little hotel has breathed new life into an early 20C town hall. Sympathetic restyling has given the place a sense of warmth and space, especially in the attic room and in the suite. It is a charming place in the centre of Castricum!

9 kam ⌂ – ♦103/118 € ♦♦115/140 €
Dorpsstraat 65 ✉ 1901 EJ
– ℰ 0251 654 100 – www.hotelhetouderaadhuis.com
– Gesloten 23 december-6 januari

COEVORDEN
Drenthe – Atlas n° **1**-B3

‖○ Kasteel Coevorden

STREEKGEBONDEN · HISTORISCH ✕✕ U voelt zich de koning te rijk in dit kleine kasteel, in het centrum van de oude vestingstad. Romantisch, intiem restaurant met donkere balken, gepatineerde plankenvloer en een prachtige open haard. Glazen vitrinekasten geven een zicht op de wijnvoorraad. De keuken is eigentijds, met een voorkeur voor streekproducten.

You will dine like a king in this small castle, located at the heart of the old fortified town. The restaurant is romantic and intimate, featuring dark beams, polished wooden floors and a fabulous open fireplace. Part of the wine collection is stored in glass display cabinets. The kitchen is contemporary with a preference for regional produce.

Lunch 23 € – Menu 35/45 € – *(eenvoudige lunchkaart)*
Hotel Kasteel Coevorden, Kasteel 29 ✉ 7741 GC – ℰ 0524 522 009
– www.kasteelcoevorden.nl

Kasteel Coevorden

HISTORISCH · HEDENDAAGS Verbouwd pakhuis met karakter. Knusse kamers, met veel houtwerk en open badkamers. Geniet van de rustige omgeving met een ontbijt op het terras, bij het water. Heerlijk!

This warehouse renovated with lots of character offers cosy guestrooms with an abundance of timber and open-plan bathrooms. Make the most of this peaceful and sublime setting by having breakfast on the waterfront terrace.

24 kam ☷ – †59/159 € ††79/179 €

Kasteel 29 ⊠ 7741 GC – ℰ 0524 522 009 – www.kasteelcoevorden.nl

Kasteel Coevorden ⑪ – zie restaurantselectie

CROMVOIRT
Noord-Brabant – Vught – Atlas n° **7**-C2

⑪ Noble Kitchen Ⓝ

SUSHI · HEDENDAAGSE SFEER 𝕏𝕏 Zijn het ufo's die geland zijn in een maanlandschap? Nee, in een van de ronde gebouwen vindt u dit prachtige restaurant dat wordt geflankeerd door golfgreens. Uniek! Een uitstekende chef kookt er contemporain, met een flinke knipoog naar Azië. De sushi zijn top, vis en vlees grilt hij heerlijk op de robatayaki. Mag het laagdrempeliger? Op naar Bernardus Café!

Housed in a round building resembling a UFO, this excellent restaurant occupies a unique setting on a golf course. Here the talented chef prepares contemporary dishes with significant Asian influence, including exquisite sushi and delicious fish and meat grilled on the robatayaki. The restaurant is also home to the atmospheric Bernardus Café.

Lunch 30 € – Menu 52 € – Carte 42/71 €

Deutersestraat 39B ⊠ 5266 AW – ℰ 073 203 4888 – www.noblekitchen.nl – Gesloten 31 december-1 januari, 28 februari-7 maart, woensdagmiddag, maandag en dinsdag

DALFSEN
Overijssel – Atlas n° **9**-B2

⊛ Herberg de Witte Gans 🏠 🅿

MARKTKEUKEN · HERBERG 𝕏𝕏 Laat de ganzen rustig in het gras scharrelen en neem plaats op het terras of in de eetzaal, met gerestyled interieur. Heerlijke smaaksensaties zijn het resultaat van de creatieve combinaties van topproducten. Fraai opgemaakte borden en mooie porties maken het plaatje helemaal compleet.

Leave the geese to peck in the grass while you take your place on the terrace or in the restyled dining room. The delicious culinary sensations you will enjoy here are the result of creative combinations of top quality ingredients. Beautiful presentation completes the picture.

Menu 37/63 € – Carte 51/66 €

Heinoseweg 30, (Zuid : 4 km richting Heino) ⊠ 7722 JP – ℰ 0529 430 515 – www.wittegans.nl – alleen diner behalve zondag – Gesloten 31 december-1 januari en dinsdag

Mooirivier

BUSINESS · ELEGANT Mooi is de locatie aan de oever van de Vecht, rustig is de groene omgeving. Ook binnen is het genieten: de kamers zijn ruim en beschikken over alle moderne comfort. Zowel zakenmensen als vakantiegangers vinden hier wat wils. Het keukenteam serveert een gulle versie van de hedendaagse keuken. Leuk, afwisselend en lekker!

The location on the banks of the Vecht is beautiful – so green and so peaceful – and it's just as pleasant inside, with large rooms equipped with modern comforts. It's a place which suits one and all, from businesspeople to leisure guests. The kitchen team serves up a generous take on contemporary cuisine, producing varied and delicious flavours.

90 kam – †90/130 € ††90/130 € – ☷ 17 €

Oude Oever 10 ⊠ 7722 VE – ℰ 0529 478 777 – www.mooirivier.nl

⅑○ Carelshaven   ⟻ ⌂ ⌂ ⌂ **P**

FRANS MODERN · GEZELLIG ✕✕ Bij Carelshaven kan men al sinds 1776 comfortabel overnachten. De locatie op het landgoed van kasteel Twickel is zeer mooi en
het stijlvolle restaurant toont de zorg aan waarmee men hier werkt. De chef
bereidt een fijne Franse keuken met groenten uit de moestuin van het kasteel
en werkt graag met huisgerookte bereidingen.

Carelshaven has been providing comfortable accommodation since 1776. The stunning location near Twickel Castle and the stylish restaurant reveal the care with
which the team here works. The chef prepares fine French cuisine with produce
from the castle vegetable garden and likes to use foods smoked on the premises.

Lunch 30 € – Menu 37/69 € – Carte 49/85 €

28 kam – ⫾69/85 € ⫾⫾79/144 € – ⌕ 13 €

Hengelosestraat 30 ✉ *7491 BR – ☏ 074 376 1305 – www.carelshaven.nl – Gesloten
28 december-3 januari en 5 tot 18 augustus*

🏠 Hoeve De Haar   ⌂ ⌂ ⌂ ⌂ **P**

HERBERG · PLATTELANDS Deze voormalige landgoedboerderij (1927) laat u
genieten van het natuurschoon van Twickel, het grootste particuliere landgoed
van Nederland. Alle kamers – ruim en verzorgd – kijken namelijk uit op het landgoed en een golfbaan. Hier overnacht u in alle rust, en wordt u gesoigneerd door
de charmante gastvrouw.

This former estate farm, dating back to 1927, gives visitors the opportunity to
enjoy the natural beauty of Twickel, the largest private estate in the Netherlands. All bedrooms are spacious and well maintained, overlooking the estate
and a golf course. Guests stay in complete peace and quiet, attended by the
charming hostess.

7 kam ⌕ – ⫾85/110 € ⫾⫾95/125 €

Grote Looweg 4, (Landgoed Kasteel Twickel, Noord: 9km) ✉ *7495 TL
– ☏ 074 250 2526 – www.hoevedehaar.nl*

ONZE AANRADERS... *GOOD TIPS....*

Le Vieux Jean, om een eigenzinnige klassieke keuken te degusteren in de schaduw van de Oude Jan kerk. De Plataan, voor zijn opmerkelijke en kleurrijke themakamers. VOC, waar de moderne boudoirsfeer verleidelijk is.

Le Vieux Jean, where you can enjoy a personalised version of classic cuisine in the shadow of the Oude Jan church. De Plataan, for its remarkable and colourfully themed rooms. VOC, which has a pleasant modern boudoir feel.

DELFT

Zuid-Holland – Atlas n° **12**-B2

Restaurants

Le Vieux Jean   🐾 🅰🅲 ⇌

FRANS KLASSIEK · INTIEM XX Chef Robert-Jan Polman kookt klassiek, maar dan wel op zijn manier. De pure smaken, precieze cuissons, sterke fonds en sauzen; uit al die zaken spreekt zijn ervaring. De toevoeging van een eigen touch maakt de harmonie van smaken nog dat tikkeltje mooier. De wijnkaart is indrukwekkend, niet te missen!

Chef Robert-Jan Polman produces classic cuisine his way. Authentic flavours, precise preparation and strong stocks and sauces all combine to reveal his experience. The addition of an individual touch further elevates the harmony of flavours. The wine list is impressive and not to be missed.

Menu 37/57 € – Carte 47/72 €

Plattegrond: A2-p – *Heilige Geestkerkhof 3* ✉ *2611 HP* – ✆ *015 213 0433* – *www.levieuxjean.nl* – *Gesloten eerste week januari, 27 april, half juli-half augustus, zaterdagmiddag, zondag en maandag*

🍴 Les Copains   🅰🅲

VIS EN ZEEVRUCHTEN · EENVOUDIG XX Vrienden ontvang je in een familiale sfeer, je maakt het hen gezellig en verwent hen met lekker eten. Dat is niet anders in dit klassieke restaurant, waar vis en schaal- en schelpdieren de specialiteiten zijn. De chef staat op hun versheid – kijk maar naar de kreeft uit het homarium! – en weet hun pure smaken te versterken.

Friends should receive a warm welcome, made to feel at home and treated to tasty food. This is the policy at this classic restaurant, which specialises in fish and shellfish. The chef insists on freshness – as diners will see in the crab from the tank – and knows how to enhance their natural flavours.

Menu 36/56 € – Carte 50/67 €

Plattegrond: A2-d – *Breestraat 8* ✉ *2611 RG* – ✆ *015 214 4083* – *www.lescopains.nl* – *alleen diner* – *Gesloten maandag en dinsdag*

ⅈ○ Van der Dussen 🐝 🏠 ⚡ ⬭

FRANS MODERN · RUSTIEK ⅏ Het interieur van dit historierijk pand is wat bruut en authentiek, maar vooral gezellig! De chefs vindt u achteraan, in de open keuken, waar ze de regels van de Franse keuken volgen. Al krijgen die hier wel telkens een jonge, moderne twist die ze nog wat oppeppen. Heerlijk bij een van de vele lekkere wijnen op de kaart.

The interior of this historical building is rustic and authentic, but first and foremost it is lively. Diners will see the chefs at the back in the open kitchen, where they honour the laws of French cuisine, pepped up with a young, modern twist. The delicious dishes can be accompanied by one of the many excellent wines on the list.

Menu 38 € – Carte ong. 44 €

Plattegrond: A1-x – *Bagijnhof 118* ⊠ *2611 AS* – ℰ *015 214 7212*
– *www.restaurantvanderdussen.nl* – *alleen diner* – *Gesloten 26 en*
31 december-1 januari, 27 april, 5 tot 20 augustus en zondag

ⅈ○ VOC 🏠

MODERNE KEUKEN · HEDENDAAGSE SFEER ⅏ Er hangt een moderne boudoir-sfeer in dit authentiek Delfts pand, zeer aangenaam om de moderne keuken te ontdekken van een chef met een mooi parcours. Dat merkt u aan zijn afkruiding en de technieken die hij gebruikt. Een leuke keuken met smaak als constante.

This authentic Delft building has a modern boudoir feel, making it a pleasant place to discover the contemporary cuisine of a chef with an excellent track record, as revealed in the seasoning and the techniques he uses. Pleasant food with consistently pleasing flavours.

Menu 40/50 € – Carte 37/45 €

Plattegrond: A2-e – *Oude Delft 125* ⊠ *2611 BE* – ℰ *015 364 8992*
– *www.restaurantvoc.nl* – *alleen diner* – *Gesloten 24 juli-7 augustus, zondag en maandag*

Hotels

🏠 Johannes Vermeer 🆔 ⚡ 🏊

FAMILIAAL · FUNCTIONEEL Drie oude grachtenpanden met intieme, sfeervolle kamers, sommige op de dakverdieping. In de ontbijtruimte staat u oog in oog met het befaamde Meisje met de parel. Romantisch terras met zicht op een fraaie klokkentoren.

Intimate, tasteful rooms, some with sloping ceilings, set in three old houses on the canal. Romantic terrace overlooking a pretty church tower.

30 kam ⌂ – ♦90/114 € ♦♦90/135 €

Plattegrond: A2-t – *Molslaan 20* ⊠ *2611 RM* – ℰ *015 212 6466* – *www.hotelvermeer.nl*

🏠 De Koophandel ⚡

TRADITIONEEL · GEZELLIG Dit familiehotel straalt traditie uit en ligt aan een levendig pleintje waar veel restaurants 's zomers hun terras uitzetten. Gezellig! De kamers zijn vrij ruim en worden opgefleurd door schilderijen van de oude meesters.

This family hotel exudes tradition. It is located on a busy square where lots of restaurants have outdoor seating in summer, creating a lively atmosphere. The guestrooms are spacious and decorated with paintings by the old masters.

25 kam ⌂ – ♦99/109 € ♦♦119/139 €

Plattegrond: B2-z – *Beestenmarkt 30* ⊠ *2611 GC* – ℰ *015 214 2302*
– *www.hoteldekoophandel.nl*

🏠 Museumhotel ⬚ ⚡

HISTORISCH · EIGENTIJDS Dit comfortabele museumhotel tussen station en grachten bestaat uit drie historische panden. Eigentijdse, goed uitgeruste kamers. Expositie van moderne keramiek.

This hotel-museum between the canal and the station is composed of three historic buildings. Well-equipped contemporary rooms. Modern ceramics on display.

64 kam ⌂ – ♦95/155 € ♦♦105/165 € – 2 suites

Plattegrond: A1-a – *Oude Delft 189, (met dependances)* ⊠ *2611 HD*
– ℰ *015 215 3070* – *www.museumhotels.nl*

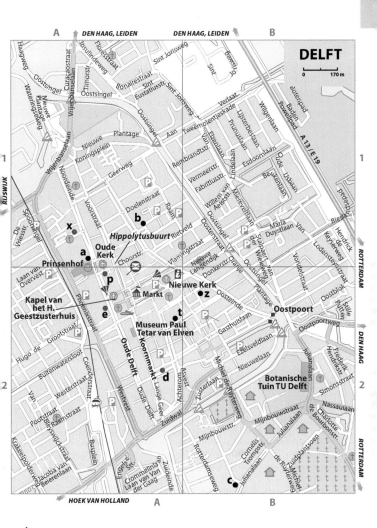

DELFT

0   170 m

🏠 Casa Julia

BUSINESS · HEDENDAAGS Wilt u Delft ontdekken, maar verkiest u een rustige uitvalsbasis? Boek dan snel een kamer in dit gezellig boetiekhotel. Oorspronkelijke elementen van het gebouw uit 1920 worden er zeer mooi gecombineerd met een puur interieur, dat Scandinavische invloeden heeft. De persoonlijke service geeft een echt thuisgevoel.

Travellers wanting to explore Delft from a peaceful base should not hesitate to book a room at this friendly boutique hotel. Original features of the building dating back to 1920 are beautifully integrated into the minimalist interior, revealing Scandinavian influences. The personal service makes for a genuinely homely feel.

24 kam – ♦84/129 € – ♦♦94/139 € – ⌑15 €

Plattegrond: B2-c – *Maerten Trompstraat 33* ✉ *2628 RC* – ✆ *015 256 7612* – *www.casajulia.nl*

🏠 De Plataan

FAMILIAAL · BIJZONDER Een beddenhoofd in de vorm van een blad, lampen die op takken lijken ... de platanen die op het pleintje voor dit bruisende hotel staan, lijken wel binnen te zijn geslopen. Decoratie speelt eveneens een opvallende rol in de andere themakamers.

The head of a bed shaped like a leaf, lamps that resemble twigs... it almost seems as though the sycamores in the little square in front of this charming hotel have crept inside. Decoration also plays a prominent role in the other themed rooms.

29 kam ⚏ – †90/145 € ††105/160 €

Plattegrond: A1-b – *Doelenplein 10 ✉ 2611 BP – ✆ 015 212 6046*
– www.hoteldeplataan.nl – Gesloten 22 december-6 januari

DELFZIJL
Groningen – Atlas n° **5**-B2

🏠 De Boegschroef

TRADITIONEEL · AAN ZEE Dit is een hotel with a view: de jachthaven ligt voor de deur en onthult hier al zijn troeven. Boek dus bij voorkeur een van de verzorgde kamers vooraan, mooi zicht incluis. En met wat geluk bent u getuige van de tewaterlating van een boot.

This is a hotel with a view. It is perched right on the water and boasts fine views of the marina. Ask for one of the immaculate rooms at the front and enjoy watching the boats in the harbour – you may even see a boat setting sail.

24 kam – †75/98 € ††75/98 € – ⚏ 13 €

Handelskade West 12 ✉ 9934 AA – ✆ 0596 613 615 – www.deboegschroef.nl

DEVENTER
Overijssel – Atlas n° **9**-B3

😊 Bouwkunde

FRANS · BURGERLIJK 🗙🗙 Restaurant in een theater (1ste verdieping), in een pittoreske wijk vlakbij het monumentale raadhuis. De goede prijs-kwaliteitsverhouding is hier overduidelijk, dat bewijst het scherp geprijsde en aantrekkelijke driegangenmenu. De gerechten zijn eenvoudig maar zeker niet alledaags. Het wijnadvies is al even interessant!

This restaurant is set on the first floor of a theatre in a picturesque district, close to the monumental town hall. The value for money is obvious here, as demonstrated by the appealing three course menu, where the dishes are simple yet certainly anything but ordinary. The matching wine pairings are equally interesting.

Menu 35/55 € – Carte 40/52 €

Klooster 4 ✉ 7411 NH – ✆ 0570 614 075 – www.restaurantbouwkunde.nl – alleen diner – Gesloten feestdagen, zondag en maandag

🍴 't Arsenaal

MARKTKEUKEN · RUSTIEK 🗙🗙 Dit oude pand naast de Lebuïnuskerk is nu een eigentijds, licht restaurant zonder opsmuk. Sfeervolle bar, binnentuin met terras tussen de steunberen van de kerk, aanlokkelijke menu's, stijlvolle service.

This traditional building next to the Lebuïnus church is now a modern, bright, no-frills restaurant. Attractive bar, patio garden with terrace amongst the church buttresses, tempting menus and attentive service.

Menu 30/53 € – Carte 47/53 €

Nieuwe Markt 33 ✉ 7411 PC
– ✆ 0570 616 495 – www.restaurantarsenaal.nl – alleen diner
– Gesloten 31 december-1 januari en zondag

⊩◯ **Boas** 🏠 ✿

FRANS KLASSIEK · **KLASSIEK** XX Houten balken aan het hoge plafond, antiek meubilair, kaarsje op tafel ... Wat kan een rustiek restaurant toch gezellig zijn. De chef staat op de kwaliteit van zijn ingrediënten en brengt ze aan de hand van zijn Frans kookboek mooi op smaak.

This rustic restaurant is wonderfully cosy with wood beams across the high ceiling, antique furniture and candles on the tables. The chef insists on the quality of his ingredients and seasons them beautifully in traditional French-style.

Lunch 35 € – Menu 33/77 € – Carte 43/84 €

Golstraat 6 ✉ 7411 BP – 𝒞 0570 619 508 – www.restaurantboas.nl – Gesloten 1 januari, zondag en maandag

🏨 **IJsselhotel** 🏕 🐾 ⇇ 🏠 🖵 🕭 🅰🅲 🛇 🛆 🅿

STADSHOTEL · **HEDENDAAGS** De tocht erheen (een pontverbinding brengt u van en naar dit hotel), het verbluffende uitzicht op de IJssel en het park, het monumentale 19de-eeuwse pand: dit is een apart adres dat beslist de moeite loont. Creatieve gerechten, geserveerd in een neoretro-decor. Bar in de serre en terras aan het water.

The journey to the hotel (a ferry trip across the river), the superb views of the IJssel river and the park, as well as the magnificent 19C listed building make this a delightful place to stay. Creative dishes, served in a neo-retro decor. Bar in the conservatory and waterside terrace.

29 kam – 🛉99/159 € 🛉🛉99/159 € – ⊑ 23 €

Worp 2 ✉ 7419 AD – 𝒞 0570 667 080 – www.ijsselhotel.nl

DODEWAARD

Gelderland – Neder-Betuwe – Atlas n° **4**-B3

⊩◯ **Herberg De Engel** ⇇ 🏠 🅰🅲 ✿ 🅿

KLASSIEKE KEUKEN · **ELEGANT** XX De tijd lijkt even stil te staan als u toekomt bij deze traditionele herberg uit 1591, prachtig gelegen aan een dode arm van de Waal. Binnen ontdekt u een modern restaurant, waar een klassiek geschoolde chef kookt die graag met streekproducten werkt. Ze smaken heerlijk bij de wijnen uit zijn eigen wijngaard.

Time seems to stand still when you arrive at this traditional inn dating back to 1591, magnificently situated by a dead arm of the River Waal. Inside you will discover a modern restaurant, home to a classically trained chef who likes to work with local produce. It all tastes delicious and is accompanied by wines from the chef's own vineyard.

Menu 30/45 € – Carte 34/53 €

Waalbandijk 102 ✉ 6669 ME – 𝒞 0488 411 280 – www.de-engel.nl – Gesloten maandag en dinsdag

DOENRADE

Limburg - Schinnen – Atlas n° **6**-B3

🏨 **Kasteel Doenrade** 🏕 🐾 🏠 🍴 🖵 🅰🅲 🛇 🛆 🅿

HISTORISCH · **ROMANTISCH** Het gevoel in een kasteel te vertoeven maar toch genieten van modern comfort, dat is de grootste troef van dit aangename hotel. Dankzij de landelijke ligging komt u hier ook nog eens echt tot rust, een aanrader dus voor wandelaars! Ook het gerestylede restaurant en de eigentijdse gerechten zullen in de smaak vallen.

This pleasant hotel's major trump card is the combination of castle living with modern comfort. The stately location creates a tranquil ambience, which also makes this a great choice for walkers. If you enjoy contemporary cuisine, the restyled restaurant is the place to be.

20 kam – 🛉69/119 € 🛉🛉79/129 € – ⊑ 15 €

Limpensweg 20, (Klein-Doenrade) ✉ 6439 BE – 𝒞 046 442 4141 – www.saillanthotels.eu

LEV Foodbar

FRANS MODERN • **TRENDY** ℵ De ongedwongen ambiance bij LEV past bij het idee achter deze foodbar: gerechten sharen en samen genieten van lekker eten. De bereidingen (in tussengerecht porties) zijn niet te gecompliceerd, een paar ingrediënten volstaan hier om smaakbommetjes te creëren. Bij LEV worden producten uit de Achterhoek gepromoot!

LEV's relaxed ambience fits with the idea behind this food bar: sharing and enjoying delicious food together. The dishes (in side-dish portions) are not overcomplicated; a couple of ingredients suffice to create little bombs of flavour. LEV promotes produce from the Achterhoek region.

Carte ong. 35 €

Waterstraat 28 ✉ 7001 BH
– ✆ 0314 210 005 – www.levfoodbar.com
– Gesloten 31 december-14 januari, maandag en dinsdag

Lokaal

MODERNE KEUKEN • **ELEGANT** ℵℵ Lokaal verwijst niet alleen naar het verleden van Villa Ruimzicht (het was vroeger een school), maar uiteraard ook naar de verse aanvoer. Of het nu vlees, vis of groenten betreft; de chef beschikt over allerhande lekkers uit de regio om zijn moderne gerechtjes te creëren.

The name Lokaal, which can mean classroom as well as local in Dutch, is a nod to both the former school on the premises and the fresh local supplies. Whether guests prefer meat, fish or vegetarian food, the chef has access to all kinds of regional delicacies to create his modern dishes.

Lunch 28 € – Menu 37 € – Carte 30/39 €

Hotel Villa Ruimzicht, Ruimzichtlaan 150 ✉ 7001 KG – ✆ 0314 320 680
– www.hotelvillaruimzicht.nl – Gesloten 31 december-2 januari

Raedthuys

FRANS KLASSIEK • **VINTAGE** ℵ Het vintage decor maakt van dit sfeervol restaurantje een uiterst gezellige plek. Huisgemaakt is hier de rode draad, en neem dat maar letterlijk. Ze hebben een eigen bakkerij, een eigen patisserie en zelfs een eigen rokerij! Combineer uw klassieke maaltijd gerust met een van de vele bieren (ook van de tap).

Vintage decor makes this pleasant restaurant a very cosy place and the 'homemade' theme is commendable; they have their own bakery, their own patisserie and even their own smokehouse! Combine your classic meal with one of the numerous beers on offer – many are on tap.

Menu 37/46 € – Carte 45/62 € – *(eenvoudige lunchkaart)*

Raadhuisstraat 14 ✉ 7001 EW – ✆ 0314 360 704 – www.hetraedthuys.nl – alleen diner behalve dinsdag, zaterdag en zondag – Gesloten maandag

Villa Ruimzicht

HISTORISCH PAND • **DESIGN** Het historische karakter van dit monumentale pand (1853) versmelt binnen mooi met het Dutch Design interieur, kunstwerken dragen bij tot de uitstraling. U hebt hier de keuze uit fraaie standaard- en themakamers, vergaderruimtes zijn ter beschikking om te werken. Bij Bites kunt u dan weer gezellig ontbijten of borrelen.

The historical character of this monumental building (1853) fuses beautifully with the Dutch Design interior, where works of art add to the ambience. Here, you have a choice of standard and themed guestrooms, with meeting rooms available for business guests. Bites restaurant offers a friendly breakfast service, as well as drinks and snacks.

42 kam – 🛏89/135 € 🛏🛏99/160 € – 🍽 18 €

Ruimzichtlaan 150 ✉ 7001 KG – ✆ 0314 320 680 – www.hotelvillaruimzicht.nl
– Gesloten 31 december-2 januari
Lokaal 🍽 – zie restaurantselectie

DOMBURG
Zeeland – Veere – Atlas n° **11**-A2

ⅱ○ **Mezger** ⊜ 🏠 & �🏧

FRANS MODERN • EIGENTIJDS XX Mezger is de droom van vrienden Sander en Jeroen. Met deze orangerie vonden ze een knappe locatie, die ze bekleedden met hout en trendy meubels. Uit de gerechten blijkt hun ervaring: het respect voor de seizoenen, de juiste gaartijden en hoe de ingrediënten elkaar verrijken. Deze droom is een waar genoegen.

Mezger was dreamed up by two friends, Sander and Jeroen, who discovered a smart venue in this orangery and have fitted it out with wood and trendy furniture. Their experience shines through in the food, which is seasonal, cooked to perfection and prepared from carefully married ingredients. A truly pleasurable dream.

Lunch 35 € – Menu 55/80 € – Carte 48/65 €

Domburgseweg 26 ⊠ *4357 NH* – ☏ *0118 744 038*
– www.restaurantmezger.nl – alleen diner behalve weekend
– Gesloten 10 tot 15 maart, 11 tot 26 juni, eerste 2 weken november, dinsdag en woensdag

ⅱ○ **Het Badpaviljoen** ⇐ 🏠 & 🍽 ⇔ 🅿

MODERNE KEUKEN • TRENDY X Een fraaie locatie voor een etentje met uitzicht op zee, zowel binnen als buiten. Eenvoudige lunchkaart, 's avonds een gastronomisch repertoire. Licht trendy ambiance.

A lovely place to enjoy a meal overlooking the sea, in the dining room or outdoors. Gourmet menu in the evenings, and simpler fare for lunch. Trendy décor.

Lunch 45 € – Carte 50/75 € – *(eenvoudige lunchkaart)*

Badhuisweg 21 ⊠ *4357 AV* – ☏ *0118 582 405 – www.hetbadpaviljoen.nl*
– Gesloten januari, dinsdag en woensdag behalve juli-augustus

🏨 **Bommeljé** 🍴 🚭 ⊜ 🔲 🚗

BOETIEKHOTEL • TRENDY Hotel in een rustige straat vlak bij de duinen. Charmante voorgevel met balkons, moderne voorzieningen en een hedendaags interieur in zwart en wit. Ook kamers om een mooie tuin. Restaurant met gelikt decor: tafels zonder kleedjes en glimmend parket.

A hotel in a quiet street close to the dunes. It has a contemporary black-and-white interior, modern facilities and a charming façade with balconies. Some rooms overlook the attractive garden. The restaurant has a sleek decor with bare tables and polished parquet floors.

41 kam – 🛏80/160 € 🛏🛏80/160 € – 4 suites – ⊑ 15 € – ½ P

Herenstraat 24 ⊠ *4357 AL*
– ☏ 0118 581 684 – www.bommelje.nl

🏨 **Ter Duyn** 🚭 🍽 🅿

TRADITIONEEL • ELEGANT Dit vanbinnen gerenoveerde pand (1907) bij het strand en de Villa Silva herbergt comfortabele, ruime suites. Het ontbijt wordt op de gewenste tijd aan de deur gebracht.

Close to the beach and Villa Silva, this 1907 house, redone inside, offers comfortable bedsit-style rooms. Breakfast delivered to your door at your convenience.

10 kam ⊑ – 🛏135/185 € 🛏🛏135/185 €

P.J. Eloutstraat 1 ⊠ *4357 AH*
– ☏ 0118 584 400 – www.hotelterduyn.nl

 Twijfelt u tussen twee adressen in dezelfde categorie?
Binnen elke categorie staan de zaken geordend volgens klasse en comfort van het decor.

DOORNENBURG
Gelderland - Lingewaard – Atlas n° **4**-C3

⚬⚬ **Rijnzicht** Ⓝ (Mike en Jim Cornelissen)　　　🏠 🅰🅒 🅿

MODERNE KEUKEN · EIGENTIJDS ✕✕ Mike en Jim zijn de vierde generatie Cornelissen aan het roer van Rijnzicht, en hebben het volledig naar hun hand gezet. Het
decor werd strak en sfeervol, het terras behield zijn charme. De keuken is indrukwekkend: hun inventieve ideeën verbluffen dankzij hun speelsheid en kennis van
de Franse keuken. De in hooi gerijpte boerderijeend is een must!

The fourth generation of the Cornelissen family at the helm of this restaurant,
Mike and Jim have made the Rijnzicht completely their own. The decor is now
sleek and tasteful, while the terrace has kept its charm. Impressive cuisine, with
the owners' innovative ideas never ceasing to surprise thanks to their playfulness
and knowledge of the French cuisine. The farm duck ripened in hay is a must!

→ Kreeft met merg, grijze garnaaltjes en zomertruffel. Boerderijeend met
graantjes, biet, Betuwse kers en jeneverbes. Aardbeien met rabarber, verveine
en citrusvruchten.

Lunch 37 € – Menu 50/82 € – *(een enkel menu)*

*Sterreschans 15 ✉ 6686 MS – ☎ 0481 421 308 – www.rijnzicht.nl – Gesloten
2 weken na Kerstmis, woensdagmiddag, maandag en dinsdag.*

DORDRECHT
Zuid-Holland – Atlas n° **12**-C3

🍴 **Blanc**　　　⬅ ⅃ 🅰🅒 🍷 ⇔

FRANS MODERN · TRENDY ✕✕ Blanc doet zijn naam alle eer aan: bij binnenkomst
is het zelfs even wennen aan het witte trendy interieur en het felle licht dat erop
weerkaatst. Kijk ook zeker eens naar buiten, het zicht over de drie rivieren is
prachtig! De chef kookt eerder klassiek, maar zorgt voor een twist door ook met
wereldse smaken te werken.

Blanc is aptly named – on entering the restaurant it might take a moment for the eyes
to adjust to the trendy white interior and bright reflected light. Be sure to take a look
outside, too, as the view of the three rivers is magnificent. The chef leans toward the
classic side, but adds his own twist, working with flavours from around the world.

Lunch 35 € – Menu 43/63 € – Carte 58/69 €

*Hotel Bellevue Groothoofd, Boomstraat 37 ✉ 3311 TC – ☎ 078 633 2500
– www.bellevuegroothoofd.nl*

🍴 **DeliCees**　　　🅰🅒 ⇔

MODERNE KEUKEN · KNUS ✕✕ Het zijn de delicate smaken die Cees Timmerman
uit streek- en seizoengebonden producten haalt die u zullen plezieren. In zijn elegante zaak, waar retro en modern mooi blenden, wil hij verrassen: zowel op vlak
van mondsensatie als qua ervaring.

The delicate flavours Cees Timmerman creates from regional, seasonal ingredients will delight guests at this elegant establishment. It has an attractive, beautiful blend of retro and modern decor. The chef aims to surprise diners, both in
taste sensation and overall experience.

Menu 39/75 € – Carte 50/70 €

*Lange Geldersekade 8 ✉ 3311 CJ – ☎ 078 621 3772 – www.delicees.nl – alleen
diner – Gesloten maandag en dinsdag*

🍴 **Villa Augustus**　　　🏠 ⅃ ⇔ 🅿

MARKTKEUKEN · BRASSERIE ✕ Deze brasserie ligt midden in de tuin, u hoeft dan
ook niet ver te zoeken naar de inspiratie van de chef: vers en lokaal, en als het
even kan nog zelf gekweekt ook. De kaart is dan ook nooit te voorspellen. Door
de aangename drukte voelt u zich in een echte grootstadbrasserie.

This brasserie is in the middle of a garden, so you don't have to look far to see where
the chef found his inspiration: fresh produce, locally sourced and, if possible, home-
grown. The menu is never predictable but the food is always lovingly prepared.

Carte 29/53 €

*Hotel Villa Augustus, Oranjelaan 7 ✉ 3311 DH – ☎ 078 639 3111
– www.villa-augustus.nl*

🏨 Bellevue Groothoofd ⚑ ⇐ ⊡ 🄰🄲 ⚒ 🛁

LUXE · ELEGANT De roots van dit karaktervol pand gaan terug tot 1607. Het heeft een modern neobarok interieur, en dankzij de locatie aan het Drierivierenpunt geniet u er van een prachtig zicht op het scheepsverkeer en de monumentale stadspoort. Voor lekkere rib eye steak en een mooi terras moet u in Steaks & Chardonnay zijn.

The roots of this characterful building date back to 1607. It has a modern, neo-Baroque interior, and thanks to the location at the meeting of three rivers, diners also get a magnificent view of ships coming and going in the historic city port. For mouthwatering ribeye steak and a beautiful terrace, head for Steaks & Chardonnay.

11 kam – 🛏125 € 🛏🛏155 € – 1 suite – 🍽18 €

Boomstraat 37 ✉ 3311 TC – ☎ 078 633 2500 – www.bellevuegroothoofd.nl

Blanc 🍴○ – zie restaurantselectie

🏨 Villa Augustus 🐾 ⛬ ⊡ ⚒ 🛁 🅿

TRADITIONEEL · PERSOONLIJK CACHET Hotel in een oude watertoren. Diverse typen kamers in de toren (panoramalift) en op de begane grond. Er is zelfs een "geheime" kamer. Grote tuin met moestuin en kassen.

This hotel has turned a water tower to good account! Various kinds of rooms in the tower (panoramic lift) or on the ground floor. There's even a 'secret' room.

45 kam – 🛏125/210 € 🛏🛏125/210 € – 🍽15 €

Oranjelaan 7 ✉ 3311 DH – ☎ 078 639 3111 – www.villa-augustus.nl

Villa Augustus 🍴○ – zie restaurantselectie

DRIEBERGEN-RIJSENBURG
Utrecht – Utrechtse Heuvelrug – Atlas n° **10**-B2

⊗⊗ La Provence (André van Alten) 🍴 🄰🄲 ⇔

FRANS CREATIEF · CHIC ✗✗✗ De groene omgeving, de geur van lavendel ... Op het terras van deze stijlvolle zaak lijkt de Provence wel vlakbij! De chef heeft een klassieke bagage, maar uit ook graag zijn creativiteit door garnituren uitvoerig te bewerken. Het draagt bij tot de diepgang die hij telkens weer creëert. De charmante gastvrouw speelt daar op in met geweldige wijnen.

With its verdant surroundings and scents of lavender, the terrace at this stylish restaurant has an almost Provençal feel. Although the chef here has a traditional background, he also likes to add creative garnishes to his dishes which add depth and flavour. Meanwhile, the charming female owner front of house offers guests a selection of excellent wines.

→ Noordzeekrab met ponzu, gebrande avocado en koolrabi. Kalfszwezerik en kalfswang met cantharellen, knolselderij en lavas. Kersen, amandel en boerenyoghurt.

Lunch 38 € – Menu 48/85 € – Carte 75/131 €

Hoofdstraat 109 ✉ 3971 KG – ☎ 0343 512 920 – www.restaurantlaprovence.nl
– Gesloten zondag en maandag

DRUTEN
Gelderland – Atlas n° **4**-B3

☺ Old Skool 🍴 🄰🄲 ⇔

MODERNE KEUKEN · TRENDY ✗ De oude school van Druten is uitgegroeid tot een restaurant met een mooi retro/modern decor. Het menu biedt een aantrekkelijke keuze uit newschool, oldschool en vegetarische gerechten; al neigt de ervaren chef toch vooral naar het moderne. De smaken zijn uitgesproken, de combinaties goed doordacht. Een interessante les in smulkunde!

Druten's old school has been converted into a restaurant with a beautiful retro-modern decor. The menu offers an attractive choice of modern, traditional and vegetarian dishes, although the experienced chef tends towards the contemporary end of the spectrum. Strong flavours and carefully thought-out combinations result in a delicious dining experience.

Menu 37 € – Carte 52/73 €

Hooistraat 22 ✉ 6651 AD – ☎ 0487 769 003 – www.restaurantoldskool.nl – alleen diner – Gesloten zondag en maandag

DUIVEN

Gelderland – Atlas n° **4**-C2

❀ **'t Raedthuys** (Hans den Engelsen)   🏀 🏠 ⇆ **P**

FRANS MODERN · ELEGANT XxX De authentieke stijlelementen en eigentijdse inrichting blenden mooi in dit klassiek huis (1863). De gastvrouw/sommelier stelt graag regionale bieren voor bij het aperitief, en dat sluit goed aan bij de afgewogen smaakharmonieën die de chef creëert. Zijn achtergrond is klassiek, maar wordt aangevuld met moderne inspiraties.

Authentic style features and contemporary interior decoration blend beautifully in this classic house dating back to 1863. The hostess-sommelier likes to serve regional beers as an aperitif. This nicely complements the flavour harmonies created by the chef, whose background is classical but enhanced with modern inspiration.

→ Tonijn met komkommer en gin & tonic. Tournedos Rossini. Framboos & verveine.

Lunch 48 € – Menu 50/95 € – Carte 53/91 €

Rijksweg 51 ✉ 6921 AC – 𝒞 0316 268 808 – www.raedthuys-duiven.nl – Gesloten 27 december-9 januari, 25 juli-16 augustus, zaterdagmiddag, maandag en dinsdag

ECHT

Limburg – Echt-Susteren – Atlas n° **6**-A2

❀ **Hof van Herstal**   🏠 🍽 ⇆ **P**

TRADITIONELE KEUKEN · KLASSIEK XxX Hof van Herstal is een deftige zaak met een decor dat zijn rijke verleden eer aandoet. Een ideale setting dus om van de klassieke Franse keuken en wild (in het seizoen) te genieten. Chef Bruggeman verstaat zijn vak, dat ziet u aan zijn bereidingen, en met zijn gulheid kunt u als gast alleen maar uw voordeel doen.

Hof van Herstal is an elegant restaurant whose decor does full justice to its rich history. It is an ideal setting to enjoy classic French fare and game (in season). Chef Martin Bruggeman is a true master of his trade – all you have to do is sit back and enjoy his delicious cuisine!

Menu 36/60 € – Carte 51/72 €

Pepinusbrug 8, (in Pey, Zuidoost 4 km) ✉ 6102 RJ – 𝒞 0475 484 150 – www.hofvanherstal.nl – Gesloten 31 december, carnaval, zaterdagmiddag en maandag

EDAM

Noord-Holland – Edam-Volendam – Atlas n° **8**-B2

🍴○ **L'Auberge Damhotel**   🏠 ⇆

MODERNE KEUKEN · TRENDY X Deze chique auberge krijgt nog wat extra glans dankzij de majestueuze open haard en de mooie luchters, het terras op het pleintje is heel aangenaam. U hebt de keuze uit een brasseriekaart en gastronomische gerechten, die creatiever en meer bewerkt zijn. De mooi gedresseerde borden tonen het oog voor detail van de chef.

This chic auberge stands out thanks to its imposing fireplace, its beautiful chandeliers and its pleasant terrace on the square. You have the choice between a brasserie menu and more creative, elaborate dishes on the gastronomic menu. The beautifully presented plates show the chef's eye for detail.

Menu 37 € – Carte 53/61 €

Hotel L'Auberge Damhotel, Keizersgracht 1 ✉ 1135 AZ – 𝒞 0299 371 766 – www.damhotel.nl – Gesloten laatste weekend augustus

🏠 **L'Auberge Damhotel**   AK 🍽

BOETIEKHOTEL · PERSOONLIJK CACHET Verliefde koppeltjes, in dit hotelletje moeten jullie zijn! Elke kamer heeft zijn eigen persoonlijkheid, maar heel het hotel ademt romantiek. Hier droomt u weg in alle comfort.

If you are looking for a break with your loved one, then look no further! This hotel exudes romance with each room offering real comfort and its own particular charm.

11 kam ⌂ – †115/165 € ††125/165 €

Keizersgracht 1 ⊠ 1135 AZ – ℰ 0299 371 766 – www.damhotel.nl – Gesloten laatste weekend augustus

L'Auberge Damhotel ⑩ – zie restaurantselectie

De Fortuna

TRADITIONEEL · ROMANTISCH Ervaar de Noord-Hollandse charme in deze vijf karakteristieke herenhuizen (17de eeuw). Romantici verkiezen doorgaans de achterste kamers, waar men uitzicht heeft over het water. In het café-restaurant eet u hedendaags maar tafelt u toch in een echte oud-Hollandse sfeer. Salon met Hollandse schilderijen en terras aan het water.

Five typical cottages dating from the 17C, arranged around a manicured garden, along a canal, make up this hotel. Small, well-kept rooms. The café-restaurant has old wooden beams and Dutch paintings on display. Waterside terrace.

23 kam ⌂ – †88/138 € ††108/148 €

Spuistraat 3 ⊠ 1135 AV – ℰ 0299 371 671 – www.fortuna-edam.nl

EDE
Gelderland – Atlas n° **4**-B2

Het oude Politiebureau

MODERNE KEUKEN · EIGENTIJDS ✕✕ Nooit gedacht dat u graag een politiebureau zou binnenstappen? Breng deze stijlvolle, casual zaak – met heerlijk terras – dan zeker een bezoekje. De chef creëert lekkere smaken door seizoengebonden producten met moderne technieken te bewerken. Wie een snelle en eenvoudige hap verkiest, kan bij de bistro terecht.

You may never have expected to enter a police station by choice but this stylish, casual restaurant – with a gorgeous terrace – is certainly worth a visit. The chef creates delicious flavours, applying modern techniques to seasonal ingredients. Those seeking a quick, easy snack should head for the bistro.

Lunch 25 € – Menu 28/37 € – Carte 27/56 €

Breelaan 2a ⊠ 6711 MR – ℰ 0318 658 700 – www.hetoudepolitiebureau.nl

⑩ Planken Wambuis

REGIONAAL · GEZELLIG ✕✕ De combinatie van een traditionele herberg met een modern, karaktervol interieur geeft dit restaurant cachet. Genereuze bereidingen zetten het lekkers uit de regio in de verf en zorgen ervoor dat dit al sinds 1926 een geliefd adresje is.

The combination of traditional inn with a modern, characterful interior gives Planken Wambuis its kudos. Exuberant cooking showcases the delicacies of the region, making this a favourite venue since 1926.

Menu 33/55 € – Carte 40/57 €

Verlengde Arnhemseweg 146 ⊠ 6718 SM – ℰ 026 482 1251
– www.plankenwambuis.nl – Gesloten 24 en 31 december

EEFDE
Gelderland – Lochem – Atlas n° **4**-C2

Villa Arrisja

FAMILIAAL · ELEGANT Mooie villa waar de vijf moderne kamers ruimte en comfort als voornaamste kwaliteiten hebben. Thee- en koffiedrinkers zullen blij zijn te horen dat ze onbeperkt van hun favoriete drank kunnen genieten.

This beautiful house with five modern guestrooms boasts space and comfort as their primary qualities. Tea and coffee drinkers will be pleased to hear that they can enjoy their favourite drinks to their hearts' content.

4 kam ⌂ – †85/100 € ††85/100 €

Meijerinkstraat 1 ⊠ 7211 AC – ℰ 0575 845 312 – www.villaarrisja.nl

EERSEL
Noord-Brabant – Atlas n° **7**-C2

🏵 Promessa   🍴✗

WERELDKEUKEN · TRENDY ✗✗ De culinaire beloften van deze zaak hebben een nieuwe impuls gekregen. De Foodbar baadt in een trendy, ongedwongen sfeer en serveert gerechten (groot en klein) uit alle hoeken van de wereld. Het restaurant heeft er een aperitiefruimte bijgekregen en pakt uit met eigentijdse gerechten en een sterk menu. Dat belooft wat!

The culinary promise shown by this restaurant has been given new impetus. The Foodbar basks in a trendy, informal atmosphere and serves dishes (both large and small) from every corner of the globe. The restaurant has been extended with an aperitif corner and features a strong, contemporary menu.

Menu 37/53 € – Carte ong. 37 €

Markt 3 ✉ 5521 AJ – ☎ 0497 530 510 – www.promessa.nl – alleen diner behalve zondag – Gesloten 2 tot 10 maart, 1 tot 7 juli, zaterdagmiddag, maandag en dinsdag

🍴 Prikkelz   🌳🍴✗

CREATIEF · RUSTIEK ✗ Weinig dingen zijn zo prettig als u door een culinaire belofte gastronomisch van uw sokken te laten blazen. De chef vertelt hier een weldoordacht verhaal met smaken en texturen. Hij brengt u uitgekiende creaties die niet alleen visueel prikkelen, maar ook smaakexplosies zijn die uw papillen in verrukking brengen.

Few things are as good as the gastronomic delights offered by the chef at Prikkelz. His well-thought-out dishes tell a story and are endowed with great tastes and textures. Not only will his creations excite visually but they will bring an explosion of flavours to your taste buds.

Lunch 25 € – Menu 37/67 € – Carte 59/65 €

Hint 7b ✉ 5521 AE – ☎ 0497 534 232 – www.restaurantprikkelz.nl – Gesloten dinsdag en woensdag

EEXT
Drenthe – Aa en Hunze – Atlas n° **1**-B2

🍴 Rikus   🔄🌿⟨🛏🌳 🅿

REGIONAAL · LANDELIJK ✗✗ De renovatie van deze boerderij is geslaagd. De eigen velden zijn hier wel nog steeds hoofdleverancier voor groenten, en dat levert gerechten op die eerlijk en smakelijk zijn. Ook het zicht op de velden is trouwens de moeite, eveneens vanuit de (vintage) kamers.

The renovation of this farmhouse has been a great success. The grounds still supply most of the vegetables, resulting in honest, tasty dishes. The delightful view over the fields can be enjoyed from the vintage guestrooms and the restaurant.

Lunch 20 € – Menu 38/59 € – *(een enkel menu)*

10 kam 🛏 – 🛏80 € 🛏🛏105 €

Hoofdstraat 10 ✉ 9463 PC – ☎ 0592 481 967 – www.rikusindrenthe.nl

EGMOND AAN ZEE
Noord-Holland – Bergen – Atlas n° **8**-A2

🏠 De Vassy   🔄✗

FAMILIAAL · FUNCTIONEEL Hotel nabij de vuurtoren en het strand. Sfeervolle ontbijtruimte, retrolounge, behaaglijke kamers waarvan sommige met balkon en weids uitzicht. Fietsen beschikbaar.

A hotel near the lighthouse and the beach. Cosy breakfast area, 1940s lounge and snug rooms, some with a panoramic balcony. Bikes available.

31 kam 🛏 – 🛏70/151 € 🛏🛏83/161 €

Vuurtorenplein 1 ✉ 1931 CV – ☎ 072 506 1573 – www.vassy.nl – Open maart-november en weekends van november-maart

EIBERGEN

Gelderland – Berkelland – Atlas n° **4**-D2

ⅰO **Belle Fleur**   🍽 🅰🅲 ♨ ⇆ 🅿

KLASSIEKE KEUKEN • ELEGANT XxX Een ode aan de klassieke keuken! De eigenares roert hier al meer dan 25 jaar in de potten en heeft een trouwe klandizie verzameld. Ze kookt smaakvol, gul en met enthousiasme. Deze bloem behoudt zijn schoonheid.

An ode to traditional cuisine. The female owner has been in charge of the kitchen for over 25 years during which she has gained a loyal following. Her style is enthusiastic, and her cooking abundant and full of flavour. A beautiful flower that is showing no sign of wilting!

Menu 45/70 € – Carte 48/65 €

J.W. Hagemanstraat 85 ✉ *7151 AE –* ☎ *0545 472 149 – www.restaurantbellefleur.nl – alleen diner – Gesloten laatste week juli-eerste week augustus, maandag en dinsdag*

EIJSDEN

Limburg – Eijsden-Margraten – Atlas n° **6**-A3

ⅰO **Vanille**   🍽 ♨

MARKTKEUKEN • INTIEM XX Het interieur van dit pand (1910) in het oude Eijsden heeft een nieuwe, lichte designlook, alleen de retro tegelvloer is gebleven. Met het smakelijke, seizoengebonden menu Cramignon kiest u zelf het aantal gangen.

This 1910 establishment in old Eijsden features the up-to-date and well crafted set menu Cramignon. Remodelled designer décor with retro floor tiles. Hidden terrace.

Menu 37/78 €

Diepstraat 1 ✉ *6245 BJ –* ☎ *043 409 3554 – www.restaurantvanille.nl – alleen diner behalve zondag – Gesloten 31 december-1 januari, carnaval, dinsdag en woensdag*

ONZE AANRADERS... *GOOD TIPS....*

Valenzia by Zarzo, om te ontdekken wat MediterrAsian cuisine juist is. Vane, voor een explosie van smaken na een drankje in de skybar. ART, om te overnachten in een trendy kamer en te relaxen in uw eigen jacuzzi.

Valenzia by Zarzo, to discover what MediterrAsian cuisine is all about. Vane, for an explosion of flavours after a drink in the Skybar. ART, where you can enjoy an overnight stay in a trendy room and relax in your own Jacuzzi.

EINDHOVEN
Noord-Brabant – Atlas n° **7**-C2

Restaurants

🏵 **De Karpendonkse Hoeve**   🕸 ⬅ 🏠 🐾 ⇔ 🅿

FRANS MODERN · ELEGANT XxX De natuurpracht van de Karpendonkse plas omgeeft deze elegante hoeve en komt volledig tot zijn recht in de serre. Fantastisch! In dit emblematisch huis geniet u van een keuken met klassieke wortels, maar die niet aarzelt om origineel uit de hoek te komen. De constante zoektocht naar evenwicht resulteert in mooie verrassingen.

The natural splendour of the Karpendonkse Plas pool forms the backdrop to this elegant farmhouse and really comes into its own in the conservatory. In this emblematic house diners enjoy classically rooted cuisine which does not shy away from an original twist. The constant quest for balance results in wonderful surprises.

→ Gebakken langoustine met een crème van aardpeer en theeschuimpje. Sukade van rund, dun gesneden met bundelzwammetjes, mangocompote en saus met Surinaamse pepers. Kersensorbet- en meringue, geitenyoghurt en long pepper.

Lunch 38 € – Menu 48/73 € – Carte 59/78 €

Plattegrond: B1-b – *Sumatralaan 3* ✉ *5631 AA*
– ✆ *040 281 3663* – *www.karpendonksehoeve.nl*
– *Gesloten 24, 27 en 31 december, 4, 5 en 6 maart, 22 april, 10 juni, 21, maandag van 15 juli tot 5 augustus, maandagmiddag, zaterdagmiddag en zondag*

🏵 **Zarzo** (Adrian Zarzo Habraken)   🕸 🏠 🆎 ⇔

CREATIEF · TRENDY XX Neem plaats in uw designstoel, ontspan in de loungesfeer die hier hangt en houd u goed vast. Want de inventieve keuken van Zarzo blaast u van uw sokken! De evenwichtige combinaties van topingrediënten zorgen voor ware smaakbommen. Hier geen vergezochte futiliteiten, maar puur, lekker eten en wijnen van hoge kwaliteit.

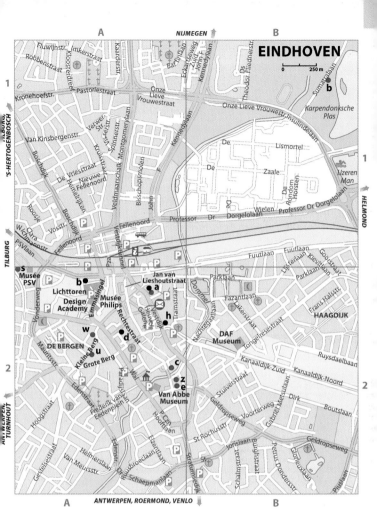

Settle into your designer-style chair, relax in the lounge atmosphere and hold on tight – Zarzo's inventive cuisine is mind-blowing! The balanced combination of top quality ingredients produces delicious food that is unfussy and full of flavour. There is also a choice of excellent wines to accompany your meal.

→ Mul met kaviaar en eidooier. Gebraden tarbot met ibericoham en cantharellen. Yoghurtdessert met venkel en dragon.

Lunch 42 € – Menu 57/100 € – Carte 68/98 €

Plattegrond: A2-z – *Bleekweg 7* ✉ *5611 EZ*

- ☎ *040 211 7700* – *www.zarzo.nl*
- *Gesloten 27 december-8 januari, 2 en 3 maart, 27 april, 29 en 30 mei, 5 tot 27 augustus, woensdagmiddag, maandag en dinsdag*

✿ Wiesen (Yuri Wiesen)

FRANS · TRENDY ✕✕ Er worden hoge culinaire toppen gescheerd in de Kleine Berg nummer 10. In deze moderne, gezellige zaak komt u niets tekort dankzij een equipe die flair heeft en een chef die uw smaakpapillen aan het feest zet. De producten zijn herkenbaar maar prikkelen dankzij fijne, precieze bereidingen. Bij Wiesen is het genieten!

This modern, cosy eatery situated at 10 Kleine Berg achieves real culinary heights. This is thanks to its talented chef and skilful team who create a feast for your taste buds. Fine produce is expertly prepared and beautifully presented, offering guests a truly enjoyable dining experience.

→ Drie bereidingen met ganzenlever : pastei van de bout en pruim, makaron met cacao en gebakken met appel. Anjouduif, het boutje gekonfijt, geglaceerde bietjes, sjalotjes en braadjus. Dame blanche "Wiesen".

Menu 45/93 € – Carte 73/82 €

Plattegrond: A2-w – *Kleine Berg 10* ✉ *5611 JV* – ☏ *040 244 6666*
– www.wiesen-restaurant.nl – Gesloten zondag

⊛ Valenzia by Zarzo

SPAANS · KLEURRIJK ✕ Bij Valenzia geniet u van Spaanse gezelligheid in een trendy ambiance en smult u van de MediterrAsian cuisine van sterchef Adrian Zarzo. Top! Spaanse krachtige topproducten worden hier gecombineerd met de subtiliteit van de Aziatische keukens. Het resultaat is origineel, fijn en mooi in balans. Gastrotapas op zijn best!

At Valenzia, diners can enjoy Spanish hospitality in a trendy setting, while feasting on star chef Adrian Zarzo's "MediterrAsian" cuisine featuring intense, top-quality Spanish ingredients combined with the subtlety of Asian dishes. The result is original, refined and beautifully balanced. Gastro-tapas at its best.

Menu 37/50 € – Carte 34/48 €

Plattegrond: A2-c – *Stratumseind 103* ✉ *5611 ER* – ☏ *040 760 0096*
– www.valenzia.nl – alleen diner behalve vrijdag, zaterdag en zondag – Gesloten 31 december-1 januari, 25 februari-6 maart, 27 april, 1 tot 14 juli

⊛ Umami by Han

AZIATISCH · BRASSERIE ✕ Is het een beproeving om op restaurant te kiezen? Dan moet u het shared dining concept uitproberen in deze moderne Aziatische zaak. Wat een aanbod! Voor een top prijs-kwaliteitverhouding krijgt u per gang 2 gerechten die op Japanse, Chinese, Thaise, Indonesische of Vietnamese wijze zijn bereid, met een westerse twist.

If you find it difficult to decide what to eat, then you will enjoy the shared dining concept in this modern Asian restaurant. It boasts an impressive selection of dishes at very good value. Each course consists of 2 small dishes prepared in Japanese, Chinese, Thai, Indonesian or Vietnamese fashion, with a Western twist.

Lunch 16 € – Menu 27/30 € – Carte ong. 19 €

Plattegrond: A2-u – *Kleine Berg 57 H* ✉ *5611 JT* – ☏ *040 237 0036*
– www.umami-restaurant.com – Gesloten 31 december, maandagmiddag en dinsdagmiddag

⅃○ Avant-Garde Van Groeninge

CREATIEF · CHIC ✕✕✕ Johan van Groeninge nodigt u uit op de derde etage van het Philips voetbalstadion. In zijn chic en eigentijds restaurant ontdekt u zijn visie op de moderne keuken. Chef Van Groeninge heeft heel wat ervaring en gaat creatief aan de slag met die kennis, waarmee hij de naam van zijn zaak wil waarmaken.

Johan van Groeninge invites you to the third floor of the Philips football stadium. In his chic and contemporary restaurant, you will discover his vision of modern cuisine. He has a lot of experience and uses this knowledge to show his creativity – he needs to live up to the name of his restaurant, after all!

Lunch 39 € – Menu 63/98 €

Plattegrond: A2-s – *Frederiklaan 10d, (Philips stadion, ingang 7 - 3de etage)* ✉ *5616 NH* – ☏ *040 250 5640 – www.restaurantavantgarde.nl*
– Gesloten 26 december-2 januari, zaterdagmiddag, zondag, maandag en wedstrijddagen

⭐○ De Luytervelde 🏠 🍴 ♿ 🅿

MARKTKEUKEN · LUXE ✕✕ Voormalige boerderij (1912) in een woonwijk met een heerlijke tuin, waar de tafels al bij de eerste zonnige dagen worden gedekt. Eigentijdse kookstijl, verschillende menu's.

In a residential district, this former farmhouse built in 1912 has a charming garden that serves as a dining area in fine weather. Contemporary cuisine.

Lunch 29 € – Menu 42/73 € – Carte 64/81 €

Jo Goudkuillaan 11, (in Acht), (Noordwest : 7 km via Boschdijk) ✉ 5626 GC – ✆ 040 262 3111 – www.deluytervelde.nl – Gesloten eind december-begin januari, 1 week in mei, laatste 2 weken juli-eerste week augustus, feestdagen, zaterdag en zondag

⭐○ Sun by Zarzo 🆕 🛋 🍴

WERELDKEUKEN · TRENDY ✕✕ Aan de ene kant de bodega, een winebar waar ook hapjes worden geserveerd, en ernaast het trendy-chique Sun. Sunny Devens, compagnon van sterrenchef Adrian Zarzo, pakt er uit met een heel leuke kaart. U eet hier zowel heerlijke dimsum als een traditionele tarte Tatin. Het is werelds en to-the-point. De zon op uw bord!

The chic, trendy Sun restaurant, with a bodega (a wine bar which also serves snacks) next door, is run by Sunny Devens, partner of Michelin-starred chef Adrian Zarzo. The excellent menu here includes options such as delicious dimsum and traditional tarte Tatin. An unfussy, cosmopolitan ambience and dishes full of sunshine.

Carte 40/74 €

Plattegrond: A2-e – *Geldropseweg 5 ✉ 5611 SB – ✆ 040 209 2424 – www.sunbyzarzo.nl – Gesloten zondag en maandag*

⭐○ Vane 🆕 ❄ 🏠 🍴 ♿

FRANS CREATIEF · TRENDY ✕✕ Casimir Evens is een technisch sterke chef die het verschil maakt door sterk te kruiden. De smaken zijn hier complex en soms zelfs heftig. Chef Evens gaat voor aparte sensaties. Het is gedurfd, creatief en internationaal, maar vooral zeer boeiend. Dit lounge restaurant, met panoramisch zicht over Eindhoven, belooft een bijzondere ervaring!

Casimir Evens is a technically strong chef who knows that the proper use of seasoning can make all the difference. Chef Evens likes unusual sensations, using complex and occasionally intense flavours in his cosmopolitan dishes which are both fascinating and imaginative. This lounge restaurant, with its panoramic view over Eindhoven, promises a very special experience!

Menu 42/85 € – Carte ong. 60 €

Plattegrond: A2-a – *Hotel NH Eindhoven Centre, Vestdijk 5 ✉ 5611 CA – ✆ 040 800 9900 – www.vane-eindhoven.nl – alleen diner – Gesloten 1 tot 15 januari, 14 juli-13 augustus, zondag en maandag*

Hotels

🏨 Pullman Eindhoven Cocagne ⚷ 🖥 ⏱ 🛎 🏋 📠 ♿ 🅰 🍴 🧖 🚗

STADSHOTEL · ELEGANT Dit allround hotel is een van de beste van de stad. U hebt de keuze uit 18 vergaderzalen, logeert in lichte, moderne kamers en komt tot rust in de prachtige wellness. Vestdijk 47 pakt uit met een interessante actuele keuken. De appartementen – met hotelservice – zijn ideaal voor een verlengd verblijf.

This all-round hotel is one of the best in the city. It has a choice of 18 meeting rooms, bright and modern guestrooms and a beautiful spa. Vestdijk 47 offers interesting, modern cuisine, while the apartments – with hotel service – are ideal for an extended stay.

320 kam – ♦99/239 € ♦♦99/239 € – 9 suites – 🍽 27 €

Plattegrond: A2-h – *Vestdijk 47 ✉ 5611 CA – ✆ 040 232 6111 – www.pullman-eindhoven-cocagne.com*

🏨 ART   ⚑ 🆂🅿🅰 🌀 ⌂ 🔼 🅰🅲 🏊 🚗

STADSHOTEL · BIJZONDER Vraagt u zich af wat een arty sfeer is? Dan moet u eens logeren in deze voormalige Philipstoren, in het hart van de lichtstad. Dit trendy hotel biedt kamers aan die allemaal ruim zijn, maar wel steeds verschillend (sommige met jacuzzi). Al is de mix van design, vintage en kunst hier wel de rode draad. Echt arty, dus.

Ever wondered what constitutes an artistic atmosphere? Then try a stay at this former Philips tower in the heart of Eindhoven, city of light. All the rooms at this trendy hotel are spacious, and each one is different (some include a Jacuzzi). The mix of design, vintage and art is the overarching theme here, ensuring that it lives up to its name.

230 kam - 🛏75/400 € 🛏🛏75/400 € – 10 suites – 🍽 18 €

Plattegrond: A2-b – *Lichttoren 22* ✉ *5611 BJ* – 𝒞 *040 751 3500*
– *www.inntelhotelsarteindhoven.nl*

🏨 NH Eindhoven Centre ⓝ   🍽

KETENHOTEL · TRENDY Op zoek naar een luxehotel dat de kwaliteiten bezit van een welgekende keten, en dat in het hart van Eindhoven? Dan hebt u gevonden wat u zocht. Al het gewenste moderne comfort is hier aanwezig, tot een keuze uit kussens toe. En u kunt 's avonds lekker in het hotel blijven, want het restaurant en de skybar zijn top!

If you're looking for a luxury hotel with the qualities of a well-known chain situated right in the heart of Eindhoven, then this hotel with its modern comforts (including a choice of pillows) is for you. Both the restaurant and the sky bar are excellent, meaning that you can happily choose to spend a relaxing evening without even leaving the hotel.

132 kam - 🛏99/249 € 🛏🛏99/249 € – 🍽 25 €

Plattegrond: A2-a – *Vestdijk 5* ✉ *5611 CA* – 𝒞 *040 800 9900*
– *www.nh-hotels.com*

Vane 🍴 – zie restaurantselectie

🏨 Lumière   🔼 🅰🅲

BOETIEKHOTEL · DESIGN Lumière is een boetiekhotel in het hart van de Lichtstad dat schittert dankzij het comfort en de locatie. De kamers zijn modern en fris, het ontbijt (naast de deur) is lekker en in de buurt liggen heel wat goede restaurants. Hebt u de smaak te pakken? Dan blijft u toch gewoon langer in een van de studio's naast het hotel (ook per nacht te huur).

Lumière is a boutique hotel that really shines, thanks to its comfortable facilities and its location in the heart of the City of Light. The bedrooms are modern and fresh, breakfast (next door) is tasty and there are many excellent restaurants nearby. If you want to stay a little longer, you might like to book one of the studios next to the hotel (also available by the night).

36 kam - 🛏60/200 € 🛏🛏65/205 € – 🍽 13 €

Plattegrond: A2-d – *Hooghuisstraat 31a* ✉ *5611 GS* – 𝒞 *040 239 4950*
– *www.hotellumiere.nl*

ELBURG
Gelderland – Atlas n° **4**-B1

🍴 Achter de Poorte   🅰🅲 ⇔

MODERNE KEUKEN · INTIEM 🅇 Natasja Bijl zet het mooie verhaal dat haar ouders in 1991 zijn begonnen voort met een jong team. De charme van dit middeleeuwse vestingstadje – het restaurant ligt naast de enige poorttoren (14de eeuw) – bekoort, binnen is alles moderner geworden. Op het bord krijgen eigentijdse Franse recepten mediterrane fraîcheur.

Natasja Bijl and her young team continue the story that her parents started in 1991. The attractive modern restaurant sits next to a 14C town gate – the only one still standing in this charming medieval fortified town. The chef gives contemporary French recipes a hint of Mediterranean freshness.

Menu 36/63 € – Carte 47/54 €

Noorderwalstraat 21 ✉ *8081 GL* – 𝒞 *06 22484478* – *www.achterdepoorte.nl* – *alleen diner* – *Gesloten 18 januari-1 februari, maandag en dinsdag behalve juli-augustus*

⊪○ Le Papillon

KLASSIEKE KEUKEN · KNUS X Pal in het centrum ontpopt zich dit authentieke restaurantje, waar het vele hout voor een warme sfeer zorgt. De bediening is vriendelijk en de bereidingen smaakvol, in eigentijdse combinaties. Een dartele vlinder!

This authentic little restaurant, with its timber beams and homely atmosphere, has established itself in the centre of Elburg. The tasty cuisine on offer showcases contemporary combinations of flavours and ingredients. Friendly service.

Menu 36/50 € - Carte ong. 41 €

Vischpoortstraat 15 ⊠ 8081 EP - ℰ 0525 681 190 - www.restaurantlepapillon.nl
- alleen diner van oktober tot mei - Gesloten 27 december-4 januari, dinsdag van oktober tot mei en maandag

ELSLOO
Limburg - Stein - Atlas n° **6**-A3

⊛ Kasteel Elsloo

STREEKGEBONDEN · KLASSIEK XX De eeuwenoude arcaden waaronder men in dit restaurant tafelt, maken dat hier een aangenaam kasteelgevoel hangt. Het inspireert de chef om hedendaagse gerechten te bereiden die evenwichtig zijn samengesteld, zijn creativiteit is mooi gedoseerd. Hij werkt met respect voor de streek, de seizoenen en duurzaamheid.

The ancient arches, under which guests dine at Kasteel Elsloo, give the place a pleasant castle feel. In this inspiring setting the chef prepares contemporary dishes composed with balance and creativity. He works with respect for the region, the seasons and sustainability.

Menu 36/69 € - Carte 48/72 €

Hotel Kasteel Elsloo, Maasberg 1 ⊠ 6181 GV - ℰ 046 437 7666
- www.kasteelelsloo.nl - Gesloten 31 december-1 januari

🏰 Kasteel Elsloo

HISTORISCH PAND · HEDENDAAGS Aan de rand van de oude dorpskern ligt dit fraaie kasteel uit de 16de eeuw, met botanische tuin en watermolen. Rustige nachten in eigentijdse kamers.

This splendid 16C castle, with its botanical garden and watermill, stands at the edge of the old village centre. The tranquil, contemporary guestrooms will ensure a peaceful night's sleep.

23 kam - ∱65/107 € ∱∱99/117 € - 1 suite - ⊡ 16 € - ½ P

Maasberg 1 ⊠ 6181 GV - ℰ 046 437 7666 - www.kasteelelsloo.nl
- Gesloten 31 december-1 januari

Kasteel Elsloo ⊛ - zie restaurantselectie

ENKHUIZEN
Noord-Holland - Atlas n° **8**-B2

⊪○ Die Drie Haringhe

KLASSIEKE KEUKEN · RUSTIEK XX Klassieke recepten die vakkundig zijn bereid, uiteraard met kwaliteitsproducten. Daarvoor ga je met plezier op restaurant, en daarvoor keren gasten telkens weer terug naar deze gevestigde waarde. Het prachtige uitzicht op de haven en de oude vestingtoren vullen het rustieke karakter van dit voormalige VOC pakhuis mooi aan.

Classic, expertly prepared recipes made from top-quality ingredients ensure a fine dining experience at this restaurant; guests return here time and time again to enjoy the traditional cuisine. The attractive view of the harbour and the old fortified tower perfectly complement the rustic character of this former Dutch East India Company (VOC) warehouse.

Menu 40/45 € - Carte 43/54 €

Dijk 28 ⊠ 1601 GJ - ℰ 0228 318 610 - www.diedrieharinghe.nl - alleen diner
- Gesloten maandag en dinsdag

🏠 **Die Port van Cleve**   ✿ 🖬 🕱 🛅

FAMILIAAL · KLASSIEK U logeert in een opgefriste kamer met alle nodige comfort en door het raam ziet u hoe het leven van de jachthaven zich ontrolt. Een kamer aan havenzijde (vijf euro extra) is hier dus een absolute aanrader!

This hotel boasts renovated guestrooms offering all the usual facilities. Ask for a room overlooking the port (for an additional 5 € charge) to enjoy the views of the bustling marina below.

25 kam ⌁ – ♦93/115 € ♦♦102/130 €

Dijk 74 ✉ *1601 GK* – ☎ *0228 312 510* – *www.deportvancleve.nl*
– Gesloten 1 januari

ENSCHEDE
Overijssel – Atlas n° **9**-D3

🍴 **Verso**   🛋

ITALIAANS · MEDITERRANE SFEER 🕱🕱 Verso straalt die typische Italiaanse charme uit. Het interieur is uitermate stijlvol, met heel wat gouden tinten, en het terras achteraan biedt heerlijke rust onder de druivelaar. Aan tafel geniet men van puur Italië, lekker klassiek en goed op smaak.

Verso exudes Italian charm. The interior is truly stylish, with varying shades of gold, while the back terrace offers welcome peace and quiet beneath the vines. Here, diners can enjoy authentic Italian dishes that are delicious and perfectly seasoned.

Menu 37/60 € – Carte 32/50 €

Deurningerstraat 11 ✉ *7514 BC* – ☎ *053 727 1023* – *www.restaurantverso.nl*
– alleen diner – Gesloten maandag

ENTER
Overijssel – Wierden – Atlas n° **9**-C3

🍴 **Bistro T-bone**   🛋 ✿ 🅿

VLEES · BISTRO 🕱 Een T-Bone? Lamsrack? Of toch liever zeebaars? Het maakt de goedlachse patron niet uit, hij bereidt het met veel plezier op zijn houtskoolgrill. Vlees is uiteraard de specialiteit van deze gezellige bistro. Mooi tussen rood en medium gegrild, en met de typische robuuste smaken.

Whether you'd like a T-bone steak, rack of lamb or seabass, the cheerful owner at this friendly bistro will happily prepare any choice on his charcoal grill. Meat is clearly the speciality here, with beautifully grilled medium rare pieces, with typically robust flavours.

Carte 46/61 €

Dorpsstraat 154 ✉ *7468 CS* – ☎ *0547 381 259* – *www.bistrotbone.nl* – *alleen diner*
– Gesloten dinsdag en woensdag

EPEN
Limburg – Gulpen-Wittem – Atlas n° **6**-B3

🏠 **Creusen**   ✿ 🐾 ≤ 🖿 🖬 🍸 ♨ 🖬 🏧 🕱 🅿

FAMILIAAL · PERSOONLIJK CACHET Creusen is een van de beste hotels van het Limburgse Heuvelland. Het is rustig gelegen en wordt geleid door een familie die echt geeft om zijn gasten. Ze zorgen ervoor dat hier een gezellige ambiance hangt. De kamers zijn uiteraard piekfijn onderhouden en sommige bieden een mooi uitzicht op de natuur.

One of the best hotels in the Limburgse Heuvelland, Creusen is located in a peaceful area and run by a family that genuinely cares for its guests. The hotel offers a warm and cosy ambience, plus beautifully maintained bedrooms, some of which boast stunning views of the natural surroundings.

22 kam ⌁ – ♦92/109 € ♦♦107/124 € – ½ P

Wilhelminastraat 50 ✉ *6285 AW* – ☎ *043 455 1215* – *www.hotelcreusen.nl*
– Gesloten 31 december-15 februari

ERICA

Drenthe - Emmen – Atlas n° **1**-B2

🏚 Zuid-Drenthe   🛝 🐾 🏠 🛁 🖖 🐾 🏋 **P**

LANDHUIS · PLATTELANDS Ze pakken het hier graag ecologisch aan, duurzaam is het codewoord. Dit moderne, piekfijn onderhouden hotel is kalm gelegen naast een natuurgebied. Met zijn conferentieoord, golfterrein en fijn restaurant heeft het interessante troeven in huis.

This hotel favours the ecological approach with sustainability as its buzzword. It is a modern, beautifully maintained place in a tranquil location close to a nature park. There are also the additional attractions of a conference centre, a nice restaurant and a golf course.

27 kam – 🛏65/125 € – 🛏🛏65/125 € – 🍴14 € – ½ P

Amsterdamscheveldlaan 9, (via Peelstraat 150) ✉ 7887 VD – ☎ 0591 324 466 – www.zuiddrenthe.nl

ETTEN-LEUR

Noord-Brabant – Atlas n° **7**-B2

🏵 De Zwaan   🛋 AC ⇦

MODERNE KEUKEN · CHIC 🍴🍴 Kunst is de rode draad in dit 17de-eeuwse trapgevelpand, waar het elegante interieur opleeft dankzij een prachtige collectie schilderijen. Chef Chantrel creëert op zijn beurt fraaie borden waarmee hij aantoont dat hij de klassieke technieken beheerst. Deze Zwaan heeft smaak, in alle betekenissen van het woord.

Art serves as the unifying theme throughout this 17C stepped gable building, in which the elegant interior comes alive thanks to a wonderful collection of paintings. In turn, chef Chantrel creates attractive dishes to showcase his skills in the classical style. De Zwaan represents taste, in every sense of the word.

→ Jabugoham met gegrilde coquilles, gerookte crapaudine en crème brûlée van betinnekaas. Gebakken hert met stoof van de schouders en ratatouille. Zwaanse Nutella.

Lunch 40 € – Menu 75/110 € – Carte 73/94 €

Markt 7 ✉ 4875 CB

– ☎ 076 501 2696 – www.restaurant-dezwaan.nl

– Gesloten 27 december-4 januari, 2 tot 11 maart, eind juli-begin augustus, zaterdagmiddag, zondag en maandag

Bistro Het Lelijke Eendje 😊 – zie restaurantselectie

😊 Bistro Het Lelijke Eendje   🛋 AC

KLASSIEKE KEUKEN · BISTRO 🍴 Het is een knapperd, dit Lelijke Eendje. De bistro huist in een mooi pand in het centrum dat gedecoreerd is met impressionistische kunstwerken en rood velours. De klassieke keuken is al even verleidelijk. De typische sterke smaken worden af en toe opgefrist met internationale en eigentijdse invloeden, en dat smaakt!

This ugly duckling [Het Lelijke Eendje] is a real gem. Housed in a charming building in the city centre, this bistro is decorated with Impressionist works of art and red velvet. The menu features enticing classic cuisine with typical strong flavours which are offset by international and contemporary influences, resulting in some delicious dishes.

Lunch 25 € – Menu 37/45 € – Carte 37/52 €

Rest De Zwaan, Markt 7 ✉ 4875 CB

– ☎ 076 501 1137 – www.hetlelijkeeendje.nl

– Gesloten 27 december-4 januari, 2 tot 11 maart, eind juli-begin augustus, zaterdagmiddag, zondagmiddag en maandag

---

Wilt u een feestje organiseren of een maaltijd met zakenrelaties? Kijk dan naar de restaurants met het symbool ⇦.

GEERSDIJK

Zeeland – Noord-Beveland – Atlas n° **11**-A2

⫶○ De Korenbeurs op Landgoed Rijckholt   🛋 & 🅿

FRANS MODERN • GEZELLIG ✗ Een traditioneel, rustiek restaurant met de zee-vruchtenschotel als specialiteit, maar toch valt de chef op. Hij levert heel wat inspanningen om zijn creativiteit over te brengen en in smakelijke gerechten te verwerken.

De Korenbeurs is a traditional, rustic restaurant specialising in seafood. The establishment boasts an outstanding chef who goes to great efforts to produce a whole host of creative and delicious dishes.

Menu 35/50 € – Carte 40/55 €

Provincialeweg 2 ✉ 4494 NA – ✆ 0113 302 100 – www.landgoedrijckholt.nl

🏠 Barbara's Bed & Breakfast   🦮 🛬 🖨 🅿

LANDHUIS • REGIONAAL De groene omgeving van deze voormalige fruitboom-gaard zorgt voor zalige rust! Cosy themakamers waar de flora nooit ver weg is, maar hier is ook heel wat fauna. Zo vergezellen de kippen u op weg naar het ontbijt.

The verdant setting of this former fruit plantation ensures a blissfully tranquil stay. Flora is never far removed from the individually themed rooms, but the estate also boasts a lot of fauna – you will even meet some chickens on the way to breakfast!

21 kam 🛏 – ♦100/120 € ♦♦100/120 € – ½ P

Provincialeweg 2A ✉ 4494 NA – ✆ 0113 302 100
– www.zeelandbedandbreakfast.nl

De Korenbeurs op Landgoed Rijckholt ⫶○ – zie restaurantselectie

GEERTRUIDENBERG

Noord-Brabant – Atlas n° **7**-B2

⫶○ 't Weeshuys   🛋 ♨

STREEKGEBONDEN • GEZELLIG ✗✗ Het is in het kapelletje van het weeshuis (1310) dat men dit licht, eigentijds restaurant heeft ingericht. U hebt hier de keuze uit specials van de chef en een surprisemenu, waaruit u het aantal gangen kunt kiezen. Het aanbod? Actuele, mooi ogende productcombinaties.

This bright, modern restaurant is situated in the chapel of an orphanage dating from 1310. Choose between the chef's specials and a surprise menu where you decide on the number of courses; dishes are contemporary in style and beautifully presented.

Lunch 40 € – Menu 45/68 € – Carte 65/84 €

Markt 52 ✉ 4931 BT – ✆ 0162 513 698 – www.weeshuys.nl – Gesloten eind december, carnaval, 22 juli-11 augustus, zaterdagmiddag en zondag

GEMERT

Noord-Brabant – Gemert-Bakel – Atlas n° **7**-D2

⫶○ Kastanjehof   🍽 🛋 ♨ 🅿

FRANS MODERN • ROMANTISCH ✗✗ De mooie façade van deze doktersvilla uit 1884 laat het al vermoeden: dit is een prachtige zaak! Het interieur is romantisch, de tuin is heerlijk en de kamers bieden rust in een smaakvolle omgeving. De keuken van chef Mortier moet niet onderdoen. De zorg en creativiteit waarmee hij kookt, staat garant voor een heerlijk smakenpalet.

The beautiful façade of this doctor's villa dating from 1884 gives an indication of the attractive restaurant within, with its romantic decor, lovely garden and tranquil rooms in elegant surroundings. Chef Mortier's cuisine is of an equally high standard, prepared with care and creativity and full of exciting flavours.

Lunch 30 € – Menu 37 € – Carte 44/59 € – *(eenvoudige lunchkaart)*

Heuvel 4 ✉ 5421 CN – ✆ 0492 361 912 – www.kastanjehof.com – Gesloten woensdag

GIETHOORN

⛄⛄ De Lindenhof (Martin Kruithof)   🐦 ⇦ 🏠 🕭 **P**

CREATIEF · ELEGANT XXX De Lindenhof, dat is een unieke beleving. Het begint al met de locatie: u eet in een pracht van een boerderij, met rieten dak, die karakter en elegantie uitstraalt. De Engelse tuin is heerlijk om van de mooie omgeving te genieten. Achteraan vindt u ook de sloep van de chef, waarmee hij graag de kanaaltjes bevaart (hij neemt soms zijn gasten mee!). U kunt hier eveneens ontspannen in luxekamers. Maar dé troef is uiteraard de fantastische keuken van Martin Kruithof.

Het is geen toeval dat hij al sinds 2005 wordt onderscheiden met twee Michelin sterren. Hij is een traditionele chef die weliswaar met zijn tijd mee is. Een internationale bereiding of enige creativiteit zijn hem niet vreemd, maar hij houdt de smaken toch vooral klassiek. De frisheid van koningskrab benadrukt hij bijvoorbeeld met een granité en julienne van ijsbergsla. Een geparfumeerde olie op basis van ponzu en een coulis van bisque zorgen voor geweldige verfijning.

De kwaliteit van het product wordt hier op indrukwekkende wijze in de verf gezet. De borden liegen niet, u eet wat u ziet. Ze zijn het hoogtepunt van een topervaring!

De Lindenhof offers a unique experience. The restaurant is housed in a stunning farmhouse with a thatched roof, exuding character and elegance, and a delightful English garden in which to enjoy the beautiful surroundings. The chef's boat is moored to the rear of the restaurant – he enjoys sailing the canals, sometimes even taking his guests with him. There are also luxury guestrooms available here, although the main attraction is undoubtedly Martin Kruithof's fantastic cuisine.

It's no coincidence that this restaurant has held two Michelin stars since 2005. Kruithof is a traditional chef who knows how to move with the times – although no stranger to international dishes involving some creativity, he generally likes to keep the flavours classic. The freshness of king crab is highlighted with touches such as granita and a julienne of iceberg lettuce, with a ponzu-flavoured oil and a bisque coulis adding a wonderful hint of refinement.

The quality of the ingredients is striking here, with a menu featuring simple yet beautifully presented dishes. All in all, an excellent dining experience!

→ Slaatje van krab met granité van ijsbergsla en ponzu. Gebakken reefilet met rode bietjes. Blöf van mokka met whisky en karamelsaus.

Lunch 75 € – Menu 95/150 € – Carte 119/153 €

13 kam – ♦125/150 € ♦♦125/175 € – 🍽 35 €

Beulakerweg 77, (Noord : 1,5 km) ✉ *8355 AC –* ☎ *0521 361 444*
– www.restaurantdelindenhof.nl – Gesloten 1 tot
24 januari, 25 februari-7 maart, 13 tot 31 oktober, maandag en dinsdag

GOES

🍽○ Het Binnenhof   🏠 AC ⇦

MODERNE KEUKEN · GEZELLIG XX Een smal steegje leidt naar dit stijlvol gerestylede restaurant. Het ligt aan een binnenplein in het oude Goes, dat 's zomers als terras dient. De chef werkt met mooie streekproducten, zo is de vis hier bijvoorbeeld kraakvers. Het menu is top en in de prijs zult u zich vast niet verslikken!

A narrow passage leads to this stylish restaurant, hiding in a small courtyard in the historic centre of Goes. Shaded summer terrace. Local produce takes pride of place on the tasty, predominantly seafood, moderately priced menu.

Menu 40/75 € – Carte 54/69 €

Bocht van Guinea 6, (toegang via St-Jacobstraat) ✉ *4461 BC –* ☎ *0113 227 405*
– www.restauranthetbinnenhof.nl – alleen diner – Gesloten eerste 2 weken
februari, eerste 2 weken oktober, dinsdag en woensdag

‖○ De Kluizenaer

FRANS MODERN • MINIMALISTISCH XX Deze voormalige Nutsspaarbank is omgevormd tot een licht industrieel restaurant, waar grote tekeningen voor wat fun zorgen. De chef brengt dan weer punch op het bord. Hij heeft wereldwijd ervaring verzameld en geeft hier zijn eigen visie op gastronomie. Zijn keuken is resoluut eigentijds en combineert stevige smaken.

This former savings bank has been converted into a restaurant with a touch of industrial decor, with large drawings providing a bit of fun. The internationally seasoned chef brings punchy flavours to the plate to present his own vision of gastronomy. His cuisine is resolutely contemporary, involving robust taste combinations.

Lunch 25 € – Menu 37/64 € – Carte 39/59 €

Grote Markt 12 ⊠ 4461 AJ – ℰ 0113 820 382 – www.kluizenaer.nl – Gesloten zondag en maandag

GORINCHEM
Zuid-Holland – Atlas n° **12**-D3

‖○ Merwezicht

MODERNE KEUKEN • ELEGANT XXX U moet het zien om het te geloven: u lijkt tijdens uw diner wel boven het water en naast het vaarverkeer te zweven! Dankzij de serre kunt u ook in de winter van deze sensatie genieten. De eigentijdse bereidingen van kreeft en surf & turf zijn de toppers van het huis.

This restaurant has to be experienced to be believed as, when you dine at Merwezicht, you get the feeling that you are hovering above the water, alongside the river traffic (the glass-fronted sun lounge provides the same experience in winter). The contemporary preparations of lobster and surf & turf are the house favourites.

Menu 50/88 € – Carte 49/101 €

Eind 19 ⊠ 4201 CP – ℰ 0183 689 747 – www.restaurantmerwezicht.nl – Gesloten zaterdagmiddag, zondag en maandag

GOUDA
Zuid-Holland – Atlas n° **12**-C2

⊛ Jean Marie

STREEKGEBONDEN • KNUS XX Liefhebbers van gerookte zalm, spits uw oren: hij wordt in deze klassieke zaak eigenhandig gerookt en aan tafel getrancheerd! Chef Jan slaagt er in om klassieke smaakharmonieën op te peppen door soms moderner uit de hoek te komen. De gulle porties, de glimlach van gastvrouw Marieke ... Hier wordt u als gast verwend.

Smoked-salmon-lovers will prick up their ears when they hear that this classical establishment smokes its own fish and carves it at the table. Chef Jan peps up traditional flavour harmonies with the occasional more modern twist. The generous portions and smiling hostess Marieke make this place a real treat.

Menu 37/68 € – Carte 56/68 €

Oude Brugweg 4 ⊠ 2808 NP – ℰ 0182 516 262 – www.jean-marie.nl – alleen diner – Gesloten laatste 2 weken juli-eerste week augustus, feestdagen, zondag en maandag

GROEDE
Zeeland – Sluis – Atlas n° **11**-A2

‖○ Etablissement 1880

FRANS MODERN • INTIEM XX Etablissement 1880 geniet een bijzondere sfeer dankzij de moderne combinatie van elegantie en intimiteit. De bewerkte gerechten met interessante productcombinaties zorgen hier keer op keer voor fijne ervaringen.

Etablissement 1880 boasts a special atmosphere thanks to a modern combination of elegance and intimacy. The carefully prepared cuisine focuses on exciting combinations of ingredients.

Menu 52/64 € – *(een enkel surprise menu)*

Markt 9 ⊠ 4503 AG – ℰ 0117 376 066 – www.etablissement1880.nl – Gesloten zaterdagmiddag, dinsdag en woensdag

StockFood/hemis.fr

GRONINGEN

Groningen – 200 952 inw. – Atlas n° **5**-A2

Restaurants

Bistro 't Gerecht

FRANS MODERN • FRANSE BISTRO ✗✗ 't Gerecht heeft de air van een Parijse bistro, maar dan wel de luxueuze uitvoering ervan! In de keuken gaan de chefs de creatieve toer op. Hun gerechten steken goed in elkaar, met regelmatig een toets van frisse zuren, en zijn technisch uitstekend uitgevoerd. Chic, lekker en zacht geprijsd vormen een prachtcombinatie!

't Gerecht has the feel of a Parisian bistro, but one at the luxurious end of the spectrum. From the kitchen the chefs take diners on a creative tour. Their dishes are well structured and technically exquisite, with a regular touch of fresh acidity. Chic dining, tasty food and attractive prices form a magnificent combination.

Menu 37 € – Carte 46/66 €

Plattegrond: A1-r – *Hotel NH Hotel de Ville, Oude Boteringestraat 45 ✉ 9712 GD – ✆ 050 318 1222 – www.bistrohetgerecht.nl – alleen diner – Gesloten 30 december-2 januari en zondag*

Alacarte

MODERNE KEUKEN • ROMANTISCH ✗✗✗ Bij Alacarte eet u onder een eeuwenoud balkenplafond, in strak meubilair en met zicht op de mooie Prinsentuin. Van een romantische setting gesproken! Op de kaart staat een ruim aanbod eigentijdse gerechten die de ambitie van de chef weerspiegelen. De kracht van smaken uit diverse keukenculturen wordt hier gebundeld.

At Alacarte guests dine under an ancient beamed ceiling, amongst smart furnishings, and with a view of the beautiful Prinsentuin gardens for a truly romantic setting. The menu comprises a wide variety of contemporary dishes reflecting the chef's culinary ambition. The power of flavours from diverse cultures is concentrated here.

Menu 40/73 € – Carte 44/55 €

Plattegrond: B1-b – *Hotel Prinsenhof, Martinikerkhof 23 ✉ 9712 JH – ✆ 050 317 6555 – www.prinsenhof-groningen.nl – alleen diner – Gesloten 21 juli-27 augustus, zondag en maandag*

🍴⃝ Hanasato

JAPANS • TRADITIONEEL XX In dit sfeervol restaurant ontdekt u de authentieke Japanse cuisine in al zijn glorie. De chef kookt met respect voor de traditie en verenigt de subtiliteit van de smaken met de kenmerkende precisie van de bereidingen. Het shabu shabu menu, waarin dungesneden ingrediënten in bouillon worden gekookt, is zeer populair.

In this atmospheric restaurant diners will discover authentic Japanese cuisine in all its glory. The chef cooks with respect for tradition and unites subtlety of flavour with precise preparation methods. The Shabu Shabu menu, in which thinly sliced ingredients are boiled in stock, is particularly popular.

Menu 42/70 € – Carte 28/96 €

Plattegrond: B2-g – *Gedempte Zuiderdiep 55* ✉ *9711 HB*
– ✆ *050 360 4506* – *www.hanasato.nl*
– *alleen diner* – *Gesloten laatste week augustus-eerste week september en maandag*

🍴⃝ De Pauw   🅰🅲 ⟷

CREATIEF • ELEGANT XX Neen, hier eet u niet klassiek. Dat zou u kunnen verwachten bij het zien van het elegante kader. Maar, au contraire: de chefs gaan voor een resoluut moderne keuken, zowel op vlak van presentatie als qua smaken en texturen.

Although this restaurant boasts an elegant interior, you will be surprised to find that the dishes served here are far from classic and traditional. Instead, the chefs have resolutely opted for modern cuisine in presentation, taste and texture.

Menu 37/92 € 🍷

Plattegrond: B2-e – *Gelkingestraat 52* ✉ *9711 NE*
– ✆ *050 318 1332* – *www.depauw.nl*
– *alleen diner* – *Gesloten 29 december-7 januari, 28 juli tot 20 augustus, zondag en maandag*

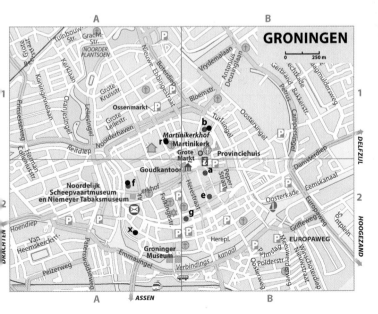

Gustatio

ITALIAANS • EENVOUDIG De eigenaars van deze ongedwongen osteria willen de traditionele Italiaanse keuken naar voor brengen. Hier geen ingewikkelde combinaties dus, maar zelfgemaakte pasta en krachtige smaken die uw smaakpapillen op reis nemen. Heerlijke authenticiteit ...

The owners of this relaxed osteria like to bring traditional Italian cuisine to the fore. No complicated combinations here, just home-made pasta and powerful flavours to take your taste buds on a journey. Deliciously authentic cuisine.

Carte 22/48 €

Plattegrond: B2-a - *Oosterstraat 3 ✉ 9711 NN - ✆ 050 313 6400 - www.gustatiogroningen.nl*

De Pijp

MODERNE KEUKEN • TRENDY Zin in één gerecht? Of liever een uitgebreid menu? In deze trendy zaak hebt u de keuze, al zult u wellicht de tweede optie kiezen. Geef nu toe: wie kan er weerstaan aan gerechten met verse producten, moderne technieken en invloeden uit diverse kookculturen?

Do you fancy just one dish or the full menu? In this trendy restaurant the choice is yours – although you will probably go for the second option; after all, who can resist fresh ingredients which are prepared in a modern manner and display influences from many cultures?

Menu 37/59 € - Carte 49/55 €

Plattegrond: A2-f - *Hoge der A 3 ✉ 9712 AC - ✆ 050 211 0735 - www.depijpwinedine.nl - alleen diner - Gesloten zondag en maandag*

Hotels

Prinsenhof

HISTORISCH PAND • BIJZONDER Uw gebeden om rust worden verhoord in dit kerkelijk gebouw uit de 15de eeuw. Vlakbij de Martinitoren ligt dit prachtige, historische pand aan de Prinsentuin. Binnenin ontdekt u moderniteit en luxe, met een vleugje rustiek. De rustgevende sfeer is heerlijk! Voor een ruime kaart kunt u heel de dag terecht in het Grand Café.

Your prayer for peace will be answered in this charming 15C church building, which is located beside the Prinsentuin, just a few steps away from the Martini tower. Inside, it's modern and luxurious, with a touch of rural charm. The restful atmosphere is delightful. The Grand Café offers an extensive all-day menu.

33 kam - 🚹144/224 € 🚹🚹144/224 € - 1 suite - ☕ 25 €

Plattegrond: B1-b - *Martinikerkhof 23 ✉ 9712 JH - ✆ 050 317 6555 - www.prinsenhof-groningen.nl*

Alacarte - zie restaurantselectie

NH Hotel de Ville

STADSHOTEL • HISTORISCH Luxehotel op 250 meter van de Grote Markt. Klassieke en ook meer eigentijdse kamers, vergaderzalen, serre met open haard als lounge en een zomers ontbijt in de stadstuin.

Exclusive hotel just 250m from the Grote Markt. Enjoy the classical and more contemporary rooms, the meeting rooms, lounge-veranda with fireplace, and breakfast on the patio in summertime.

65 kam - 🚹90/185 € 🚹🚹90/185 € - 1 suite - ☕ 20 €

Plattegrond: A1-r - *Oude Boteringestraat 43 ✉ 9712 GD - ✆ 050 318 1222 - www.nh-hotels.com*

Bistro 't Gerecht - zie restaurantselectie

🏨 Asgard

BOETIEKHOTEL · DESIGN Een modern boetiekhotel dat warmte uitstraalt door de natuurkleuren en de ecologische materialen. Aangename ligging in de museumwijk, parking vindt u op loopafstand.

A modern boutique hotel, yet one that radiates the warmth of natural colours and environmentally friendly materials. Pleasantly situated in the museum district with parking facilities 60m from the hotel.

18 kam – †79/109 € ††89/119 € – 🖵 15 €

Plattegrond: A2-x – *Ganzevoortsingel 2* ✉ *9711 AL* – ✆ *050 368 4810*
– *www.asgardhotel.nl*

🏨 Miss Blanche

HERENHUIS · BIJZONDER De ruime kamers van Miss Blanche zijn een aanrader voor wie Groningen bezoekt. Ze zijn ondergebracht in statige panden aan het water en bieden een mooie mengeling van klassiek en modern. Luxe is hier de rode draad. Het ontbijt wordt iets verderop geserveerd, in bakkerij Blanche.

Miss Blanche's spacious guestrooms are a must for anyone visiting Groningen. They are situated in stately buildings by the water and offer a beautiful mixture of classical and modern. Luxury is the theme here. Breakfast is served at the bakery, along the street, Bakkerij Blanche.

46 kam – †104/249 € ††104/249 € – 12 suites – 🖵 16 €

Plattegrond: A2-f – *Hoge der A 4* ✉ *9712 AC* – ✆ *050 820 0966*
– *www.hotelmissblanche.nl*

GROU · GROUW

Fryslân – Leeuwarden – Atlas n° **3**-C2

🍴 de Vrijheid

MODERNE KEUKEN · HERBERG XX Wie houdt van dining with a view moet bij de Vrijheid in Grou zijn. De uitbaters stellen zich niet tevreden met het sublieme uitzicht op het Pikmeer, maar leggen ook gastronomisch de lat hoog. Ze nemen zich de vrijheid lokaal verankerde gerechten te larderen met nieuwe technieken, en benutten daarmee al hun kwaliteiten.

The de Vrijheid restaurant in Grou boasts a stunning panorama of the Pikmeer lake for those who enjoy dining with a view. The owners pride themselves on gastronomy that is as impressive as the setting. They source their produce locally and introduce new techniques to their dishes.

Lunch 29 € – Menu 39/69 € – Carte 52/58 €

Seinpôlle 4 ✉ *9001 ZS* – ✆ *0566 621 578* – *www.restaurantdevrijheid.nl* – *alleen diner van november tot mei behalve zaterdag en zondag* – *Gesloten eerste week januari, 1 tot 21 november, maandag en dinsdag*

🍴 Oostergoo

TRADITIONELE KEUKEN · RUSTIEK X Het oud Hollands interieur heeft iets huiselijks, het terras aan het water is prachtig! Bij Oostergoo zit u dus goed, én u eet er ook nog eens lekker. De traditionele keuken wordt hier puur en eerlijk gehouden, en dat smaakt.

The old Dutch interior is homely, the terrace by the water magnificent, so guests are always well placed at Oostergoo, with delicious food to boot. The traditional cuisine remains pure and honest, and it shows.

Lunch 20 € – Menu 27/35 € – Carte 25/52 €

18 kam – †49/58 € ††60/75 € – 🖵 15 €

Nieuwe Kade 1 ✉ *9001 AE* – ✆ *0566 621 309* – *www.oostergoo.nl*

ⅰ○ l'Atelier   🐝 🏠 🆎 ⇔

FRANS MODERN · RUSTIEK 🕸🕸 Het is in een origineel Limburgs pand dat mooi is gerestyled dat u het atelier van Hans Kinkartz vindt. Hij is een vakkundige chef die graag uiteenlopende smaken samenbrengt in één gerecht. Dankzij het gebruik van goede producten, zoals het lokaal varkensras 'kusj', is kwaliteit hier een constante.

This restaurant occupying an attractively refurbished, original Limburger building is the workplace of chef Hans Kinkartz, who uses his culinary skills to create dishes full of different flavours. Thanks to his use of top-quality ingredients, such as the local kusj breed of pig, quality is a constant here.

Lunch 38 € – Menu 45/108 € – Carte 69/98 €

Markt 9 ⊠ 6271 BD – ☎ 043 450 4490 – www.restaurantatelier.nl – Gesloten 24 en 31 december-1 januari, 2 weken carnaval, 2 weken in augustus, donderdagmiddag, zaterdagmiddag, dinsdag en woensdag

DEN HAAG

De diplomatenstad is met zijn vele instellingen een aantrekkingspool voor een internationaal publiek. Zij trekken maar al te graag de stad in om in een van de vele gezellige restaurants lekker te gaan eten. Het groot aanbod Indonesische restaurants en de uitstekende prijs-kwaliteitverhouding die men hier een beetje overal vindt, worden eveneens zeer geapprecieerd. Voor restaurants die wat luxueuzer zijn, moet men eerder in de buitenwijken zijn.

Den Haag is de enige grote Nederlandse stad aan de Noordzee, en daar profiteert het maar al te graag van. Met Scheveningen heeft het zelfs zijn eigen luxebadstad. Tussen hotel Kurhaus en de haven vindt men er de leukste restaurants. De verse aanvoer van allerhande lekkers uit de zee is op zich al een trekpleister!

Zuid-Holland – 508 940 inw.

• Atlas n°12-B2

barefootster / iStock

ALFABETISCHE LIJST VAN RESTAURANTS
INDEX OF RESTAURANTS

ALFABETISCHE LIJST VAN HOTELS
INDEX OF HOTELS

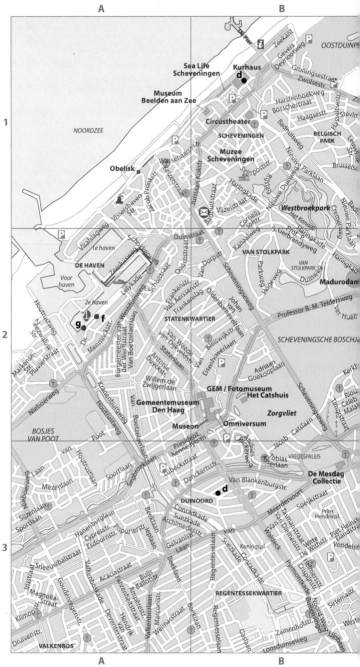

NOORDZEE

Sea Life
Scheveningen

Kurhaus
d

Museum
Beelden aan Zee

Circustheater

SCHEVENINGEN

Muzee
Scheveningen

OOSTDUINP

Zeekant

Gevers
Deynootweg

Groningsestraat
Zwolsestr.

Harstenhoekweg
Bosschestraat

Haagsestr.

BELGISCH
PARK

Nieuwe Parklaan

Brussele

Obelisk

Wassenaarsestr.

Keizerstraat

Jurriaan Kokstr.

Vissershaven
str.

Vijlzelstraat

Badhuisstraat

Seinpostdn

Haringkade

Nieuwe Duinweg

Westbroekpark

Het Kanaal

DE HAVEN

1e haven

Zeesluisweg

Schokkerweg

Visafslagweg

Duinstraat

Cornelis
Jolkstr.

3. Gerbrandyweg

Haringkade

Prof.

Nieuwe Parklaan

Cremerweg

Nieuwe Parklaan

Madurodam

Voor
haven

Lelykade

Scholstraat

Van Dorpstr.

Scheveningseweg

VAN STOLKPARK

VAN
STOLKPARK

Parkweg

Hogeweg

Duinw

Haringka

2e haven

g   f

Menninckstr.

Dr.

Frankenstr.

Van Aerssenstr.

Frankenslag

Johan

Oldenbarneveltlaan

STATENKWARTIER

Professor B. M. Teldersweg

Ver-Huell

SCHEVENINGSCHE BOSCHJ

Houtrustweg

Tesawduin
str.

Markense
Str.   Pluvierstraat

Burgemeester van
der Werffstraat

Van Boetzelaerlaan

Westduinweg

Van Weede

Van Dijkveldstr.

Antonie
Duyckstr.

Statenlaan

Van

Blötswijkstr.

Eisenhowerlaan

Adriaan
Goekooplaan

Scheveningseweg

Kerkh

Riou

Celeb

Mala

Nieboerweg

Katwijkerstraat

Houtrustweg

Van Boetzelaerlaan

Willem de
Zwijgerlaan

Van

GEM / Fotomuseum
Het Catshuis

Zorgvliet

Riou

Ibo

BOSJES
VAN POOT

Poot

van

Sportlaan

Scheroklaan

Gemeentemuseum
Den Haag

Museon

President
Kennedylaan

Omniversum

Andries
Bickerweg

Jacob Catslaan

Tobias
Asserlaan

VREDESPALEIS

De Mesdag
Collectie

Nieboerweg

Laan

Houtrustweg

Mezenlaan

Lübeckstraat

Danckertsstr.

Van Blankenburgstr.

d

Meerdervoort

Spijkstraat

Prins
Hendrikpl.

Sijzenlaan

Sportlaan

Hanenburglaan

Cypresstr.

Esdoornstr. Spuilerstr.

Beeklaan

Conradkade

Suezkade

Archimedestr.

DUINOORD

Galvanistr.

Laan

van

Waldeck

Witte
De Withstr.

Piet Heinst
Elandstr

Vondelst

Tasmanstraat

Van Diemenstr.

Parmentierstr.

Heinenstr.

Crispijnstr.

Koningspl.

Regentesselaan

Suezkade

Conradkade

Regentesselaan

Piet Heinst

Sirtemast

West

Nieboerweg

Tinstraat

Magnolia-
straat

Sneeuwbalstraat

Goudenregenstr.

Valkenboskade

Acaciastraat

Bulls
Ballotstr.

Ampèrestr.

Fahrenheitstraat

Hendrik
van
Deventerstraat

Weimarstraat

Marconistr.

VALKENBOS

Druivenstr.

Klimopstr.

Valkenboslaan

Beeklaan

Beeklaan

REGENTESSEKWARTIER

Gaslaan

Zamenhofstr.

Loosduinseweg

A   B

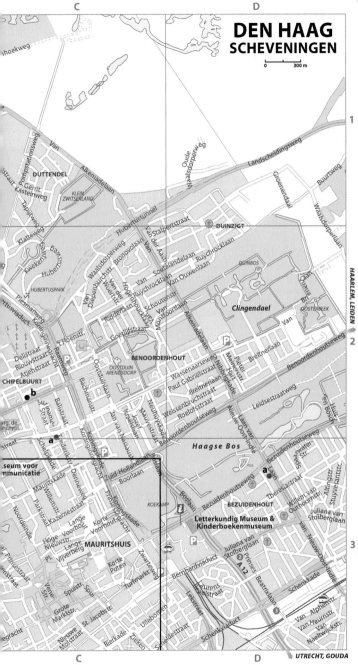

DEN HAAG
SCHEVENINGEN

0   300 m

hoekweg

Van

Pompstationsweg

Gerrit

straat

Kasteinweg

Tapijtweg

DUTTENDEL

Alkemadelaan

KLEIN
ZWITSERLAND

Oude
Waalsdorperweg

Landscheidingsweg

Groenendaal

Buurtweg

Waalsdorperlaan

Klatteweg

Kwekerij

Hubertusweg

Hubertustunnel

Van Stalpertstraat

Van der Aakt.

⊕ **DUINZIGT**

HUBERTUSPARK

Waalsdorperweg

Van der

Woerstr.

Bronovolaan

Van Diepenburchstr

Van der

Hogenhoucklaan

Ruychrocklaan

Soutelandelaan

Ruychrocklaan

Van Ouwenlaan

DUINBOS

Van der

Ruychrocklaan

Schoutenstr.

Clingendael

plesmanweg

Goningingracht

T Hoenstr.

Riddernlaan

Goejuijstraat

Van

Monttoorttlaan

Van

Alkemadelaan

Van

OOSTERBEEK

Delistraat

Riouwstraat

Atjehstraat

P

Roomen

BENOORDENHOUT

Breitnerlaan

Pieter

Meinerst

Hof

Nijboka de

Benoordenhoutseweg

rg. de
nchypl.

CHIPELBUURT

Bachmanstr.

OOSTDUIN
ARENDSDORP

Wassenaarseweg

Paul Gabrielstraat

Breitnerlaan

Nibblaan

Breitnerstraat

Weissenbruchstraat

Roelofsstraat

Benoordenhoutseweg

Nieuwe-Oost-Indie

Leidsestraatweg

Huis
ten Noort

● **b**

Balistraat

Samuel

Straat

Koninginnegrach

Neuhuyskade

Josef

Israëlslaan

Nauwestraat

Van Nassaustr.

Leidsestraatweg

● **a**

Scheplaade

Koninginnegrach

P

Zuid-Hollandlaan

Boorlaan

Haagse Bos

P

Bezuidenhoutseweg

Spaar
water
Str.

Altingstr.

Stuyvesantst.

seum voor
mmunicatie

Mauritskade

Willemstr.

Dennweg

Prinsessegrach

Koningskade

KOEKAMP

Bosjaan

Bezuidenhoutseweg

● **a**

Laan

Theresiastraat

BEZUIDENHOUT

Willem van
Outhoornstr.

Juliana van
Stolberglaan

Noordeinde

Parkstraat

Kazernestraat

Lange
Voorhout

Korte
Voorhout

Hoge
Nieuwstr.

Lange

MAURITSHUIS

Vijverberg

ℹ

**Letterkundig Museum &
Kinderboekenmuseum**

Juliana van
Stolberglaan

Nieuw-Oost-Indie

t Prinsestraat

Pl.

Korte
Poten

Zwarteweg

P

Bernhardviaduct

Juliana van
Stolberglaan

2 Prinses
A 12 Beatrixlaan

3

nstraat

Vene
Vstr.

Spuistr.

Spui

Turfmarkt

Laurens Pelstraat

Schenkkade

Grote
Marktstr.

St. Jacobstr.

Bierkade

Zieken

Schedelstraat

Van Alphenstr.
Van Heurnstr.
Van
Naeltwijckstr.

egracht

Nieuwe
Molstraat

Uilebomen

Schenkviaduct

3

C

D

Centrum

AnjoKanFotografie / Fotosearch LBRF/age fotostock

Restaurants

✿ Calla's (Ronald van Roon) 🕸 AC ✗

FRANS CREATIEF · ELEGANT XXX 'Calla's' verwijst naar een Mexicaanse bloem, die op haar beurt haar naam dankt aan het Griekse woord voor schoonheid. Om dit internationale verhaal af te maken, is de keuken dan weer Frans en de wijn-kaart een mix van de nieuwe en de oude wereld. Hier wacht u een memorabele maaltijd, sober en delicieus geraffineerd.

'Calla' refers to a Mexican lily, which derives its name from the Greek word for beauty. To continue with the international theme, the cuisine is French and the wine list a combination of the Old World and the New. The delicious, simple yet refined cuisine served here provides a truly memorable dining experience.

→ Schelpdieren met een gelei van de nage en verjus. Gelakte kalfszwezerik met cevenne-ui en saus met wilde peper. Cilinder van ananas met pandanblad, kokos en citroengrasroomijs.

Lunch 40 € – Menu 79/99 € – Carte ong. 100 €

Plattegrond: 3F1-u – *Laan van Roos en Doorn 51a* ✉ *2514 BC* – ✆ *070 345 5866 – www.restaurantcallas.nl – Gesloten 23 december-7 januari, 28 juli-19 augustus, zaterdagmiddag, zondag en maandag*

☺ Basaal 🏮 ✗ ♿

MODERNE KEUKEN · BISTRO X Dat strak ook losjes kan zijn, dat bewijst deze moderne zaak – met heerlijk terras aan de grachten – waar gastvrouw Loes voor een ongedwongen sfeer zorgt. Haar man Bastiaan gaat voor een Europees getinte keuken met een voorkeur voor lokale lekkernijen. Wat u ook kiest, de pro-ducten zijn vers en de smaken uitgesproken.

This modern restaurant with its lovely canal-side terrace proves that smart can also be relaxed. The hostess Loes creates a casual atmosphere, while her hus-band Bastiaan opts for European cuisine with a preference for local delicacies. Whatever you pick, the ingredients will be fresh and the flavours distinctive.

Menu 37/60 € – Carte 44/58 €

Plattegrond: 3F2-a – *Dunne Bierkade 3* ✉ *2512 BC* – ✆ *070 427 6888 – www.restaurantbasaal.nl – alleen diner tot 23.00 u. – Gesloten zondag en maandag*

☺ Oogst

FRANS MODERN · BUURTRESTAURANT X De oogst die groentetuin Laantje Voorham oplevert, bepaalt wat de chefs serveren. Producten komen hier dus op hun best op uw bord, in kleine moderne gerechten die het van hun pure smaken moeten hebben. Oogst heeft iets weg van een gezellige Parijse bistro en dat maakt het des te leuker om hier te tafelen.

The vegetables harvested from the garden here determine what the chefs serve up. Ingredients therefore reaches the plate at its best, in small, modern dishes showcasing authentic flavours. There is something of the lively Parisian bistro about Oogst, which adds to the pleasure of the experience.

Menu 30/46 € – Carte ong. 27 €

Plattegrond: 3F1-h – *Denneweg 10B* ✉ *2514 CG* – ✆ *070 360 9224 – www.restaurantoogst.nl – Gesloten 25 december-4 januari, 28 juli-19 augustus, zondag en maandag*

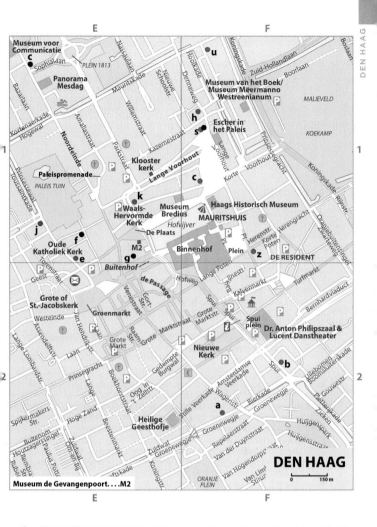

Museum de Gevangenpoort....M2

DEN HAAG

0   150 m

Tapisco

SPAANS · TRENDY ℀ Eeuwenlang was het een geroemde boekhandel, vandaag staat dit sfeervol restaurant met zuiderse flair te boek als dé plek voor Spaanse tapas en Portugese petiscos. De ervaren chef bewaakt de authenticiteit van de smaken. Kwaliteitsproducten schitteren hier in typische gerechtjes, niet te ingewikkeld maar boordevol smaak. Een boeiende zuiderse reis!

For centuries this was a famous bookshop; today this restaurant full of character and with a Mediterranean flair is regarded as the place to go for Spanish tapas and Portuguese petiscos. The experienced chef creates small typical dishes prepared with quality produce, not too complex but full of flavour, that take guests on an incredible Mediterranean journey.

Menu 23 € – Carte 24/36 €

Plattegrond: 3E1-k – *Kneuterdijk 11* ✉ *2514 EM* – ✆ *070 204 5006* – *www.restauranttapisco.nl*

173

ⅱ○ Des Indes   ♿ 🍴 ⇔ 🍽 **P**

MODERNE KEUKEN · CHIC XX Het wondermooie kader van Des Indes zal u bekoren. Rondom u is het klassieke elegantie troef, op het bord gaat men de eigentijdse toer op. De chef werkt met uitstekende producten en presenteert ze in gedetailleerde gerechten.

The stunning backdrop of Des Indes can't fail to charm. Surrounded by classic elegance, what you find on your plate will be thoroughly contemporary. The chef works with excellent ingredients, presenting them in intricate dishes.

Lunch 30 € – Menu 39 € – Carte 55/78 €

Plattegrond: 3F1-s – *Hotel Des Indes, Lange Voorhout 54* ✉ *2514 EG*
– ☎ *070 361 2345* – *www.hoteldesindes.nl* – *open tot 23.00 u.*
– *Gesloten zondag en maandag*

ⅱ○ Christian   🏠 ⇔

BIO · GEZELLIG XX Kraakvers, niets minder volstaat voor de gedreven Christian van der Linden. Zijn pure keuken steunt op het lekkers uit zijn moestuin, aangevuld met dagverse aanvoer van vlees en vis. De sterke smaken die hij hiermee creëert hebben van dit knus restaurant een vaste waarde gemaakt. Oh ja, ook het terras is top!

Nothing less than absolute freshness will do for the highly motivated Christian van der Linden. His authentic cuisine is based on delicacies from his vegetable garden, supplemented with meat and fish, supplied daily. The powerful flavours he creates have established this cosy restaurant as a major player. The terrace setting is excellent too.

Lunch 33 € – Menu 38/100 € 🍷 – Carte 55/75 €

Plattegrond: 2D3-a – *Laan van Nieuw Oost Indië 1f* ✉ *2593 BH*
– ☎ *070 383 8856* – *www.restaurantchristian.nl*
– *Gesloten 27 december-8 januari, 16 juli-6 augustus, feestdagen behalve Kerstmis, zaterdagmiddag en zondag*

ⅱ○ Zheng   🆎 🍴 ⇔

FUSION · EXOTISCHE SFEER XX Zheng neemt u mee naar de banketten die ooit werden georganiseerd in het keizerrijk China. U ontdekt de traditie van de 4 belangrijkste Chinese keukens dankzij een defilé van kleine gerechten. Het typische servies en kunstobjecten (ook te koop) dragen bij tot dit bijzonder verhaal. Achter deze ingetogen ervaring schuilt een rijkdom aan smaken.

Zheng gives guests a real taste of China, thanks to a menu featuring small dishes from four of the most important styles of Chinese cuisine. The typical crockery and art objects (also for sale) contribute to the traditional ambience. Subtle cuisine which nonetheless offers a wealth of flavours.

Menu 68/150 € – Carte 30/80 €

Plattegrond: 3E1-e – *Prinsestraat 33* ✉ *2513 CA*
– ☎ *070 362 0828* – *www.restaurantzheng.com*
– *alleen diner – Gesloten maandag*

ⅱ○ De Basiliek   🏠 ⇔

MODERNE KEUKEN · BUURTRESTAURANT X Deze bruisende zaak is de place to be voor een gezellig etentje. De ambiance is lekker kosmopolitisch en dat geldt ook voor de keuken. Bereidingen uit diverse windstreken worden op een interessante, maar vooral smakelijke manier gecombineerd. De menuformule waarmee u uit de hele kaart mag kiezen, is een aanrader.

This dazzling venue is the place to go for a lively meal out. The cosmopolitan ambience provides the backdrop for dishes from diverse regions, presented in interesting, tasty combinations. The two- and three-course deals, allowing diners to choose from the entire menu, are great options.

Lunch 29 € – Menu 33/55 € – Carte 38/52 €

Plattegrond: 3F1-z – *Korte Houtstraat 4a* ✉ *2511 CD* – ☎ *070 360 6144*
– *www.debasiliek.nl* – *Gesloten zondag*

⁝○ Bøg

SCANDINAVISCH • DESIGN ✕ Het strak design dat geassocieerd wordt met de Scandinavische stijl komt bij Bøg mooi tot uiting. U hebt hier de keuze tussen een vegetarisch en een vis/vlees menu, beide even creatief als aantrekkelijk. De pure smaken die de chefs uit lokale producten halen, zijn heerlijk.

Slick Scandinavian design is beautifully executed at Bøg. You have the choice between a vegetarian menu and a meat/fish menu, both as creative as they are appealing. The pure flavours drawn from local ingredients are truly delicious.

Menu 58 €

Plattegrond: 3E1-j – *Prinsestraat 130* ✉ *2513 CH* – ☏ *070 406 9044* – *www.bøg. com* – *alleen diner* – *Gesloten 23 december-7 januari, 5 tot 9 maart, 27 april, 16 juli-12 augustus, zondag en maandag*

⁝○ Fouquet

CREATIEF • GEZELLIG ✕ De heerlijke parfums die uit de keuken van deze fraai gemoderniseerde zaak komen, laten geen twijfel toe: hier wordt het smikkelen! De chef presenteert een 'cuisine du marché' die eerder traditioneel is, in de menu's (interessant keuzemenu!) is hij iets moderner.

The wonderful scents which emerge from the kitchen of this beautifully modernised establishment leave no room for doubt: this will be a hearty meal. The chef presents a fairly traditional "cuisine du marché", with a rather more modern and exciting set menu.

Menu 30/89 € – Carte 48/100 €

Plattegrond: 2C2-a – *Javastraat 31a* ✉ *2585 AC* – ☏ *070 360 6273* – *www.fouquet.nl* – *alleen diner* – *Gesloten zondag*

⁝○ Sequenza

MARKTKEUKEN • EENVOUDIG ✕ Het intieme Sequenza heeft een plekje veroverd in de harten van zijn vele habitués. Zij blijven terugkomen voor het Frans getinte marktmenu waarin men telkens kan kiezen uit een beperkt aantal gerechten. De keuze is klein, de smaken des te groot! De hoogstaande kwaliteit waar de chef mee werkt, getuigt van vakkennis.

The intimate Sequenza has conquered a place in the hearts of its many regulars, who keep coming back for the French-influenced market menu, offering a selection from a limited number of dishes. The choice is small and the flavours are big. The high quality produced by the chef bears witness to real knowledge of his craft.

Menu 43 € – *(een enkel menu)*

Plattegrond: 3F2-b – *Spui 224* ✉ *2511 BX* – ☏ *070 345 2853* – *www.restaurantsequenza.nl* – *alleen diner tot 23.00 u.* – *Gesloten zondag en maandag*

⁝○ Wox

FUSION • TAPASBAR ✕ De naam doet het al vermoeden en het interieur bevestigt het: deze flashy brasserie is een trendy hotspot. Ook de kaart heeft een sexy kantje, daar zorgen de Frans-Aziatische gerechten voor. Fenomenale wijnen met een mooie selectie per glas.

The name gives you an inkling of the ambience here and the interior confirms it: this flashy brasserie is an ultra trendy venue. Fashionable Franco-Asian dishes feature on the menu, as well as phenomenal wines with a good selection available by the glass.

Lunch 35 € – Carte 48/62 €

Plattegrond: 3F1-c – *Lange Voorhout 51* ✉ *2514 EC* – ☏ *070 365 3754* – *www.wox.nl* – *Gesloten zondag en maandag*

Wilt u een feestje organiseren of een maaltijd met zakenrelaties? Kijk dan naar de restaurants met het symbool ⇔.

Hotels

Hotel Des Indes 🔲 ⊕ 👑 🛋 🏵 ⅊ 🌂 🅿

GROTE LUXE • DESIGN Hotel Des Indes noemt zich graag 'het' hotel in Den Haag en ongelijk kunt u ze beslist niet geven. Al van bij de opening op het einde van de 19de eeuw was dit sprookjesachtige paleisje een prachtige zwaan, maar toch werd het door de jaren heen alleen maar mooier. Het opulente decor verraadt de koloniale wortels.

Hotel Des Indes describes itself as the hotel in The Hague and it is difficult to argue with this description. Already renowned for its beauty when it opened at the end of the 19C, this fairytale palace has become simply more stunning over the years. It boasts opulent decor that is characteristic of its colonial past.

92 kam – ♦180/240 € ♦♦240/340 € – 2 suites – ⊏⊐ 32 €

Plattegrond: 3F1-s – *Lange Voorhout 54* ✉ *2514 EG* – ✆ *070 361 2345* – *www.hoteldesindes.nl*

Des Indes ⅋○ – zie restaurantselectie

Carlton Ambassador 👑 🏵 🏛 🅰🅲 🌂 🅿

STADSPALEIS • ELEGANT Een pareltje in het hart van de diplomatenwijk. Dit klein charmehotel combineert Engelse luxe met Nederlandse stijl en heeft karakter, van de gedistingeerde lobby tot de stijlvolle kamers toe. De personeelsleden treden op als uitstekende ambassadeurs van dit prachtig hotel en zorgen ervoor dat u niets tekort komt.

A gem in the heart of the diplomatic quarter, this charming little hotel combines English luxury with Dutch style, exuding character from the distinguished lobby to the stylish guestrooms. The staff act as excellent ambassadors for this magnificent hotel and ensure that visitors want for nothing.

88 kam – ♦149/199 € ♦♦149/199 € – 3 suites – ⊏⊐ 18 €

Plattegrond: 3E1-c – *Sophialaan 2* ✉ *2514 JP* – ✆ *070 363 0363* – *www.carlton.nl/ambassador*

Corona 👑 🏛 🅰🅲 🌂 🚁

STADSHOTEL • HEDENDAAGS Corona heeft internationale allure dankzij zijn rijke geschiedenis. Die reputatie wordt waargemaakt met kamers die tegemoetkomen aan de verwachtingen die gasten en zakenmensen vandaag hebben. De locatie in het hart van de stad, tegenover het Binnenhof, is absoluut een troef.

Corona's rich history gives it an international allure, a reputation upheld by guestrooms that live up to the expectations of today's guests and business people. The location in the heart of the city, opposite the government buildings of the Binnenhof, is a trump card.

65 kam – ♦75/129 € ♦♦129/179 € – 3 suites – ⊏⊐ 15 €

Plattegrond: 3E1-g – *Buitenhof 42* ✉ *2513 AH* – ✆ *070 363 7930* – *www.corona.nl*

NH Atlantic 👑 🏛 ⬅🔲 👑 🛋 🏛 🅰🅲 🚁 🅿

KETENHOTEL • KLASSIEK Plezier wordt in dit grote hotel met zaken gecombineerd: u vindt er zowel twintig vergaderzalen als ontspanningsmogelijkheden. Maar bovenal: het zicht op de zee en de natuur is prachtig! In de keuken, internationaal gespijsd, kookt al jaren dezelfde kok.

In this large hotel, pleasure is combined with business. It has some 20 meeting rooms, as well as leisure facilities. Best of all, the views of the sea and surrounding nature are stunning. For many years the same chef has turned out dishes with an international flavour.

132 kam ⊏⊐ – ♦99/250 € ♦♦99/250 € – 20 suites – ½ P

Deltaplein 200, (in Kijkduin, West: 8 km) ✉ *2554 EJ* – ✆ *070 448 2482* – *www.nh-hotels.com*

Paleis 🏛 🏛 🅰🅲

HISTORISCH • KLASSIEK Gordijnen, stoelen en bedspreien met stoffen van het Franse tophuis Pierre Frey en een weelderige poef aan het voeteind: het zijn details als deze die het hem doen. Dit Paleis tekent duidelijk voor een vorstelijke ontvangst in onvervalste Louis XVI-stijl, kingsize bed incluis!

A luxury hotel inspired by the Louis XVI-style. Details that make all the difference include fabrics used for the curtains, chairs and bedspreads sourced from Pierre Frey, a renowned French furnishings company, and even a luxurious hassock at the foot of the bed. The royal welcome you will receive is enhanced by the king-sized beds.

20 kam – 🛏129/189 € 🛏🛏129/189 € – 🖵 19 €

Plattegrond: 3E1-f – *Molenstraat 26* ✉ *2513 BL* – ✆ *070 362 4621*
– *www.paleishotel.nl* – *Gesloten 24 tot 26 december*

🏠 Mozaic   🔲 🅰🅲 🚫 🅿

FAMILIAAL · EIGENTIJDS Het team van Mozaic wil u graag dat tikkeltje meer geven: een prettig persoonlijk onthaal, een herenhuis met een vleugje geschiedenis en een snuif hedendaags design op de kamer. Een bezield alternatief voor de typische ketenhotels.

The team at Mozaic offer their guests that little bit extra. Find a warm personal welcome, a townhouse with a hint of history and a touch of modern design in the bedrooms. An inspired alternative to the usual chain hotels.

25 kam – 🛏94/139 € 🛏🛏94/179 € – 🖵 18 €

Plattegrond: 2C2-b – *Laan Copes van Cattenburch 38* ✉ *2585 GB*
– ✆ *070 352 2335* – *www.mozaic.nl* – *Gesloten 25 en 26 december*

🏠 Residenz   🦢 🅰🅲 🚫

FAMILIAAL · PERSOONLIJK CACHET 'Urban chic', zo noemt dit charmante B&B in een Haags herenhuis zich graag. Het decor van Residenz is klassiek geïnspireerd met een scheut theatraliteit, in de vier kamers en twee uitgeruste appartementen hangt romantiek in de lucht. Open haard incluis! De tram brengt u in tien minuten naar het centrum van de stad.

This charming B&B in a town house in The Hague likes to describe itself as "urban chic". The decor of Residenz is classically inspired with a touch of theatre; romance is in the air in the four guestrooms and two nicely furnished apartments with open hearths. The city centre is a ten-minute tram ride away.

6 kam 🖵 – 🛏119/199 € 🛏🛏119/219 €

Plattegrond: 1B3-d – *Sweelinckplein 35* ✉ *2517 GN* – ✆ *070 364 6190*
– *www.residenz.nl*

Scheveningen

GAPS/iStock

Restaurants

🍴 Waterproef   🏖 🍴 🅰🅲 🚫 ⇄

FRANS MODERN · TRENDY XX Deze kanjer langs de kade heeft een mooie mix van oud en modern, het zicht op de jachthaven is hier de moeite. De keuken is actueel (de menu's zijn het interessantst geprijsd) en de bediening is losjes. Blikvanger is de wijnkaart, spectaculair door zijn aanbod en concept.

A very large restaurant beside the quay, in a beautiful room combining the old and the new. The cuisine is modern (the fixed menus offer the best value) and the service informal. The wine list is a real eye-catcher, offering a spectacular choice for diners.

Lunch 25 € – Menu 40/65 € – Carte 50/67 €

Plattegrond: 1A2-f – *Dr. Lelykade 25* ✉ *2583 CL* – ✆ *070 358 8770*
– *www.restaurantwaterproef.nl* – *Gesloten
26 december-3 januari, zaterdagmiddag, maandagmiddag en woensdag*

○ Catch by Simonis

VIS EN ZEEVRUCHTEN · CHIC X Neen, u zit niet in New York. Al zou dit indrukwekkend restaurant er niet misstaan: het interieur is uitermate fashionable, de ambiance is trendy, prestigeflessen prijken in wijnmuren ... en het eten is lekker! Vis en zeevruchten stelen hier de show in gerechten die eveneens fris en modern zijn. Wat een vangst!

No, you are not in New York, although this impressive restaurant wouldn't be out of place there with its fashionable interior, trendy ambience, prestigious bottles adorning the wine wall and delicious food. Fish and shellfish steal the show in dishes that are as fresh as they are modern. A great catch!

Lunch 25 € – Menu 44/75 € – Carte 39/67 €

Plattegrond: 1A2-g – *Dr. Lelykade 43* ✉ *2583 CL* – ☎ *070 338 7609*
– *www.catchbysimonis.nl* – *Gesloten 25 december*

Hotels

Kurhaus

PALACE · KLASSIEK Dit kurhaus is meer dan een hotel, het is een instituut. Met een verfijnde ambiance, een uitgelezen ligging aan zee en een restaurant met een indrukwekkend terras heeft het dan ook meer dan genoeg in huis om deze reputatie te rechtvaardigen.

This grand residence is much more than a hotel; it's an institution. With its superb seaside location, a refined ambience and a restaurant with an impressive terrace, it more than justifies its reputation.

257 kam – †119/269 € ††119/269 € – 8 suites – ☲ 25 €

Plattegrond: 1F1-d – *Gevers Deynootplein 30* ✉ *2586 CK* – ☎ *070 416 2636*
– *www.amrathkurhaus.nl*

HAAKSBERGEN
Overijssel – Atlas n° **9**-C3

○ De Blanckenborgh

FRANS MODERN · KLASSIEK XX Aan de ene kant een klassieke zaal, aan de andere zijde een hippe kitchenbar en buiten een prachtig terras in het groen. Wat heeft deze monumentale villa (19de eeuw) stijl! Het is een familiezaak waar een jonge chef zijn eigen ding doet. Hij verrast graag met zijn smaken, maar behandelt het product steeds met respect.

A classic dining room on one side, a trendy kitchen bar on the other, plus a magnificent outdoor terrace amid verdant surroundings. This historical 19C mansion truly has class. De Blanckenborgh is a family business where a young chef does his own thing, producing pleasantly surprising flavours, while always handling the ingredients with respect.

Lunch 28 € – Menu 33/87 € – Carte 62/70 €

Enschedesestraat 65 ✉ *7481 CL* – ☎ *053 574 1155* – *www.blanckenborgh.nl*
– *Gesloten dinsdag*

○ Bi'j de Watermölle

KLASSIEKE KEUKEN · HERBERG XX Bij de Oostendorper watermolen en aan de rand van landgoed Het Lankheet vindt u dit landelijke restaurant, dat baadt in gezelligheid. De seizoengebonden keuken serveert de lekkernijen die op dat moment op hun best zijn, steeds gul en mooi op smaak gebracht. In de kamers wordt u ondergedompeld in landelijke charme.

Near the Oostendorper watermill on the edge of the estate of Het Lankheet is the friendly, rustic restaurant of Bi'j de Watermölle. The kitchen serves seasonal delicacies at their very best, always in generous portions and beautifully flavoured. The attractive guestrooms are full of rustic charm.

Lunch 29 € – Menu 37/60 € – Carte 45/74 €

5 kam ☲ – †95 € ††115 €

Watermolenweg 3, (Voor GPS: Korenmolenweg) ✉ *7481 VL* – ☎ *053 572 9250*
– *www.watermolle.nl* – *Gesloten 31 december-7 januari*

ONZE AANRADERS... *GOOD TIPS....*

To Amuse, om op elk moment van de dag gerechten te delen onder prachtige glas-in-loodramen. ML, waar men op hoog niveau eet en een terrasje kan doen met uitzicht op de Sint-Bavokerk. Le Mortier, voor zijn wijnpareltjes uit de Loirestreek.

To Amuse, where you can share dishes at any time of the day under stained-glass windows. ML, where you can dine at a high standard and take in views of the Sint-Bavo church from the terrace. Le Mortier, for its delicious wines from the Loire.

HAARLEM
Noord-Holland – 158 140 inw. – Atlas n° **8**-A3

Restaurants

✿✿ De Bokkedoorns   🕸 ⬿ 🏠 🅰🅲 🐾 ⇄ 🅿

MODERNE KEUKEN · CHIC XxxX Te midden een bebost duingebied, aan een klein meer, duikt De Bokkedoorns op. Het is een stijlvol restaurant dat ten volle geniet van die prachtige omgeving. Het terras is heerlijk! Al decennialang is dit een geliefd adres. Het werd in 1978 onderscheiden met een eerste Michelin ster, in 1991 volgde de tweede. Hier wacht u dus een ervaring van torenhoog niveau.

De kwaliteit van de sauzen toont dat klassieke technieken hier in ere worden gehouden. De manier waarop de chef daar op voortbouwt met moderne en zelfs originele inspiraties, maakt er een interessant verhaal van. De volle smaak van een tartaar van langoustines geeft hij smeuïgheid en reliëf door er een crème van mierikswortel en een marshmallow van tomaat bij te geven. Parels van piccalilly en augurken zorgen voor een mooie balans. De technische beheersing van de chef maakt dat deze enkele ingrediënten een geweldig gerecht vormen. De bijhorende wijnen maken het helemaal af.

Met Pascal Beerens is vandaag de derde generatie aan het roer bij De Bokkedoorns. Men maakt hier dus werk van de toekomst, zonder het verleden te vergeten. Een vaste waarde!

De Bokkedoorns nestles by a small lake in the middle of the wooded dunes region. Popular for decades, this stylish restaurant features a charming terrace that makes the most of its magnificent surroundings. The restaurant was awarded its first Michelin star in 1978, followed by a second in 1991, so guests can expect a top-notch culinary experience.

Classic techniques are honoured here, as the quality of the sauces demonstrates. The chef builds on these with modern and original inspiration, giving added dimension to the full flavour of a tartare of langoustines by adding horseradish cream and tomato marshmallow. Pearls of piccalilli and gherkins give the dish a pleasant balance, while the chef's technical accomplishments ensure that carefully chosen ingredients combine to create a superb dish. The accompanying wines complete the picture.

179

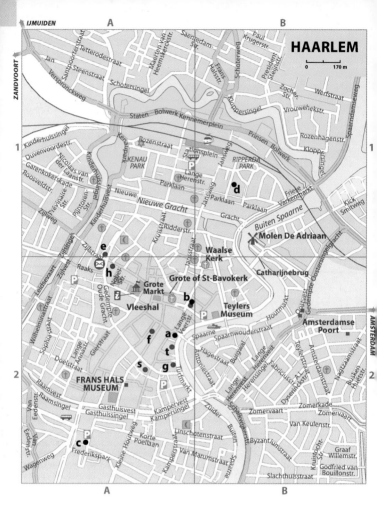

Pascal Beerens represents the third generation to head De Bokkedoorns, which succeeds in working with an eye to the future, while continuing to honour the past. A longstanding fixture on the culinary scene.

→ Tartaar van langoustines met krokantje van citrus, kaviaar en bouillon van appel en bleekselderij. Gebakken kalfszwezerik met boemboe bali en tempeh, bospeen en jus met citroengras. Mousse en bouillon van aardbeien, dulce de leche en dragonroomijs.

Lunch 55 € – Menu 82/127 € – Carte 86/115 €

Zeeweg 53, (in Overveen, West : 7 km) ☒ 2051 EB – ℰ 023 526 3600 – www.bokkedoorns.nl – Gesloten 24 en 30 december-8 januari, 27 april, zaterdagmiddag en maandag

🏵 **ML** (Mark Gratama)   ᏓᏓ ᴀᴄ ᴥ ⇪

CREATIEF • HEDENDAAGSE SFEER ХХХ Mark en Liane Gratama pakken op de nieuwe locatie van hun ML uit met een chic retro/modern decor. De keuken blijft er van hoog niveau. De creativiteit van de chef is weldoordacht, hij probeert zoveel mogelijk spanning op het bord te brengen. De interessante variatie van smaken, die goed afgewogen zijn, verzekert een voorbeeldig etentje.

180

On their Restaurant ML's new location, Mark and Liane Gratama have gone to town with a chic retro modern decor and a cuisine that has kept its high standard. The chef's creativity is well thought out bringing as much excitement to your plate as possible with an interesting and well-balanced variety of flavours that guarantees an exemplary experience.

→ Schol met rode ui, prei en ponzu. Tarbot en Opperdoezer Ronde met pata negra en sambai-azijn. Kokos en limoen met witte chocolade.

Menu 45/75 € – Carte 59/76 €

Plattegrond: A2-b – *Hotel ML, Klokhuisplein 9* ⊠ *2011 HK* – ☏ *023 512 3910*
– *www.mlinhaarlem.nl* – *alleen diner* – *Gesloten zondag en maandag*

🕸 **Olivijn ℕ** (Menno Post)   🍴 ↻

CREATIEF · ROMANTISCH ░░ De talentvolle Menno Post (ex-Bokkedoorns) maakt in dit charmante 16de-eeuwse pand zijn droom waar. Hij decoreerde het met diepblauwe kleuren en kunstwerken, en richtte achteraan een gezellig terras in. Chef Post verleidt met gerechten vol diepgang. Hij is slim en creatief, elk ingrediënt voegt nuance toe. Dit is intensiteit van de bovenste plank!

The renovation of this charming 16C building is a dream come true for talented Menno Post (ex-Bokkedoorns), who has used a deep-blue colour scheme and art to decorate his restaurant, as well as creating an attractive, cosy terrace to the rear. Talented and creative chef Post delights his guests with dishes full of flavour, with each ingredient adding nuance and intensity.

→ Noordzeekrab met karnemelk, avocado en yuzudressing. Eend met mais en sinaasappel, dimsum van koolrabi. Tarte Tatin van wortel en ananas met gebakken ganzenlever.

Lunch 46 € – Menu 66/96 €

Plattegrond: A2-s – *Kleine Houtstraat 70* ⊠ *2011 DR* – ☏ *023 574 6191*
– *www.olivijn.nl* – *Gesloten zaterdagmiddag, zondag en maandag*

🕸 **Ratatouille Food & Wine** (Jozua Jaring)   🍷 ↻

MODERNE KEUKEN · GEZELLIG ░░ Met de combinatie van topproducten kan je verrassen, dat bewijst chef Jaring. Hij slaagt er in om telkens een heerlijke harmonie te creëren tussen ingrediënten en smaken, het zijn de details die het hem doen. De all-informule is hier dus een aanrader. Dit fraaie restaurant is ondergebracht in een prachtig pand.

Ratatouille is housed in a beautiful, typical warehouse. The combination of top ingredients by chef Jaring creates a wonderful surprise. He repeatedly succeeds in creating delicious harmony between components and flavours, and shows his true flare in the details. The all-in deal is especially recommended.

→ Langoustine, gebakken en in tartaar, met rettich en basilicumemulsie, tomatencrème en escabechesaus. Anjouduif gevuld met ganzenlever, maisflensje en loempia van het boutje met een yuzuroomsausje. Aardbeien met kalamansi en kalamata.

Lunch 39 € – Menu 54/76 € – Carte 87/122 €

Plattegrond: A2-t – *Spaarne 96* ⊠ *2011 CL* – ☏ *023 542 7270*
– *www.ratatouillefoodandwine.nl* – *Gesloten dinsdagmiddag en maandag*

🍴 **Fris**   🕸 🍴

MODERNE KEUKEN · BURGERLIJK ░░ Bij het moderne en rustgevende interieur past warm beter als omschrijving, maar een blik op de kaart leert dat dit restaurant de naam Fris terecht draagt. Originele texturen en productcombinaties zorgen hier voor lekkere smaken en een aangenaam mondgevoel. De wijnen ronden het verhaal mooi af.

'Warm' is a description that better fits with this restaurant's modern and restful interior, but one look at the menu will immediately clarify the reason it's called 'Fresh'. The original texture and ingredient combinations create delicious flavours. A good selection of wines completes the picture.

Menu 38/83 € – Carte 54/80 €

Twijnderslaan 7 ⊠ *2012 BG* – ☏ *023 531 0717* – *www.restaurantfris.nl* – *alleen diner*
– *Gesloten zondag en maandag*

181

⅏ Le Mortier

FRANS MODERN · ELEGANT XX Je restaurant naar een buurtschap in het Loire-gebied noemen doe je niet zomaar. Het dynamische duo achter Le Mortier hecht namelijk veel aandacht aan wijn, met een voorkeur voor pareltjes uit de Loire-streek. Hun smaken vermengen zich mooi met gerechten die al even Frans zijn, al kookt de chef ook met meer lef en pit.

You wouldn't name your restaurant after a village in the Loire on a whim. The dynamic duo behind Le Mortier pay careful attention to their wine, with a preference for delicious wines from the Loire region. These flavours blend beautifully with dishes that are as French as the wine, with added zest provided by the chef.

Menu 33/55 € – Carte ong. 45 €

Plattegrond: A1-e – *Nassaulaan 1 ✉ 2011 PB – ☎ 023 583 6959 – www.lemortier.nl – alleen diner – Gesloten zondag en maandag*

⅏ La Forca

ITALIAANS · FAMILIAAL X Giuseppe Comes amuseert zich in zijn trattoria, waar het gezellig eten is bij de open haard. Hij doet niets liever dan producten op de markt of bij zijn leveranciers te halen en hen een hoofdrol te geven in authentieke gerechten. Zoals vers geschaafde truffel bovenop een smeuïge risotto … Meer moet dat toch niet zijn?

Giuseppe Comes enjoys himself immensely in his trattoria, where the food is served beside an open fireplace. This chef loves to buy his ingredients from the market or his suppliers, and then give them a star role in authentic dishes, such as freshly shaved truffle on creamy risotto. Delicious!

Lunch 23 € – Menu 39/53 € – Carte 36/55 €

Plattegrond: A2-f – *Frankestraat 17 ✉ 2011 HT – ☎ 023 532 2500 – www.laforca.nl – Gesloten zondagmiddag en maandagmiddag*

⅏ To Amuse

MARKTKEUKEN · BRASSERIE X To Amuse schittert dankzij het karakter van het gebouw, de glas-in-loodramen zijn prachtig! Een ervaren chef biedt hier kwaliteit in een ongedwongen sfeer. Het aanbod moderne gerechten, waarvan verschillende om te delen, is al even ruim als aantrekkelijk. Hier smult u van bordjes vol plezier. Amusement gegarandeerd!

To Amuse occupies a building full of character, adorned with beautiful stained-glass windows. An experienced chef offers quality in a casual atmosphere, with modern cuisine, dishes for sharing, and a spacious and attractive environment. Delicious food and an entertaining evening guaranteed!

Menu 43 € – Carte 31/54 €

Plattegrond: A1-h – *Zijlstraat 56 ✉ 2011 TP – ☎ 023 531 0070 – www.toamusehaarlem.com – alleen diner – Gesloten 25 december, 1 januari, zondag en maandag*

Hotels

🏨 Carlton Square

KETENHOTEL · ELEGANT Dit moderne hotel legt u te slaap in warme kamers die van alle comfort zijn voorzien, laat u Haarlem ontdekken vanuit zijn historisch centrum en biedt heel de dag lang allerhande lekkers aan in zijn eigentijds restaurant. Hier beleeft u een ervaring met een persoonlijke touch!

A modern hotel situated in the historic centre of Haarlem, with a contemporary restaurant which serves a variety of delicious dishes and stays open throughout the day. Enjoy an unforgettable experience with a personal touch!

124 kam – ♦99/300 € ♦♦109/310 € – ☲ 20 €

Plattegrond: A2-c – *Baan 7, (Houtplein) ✉ 2012 DB – ☎ 023 531 9091 – www.carlton.nl/square*

ML ⛫ ⬆ 🅰🅲 🍴 ♨

STADSHOTEL · HEDENDAAGS Zodra men deze voormalige drukkerij binnenstapt, ontvouwt dit prachtige pand (18de eeuw) al haar charme. De moderne inkleding van de kamers maakt ze alleen maar aangenamer. De keuze voor Hästens bedden bevestigt dat men hier oog heeft voor comfort. Opteer voor een kamer vooraan, voor een mooi zicht op het centrum.

On first entering this former printing house, guests are struck by the beauty and charm of this 18C building. The modern decor in the bedrooms adds to the appeal, while the choice of Hästens beds confirms that the owner has an eye for comfort. Choose a room at the front to enjoy the beautiful view of the town centre.

16 kam – ♦105/210 € ♦♦125/175 € – 1 suite – ⟐ 15 €

Plattegrond: A2-b – *Klokhuisplein 9* ⊠ *2011 HK* – ☏ *023 512 3910*
– *www.mlinhaarlem.nl*
ML ✿ – zie restaurantselectie

Brasss Hotel Suites ⬆ 🅰🅲 🍴

LUXE · ELEGANT De ene heeft een jacuzzi, de andere een infraroodsauna ... Elke suite heeft hier een eigen persoonlijkheid, met zachte kleuren en een moderne, luxe inrichting als gezamenlijke kwaliteiten. Hier wacht u een heerlijke overnachting!

One room boasts a Jacuzzi, another an infrared sauna. Every suite has its own personality, with soft colours and modern, luxury interior design common to all.

10 kam – ♦100/225 € ♦♦150/225 € – ⟐ 19 €

Plattegrond: A2-a – *Korte Veerstraat 40* ⊠ *2011 CL* – ☏ *023 542 7804*
– *www.brasss-hotelsuites.nl*

Staats ⓝ ⛫ 🍴 ♨

STADSHOTEL · EIGENTIJDS Wanneer een design architectenbureau een oud schoolgebouw onder handen neemt, mag je wat verwachten. In dit hip boetiekhotel ontdekt u het prachtige resultaat. Design en vintage creëren hier een aparte sfeer, elke kamer is anders en biedt een echte ervaring. Originele details maken van Staats een verademing in het uniforme hotellandschap!

When a designer firm of architects takes on the refurbishment of an old school building, expectations are high – and this stylish boutique hotel is the exquisite result. Designer and vintage looks create varied atmospheres, with each room different and offering a very real experience. It's these original details that set Staats apart from more ordinary hotels.

21 kam – ♦100/195 € ♦♦100/195 € – ⟐ 13 €

Plattegrond: B1-d – *Ripperdastraat 13a* ⊠ *2011 KG* – ☏ *023 200 1234*
– *www.hotelstaats.nl*

HAPERT
Noord-Brabant – Bladel – Atlas n° **7**-C2

ᵗᴼ DiVino 🏡 🍴

MEDITERRAAN · BRASSERIE ✕ Het graffiti-portret van Don Corleone, de counter met Italiaanse hammen, de open wijnbibliotheek ... Deze warme, urban zaak gaat duidelijk de Italiaanse toer op, maar de eigentijdse keuken is hier genuanceerder en vooral mediterraan getint. Die kunt u in al zijn vormen degusteren, van klein hapje tot uitgebreid diner.

This warm, urban restaurant has a clear Italian theme, as evidenced by the graffiti portrait of Don Corleone, the counter with Italian hams and the open wine library. However, the contemporary cuisine is more nuanced, with a hint of Mediterranean colour. A wide range of dishes is available, from small snacks to extensive dinners.

Lunch 28 € – Menu 40 € – Carte 38/49 €

Kerkstraat 27 ⊠ *5527 EE* – ☏ *0497 225 000* – *www.divino-hapert.nl* – *Gesloten 27 december-3 januari, 25 februari-7 maart en maandag*

HARDENBERG

Overijssel – Atlas n° **9**-C2

🍴○ **Amused Food & Wine**   🍴 AC 🍸

FRANS MODERN · TRENDY ❌❌ Een locatie op het havenhoofd van Hardenberg heeft zo zijn voordelen ... Wat een zicht op de Vecht! Het terras is top, binnen zorgen de vele natuurlijke elementen voor een aangenaam kader. Dat natuurlijke typeert ook de keuken: de creatieve inzet van groenten versterkt de gerechten en tilt de smaakbeleving naar omhoog.

A location by Hardenberg's jetty has its advantages, offering a stunning view of the River Vecht. The terrace is delightful, while inside the many natural features create a pleasant backdrop. A natural feel also characterises the cuisine, in which the creative use of vegetables enhances the dishes and elevates their flavours.

Menu 43/63 € – Carte ong. 53 €

Gedempte Haven 1 ✉ *7772 VD – ☎ 0523 234 080 – www.amused.green – alleen diner – Gesloten 29 juli-15 augustus, maandag en dinsdag*

🍴○ **De Bokkepruik**   ⇦ 🛏 🍴 **P**

FRANS · KNUS ❌❌ De Bokkepruik is een chique plek om traditioneel te tafelen (de lunch wordt in de lounge geserveerd). Chef Istha kookt hier al sinds 1992 en weet dus wat af van de klassieke keuken, de smakelijke gerechten zijn daar het mooiste bewijs van. Boek hier ook gerust een kamer, de huisgemaakte jam bij het ontbijt is top!

De Bokkepruik is a smart place to enjoy a traditional dinner (lunch is served in the lounge). Chef Istha has been cooking here since 1992 and knows his classic cuisine – the tasty dishes are proof of that. Don't hesitate to book a room for the night; the homemade jam at breakfast is great!

Menu 33/65 € – Carte 37/74 €

23 kam ⌂ – 🍴75/90 € 🍴🍴105/120 €

Hessenweg 7, (in Heemse) ✉ *7771 CH – ☎ 0523 261 504 – www.bokkepruik.nl – Gesloten 28 december-5 januari, 1 tot 14 augustus en zondag*

HARDERWIJK

Gelderland – Atlas n° **4**-B1

❀❀ **'t Nonnetje**   🎖 🍴 AC ⇦

CREATIEF · INTIEM ❌❌ Meer aandacht voor groenten? Doe maar. Portugese invloeden gebruiken? Ga je gang. Gastheer en eigenaar Robert-Jan Nijland gaf Michel van der Kroft al de vrijheid om in zijn kleine keukentje zijn eigen ding te doen. De chef bedankt hem met een zeer persoonlijke stijl.

Klassieke gerechten van Escoffier beheerst hij als de beste. Het is de basis waarop hij voortbouwt met moderne en zeer technische garnituren. Hij houdt vast aan zijn signatuurgerechten, maar heeft ook oog voor vernieuwing. Zijn carabinero (diepzeegarnaal) is een klassieker. Hij wordt met kop en staart geserveerd, waardoor u al de heerlijke sappen kunt uitzuigen. Wauw! De begeleidende chorizo-olie en de bacalhaupuree zorgen voor intense diepgang. Dit is generositeit met finesse!

't Nonnetje draait om plezier. Zo komt de chef bij de koffie de zaal in met een pot chocolademousse en krijgt iedereen een houten lepel. Het is een hartverwarmende geste in een al even warm decor. 't Nonnetje is intiem. Maar hun grootste troef? Dat is de formidabele prijs-kwaliteitverhouding!

Key features at 't Nonnetje are a focus on vegetables and Portuguese influences. Host and proprietor Robert-Jan Nijland has given Michel van der Kroft free rein to express his personality in his small kitchen and, in return, the chef rewards him with his own personal style.

Van der Kroft has thoroughly mastered classic Escoffier dishes, building on this foundation with modern, highly technical flourishes. He has several fixed signature dishes, while maintaining an eye for innovation. His carabineiro (deep sea prawns) is a classic – it is served complete with head and tail, so that guests miss none of the amazingly delicious juices, while the accompanying chorizo oil and bacalhau purée give the dish an intense depth. A generous yet elegant dish.

The focus of 't Nonnetje is purely on pleasure. When guests are enjoying their coffee, the chef brings a pot of chocolate mousse into the dining room and gives everyone a wooden spoon so that they can try it, a heart-warming gesture in an equally warm setting. 't Nonnetje offers an intimate setting, but its major selling-point is its formidable value for top-quality food.

→ Terrine van ganzenlever, gerookte paling, aceto balsamico en structuren van rode biet. Hollandse geitenbok met witte asperge, kervelknol en jus van geit en kamille. Tropisch fruit met bloemen en roomijsje van Thaise kerrie en passievrucht.

Lunch 45 € – Menu 80 € – Carte 81/95 €

Vischmarkt 38 ⊠ 3841 BG – ☏ 0341 415 848 – www.hetnonnetje.nl
– Gesloten 27 december-9 januari, 21 juli-8 augustus, dinsdagmiddag, zondag en maandag

Basiliek (Rik Jansma)

MODERNE KEUKEN · ROMANTISCH XX Zondigen mag in deze voormalige kapel, waar finesse en creativiteit de overhand hebben! De chef neemt topproducten onder handen en levert perfecte cuissons. De goed geprijsde menu's zijn een deugd. Het interieur is een mooie mix tussen klassiek en modern, met een prachtige glazen wijnkast met ruim 600 verschillende flessen.

Refinement and creativity are very much to the fore in this former chapel. The kitchen team uses the finest ingredients to produce dishes that are cooked to perfection. It has attractively priced menus and an interior decor that is a beautiful mix of tradition and modernity. There is a beautiful glass wine cabinet containing over 600 bottles.

→ Kogel van ganzenlever met gele perzik, verse amandel en rauwe peul. Gegrilde tarbot met morieljes, jus van snijbonen en oosterscheldepaling. Crémeux van rabarber met sorbet van yoghurt en basilicum, gemarineerde aardbeien.

Menu 45/95 € – Carte 65/82 €

Vischmarkt 57 L ⊠ 3841 BE – ☏ 0341 415 290 – www.restaurantbasiliek.nl – alleen diner – Gesloten 31 december-7 januari,
24 februari-4 maart, 21 april-6 mei, 22 juli-20 augustus, 20 tot 28 oktober, zondag en maandag

Klein Parijs

FRANS KLASSIEK · FRANSE BISTRO X Franse spreeklessen die te horen zijn terwijl u op het toilet zit? La douce France is duidelijk het thema van deze gezellige bistro. De chef bereidt gulle bistrogerechten volgens klassieke recepten, al geeft hij er soms een eigen draai aan. Lekker! Wijnliefhebbers kunnen in de wijnbar genieten van een goed glas en een hapje.

La Douce France is clearly the theme of this lively bistro, which even features French lessons playing in the restrooms. The chef prepares generous bistro dishes according to classic recipes, sometimes with his own delicious twist. Wine-lovers can enjoy a drink and a bite to eat in the wine bar.

Menu 35/37 € – Carte 36/55 €

Bruggestraat 47 ⊠ 3841 CM – ☏ 0341 751 343 – www.kleinparijs.com – alleen diner – Gesloten dinsdag en woensdag

Mamta

INDISCH · ORIËNTAALSE SFEER X Het echtpaar Basnet trakteert u op een smakelijke reis naar Bhutan, hun geboorteland. In hun Indiaas - tandoori - curry restaurant serveren ze een kruidige keuken waarin geen toegevingen worden gedaan aan westerse smaakpapillen. Pittig betekent hier dus echt pittig!

In this tandoori restaurant Mr and Mrs Basnet will take you on a delicious journey to Bhutan (where they were born). They serve spicy cuisine that makes no compromises for western taste buds. Hot definitely means hot at Mamta!

Menu 30/40 € – Carte 22/36 €

Strandboulevard West 8 ⊠ 3841 CS – ☏ 0341 266 377 – www.mamta.nl – alleen diner ; open tot 23.00 u.

HARLINGEN • HARNS

Fryslân - Atlas n° **3**-B2

't Havenmantsje

FRANS CREATIEF • EIGENTIJDS XX 't Havenmantsje is een elegant restaurant waar u dineert met zicht op de Waddenzee. Dit voormalige gerechtsgebouw is een leuke plek waar inventieve gerechten en klassiekers elkaar afwisselen, steeds zeer bewerkt en mooi gepresenteerd.

't Havenmantsje is an elegant restaurant with a view over the Wadden sea. This former court building is an enjoyable location where inventive and traditional dishes are served in turn, all elaborately prepared and beautifully presented.

Lunch 28 € - Menu 39/99 € - Carte 40/57 €

Havenplein 1 ✉ 8861 XA - ✆ 0517 858 600 - www.havenmantsje.nl - Gesloten 27 december-4 januari, maandag en dinsdag

HEELSUM

Gelderland - Renkum - Atlas n° **4**-B2

De Kromme Dissel

CREATIEF • INTIEM XXX In deze gezellige Saksische boerderij (17de eeuw) prijkt al sinds 1971 de ster, en die rijke geschiedenis laat zich meteen voelen door de ambiance die er hangt. De chef is klassiek geschoold, maar staat niet stil. Hij durft creatief te zijn, verrast soms met Aziatische inspiraties, maar weet ook dat de smaak moet primeren.

This atmospheric 17C Saxon farm has boasted a Michelin star since 1971, and its rich history can immediately be felt in the ambience. The chef is classically trained but moves with the times. He has the courage to be creative, sometimes surprises diners with Asian inspirations and puts the emphasis firmly on flavour.

→ Dungesneden coquilles met Pernod en kaviaarroom. Kreeft à l' Américaine, op onze wijze. Mousse van pure chocolade met pompoen, zwarte kardemom en sorbet van gemberbier.

Menu 59/99 € - Carte 75/104 €

Hotel Klein Zwitserland, Klein Zwitserlandlaan 5 ✉ 6866 DS
- ✆ 0317 313 118 - www.krommedissel.nl
- Gesloten 27 december-3 januari, 23 april, 11 juni, 21 juli-12 augustus, dinsdagmiddag, zaterdagmiddag, zondag en maandag

Klein Zwitserland

LANDHUIS • BERGCHALET Het comfort en de luxe van dit chalethotel zal iedereen bekoren. Zakenmensen kunnen ook nog eens rekenen op uitstekende vergaderfaciliteiten en privégasten zullen de wellness zeker appreciëren. Klein Zwitserland staat voor kwaliteit en biedt in combinatie met zijn toprestaurant een totaalervaring aan.

The comfort and luxury of this chalet hotel will charm everyone. Business people can also count on excellent meeting facilities and private guests will certainly appreciate the wellness suite. Klein Zwitserland stands for quality and, in combination with its excellent restaurant, offers a complete hospitality experience.

71 kam - †69/120 € ††69/120 € - ☕ 15 €

Klein Zwitserlandlaan 5 ✉ 6866 DS - ✆ 0317 319 104 - www.bilderberg.nl
- Gesloten 27 december-3 januari

De Kromme Dissel ✿ - zie restaurantselectie

Gaat u op reis naar Duitsland of Frankrijk? Neem dan zeker een kijkje op www.restaurant.michelin.fr en www.restaurant.michelin.de. U vindt er de hele selectie van de MICHELIN gids (en veel meer) op terug.

ⓒ **Cheval Blanc**   🛖 🕱

MODERNE KEUKEN · ROMANTISCH ✕✕ Een ambitieus team staat hier in de keuken, dat voelt u gewoon. Dat moet ook om dergelijke topproducten te vinden, om de eigentijdse smaakcombinaties zo te laten balanceren dat ze evenwichtig zijn en fantastisch smaken ... Dit is een heerlijk adres, dat dankzij de herinrichting nog dat tikkeltje meer klasse heeft.

As soon as you step through the door, you can feel that Cheval Blanc is run by an efficient, ambitious team. They source top quality produce and use it to create delicious contemporary dishes where the flavours are skilfully balanced. It's a wonderful place and following a refurbishment, has a suitably classy feel.

→ Ceviche van makreel met dashi, tzatziki en zwarte olijf. Gebakken snoekbaars met langoustines, asperges en lamsoor. Creatie van rabarber en kardemom en crème brûlée met honing.

Lunch 35 € – Menu 50/103 € – Carte 50/83 €

Jan van Goyenstraat 29 ⊠ 2102 CA – ☏ 023 529 3173 – www.cheval-blanc.nl – alleen diner behalve donderdag en vrijdag – Gesloten 25 december-1 januari en maandag

ⓒ **Red Orchids**   🆀 🕱

AZIATISCH · TRENDY ✕ Een etende en drinkende Aziatische man lacht dit gezellige restaurant toe. Indien dat bij u geen glimlach tevoorschijn tovert, dan doet het ruime keuzemenu dat wel. De ervaren chef verwerkt verse producten en invloeden uit verschillende Aziatische keukens in zijn gerechten en laat ze mooi samengaan. Heerlijke fusion!

An eating and drinking Asian man smiles in the direction of this lively restaurant. If that does not conjure up a smile from guests, the extensive à la carte menu certainly will. The experienced chef works fresh ingredients and influences from various Asian traditions into his dishes, combining them beautifully to achieve delicious fusion cuisine.

Menu 31/43 € – Carte 36/62 €

Zandvoortselaan 145 ⊠ 2106 CM – ☏ 023 528 5285 – www.redorchids.restaurant – alleen diner – Gesloten dinsdag

🕪 **Landgoed Groenendaal**   🛖 ♿ 🕱 ⇄ 🅿

MODERNE KEUKEN · ELEGANT ✕✕ Een klassiek koetshuis met een prachtig groen terras, omringd door een park ... en binnenin een knap eigentijds decor. Ook de gerechten zijn met hun tijd mee en hebben één constante: smaak! De lunchkaart is klein, de seizoensmenu's zijn top.

This classical manor house surrounded by grounds and a superb leafy terrace has an appealing contemporary interior. Up-to-date cuisine, good seasonal menus and restricted lunch menu.

Lunch 35 € – Menu 38/50 € – Carte 30/65 €

Groenendaal 3, (1,5 km via Heemsteedse Dreef) ⊠ 2104 WP – ☏ 023 528 1555 – www.landgoedgroenendaal.nl – Gesloten 27 december-1 januari en maandag

🕪 **Sari**   🆀 🕱

INDONESISCH · BURGERLIJK ✕ Sari betekent puur, en zo kan men de Indonesische keuken hier ook het best omschrijven. De smaken zijn rechttoe rechtaan authentiek, lekker uitgesproken en heerlijk gekruid. U ontdekt dat allemaal onder een plafond van houtsnijwerk en omgeven door Balinese schilderijen. Een vaste waarde sinds 1993!

Sari means pure – a word which perfectly describes this restaurant's Indonesian cuisine. The flavours are truly authentic, very tasty and deliciously seasoned. Beautiful decor, with a wood-carved ceiling and Balinese paintings on the walls. A permanent fixture since 1993!

Menu 25/33 € – Carte 24/46 €

Valkenburgerlaan 48 ⊠ 2103 AP – ☏ 023 528 4536 – www.indonesischrestaurant-heemstede.nl – alleen diner – Gesloten 25 en 31 december

‖○ **Frisone Pazzo** 🛖 ⇔ 🅿

MARKTKEUKEN · MINIMALISTISCH ✕✕ Frisone Pazzo is een chique osteria waar Nick Twickler aantoont dat hij in de leer is gegaan bij grote huizen. Hij werkt graag met Friese producten om u te plezieren met de uitbundige smaken die zo typisch zijn voor de Italiaanse keuken. Er is hier enkel een chef's menu, maar het is wel de moeite!

Frisone Pazzo is a chic osteria where Nick Twicker shows off the experience he has garnered from working in some renowned restaurants. He uses produce from Friesland to create rich flavours typical of Italian cuisine. He offers only a chef's menu but it is worth the while!

Menu 29/43 € – *(een enkel menu)*

Burgemeester Falkenaweg 56 ✉ *8442 HE* – ☎ *0513 232 172* – *www.frisonepazzo.nl*
– alleen diner – Gesloten zondag en maandag

🏨 **Tjaarda** 🏛 🐕 🛏 🖼 🚫 🏠 🛗 🔲 👤 🛋 🅿

SPA EN WELLNESS · ELEGANT Modern, zeer comfortabel hotel in de heerlijke rust van de bossen. De kamers zijn groot en u kunt er zowel terecht om te vergaderen als om u te laten verwennen. Dat kan uiteraard ook in het sympathieke Grand Café 1834, voor regionale en internationale gerechten. Of in De Oranjetuin, voor een fijne mix van klassiek en hedendaags.

This modern, extremely comfortable hotel is in a wonderfully peaceful woodland setting. The bedrooms are spacious, and the hotel is suitable for business meetings, as well as for a relaxing break. The pleasant Grand Café 1834 serves both regional and international dishes. De Oranjetuin offers a perfect balance of the classic and contemporary.

70 kam ⌂ – 💲99/145 € 💲💲99/145 € – ½ P

Koningin Julianaweg 98, (in Oranjewoud), (Zuidoost: 5 km) ✉ *8453 WH*
– ☎ 0513 433 533 – www.tjaarda.nl

🏵 **Mijn Streek** ⓝ 🍴 ⇔

STREEKGEBONDEN · BRASSERIE ✕ Van het rundvlees tot het bier en de wijn: Limburg is de hofleverancier van deze gezellige brasserie, die zich op de bovenste verdieping van het iconische Glaspaleis bevindt. De pure kookstijl brengt de eerlijke smaken van de lokale producten naar boven. De gerechten zijn modern, doeltreffend en doen Limburg alle eer aan.

This cosy brasserie located on the top floor of the iconic Glass Palace sources most of its ingredients – from its beef to beer and wine – from the Limburg region, using a simple style of cuisine which brings out the honest flavours of the local produce. Modern and effective dishes which are a credit to Limburg.

Lunch 19 € – Menu 29/33 € – Carte 26/38 €

Bongerd 18 ✉ *6411 JM* – ☎ *045 577 2288 – www.mijn-streek.nl – Gesloten*
24 december-1 januari, carnaval, Pasen, Pinksteren en maandag

‖○ **Kasteel Ter Worm** ⇐ 🛏 🛗 🆎 🍴 🅿

MODERNE KEUKEN · RUSTIEK ✕✕ Een eigentijdse kaart en menu's met bijpassende wijnen, gerepresenteerd in een verfijnd decor. Als het weer het toelaat, kunt u ook buiten aan het water eten.

A contemporary menu and a selection of dishes with wines to complement your choice, served in an exquisite setting. If the weather allows, guests can enjoy their meal outside overlooking the water.

Lunch 30 € – Menu 40/80 € – Carte 54/67 €

Hotel Kasteel Ter Worm, Terworm 5, (richting Heerlen-Noord, afslag Parkstad
9200-9400) ✉ *6411 RV* – ☎ *045 400 1111 – www.terworm.nl*

⅋○ **Cucina del Mondo**   ⅋ ⇔

WERELDKEUKEN · TRENDY ✕✕ Cucina del Mondo is een eigenwijs restaurant, dat merkt u al aan de moderne kunstwerken in en rondom dit herenhuis. De chef wil u een wereldse culinaire ervaring bieden aan de hand van diverse gerechtjes. Hij treedt graag buiten de gebaande paden. Het is allemaal wat rebels, deze keuken is speels en gedurfd.

Cucina del Mondo is a smart place, decorated with modern art. The chef offers a culinary experience which tours the world with a range of diverse dishes. He likes to think outside the box and it is all a bit rebellious – this is a playful and daring kitchen.

Lunch 50 € ♀ – Menu 69/169 €

Laanderstraat 27 ✉ *6411 VA –* ☎ *045 571 4241 – www.cucinadelmondo.nl – Gesloten zondag en maandag*

▱▱ **Kasteel Ter Worm**   ⊗ ⩽ ⊫ ⊡ ⅋ ⩗ ⊠ **P**

HISTORISCH PAND · KLASSIEK Het prachtige park lijkt maar geen einde te kennen … tot dit middeleeuws kasteel, omgeven door een slotgracht, aan de horizon verschijnt. Prachtig! Ook de kamers (een deel bevindt zich in de dependances) baden in de kasteelsfeer, maar zijn toch mooi up-to-date. Het terras aan het water moet u zeker eens uitproberen.

The beautiful nature park seems to go on forever, until this impressive medieval castle surrounded by a moat appears on the horizon. The rooms (some located in the annexes) exude a castle atmosphere, but are still beautifully up-to-date. Delightful terrace overlooking the moat.

38 kam – ♦135/195 € ♦♦135/195 € – 2 suites – ⊑ 20 € – ½ P

Terworm 5, (richting Heerlen-Noord, afslag Parkstad 9200-9400) ✉ *6411 RV –* ☎ *045 400 1111 – www.terworm.nl*

Kasteel Ter Worm ⅋○ – zie restaurantselectie

HEEZE
Noord-Brabant – Heeze-Leende – Atlas n° **7**-C2

✿ ✿ **Tribeca** (Jan Sobecki)   ⌂ ⩗ ⇔

CREATIEF · CHIC ✕✕✕ Noem Jan Sobecki gerust een culinair toptalent. Hij maakte jarenlang naam als chef van Chapeau! in Bloemendaal, waar hij werd onderscheiden met twee Michelin sterren. Die verdiende hij ook meteen bij Tribeca, het restaurant dat hij met zijn vrouw Claudia in 2016 opende. In deze chique, elegante zaak ontvouwt zich dan ook een verbluffende smaakervaring.

Jan Sobecki is een slimme chef. Hij brengt spanning en raffinement op het bord. De opbouw van de gerechten en de menu's wekt interesse naar wat volgt. Hij is een meester in het sublimeren van producten. Truffel, een puree van aardpeer en aardappel in combinatie met een luchtige saus van cevenne-ui en aardpeer zijn bijvoorbeeld de gedroomde garnituren bij een sappige moot wilde tarbot. Het klinkt misschien eenvoudig, maar de aardse smaken geven de bereiding complexiteit en diepgang. Wat een emotie!

Chef Sobecki bezit het talent een verhaal te kunnen vertellen met zijn gerechten. Hij weet zijn ideeën naar het bord te vertalen en te beroeren. Van deze topper hebben we het laatste nog niet gezien!

It would not be out of place to call Jan Sobecki a culinary genius. This chef made his name at Chapeau! in Bloemendaal, where he worked for many years and was awarded two Michelin stars. He then received the same accolade immediately at Tribeca, the restaurant he opened with his wife Claudia in 2016, a chic and elegant restaurant where you can experience the unveiling of an astonishing array of flavours.

Jan Sobecki is a clever chef who brings excitement and refinement to your plate, and the build-up to his dishes and menus heightens your interest for what is to come. He is a master in bringing out the very best of the ingredients he uses. Truffles, a purée of Jerusalem artichoke and potato in combination with a sauce of Cévennes onion and Jerusalem artichoke are, for example, the ideal accompaniment to succulent wild turbot. This might sound simple, but the earthy flavours give this dish real complexity and depth.

Sobecki has the talent to tell a story through his dishes and to move you by translating his creative ideas directly onto your plate. We haven't seen the last of this classy chef!

→ Kreeft met bouillabaisse, tomaat en venkel. Zeebaars met uien, aardpeer en truffel. Dessert met bloedsinaasappel, rozemarijn en kamille.

Lunch 75 € – Menu 105/195 € – Carte 67/147 €

Jan Deckersstraat 7 ⊠ *5591 HN*

– ℰ 040 226 3232 – www.restaurant-tribeca.nl

– Gesloten 24, 27 en 28 december, 31 december-2 januari, 5 en 6 maart, 27 april, 30 april-2 mei, 20 augustus-4 september, 8 tot 10 oktober, zondag, maandag en dinsdag

Den HELDER

Noord-Holland – Atlas n° **8**-A1

C'est la vie

MODERNE KEUKEN · GEZELLIG XX Genieten van het leven, daar draait alles rond in dit trendy restaurant. Het uitzicht dat u hier, op de bovenverdieping van Grand Hotel Beatrix, op de zee hebt, is prachtig! De chef werkt graag met lokale producten en brengt ze met moderne bereidingen mooi op smaak. De combinatie met de uitstekend gekozen wijnen is top.

At this trendy restaurant everything revolves around enjoying life. The view of the sea from the upper floor of Grand Hotel Beatrix is truly magnificent. The chef likes to work with local ingredients, seasoning his modern dishes beautifully. The combination with an excellent selection of wines is sublime.

Menu 37/125 € – Carte 53/65 €

Grand Hotel Beatrix, Badhuisstraat 2, (in Huisduinen, West : 3 km) ⊠ *1789 AK*

– ℰ 0223 624 000 – www.grandhotelbeatrix.nl – alleen diner – Gesloten 27 december-13 januari, zondag en maandag

Grand Hotel Beatrix

BUSINESS · FUNCTIONEEL Gebouw uit de jaren 1980, aan de kust. Piekfijne, recent gerenoveerde kamers met balkon en op de bovenverdiepingen uitzicht op de zee. Vergaderzalen met maritiem decor. Zwembad, sauna en fietsen.

This 1980s building is located on the seaside. Rooms on upper floors with balconies and sea views, conference rooms with nautical theme, pool, sauna and bikes.

55 kam ⊠ – ¶100/150 € ¶¶130/180 € – ½ P

Badhuisstraat 2, (in Huisduinen, West : 3 km) ⊠ *1789 AK – ℰ 0223 624 000*

– www.grandhotelbeatrix.nl – Gesloten 27 december-4 januari

C'est la vie ⊛ – zie restaurantselectie

HELLENDOORN

Overijssel – Atlas n° **9**-C2

De Uitkijk

MODERNE KEUKEN · BRASSERIE XX Uitkijken op prachtige natuur, een terras dat zuiders aandoet door de lavendel en een restaurant waar een landhuisgevoel hangt. Heerlijk! Hier ziet u de seizoenen veranderen, ook op het bord. De chef werkt met kruiden uit eigen tuin en bereidt rijke gerechten waarin frisse smaken voor mooie afwisselingen zorgen.

With its magnificent natural setting, a lavender-filled terrace with a southern feel, and a restaurant with a country estate atmosphere, De Uitkijk offers a winning combination. Guests can watch the seasons change on the plate, with herbs from the chef's own garden. The elaborate dishes here are full of fresh flavour and boast lots of variety.

Lunch 29 € – Menu 35/55 € – Carte 70/87 €

Hotel De Uitkijk, Hellendoornsebergweg 8 ⊠ *7447 PA – ℰ 0548 654 117*

– www.landgoeddeuitkijk.nl

🏠 De Uitkijk   🐾 🍷 ⬆ 🅰🅲 ✂ 🛁 🅿

LANDHUIS · PLATTELANDS Mooi hotel op een heuvel in een nationaal park: het zal u niet verbazen dat u hier een prachtige uitkijk hebt over het landgoed. Bij zonsopgang kan men soms zelfs herten en reeën zien voorbijlopen! Binnen wacht een landelijke sfeer, met een knisperend haardvuur als het weer er om vraagt.

A pretty hotel on a hill in a national park. Given that the name *Uitkijk* means "lookout", visitors will hardly be surprised to find a magnificent view of the estate, including deer that can sometimes be spotted passing by at dawn. Inside, there is a rural atmosphere, with a crackling open fire when the weather demands it.

13 kam 🛏 – ♦85/135 €   ♦♦89/139 € – ½ P

Hellendoornsebergweg 8 ✉ *7447 PA* – ☎ *0548 654 117*
– www.landgoeddeuitkijk.nl

De Uitkijk 🍴 – zie restaurantselectie

Ontbijt inbegrepen ? Het kopje 🛏 volgt direct na het aantal kamers.

HELMOND
Noord-Brabant – Atlas n° **7**-D2

✿ Derozario (Jermain de Rozario)   🅰🅲 ✂

AZIATISCHE INVLOEDEN · EIGENTIJDS ✕✕ In deze hippe zaak ontdekt u een chef die geen grenzen kent. Jermain de Rozario is namelijk een selfmade man. Hij kookt op gevoel en met persoonlijkheid. Indonesische en Aziatische smaken combineert en presenteert hij met veel creativiteit. Het is bij momenten speels, maar steeds raak. Hier degusteert u een keuken met punch en finesse!

A self-made man, the chef at this trendy restaurant knows no boundaries. Jermain de Rozario cooks intuitively and with character, combining Indonesian and Asian flavours and presenting his dishes with plenty of creativity and an occasionally playful touch. The result is successful cuisine which is elegant and full of flavour.

→ Twee bereidingen van langoustines : gebrand met vandouvan, pompoen en sinaaszeste en tartaar met carpaccio van pompoen, miso en mix van graantjes. Gebakken en gelakt spicy wagyu, rendangravioli van spitskool en kokossausje, tartaar met koolrabi en zoetzuur met granaatappel. Kokos- en aarbeiendessert.

Menu 48/72 € – Carte ong. 65 €

Steenweg 8 ✉ *5707 CG* – ☎ *0492 535 206* – *www.derozario.nl* – *Gesloten maandag en dinsdag*

🍴 Nastrium 🆕   ✂ 🍽

AZIATISCHE INVLOEDEN · CHIC ✕✕✕ In deze statige villa bent u getuige van een opmerkelijk huwelijk. Chef Djailany kruidt de Franse basistechnieken namelijk met zijn Indische roots. Zo combineert hij zijn eigen versie van nasi goreng met varkenswangetjes. Het is pittig, zoet, verrassend ... Lekker! Geen tijd voor fine dining? Dan is foodbar The Backyard een goede optie.

In this stately villa, chef Djailany's Indian origins influence his seasoning of traditional French dishes. This combination of two different traditions results in dishes such as the chef's own version of nasi goreng with pig cheeks – sweet, spicy and surprisingly delicious! If you've no time for fine dining, then The Backyard food bar is an excellent alternative.

Lunch 35 € – Menu 50/75 € – Carte 59/74 €

Mierloseweg 130 ✉ *5707 AR* – ☎ *0492 541 818* – *www.nastrium.nl* – *Gesloten 22 juli-8 augustus, dinsdag en woensdag*

HELVOIRT

Noord-Brabant – Haaren – Atlas n° **7**-C2

ⅱ○ LEF   🏠 🍴 🅿

CREATIEF · **HERBERG** ⅩⅩ Koken met lef en genieten met plezier. Bij restaurant LEF gaan de twee wonderwel samen. Een team van jonge enthousiastelingen is er elke dag in de weer om het u naar uw zin te maken. In de keuken hanteert men hiervoor een geüpdatet Frans en mediterraan repertoire, de zwarte brigade doet het met een gastvrije glimlach.

LEF offers a winning combination of adventurous cuisine and an enjoyable atmosphere. The young enthusiastic team go all out to please, opting for an updated French and Mediterranean repertoire in the kitchen. This is accompanied by service that always comes with a welcoming smile.

Lunch 30 € – Menu 40/85 € – *(een enkel menu)*
Nieuwkuijkseweg 28 ✉ 5268 LG
– 𝒞 0411 641 232 – www.etenmetlef.nl
– Gesloten 27 december-5 januari, 3 maart, 27 april, maandag en dinsdag

ⅱ○ Lieve Leven   🏠 🍴 ♻ 🅿

MARKTKEUKEN · **KNUS** Ⅹ Welkom in de gezellige zaak van de broers Van Hout. Lars verwelkomt u met enthousiasme, Hylke laat u proeven van wat lekkers de markt te bieden heeft. Hij combineert smaken op een moderne manier en komt daarmee graag verrassend uit de hoek.

Welcome to the friendly establishment of the Van Hout brothers. Lars greets guests with enthusiasm, while Hylke gives you a taste of delicacies from the market. He combines flavours in a modern style and enjoys incorporating an element of surprise.

Menu 35/49 € – Carte ong. 46 €
Rijksweg 26 ✉ 5268 KJ – 𝒞 0411 641 164 – www.lieveleven.nl
– Gesloten 28 december-4 januari, zondag en maandag

HENGELO

Overijssel – Atlas n° **9**-D3

⚙ 't Lansink (Lars van Galen)   🏠 ⅓ 🍴 ♻ 🅿

MODERNE KEUKEN · **INTIEM** ⅩⅩⅩ Warmte en karakter sieren dit huis dat is opgericht in 1916, in het hart van het historische Tuindorp. De gasten worden hier verwend met een verfijnde hedendaagse keuken: de chef kookt met oog voor detail, zonder de samenhang van het gerecht te verwaarlozen. Alle smaken vloeien mooi in elkaar. Dit is betaalbare culinaire verwennerij!

Warmth and character fill this house, which was created in 1916 and is in the heart of the historic district of Tuindorp. Guests are delighted by the refined, contemporary cuisine: the chef has an eye for detail, combinations are well thought through and the flavours meld together. This is an affordable culinary treat!

→ Hoender met druiven, kerrie en lever. Gebakken filet van ree met aubergine, artisjok en krentjes. Dessert van passievrucht, mango en ananas met witte chocolade en specerijen.

Lunch 45 € – Menu 65/115 € 🍷 – Carte ong. 83 €
Hotel 't Lansink, C.T. Storkstraat 18 ✉ 7553 AR – 𝒞 074 291 0066
– www.hotellansink.com – Gesloten 31 december-6 januari, vrijdagmiddag, zaterdagmiddag, zondagmiddag en na 20.30 u.

🏨 't Lansink   🍴 ⅗ 🅿

BUSINESS · **EIGENTIJDS** 't Lansink ontving al in 1916 zijn eerste gasten en is vandaag een modern hotel dat is voorzien van alle comfort. Door zijn salons en vergaderzalen is het een uitstekende locatie voor arrangementen. Kies voor de nieuwe kamers: kwaliteit voor een zachte prijs.

't Lansink received its first guests in 1916 and is now a contemporary hotel equipped with the latest modern comforts. Its lounges and meeting rooms make it a good venue for hosting events. Opt for one of the newer guestrooms, which offer quality at an affordable price.

25 kam – †105/130 € ††105/130 € – ☕ 18 € – ½ P

C.T. Storkstraat 18 ✉ 7553 AR – ✆ 074 291 0066 – www.hotellansink.nl – Gesloten 31 december-6 januari

't Lansink ✿ – zie restaurantselectie

HERKENBOSCH
Limburg - Roerdalen – Atlas n° **6**-B2

🏨 Kasteel Daelenbroeck   🏆 🍷 🛏 🏛 🅿

HISTORISCH PAND · ELEGANT Statige kasteelhoeve omringd door een slotgracht, in een groene omgeving nabij de Duitse grens. De dependance herbergt mooie, grote kamers met mezzanine en terras. Luxe "torensuites". Stijlvol restaurant en een luxeueuze receptiezaal. Menu van de maand en van de chef.

Majestic farmhouse-château surrounded by a moat in a green area near the German border. One of the outbuildings contains lovely, spacious rooms with a mezzanine and terrace. Restaurant with period furniture and richly furnished reception area. Chef's menus and menus of the month.

24 kam ☕ – †105/145 € ††145/185 € – 6 suites

Kasteellaan 2 ✉ 6075 EZ – ✆ 0475 532 465 – www.daelenbroeck.nl – Gesloten 3 tot 5 maart, maandag en dinsdag van januari tot maart

ONZE AANRADERS... *GOOD TIPS....*

Bossche Suites, om te genieten van een luxesuite na een lekker etentje bij Fabuleux. Auberge de Veste, waar men van bewerkte gerechten smult in een gezellige omgeving. Shiro, voor een blik op de rijke Japanse traditie.

Bossche Suites, to stay in a luxury suite after a delicious dinner at Fabuleux. Auberge de Veste, where you can enjoy contemporary cuisine in a cosy environment. Shiro, for a traditional Japanese meal.

's-HERTOGENBOSCH

Noord-Brabant – 151 608 inw. – Atlas n° **7**-C2

Restaurants

Noble (Edwin Kats)

FRANS MODERN · EIGENTIJDS XX Fris, kleurrijk, lumineus ... Het interieur van Noble is een mooie weerspiegeling van de gerechten die chef Kats samenstelt. Hij weet in al zijn creaties iets origineels te verwerken, telkens is er een smaakelement dat het reliëf van smaken dat tikkeltje extra biedt. Wat is het een plezier om de kleine bordjes hier te delen!

Fresh, colourful, radiant ... The interior of Noble is a beautiful reflection of the dishes that Chef Kats composes. He succeeds in working something original into every creation, always bringing out one element of flavour to complement the others and lift the entire experience. Sharing small dishes here is a particular pleasure.

→ Gebakken ganzenlever met drop, jonge wortel en hazelnoot. Rollade van konijn met lavendel, pata negra en sherry. Kalfszwezerik, krokant en gelakt, met gedroogde tonijn, gefermenteerde knoflook en ui.

Lunch 33 € – Menu 40/78 € – Carte 36/51 €

Plattegrond: A2-x – *Wilhelminaplein 1* ⊠ *5211 CG*
– *℘ 073 613 2331 – www.restaurantnoble.nl*
– *Gesloten 31 december-1 januari, 28 februari-6 maart, zondag en maandag van 7 juli tot 12 augustus*

Sense (Dennis Middeldorp)

CREATIEF · EIGENTIJDS XX Sense is loungy en modern, een relaxte plek om de lekkernijen van Dennis Middeldorp te degusteren. U herkent de signatuur van een moderne chef, die graag Aziatische invloeden gebruikt en creatief uit de hoek durft te komen. Hij werkt ambachtelijk en kookt puur. Neem uw tijd om er van te genieten, achteraf kunt u in een comfortabele kamer terecht.

194

Sense is a contemporary lounge-style restaurant which offers a relaxing setting in which to enjoy the delicacies created by Dennis Middeldorp. The signature of a contemporary chef is obvious here – Middeldorp is influenced by Asian cuisine and is not afraid to be creative, using traditional techniques and authentic ingredients in his dishes. Comfortable guestrooms are also available.

→ Tartaar van makreel met olijf, sepia en ansjovis. Lamsrug en -nek met asperges, doperwtjes, koriander en munt. Crème chibouste met citroenmelisse, aardbeien en yoghurt.

Lunch 39 € – Menu 49/89 € – Carte 60/85 €

7 kam – ♦80/120 € ♦♦135/250 € – ☐ 18 €

Plattegrond: B2-d – *Jeroen Boschplein 6* ☒ *5211 ML*
– *☎ 073 614 4208 – www.senserestaurant.nl*
– *Gesloten 30 december-7 januari, zondag en maandag*

Auberge de Veste   ⅏ 🏠

MARKTKEUKEN · KNUS ❌❌ Wat is het gezellig eten in dit huis uit 1849, dat aan een riviertje ligt. U smult er van gerechten die bewerkt zijn en mooi ogen. De chef kookt lekker eigentijds, hij durft te combineren. De wijnpassie van de patron is een extra troef, net als de tussengerechten waarmee u het interessante keuzemenu kunt aanvullen.

Dating from 1849, this restaurant right by the river is the perfect setting in which to enjoy complex and beautifully presented cuisine. The chef prepares contemporary influenced dishes with bold flavour combinations. The owner's passion for wine is a bonus, as are the extra dishes which can be added to the interesting set menu.

Lunch 33 € – Menu 37/70 € – Carte 45/65 €

Plattegrond: A2-k – *Uilenburg 2* ☒ *5211 EV* – *☎ 073 614 4644*
– *www.aubergedeveste.nl – Gesloten 27 februari-11 maart, zaterdagmiddag, zondagmiddag en woensdag*

Fabuleux   ⅏ ⅗ ⅏

KLASSIEKE KEUKEN · ELEGANT ❌❌ De vlag dekt de lading van dit eigentijdse restaurant. In de voorste zaal prijkt een wijnbibliotheek, achteraan kijkt u uit op de knappe open keuken. Daar bereidt de brigade geactualiseerde klassieke gerechten die tot in de puntjes kloppen. Ze zijn 'af': kraakvers en boordevol smaak. In één woord: fabuleux.

This aptly named contemporary restaurant has a front dining room housing a fine display of wines, and a rear room that overlooks the attractive open-view kitchen. Here the team prepares updated classical dishes that are perfectly balanced, extremely fresh and full of flavour. Truly fabuleux!

Lunch 34 € – Menu 43/79 € – Carte 52/72 €

Plattegrond: A2-z – *Bossche Suites, Verwersstraat 23* ☒ *3211 HT*
– *☎ 073 741 0011 – www.restaurantfabuleux.nl*
– *Gesloten week carnaval, 22 juli-9 augustus, dinsdagmiddag, zaterdagmiddag, zondag en maandag*

Aarde 🅝   ⅏ 🏠 Ⓐ ⅗ ⅏

FRANS MODERN · BISTRO ❌ Biologisch en duurzaam zijn geen loze begrippen in dit leuke restaurant. Of u nu sap neemt, een glas bier of wat bites; werkelijk alles wordt zo puur mogelijk gehouden. De gerechten nemen u mee naar alle uithoeken van de wereld, met respect voor het product en moeder aarde.

Organic and sustainable are not just empty words at this pleasant restaurant; whether you have a glass of juice, a beer or some nibbles, everything will be as pure as possible. Menus take you on a tour to all corners of the world and dishes show respect for the ingredients and for mother earth (aarde in Dutch).

Carte ong. 30 €

Plattegrond: A2-b – *Verwersstraat 24* ☒ *5211 HW*
– *☎ 073 614 9487 – www.restaurantaarde.nl*
– *Gesloten zondag en maandag*

⫶○ Citrus

MARKTKEUKEN · TRADITIONEEL ⅹ De typerende frisheid, de kracht en generositeit van de smaken, het plezier dat je ervaart als je er van smult ... De lekkere gerechten die u in dit gezellig restaurantje krijgt voorgeschoteld, hebben inderdaad veel gemeen met een citrusvrucht.

Enjoy a mouthwatering dining experience at this restaurant. Its name conjures up strong images of freshness and flavour, which are echoed in the generous, delicious dishes served here.

Menu 36 € – Carte 55/70 €

Plattegrond: A2-e – *Lange Putstraat 7a* ✉ *5211 KN* – ✆ *073 689 2082*
– www.restaurantcitrus.nl – alleen diner – Gesloten maandag en dinsdag

⫶○ De KASerne   ⇦ 🍴 AC ⌐ P

MARKTKEUKEN · VINTAGE ⅹ De rudimentaire afwerking en het hoge plafond geven het gevoel in een loods te eten, maar dan wel een knappe! Naast het restaurant staat een 30 meter lange kas (voor banketten), waar men ook kan genieten van de verse producten in moderne bereidingen ('s middags eenvoudige kaart). De kamers van deze voormalige kazerne zijn ruim en luxueus.

The rudimentary workmanship and high ceilings make it feel like a garden shed – albeit a very nice one – and the neighbouring 30m long greenhouse (a banqueting room) hints at the freshness of the produce used. Cooking is modern, with a simpler menu offered at lunch. Spacious, luxurious bedrooms are found in the old barracks (kazerne in Dutch).

Menu 37/47 € – Carte 28/71 €

8 kam ⌫ – †75/135 € ††75/135 €

Willemspoort 1 ✉ *5223 WV* – ✆ *073 890 0273* – *www.dekaserne.nl* – *Gesloten 27 december-4 januari en 2 tot 6 maart*

⫶○ Shiro   AC ⇦

JAPANS · MINIMALISTISCH ⅹ Intiem Japans restaurant waar de gastvrouw zich in kimono hult om u te bedienen, en dit al sinds 1989! Verschillende menu's van sushi, sashimi, vis of vlees, en ruime keuze aan de kaart.

If you fancy a dish from the Land of the Rising Sun – tempura, sushi, sashimi or another Japanese speciality – then this restaurant, founded in 1989, is the place for you! Typical décor with a pagoda-style wooden framework.

Menu 40/76 € – Carte 43/71 €

Plattegrond: A2-k – *Uilenburg 4, (1ste etage)* ✉ *5211 EV*
– ✆ 073 612 7600 – www.japansshiro.nl – alleen diner – Gesloten eind december-begin januari, carnaval, eind juli-half augustus, zondag en maandag

Hotels

🏨 Central   ✤ ʎ⅚ ⬆ AC ⅗ ⅘ 🚗

STADSHOTEL · HISTORISCH Centraal gelegen hotel (aan de Grote Markt) dat sinds 1905 door de familie Rademaker wordt uitgebaat. Men weet hier dus wat een goede service inhoudt, en dat maakt het verblijf in een van de goed uitgeruste kamers des te aangenamer. Voor een lekkere seizoengebonden hap kunt u in Cé terecht.

The Rademaker family have been running this hotel in the heart of town since 1905, so they know what constitutes good service – which will make your stay in one of the well-appointed rooms even more pleasant. If you enjoy tasty seasonal meals, Cé is the place to be.

125 kam – †105/175 € ††156/210 € – 1 suite – ⌫ 20 €

Plattegrond: A2-a – *Burg. Loeffplein 98* ✉ *5211 RX* – ✆ *073 692 6926*
– www.hotel-central.nl

🏨 Bossche Suites   AC

HERENHUIS · DESIGN Wilt u met volle teugen genieten van centrum Den Bosch? Boek hier dan snel een luxesuite. Het interieur van dit monumentale pand werd met zorg onder handen genomen en is lekker strak, met vooral wit design. De kamers zijn uitstekend uitgerust, de gashaard is top! Bij Bossche Suites komt u niets tekort.

This hotel is housed in a historic building in the town centre of Den Bosch. It offers beautifully kept luxury suites and a clean, sleek design decorated predominantly in white. The guestrooms are well equipped, many of which have an attractive modern gas fire. A superb place to stay.

6 kam - †150/250 € - ††150/250 € - ☐ 18 €

Plattegrond: A2-z – *Verwersstraat 23a* ✉ *3211 HT* – ☏ *06 42127585* – *www.restaurantfabuleux.nl* – *Gesloten carnaval en 22 juli-9 augustus*

Fabuleux ⫶○ – zie restaurantselectie

HILVARENBEEK
Noord-Brabant – Atlas n° **7**-C2

⫶○ **Geronimo** Ⓝ

FRANS · GEZELLIG XX Af en toe zondigen moet kunnen, vinden ze bij het prettige Geronimo. Maar doe het dan wel goed. Gebruik dus kwaliteitsproducten, geef ze de juiste cuisson met traditionele bereidingen en voeg wat frivoliteit toe met modernere inspiraties. Het zou zonde zijn er niet van te genieten!

Geronimo believes in living life to the full, applying this philosophy to its cuisine with great success. The restaurant uses top-quality ingredients in its carefully prepared traditional dishes, adding the occasional touch of frivolity to its more modern inspirations. A highly enjoyable dining experience!

Lunch 25 € – Menu 37/79 € – Carte ong. 55 €

Vrijthof 27 ✉ *5081 CB* – ☏ *013 220 1170* – *www.geronimo-restaurant.nl* – *Gesloten maandag*

Spandershoeve 🏠 AC 🍴 P

INDONESISCH • ELEGANT XX Elegant restaurant dat al sinds 1972 de Indonesische keuken alle eer aandoet. De derde generatie staat aan het roer van dit typische restaurant en brengt wat vernieuwing in de keuken. Al zorgt de oma er wel steeds voor dat de Indonesische specialiteiten smaken zoals het hoort: authentiek, pittig en gul.

This typical, elegant restaurant has been celebrating the very best of Indonesian cuisine since 1972. It is now run by the third generation of the same family, who have made a few changes to the cuisine, although their grandmother is still on hand to make sure that the Indonesian specialities taste as they should – authentic, spice and lavish.

Lunch 26 € – Menu 33/40 € – Carte 45/59 €

Bussumergrintweg 46 ✉ *1217 BS – ☎ 035 621 1130 – www.spandershoeve.nl*
– Gesloten 24 december-2 januari, zaterdagmiddag en zondagmiddag

Royal Mandarin 🍴 AC 🍴 P

CHINEES • KLASSIEK XxX Elegant restaurant waar de Chinese keuken een Europese twist krijgt. U vindt dus de kenmerkende oosterse smaken en gerechten terug, maar dan wel in combinatie met producten van hier en ondersteund door topwijnen.

An elegant restaurant where Chinese cuisine takes on a European twist. Guests will recognise the characteristic flavours, presented in combination with regional ingredients and paired with excellent wines.

Menu 50/80 € – Carte 49/77 €

Emmastraat 9 ✉ *1211 NE – ☎ 035 640 0801 – www.royalmandarin.nl – alleen diner tot 23.00 u.*

Lakes Bar & Kitchen 🍴 🏠 💬 P

MODERNE KEUKEN • CHIC XX Lakes is chic en trendy. Het bevindt zich aan de jachthaven en geniet zowel van een geweldig uitzicht als een leuk terras. De contemporaine teneur van de kaart vertaalt zich op het bord naar een heerlijke diversiteit van smaken. Er is nuance, de texturen zorgen voor een aangenaam mondgevoel. De bijzondere interesse voor wijnen is een extra troef!

Located on the marina, chic and fashionable Lakes offers great views from its delightful terrace. The contemporary dishes on the menu are full of diverse and nuanced flavours, with textures that make for pleasing sensations on the palate. The restaurant's special interest in wines just adds to the enjoyment!

Menu 37/75 € – Carte 49/69 €

Vreelandseweg 50 ✉ *1216 CH – ☎ 035 577 9996 – www.lakes.nl*
– Gesloten zaterdagmiddag en maandag

Eten bij Sidney 🅝 🏠

TRADITIONELE KEUKEN • GEZELLIG XX Typische bistrostoelen, veel hout, gedempt licht ... Eten bij Sidney Heinze heeft veel weg van een vakantiediner in la douce France. De keuken is al even traditioneel. Denk maar aan smaaktoppers als steak tartaar of een frisse cocktail van koningskrab met cocktailsaus. En dat met de eigen touch van een talentvolle chef.

Typical bistro chairs, a profusion of wood and subdued lighting all combine to give Sidney Heinze's establishment the ambience of a typical French restaurant. The equally traditional cuisine includes popular dishes such as steak tartare and refreshing king crab with cocktail sauce, all prepared by a talented chef.

Carte 47/66 €

Langestraat 94 ✉ *1211 HB – ☎ 035 624 3044 – www.etenbijsidney.nl – alleen diner*
– Gesloten zondag en maandag

🍴 **Chef aan de Werf** ⓝ

MARKTKEUKEN • VINTAGE ⅹ De voormalige gemeentewerf van Hilversum heeft zijn industriële karakter behouden, al maakt het vintage-interieur deze grote ruimte toch wat gezelliger. De ervaren chef De Wijs is een vakman die zijn klassiekers kent. Hij zoekt zijn producten lokaal, voor zijn bereidingen gaat hij graag internationaal.

The former municipal site of Hilversum has retained its industrial character – and the vintage interior adds some cosiness to this big space. The experienced chef De Wijs is a craftsman who knows his classics; the produce he works with is mainly local, but he likes to add a touch of the international to his techniques.

Menu 31 € – Carte ong. 40 €

Mussenstraat 11 ⊠ 1223 RB – ℰ 035 631 5412 – www.chefaandewerf.nl – alleen diner – Gesloten 23 december-1 januari, 18 tot 24 februari, 22 juli-11 augustus, zondag en maandag

🏠 **Ravel** 🍸

BUSINESS • FUNCTIONEEL De eigenaar van deze mooie art-decovilla drukt hier stevig zijn stempel. Dat doet hij bijvoorbeeld door de kamers te decoreren met designelementen uit de jaren zeventig, waardoor ze allemaal een eigen sfeer hebben. Zijn persoonlijke aanpak is een echte meerwaarde, net als het aangenaam tuinterras.

The owner of this attractive Art Deco villa has certainly made his mark here, using decorative design from the 1970s to give the guestrooms their own individual character. His personal approach is one of the attractions of this hotel, as is the delightful garden terrace.

18 kam – ♦65/105 € ♦♦85/145 € – ⌷ 10 €

Emmastraat 35 ⊠ 1213 AJ – ℰ 035 621 0685 – www.ravel.nl – Gesloten 24 december-2 januari

HINDELOOPEN • HYLPEN
Fryslân – Súdwest Fryslân – Atlas n° **3**-B3

🍴 **De Hinde** ⟨ 🏯 ⟡

REGIONAAL • HERBERG ⅹ De grootvader van de huidige eigenaar begon hier ooit een café, maar de authentieke herberg is vandaag een fris restaurant. Het ligt in een pittoresk stadje, aan de kade met zicht op zee, waar ook de 2 luxekamers van genieten. Uiteraard is de vis hier kraakvers, al zijn de klassieke bereidingen van wild ook erg lekker.

The grandfather of the current owner once opened a café here, but today this authentic inn houses a lovely restaurant. It's situated on the quayside in a picturesque town, and has two luxurious rooms and a lovely view of the sea. The fresh fish here is a hit, of course, but the classic game dishes are also very tasty.

Menu 37 € – Carte 45/61 € – *(eenvoudige lunchkaart)*

't Oost 4 ⊠ 8713 JP – ℰ 0514 523 868 – www.dehinde.nl – Open van 30 maart tot 3 november en weekends; Gesloten woensdag, donderdag en na 20.30 u.

HOEVEN
Noord-Brabant – Halderberge – Atlas n° **7**-A2

🐸 **Pouwe** ⓝ 🏯 🅿

CREATIEF • EENVOUDIG ⅹ Vintage kleuren zorgen voor een aangenaam gevoel in dit moderne huiskamerrestaurant, de open keuken eist meteen de aandacht op. Het koppel Pouwe werkt hier met veel passie. De chef houdt van veel combinaties op het bord, kijkt graag over de grenzen en geeft extra punch met zijn creatieve inspiraties. Dit is een leuke zaak met jeugdige schwung!

Vintage colours give this modern lounge-style restaurant a pleasant feel, while the large open-plan kitchen immediately attracts attention. Full of passion for their work, the Pouwe couple have created an attractive restaurant with a youthful feel. The chef combines flavours from different countries in his cuisine, adding a creative twist that gives his dishes an extra punch.

Lunch 28 € – Menu 37/60 € – Carte 46/55 €

Bovenstraat 4 ⊠ 4741 AV – ℰ 0165 854 008 – www.restaurantpouwe.nl – Gesloten 25 februari-5 maart en dinsdag

✿ De Swarte Ruijter (Erik de Mönnink) ⬅ 🍷 🏨 🏡 🍴 **P**

MODERNE KEUKEN · BURGERLIJK ✕✕ Het is een prachtige plek, deze karakteristieke villa met zijn natuurlijk decor en zicht op een naaldbos. Ook de borden ogen mooi, maar ze zijn vooral zeer lekker. De balans tussen uitgesproken smaken en uiteenlopende texturen is opmerkelijk, de chef bewijst dat een jus een heel gerecht kan optillen. Pure verwennerij!

This characteristic villa with its natural decor and view of a pine forest is a magnificent spot. The plates are beautifully turned out and absolutely delicious, achieving a remarkable balance between pronounced flavours and varied textures. The chef proves that a jus can elevate an entire dish. Pure luxury.

→ Roggevleugel op oosterse wijze en krokante varkensnek. Heilbotfilet met buikspek, oester en knolselderij. Creatie van komkommer, munt, kiwi en groene appel.

Lunch 35 € – Menu 40/95 € – Carte 57/77 €

10 kam – 🛏95/105 € 🛏🛏120/150 € – 🍽15 €

Holterbergweg 7, (op de Holterberg) ✉ *7451 JL* – ☏ *0548 596 660*
– www.swarteruijter.nl – Gesloten 31 december-1 januari

㊞ Hoog Holten ⬅ 🍷 🏨 🏡 ♿ 🍴 **P**

MODERNE KEUKEN · LANDELIJK ✕✕✕ De pracht van de omringende natuur (het terras is een van de mooiste van het land!) dringt binnen in de verschillende eetzalen, vogelhuisjes en jachtgevoel incluis! U smult hier van moderne bereidingen die bulken van smaak en voor interessante mondervaringen zorgen. Afsluitend geniet u van uw comfortabele kamer.

Begin with an aperitif in the lounge or library, followed by dinner in the classic restaurant, the brasserie or on the terrace (one of the prettiest in the country). Feast on modern dishes that teem with flavour and create exciting experiences for the palate. To top it all, the restaurant also offers comfortable guestrooms.

Lunch 30 € – Menu 37/40 € – Carte 44/58 €

24 kam – 🛏80/110 € 🛏🛏80/150 € – 🍽15 €

Forthaarsweg 7, (op de Holterberg) ✉ *7451 JS*
– ☏ 0548 361 306 – www.hoogholten.nl
– Gesloten 30 december-3 januari

🍽 Bistro de Holterberg ⬅ 🏡 **P**

KLASSIEKE KEUKEN · GEZELLIG ✕ Gezellige en hartelijke bistroambiance op de Holterberg. Hier geen kaart, maar een uitgebreid keuzemenu (met supplementen voor bepaalde gerechten). Aangenaam terras met uitzicht op de omgeving.

A convivial and hospitable bistro ambience pervades the Holterberg. The menu is not à la carte but there is an extensive set menu with a supplement for certain dishes. Pleasant terrace with view of the surrounding countryside.

Menu 39 € – Carte 44/54 €

Forthaarsweg 1, (op de Holterberg) ✉ *7451 JS* – ☏ *0548 363 849*
– www.bistrodeholterberg.nl – alleen diner behalve zondag – Gesloten eerste 2 weken januari, maandag en dinsdag

🍽 Den Burgh ⓝ 🏡 ♿ 🆎 🍴 ♻ **P**

MARKTKEUKEN · HEDENDAAGSE SFEER ✕✕ Den Burgh heeft de typische looks van een boerderij (1859), maar dan gemoderniseerd en elegant ingericht. Knap! De centrale bar, bekleed met gulden centjes, is een eyecatcher. En het is ook nog eens ideaal gelegen: naast een businesspark en vlakbij de luchthaven. De keuken steunt op lokaal, smaakt klassiek en oogt modern. Fijn!

Stylishly modernised and elegantly furnished, Den Burgh has the typical charm of a farmhouse dating from 1859. The main bar, lined with golden pennies, is a real eye-catcher. The restaurant also boasts an excellent location next to a business park and close to the airport. The menu focuses on local produce, featuring traditionally flavoured dishes with a modern look.

Lunch 30 € – Menu 49 € – Carte 43/67 €

Rijnlanderweg 878 ⊠ 2132 ML
– ✆ 023 888 5666 – www.denburgh.nl
– gesloten zaterdagmiddag en zondag

HOOGELOON
Noord-Brabant - Bladel – Atlas n° **7**-C2

🏠 Gasterij Landschot

LANDHUIS · DESIGN Stilte, dat is hét kenmerk van dit landelijk gelegen B&B. In de kamers vindt u dan ook geen televisie, maar wel wit design dat voor een zeker zen-gevoel zorgt. De natuurspa is een heerlijke plek om helemaal tot rust te komen.

Silence is the prime feature of this rural B&B. There are no televisions in the guestrooms, which instead boast white design, creating a certain zen feel. The nature spa is a wonderful place to enjoy complete peace and tranquillity.

4 kam 🛗 – 🛏80/90 € 🛏🛏115/125 €

Heieind 6 ⊠ 5528 NT
– ✆ 0497 682 133 – www.gasterijlandschot.nl

🏠 Landrop

AGRITOERISME · PERSOONLIJK CACHET Een B&B in een boerderij, gelegen in een groene omgeving? Men vereenzelvigt dat meteen met charme en rust, en dat is hier ook het geval! Na een lekkere nachtrust ontbijten met zicht op de mooie tuin en de pony's in de weide, dat is pas echt genieten.

Landrop is a farm B&B, surrounded by the greenery of nature, which creates a charming and peaceful setting for guests. After a wonderful night's sleep, breakfast provides a view of the beautiful garden and ponies in the meadows. A delightful place to stay.

3 kam 🛗 – 🛏75/90 € 🛏🛏90/105 €

Landrop 3 ⊠ 5528 NA – ✆ 0497 385 468 – www.landrop.nl

HOORN
Noord-Holland – Atlas n° **8**-B2

🏵 Lucas Rive 🛋 🅰🅲

FRANS MODERN · EIGENTIJDS XX Boten dobberen hier gezellig voor de deur, maar het echte spektakel speelt zich binnen af. Neem plaats in deze aangename, eerder moderne zaak en geniet van klassieke gerechten die topchef Lucas Rive onder handen neemt. Creatieve combinaties en subtiele accenten zorgen voor pit en smaken in overvloed.

Boats bob gently up and down outside the door but the real spectacle is to be found indoors. Take a seat in this pleasant, rather modern restaurant and enjoy traditional dishes prepared by top chef Lucas Rive. Creative combinations and subtle touches provide a guarantee of inspired food with plenty of flavour.

→ Gebraden kwartel met spicy aubergine, feta, yoghurt en sesam. Geroosterde rode mul en gestoofde zeekat met bospeen, grapefruit en een jus met citroengras. Rabarber en pure chocolade, karnemelk, steranijs en dilleroomijs.

Menu 46/68 € – Carte 55/85 €

Oude Doelenkade 7 ⊠ 1621 BH
– ✆ 0229 213 362 – www.restaurantlucasrive.nl
– alleen diner behalve donderdag en vrijdag – Gesloten zondag en maandag

🍴○ **Marque**

FRANS CREATIEF · ELEGANT ⅩⅩ Dit voormalig kaaspakhuis (1618) ligt aan de gracht waar vroeger biervaten toekwamen, vandaag wordt u er in een elegante zaak voorzien van lekker eten. De chef gebruikt zijn ervaring en het lekkerste van de seizoenen om zijn eigen stijl neer te zetten, de diversiteit van zijn bereidingen toont de kracht van smaak aan.

This former cheese storehouse (1618) is situated on the canal where once beer barrels were transported. Nowadays Marque is an elegant establishment producing delicious food. The chef uses his experience and the tastiest delicacies of the seasons to create his own style. The diversity of his dishes proves the power of flavour.

Lunch 33 € – Menu 42/74 € – Carte 69/81 €

Bierkade 2 ⊠ 1621 BE – ☏ 0229 508 323 – www.marquerestaurant.nl – Gesloten maandag en dinsdag

HOUTEN
Utrecht – Atlas n° **10**-A2

🌼 **Kasteel Heemstede** (André van Doorn)

MODERNE KEUKEN · ELEGANT ⅩⅩⅩ Stijlvol restaurant in de gewelfde kelders van een 17de-eeuws kasteel dat wordt omringd door een slotgracht en tuinen. Loopbrug en terras aan het water. Eigentijdse keuken.

An elegant restaurant in the vaulted cellar of a 17C stately home surrounded by a moat and gardens. Footbridge and terrace at water level. Serves modern cuisine.

→ Langoustine met een wortelflan, venkel, loempia van gekruide varkensnek en gemberemulsie. Anjouduif met een pistachekorstje, gebakken eendenlever, gepocheerde vijg en gepofte wilde rijst. Flensje met basilicummousse, stroopwafelroomijs, hangop met vanille en sinaasappel.

Lunch 48 € – Menu 68/90 € – Carte 72/86 €

Heemsteedseweg 20, (West : 4 km, nabij de golfbaan) ⊠ 3992 LS – ☏ 030 272 2207 – www.restaurant-kasteelheemstede.nl – Gesloten zondag en maandag

HOUTHEM
Limburg - Valkenburg aan de Geul – Atlas n° **6**-A3

🍴○ **St. Gerlach**

MODERNE KEUKEN · ROMANTISCH ⅩⅩⅩ Laat uw maal, eigentijds en weelderig, u onderdompelen in een somptueuze kasteelambiance, antieke lambrisering en kristallen luchters incluis. Als een kasteelheer of -vrouw kijkt u op het terras uit over het park, dat voor even het uwe is.

Enjoy superb contemporary cuisine in the sumptuous surroundings of a former castle, complete with wooden panelling and crystal chandeliers. Enjoy fine views of the grounds from the castle terrace.

Menu 65 € – Carte 74/88 €

Hotel Château St. Gerlach, Joseph Corneli Allée 1 ⊠ 6301 KK – ☏ 043 608 8888 – www.oostwegelcollection.nl/chateau-st-gerlach – alleen diner – Gesloten zondag en maandag

🏛 **Château St. Gerlach**

LUXE · ELEGANT Wat is het heerlijk om te overnachten in de dependances (1759) van een neoklassiek kasteel. Het heeft grandeur te over! Luxe komt hier in een moderne uitvoering, niks komt u tekort. Het hotel is ook nog eens gelegen op een indrukwekkend landgoed, met baroktuinen en een wijngaard. In het charmante Bistrot de Liège serveert men lekkers uit de streek.

It's a real pleasure to spend the night in one of the annexes (1759) of this neo-Classical castle, with its strikingly grand atmosphere, contemporary-style luxury and excellent facilities. The hotel is located on an impressive estate, with Baroque gardens and a vineyard. The charming Bistrot de Liège serves delicious local food.

58 kam – 🛏185/360 € 🛏🛏185/360 € – 39 suites – ⌿ 27 €

Joseph Corneli Allée 1 ⊠ 6301 KK – ☏ 043 608 8888 – www.oostwegelcollection.nl/chateau-st-gerlach

St. Gerlach 🍴○ – zie restaurantselectie

HUIZEN
Noord-Holland – Atlas n° **8**-B3

🏠 Nautisch Kwartier   🏕 ⪉ 🔳 🅰🅺 🕸 ♨ **🅿**

KETENHOTEL · HEDENDAAGS In dit Nautisch Kwartier geen grote luxe, maar moderne degelijkheid in verschillende houten huizen die een beetje 18de-eeuws aandoen. Vrij ongewoon voor Nederland is dat men sommige kamers binnengaat langs een eigen ingang, zoals in een motel.

Nautisch Kwartier may not offer the ultimate in luxury but its wooden buildings have sturdy, modern interiors with a hint of the 18C. As in a motel, some rooms have their own entrance, which is a rather unusual feature in the Netherlands.

80 kam ⌸ – �t50/90 € ♥♥90/180 € – ½ P

Mastspoor 1 ⊠ 1271 GL – ☏ 0347 750 465 – www.hotelnautischkwartier.nl

---

Twijfelt u tussen twee adressen in dezelfde categorie?
Binnen elke categorie staan de zaken geordend volgens klasse
en comfort van het decor.

IJMUIDEN
Noord-Holland – Velsen – Atlas n° **8**-A3

🏠 Augusta   🏕 🕸

HISTORISCH · PERSOONLIJK CACHET Een zaak met een ziel, hotel Augusta. Het is voer voor nostalgici, want het neemt u mee naar de 'roaring twenties' met een interieur dat art deco aandoet. Doe daar nog eens het art-decorestaurant (1907) met zijn eigentijdse kaart en de warme ontvangst bij, en u krijgt een hoogst innemend resultaat.

Hotel Augusta is a venue with a soul and its Roaring Twenties decor with a touch of Art Deco makes it the ideal spot for lovers of nostalgia. The warm, friendly welcome adds to its special appeal. The restaurant also has many original art deco features. Charming setting full of nostalgia; contemporary cuisine.

25 kam ⌸ – ♦75/130 € ♥♥105/170 € – ½ P

Oranjestraat 98, (richting Sluizen) ⊠ 1975 DD
– ☏ 0255 514 217 – www.augusta.nl
– Gesloten 24 december-6 januari

IJSSELSTEIN
Utrecht – Atlas n° **10**-A2

🍽️ Rivers Marnemoende   ⪉ 🏯 🅰🅺 🕸 🔄 **🅿**

STREEKGEBONDEN · GRAND CAFÉ 🗴 Wat is het leuk om te dineren in een sfeervolle zaak en ondertussen uit te kijken op weidse polders in een mooie jachthaven. De gerechten doen de streek alle eer aan dankzij de eerlijke keuken en to the point bereidingen. Tijdens de zomer kunt u hier ook van het terras genieten, waar u kunt kiezen uit een korte kaart.

What a pleasure it is dining in an atmospheric establishment while looking out on vast polders and a beautiful marina. The dishes at Rivers Marnemoende honour the region with honest cuisine and meticulous preparation methods. During the summer guests can also enjoy the terrace, where a concise menu is available.

Lunch 32 € – Menu 35/63 € – Carte 38/53 €

Noord IJsseldijk 107d, (1ste etage) ⊠ 3402 PG – ☏ 030 687 5390
– www.restaurantmarnemoende.nl – Gesloten 25 december-4 januari,
13 juli-25 augustus, zaterdagmiddag, zondagmiddag en maandag van
15 oktober-31 maart

⅋○ De Jouster Toer   🏠 🅰🅲 ♿

FRANS CREATIEF · ELEGANT ✕✕ Tegenover de toren van de kerk van Joure (vandaar de naam) stapt u binnen in het frisse zwart-witte minimalisme van De Jouster Toer. De keukenbrigade beheerst het moderne spel van texturen en smaken, zonder de Friese touch te vergeten. De ruimte achter het restaurant, onder meer voor private dining, is zeer mooi!

Situated opposite the church tower of Joure (hence the name), De Jouster Toer boasts a smart, minimalist black-and-white decor. The kitchen staff have the modern art of combining textures and flavours down to perfection, while continuing to maintain a traditional Frisian touch. Attractive private dining room situated to the rear of the restaurant.

Lunch 30 € – Menu 35/45 € – Carte 40/55 €

Midstraat 54 ✉ 8501 AR – ☎ 0513 418 216 – www.dejoustertoer.nl – alleen
diner van september tot juni – Gesloten 1 januari, 4 februari-4 maart en maandag

⅋○ Bistro Fred   🏠

FRANS KLASSIEK · BISTRO ✕ Dit noemt men dan een echte bistro: een gezellige zaak waar je lekker kunt eten voor zachte prijzen. Goede producten worden hier op traditionele wijze bereid, met hier en daar wereldse invloeden. Een plek waar je met plezier terugkeert.

The epitome of a genuine bistro, this cosy restaurant offers good and reasonably priced cuisine. Find high quality produce prepared in a traditional manner with the occasional dash of international flavour. A place you will want to return to time and time again.

Menu 28 € – Carte 33/46 €

Douwe Egbertsplein 5 ✉ 8501 AB – ☎ 0513 415 425 – www.bistrofred.nl
– Gesloten 30 december-6 januari, maandagmiddag en dinsdagmiddag van oktober tot maart

🏠 Herberg   🅰🅲 🍽

TRADITIONEEL · HEDENDAAGS Een vrolijk hotelletje met een *siel*: de kamers zijn er *noflik* en de sfeer *swiet*. Uw *gelok* kan niet op. Is uw *Frysk* niet veel soeps? Reden te meer om te ontdekken wat achter deze mysterieuze woorden, tevens de namen van de kamers, schuilt.

The guestrooms at this attractive hotel all have Frisian names, such as siel (soul), noflik (pleasant), swiet (nice) and gelok (happiness). A stylish B&B-style hotel with a typical Frisian ambience and a cosy feel.

8 kam ⬚ – 🛏69/89 € 🛏🛏79/119 €

Zijl 1 ✉ 8501 AZ – ☎ 0513 410 030 – www.herbergjoure.nl

KAAG
Zuid-Holland – Kaag en Braassem – Atlas n° **12**-C1

🏵 Tante Kee   ≤ 🏠 🍽 ♿ 🅿

MODERNE KEUKEN · DESIGN ✕✕ Het pontje brengt gasten naar deze prachtzaak en dat zorgt 's avonds voor een fraai spektakel van sloepjes die komen en gaan. Binnen zorgt het gerestylede decor voor moderne intimiteit, het water staat overal centraal. De interessante smaakvariaties van de moderne, af en toe oosterse bereidingen maken uw avontuur af.

The ferry brings guests to this magnificent establishment, making for a wonderful spectacle in the evenings as the boats come and go. Inside, the restyled decor creates modern intimacy, with the water front and central. The interesting flavour variations of the modern, sometimes oriental dishes complete the adventure.

Menu 37/73 € – Carte 57/80 €

Julianalaan 14, (met veerpont) ✉ 2159 LA – ☎ 0252 544 206 – www.tantekee.nl
– Gesloten 27 december-21 januari, 27 april, zaterdagmiddag, zondag en maandag van oktober tot april

KAATSHEUVEL

Noord-Brabant – Loon op Zand – Atlas n° **7**-B2

⫟◯ De Molen   𝍩 ⅙ 🐾 🅿

FRANS • GEZELLIG 𝗫𝗫 De eeuwenoude graanmolen waarrond dit cosy restaurant gebouwd is, steelt de show. De oude dieselmotor staat hier zelfs nog aan de inkom! Het is een ongedwongen plek waar men geniet van een toegankelijke keuken. Of u nu een kleine of grote honger hebt, de welgekende gerechten zullen zeker in de smaak vallen.

The old grain mill around which this cosy restaurant is built steals the show, with the old diesel motor still displayed at the entrance. Whether you are looking for a lighter option or a hearty meal, the familiar dishes on the menu will certainly find favour with diners. A relaxed spot in which to enjoy unpretentious cuisine.

Lunch 28 € – Menu 43 € – Carte 36/51 €

Vaartstraat 102 ⊠ 5171 JG – 𝒞 0416 530 230 – www.demolenkaatsheuvel.nl – Gesloten 22 juli-4 augustus en maandag

KAMPEN

Overijssel – Atlas n° **9**-A2

🏠 Boetiekhotel Kampen   🐾 🅿

STADSHOTEL • DESIGN Bij de charme van dit Jugendstil pand horen ook zijn karakteristieken, zoals een nogal lastige steile trap, maar gelukkig staan de uitbaters altijd klaar om te helpen. Hun aanpak geeft een echt thuisgevoel! Het moderne, pure interieur draagt eveneens hun persoonlijke stempel. De locatie, bij het centrum en aan de IJssel, is top.

The charm of this Jugendstil building encompasses features such as a rather awkward, steep staircase, but fortunately the managers are always ready to help. Their approach creates a truly homely feel, while the modern, minimalist interior bears their personal stamp. The central location by the River IJssel is stunning.

10 kam ⊇ – ♦90/105 € ♦♦98/125 €

IJsselkade 20 ⊠ 8261 AB – 𝒞 038 888 8737 – www.hotelkampen.nl

---

Adressen met gastenkamers 🏠 bieden niet dezelfde service als een hotel. Zij onderscheiden zich vaak door hun onthaal en decor, die vooral de persoonlijkheid van de eigenaars naar voren brengt. De B&B's vermeld in het rood 🏠 zijn het charmantst.

KAMPERLAND

Zeeland – Noord-Beveland – Atlas n° **11**-A2

🏨 De Kamperduinen   🍴 ▢ 🛁 🏠 ⅃₅ ▣ ⅙ 🆎 🛁 🚗

FAMILIAAL • FUNCTIONEEL Op 300 meter van het strand ligt dit oord van rust en comfort. U logeert hier in kamers die piekfijn en zeer ruim zijn, of u kunt kiezen voor een appartement met keuken. Ontspannen kan eveneens in de mooie, uitgebreide wellnessruimte.

This haven of peace and comfort, located just 300m from the beach, offers bedrooms that are in impeccable condition and extremely spacious. Alternatively, you can request an apartment with a kitchen. Unwind in the hotel's beautiful and extensive spa.

78 kam ⊇ – ♦79/289 € ♦♦89/299 €

Patrijzenlaan 1 ⊠ 4493 RA – 𝒞 0113 370 000 – www.amadore.nl/dekamperduinen

KERKDRIEL

Gelderland - Maasdriel – Atlas n° **4**-A3

❀ **Flicka ℕ** (Thomas van Santvoort) 🦡 🍸 ⟨ 🏠 🍴

CREATIEF • TRENDY ✗✗ In dit fraai gerenoveerde pand langs de Waal schrijft Thomas van Santvoort zijn eigen verhaal. Hij bezit een mooi CV en dat zult u snel merken. Het diverse samenspel van moderne gerechten is hier mooi in even-wicht, de chef kookt beheerst en speelt graag met aciditeit voor wat extra pep. De sommelier vult dat lekkers aan met interessante associaties.

Thomas van Santvoort is writing his own story in this beautifully renovated build-ing on the River Waal. This chef with an impressive CV creates attractive, balanced and contemporary dishes with a touch of acidity to add some extra pep. The som-melier complements these delicious dishes with a selection of interesting wines.

→ Paling met miso, rode biet en ponzu, eendenlever met groene kruiden. Kalfs-haas met spitskool, vadouvan, jonge prei en eigen jus. Chocoladedessert met kof-fie, kalamansi en gezouten karamel.

Lunch 35 € – Menu 60/75 € – Carte ong. 75 €

4 kam ⌸ – 🛏85 € 🛏🛏125 €

Berm 47 ✉ 5331 KL – ☎ 0418 745 361 – restaurant-flicka.nl – Gesloten woensdagmiddag, zaterdagmiddag, maandag en dinsdag

KERKRADE

Limburg – Atlas n° **6**-B3

🍴 **Pirandello** 🅿

ITALIAANS • EIGENTIJDS ✗✗ Bij Pirandello komt u voor de rijke Italiaanse keuken en de mooie omgeving. Het fashionable decor geniet van veel lichtinval, het ter-ras en de veranda bieden een prachtig uitzicht op de Limburgse natuur en een domein vol wijnstokken.

Guests come to Pirandello for the rich Italian cuisine and beautiful surroundings. The fashionable interior is light and airy, while the terrace and the conservatory have beautiful views over the estate's own vineyard and the Limburg countryside.

Menu 46/60 € – Carte 67/78 €

Hotel Winseler Hof, Tunnelweg 99, (Landgraaf), (West : 2 km) ✉ 6372 XH – ☎ 045 546 4343 – www.winselerhof.nl – alleen diner

🏚 **Winselerhof** 🐾 🍴 ♨ 🅿

LANDHUIS • GROTE LUXE U voelt zich de heer des lands in deze vakkundig gerenoveerde herenboerderij uit de 16de eeuw, gelegen in een rustig dal, met rondom een eigen wijngaard en kruidentuin. Karaktervolle kamers verzekeren een aangename overnachting. Heerlijk!

You will feel like the lord of the manor in this superbly restored property dating back to the 16C. It is situated in a peaceful valley surrounded by its own vineyard and herb garden. You are guaranteed a pleasant night's sleep in its distinctive guestrooms. A genuine delight.

49 kam – 🛏105/165 € 🛏🛏105/165 € – ⌸ 22 € – ½ P

Tunnelweg 99, (Landgraaf), (West : 2 km) ✉ 6372 XH – ☎ 045 546 4343 – www.winselerhof.nl

Pirandello 🍴 – zie restaurantselectie

KOEWACHT

Zeeland – Terneuzen – Atlas n° **11**-B3

❀ **'t Vlasbloemeken** (Eric van Bochove) 🏠 🍴

MODERNE KEUKEN • ELEGANT ✗✗ Eric van Bochove wil u "het mooiste van zee, vee en veld" voorschotelen, en dit in een eerlijke productkeuken. Zijn inspiratie mag dan al traditioneel zijn, de presentatie en garnituur zijn helemaal bij de tijd. Streekproducten troef in deze zaak, met wild uit de polders, oosterscheldekreeft en meer lokaal lekkers.

Chef Eric van Bochove's goal is to combine the 'best of the sea, soil and live-stock' for his guests, with cuisine that takes honest products as its starting point. He may find his inspiration in the traditional but his presentation and eye for detail are most definitely contemporary. The focus is on local products such as game from the polder, lobster from the Eastern Scheldt, and much more.

→ Langoustines met asperges, courgette, dragon en mango. Zeeuws lam met peultjes, bulgur en meiraap. Witte chocolade en nectarine met Baileys en rode peper.

Lunch 38 € – Menu 63/118 € – Carte 66/91 €

Nieuwstraat 8 ⊠ 4576 AL – ☏ 0114 361 914
– www.vlasbloemeken.com – Gesloten 1 tot 7 januari, 22 tot 29 mei,
12 augustus-2 september, 28 oktober-4 november, zaterdagmiddag, dinsdag
en woensdag

KRUININGEN
Zeeland – Reimerswaal – Atlas n° **11**-B2

۝۝۝ **Inter Scaldes** (Jannis Brevet)

MODERNE KEUKEN · ELEGANT XxxX Tussen de Westerschelde en de Ooster-schelde ligt dit fantastisch landhuis. Eigentijdse elegantie en abstracte kunst smelten er enig mooi samen. Luxe is er de norm. Zo overnacht men er in prach-tige kamers en kan men zelfs gebruik maken van een eigen helihaven. U wordt hier dan ook ontvangen als een hoogstaande gast. Genot is het hoogste goed bij Inter Scaldes.

De keuken van Jannis Brevet draait om emotie. Hij is een nuchtere chef die de beste producten uit Zeeland sublimeert. De smaakallianties die hij creëert zijn verbluffend en verrassend. Het bord wordt hier als het ware tot kunst verheven. Heerlijke oosterscheldekreeft geeft hij nog meer diepgang door er een crème van artisjok en pistache bij te serveren. Met de verrassende toevoeging van aardbei en oranjebloesem bereikt chef Brevet een evenwicht dat van groot talent getuigt.

Het is opmerkelijk hoe elk ingrediënt hier bewerkt wordt en het gerecht versterkt. Elk bord is een boeiend verhaal. Een diner bij Inter Scaldes is bijzonder, een ont-roerende ervaring!

Situated between the Western and Eastern Scheldt estuary, this impressive es-tate offers a beautiful and unique combination of contemporary elegance and ab-stract art. Luxury is standard here, with magnificent guestrooms, highly attentive service and even a helipad available. Pleasure is considered one of the highest virtues at Inter Scaldes.

Jannis Brevet's cuisine centres on emotion. This down-to-earth chef produces sublime dishes from the best ingredients sourced in Zeeland, creating stunning and surprising combinations of flavours and dishes which are elevated to a real art form. Delicious Eastern Scheldt crab gains further depth with an accompani-ment of cream of artichoke and pistachio, while the surprising addition of straw-berry and orange blossom achieves a balance which demonstrates Chef Brevet's great talent.

Every ingredient here is carefully prepared and contributes to the dish as a whole, and every dish tells an exciting story. Dinner at Inter Scaldes is a special, moving experience.

→ Koningskrab met mango en tonkaboon, geturfde whisky, citrus en wortel. Zeeuwse kreeft "Sequenz" met jonge groentjes, kruiden, gember en truffel. Kwarksoufflé met vanille, kaneel en rabarber.

Menu 160/220 € – Carte 125/280 €

Hotel Le Manoir, Zandweg 2, (West : 1 km) ⊠ 4416 NA
– ☏ 0113 381 753 – www.interscaldes.eu
– Gesloten 1 tot 23 januari, 14 tot 24 juli, 20 tot 30 oktober, woensdagmiddag,
zaterdagmiddag, maandag en dinsdag

🏯 Manoir Inter Scaldes

HEDENDAAGS · GROTE LUXE Moderne luxe kan ook warmte uitstralen, dat bewijst dit prachtig hotel. Le Manoir huist in een mooi landhuis met rieten dak en is omgeven door een verzorgde tuin. Hier wordt u echt in de watten gelegd.

Modern luxury can also emanate warmth, as proven at this splendid hotel. Le Manoir is located in a beautiful thatched manor house surrounded by a well-tended garden. A truly charming place to stay.

12 kam – ♦275/385 € ♦♦275/385 € – ☐ 25 € – ½ P

Zandweg 2, (West: 1 km) ✉ 4416 NA – ☏ 0113 381 753 – www.interscaldes.eu
– Gesloten 1 tot 23 januari, 14 tot 24 juli en 20 tot 30 oktober

Inter Scaldes ✿✿✿ – zie restaurantselectie

LAGE VUURSCHE
Utrecht - Baarn – Atlas n° **10**-B2

🍴 De Lage Vuursche

KLASSIEKE KEUKEN · HERBERG 🗙 Dezelfde familie zwaait al sinds 1865 (de 5de generatie) de scepter in dit karakteristiek Hollands café-restaurant! Het nostalgische interieur en het terras zijn allebei aan te raden om te smullen van de vele traditionele, genereuze gerechten. Het leverde de Lage Vuursche zelfs het predicaat Hofleverancier op!

Owned by the same family since 1865, this typical Dutch café-restaurant is now run by its fifth generation. The nostalgic interior and the terrace both provide a delightful setting for the traditional, generous cuisine served here, which has earned De Lage Vuursche the honour of becoming purveyor to the royal household!

Menu 35 € – Carte 35/65 €

Dorpsstraat 2 ✉ 3749 AD – ☏ 035 666 8351 – www.vuursche.nl

LAMSWAARDE
Zeeland – Hulst – Atlas n° **11**-B2

🐵 Petrus & Paulus Hoeve

MODERNE KEUKEN · FAMILIAAL 🗙 Chef Yannick Mahu gaat met deze hoeve op het Zeeuwse platteland de gastronomische toer op. Het mooi gerestylede interieur herinnert nog enigszins aan het verleden van dit gebouw, maar de zoon des huizes heeft voor een eigentijdse, verfijnde keuken gekozen. En kwaliteit! Indien u een simpelere keuken verkiest, opteer dan voor de klassieke snacks.

Chef Yannick Mahu takes guests on a real gastronomic tour at this farm in the Zeeland countryside. The beautifully renovated interior recalls the building's past but, in contrast, the owner's son prepares refined, contemporary dishes. If you are after a simpler meal, opt for the classic snacks.

Menu 37/60 € – Carte 49/61 €

Jacobus de Waalstraat 41 ✉ 4586 AD – ☏ 0114 690 440 – www.penphoeve.nl
– Gesloten 27 december-4 januari, eerste 2 weken oktober, maandag en dinsdag;
van oktober tot maart alleen vrijdag, zaterdag en zondag geopend

LANDGRAAF
Limburg – Atlas n° **6**-B3

🍴 Pomerol

KLASSIEKE KEUKEN · BUURTRESTAURANT 🗙 Uw naam die op het menu staat gedrukt? Het toont aan hoe graag men u ontvangt in dit huiselijk restaurant. Ook de keuken is hartverwarmend: goede producten en pure klassieke smaken komen hier zonder poespas op uw bord.

This homely restaurant goes the extra mile to make guests feel welcome, even printing their name on the menu. The cuisine is equally heart-warming: quality ingredients and pure classic flavours arrive on your plate without fuss.

Menu 37/55 € – Carte 41/55 €

Hereweg 92 ✉ 6373 VL – ☏ 045 569 2297 – www.restaurantpomerol.nl – alleen
diner – Gesloten week carnaval, weekdagen in augustus, maandag en dinsdag

LANGWEER · LANGWAR
Fryslân – De Fryske Marren – Atlas n° **3**-C3

⁈○ 't Jagertje   🏠 🄰🄺 ⇔

KLASSIEKE KEUKEN · ROMANTISCH ✖✖ Restaurant in een typisch dorpsstraatje met lindenbomen en oude geveltjes, in een al even charmant Fries havenplaatsje. Modern interieur in wit en zwart. Kaart met streekgerechten en een menu dat aanspreekt.

Restaurant set in a delightful Frisian fishing village. Contemporary dining room in white and black. Regional ingredients and an interesting set menu. Rear terrace.

Menu 35/50 € – Carte 48/62 €

Buorren 7 ✉ 8525 EB – ☏ 0513 499 297 – www.jagertje.frl – alleen diner – Gesloten maandag en dinsdag van oktober tot maart en woensdag behalve juli en augustus

LATTROP
Overijssel - Dinkelland – Atlas n° **9**-D2

⊛ Landgoed de Holtweijde   ≼ 🏠 & ⅋ ⇔ 🗏 🄿

MODERNE KEUKEN · LANDELIJK ✖✖✖ In dit landgoed krijgt u een mooi voorbeeld van klassieke landelijke elegantie, zicht op de velden incluis. De chef creëert smaken die duidelijk aanwezig zijn, de bereidingen zijn gul en gebaseerd op regionale, seizoengebonden producten. Elk gerecht vormt een mooi geheel. Een ritje naar dit landgoed is de moeite waard!

This estate is a beautiful example of classic rural elegance, offering fine views of the surrounding meadows. The chef employs lavish preparation methods and regional produce to create delightful dishes full of strong flavours. A trip here is well worth the effort!

Lunch 35 € – Menu 37/93 € – Carte 62/73 €

Hotel Landgoed de Holtweijde, Spiekweg 7 ✉ 7635 LP – ☏ 0541 229 234 – www.holtweijde.nl

🏠 Landgoed de Holtweijde   ⅍ ≼ 🎇 🖼 ⊗ 🏠 ♨ ✖ ⊡ & 🄰🄺 🆜 🄿

LUXE · GEZELLIG De natuurlijke omgeving van dit resort biedt niets dan rust, binnenin ontdekt u een oase van charme en luxe. U hebt er de keuze uit prachtige kamers in het hoofdgebouw en suites en cottages op het landgoed. Maar wat u ook kiest: een heerlijke overnachting is verzekerd, zeker na een bezoekje aan de uitgebreide wellness.

Surrounded by peaceful, beautiful scenery, this resort is a real oasis of charm and luxury both inside and out. Choose between magnificent guestrooms in the main building and suites and cottages on the estate, all of which guarantee a wonderful stay. Extensive well-being facilities are also available.

71 kam ♨ – 🛏125/165 € 🛏🛏145/185 € – 5 suites

Spiekweg 7 ✉ 7635 LP – ☏ 0541 229 234 – www.holtweijde.nl

Landgoed de Holtweijde ⊛ – zie restaurantselectie

LEENS
Groningen – De Marne – Atlas n° **5**-A2

⁈○ Korensant Verhildersum   🏠 ⇔

MODERNE KEUKEN · LANDELIJK ✖✖ Wicher Werk laat u proeven wat voor lekkers Groningen allemaal te bieden heeft. Dat doet hij op het prachtige landgoed Verhildersum, in een restaurant dat charme uitstraalt. De chef creëert fijne gerechten met eerlijke producten en moderne technieken. Pas op: het (interessante) keuzemenu is enkel 's avonds verkrijgbaar.

In this charming restaurant on the magnificent Verhildersum estate, chef Wicher Werk makes it his business to introduce guests to the delicacies Groningen has to offer. He prepares authentic ingredients with modern techniques to create a whole host of refined and delicate dishes. Note that the (interesting) set menu is only available in the evening.

Menu 35 € – *(eenvoudige lunchkaart)*

Wierde 42 ✉ 9965 TB – ☏ 0595 571 599 – www.korensantverhildersum.nl – Gesloten eerste 2 weken december, zondagmiddag, maandag en dinsdag

LEERSUM

Utrecht - Utrechtse Heuvelrug – Atlas n° **10**-B2

⚜ Voltaire ⓝ   🛏 🛋 🎏 ⬆ 🅿

CREATIEF · DESIGN XXX Een restaurant in een historisch gebouw, op een indruk-wekkend landgoed, waar klassiek en subtiel modern design enig mooi samen-smelten. Je zou voor minder beginnen filosoferen! En dan die inventieve smaak-associaties, technisch zeer beheerst en opgepept met frisse zuren die de hand verraden van consulting chef Jacob Jan Boerma ... Wat een ervaring!

A restaurant in a historic building, situated on an impressive estate, where classic and subtly contemporary design blend together beautifully. The clever associations of flavour, technically controlled and boosted with fresh acidity, reveal the hand of consulting chef Jacob Jan Boerma. A superb dining experience.

→ Koningskrab met burratta, watermeloen en tomaat. Zeebaars gebraden met kikkererwten, little gemslaatje en prei. Abrikoos met tamarinde en schapenmelk.

Lunch 38 € – Menu 48/78 € – Carte 67/85 €

Hotel Parc Broekhuizen, Broekhuizerlaan 2 ⊠ 3956 NS
– ℰ 0343 745 858 – www.parcbroekhuizen.nl
– Gesloten dinsdagmiddag, zondagavond en maandag

🏯 Parc Broekhuizen ⓝ   ⬅ 🛏 ⬍ 🆒 🎏 🧖 🅿

HISTORISCH · GROTE LUXE Een kasteel uit de 15de eeuw werd tot in de details gerenoveerd om dit luxe boetiekhotel de allure te geven die het verdient. Origi-nele elementen zoals wandtekeningen en houten vloeren gaan mooi samen met design meubilair. Dit hotel heeft grandeur, maar is ook wel persoonlijk. Het omringende landgoed is een droomomgeving om tot rust te komen.

This carefully renovated 15C castle is now home to an attractive luxurious bou-tique hotel where original features, such as wall decorations and wooden floors, blend beautifully with the designer furniture. This hotel has grandeur, and yet manages to cultivate a personal feel at the same time. The surrounding estate is the perfect environment in which to relax.

22 kam 🖙 – 🛏173/195 € 🛏🛏195/325 €

Broekhuizerlaan 2 ⊠ 3956 NS – ℰ 0343 745 858 – www.parcbroekhuizen.nl
Voltaire ⚜ – zie restaurantselectie

LEEUWARDEN · LJOUWERT

Fryslân – 107 897 inw. – Atlas n° **3**-C2

🍴 Élevé   ⬅ ♿ 🆒 🎏 🅿

MODERNE KEUKEN · TRENDY XXX Het designvolle Élevé vindt u op de elfde ver-dieping van hotel WTC, naast de brasserie. Dankzij deze locatie geniet het van een prachtig uitzicht op Leeuwarden! Uit de open keuken komen genereuze gerechten die aantonen dat de chef graag creatief kookt, en dat doet hij maar al te graag met de nieuwste technieken.

You will find designer restaurant Élevé on the eleventh floor of the hotel WTC, next to the brasserie; its location gives it a beautiful view over Leeuwarden. The chef prepares generous dishes in the open kitchen, proving his creative hand and his preference for using the latest cooking techniques.

Menu 53/83 € – Carte 65/81 €

Hotel WTC, Heliconweg 52, (11de etage) ⊠ 8914 AT – ℰ 058 233 4900
– www.eleve.nl – alleen diner

🍴 By ús

CREATIEF · GEZELLIG X Het gezellige interieur is opgefrist en er staan nieuwe uitbaters aan het roer, maar dé troef van By ús blijft de kwaliteit van de regio-nale producten. De frisse, eigentijdse bewerking ervan maakt hier een echte aan-rader van.

The cosy interior has been spruced up and the place is under new management, but the trump card of By ús remains the quality of the regional ingredients. The fresh, contemporary cuisine makes this a place not to be missed.

Menu 40/58 € - *(een enkel menu)*

Plattegrond: B2-t - *Over de Kelders 24 ✉ 8911 JG - ✆ 058 215 8663 - www.restaurantby-us.nl - alleen diner - Gesloten maandag en dinsdag*

Eindeloos

MODERNE KEUKEN • BISTRO Dit gezellige restaurant steunt op de keuken van Willem Schaafsma en de mooie associaties van zijn sommelier. Hier vindt u gerechten op basis van kwaliteitsproducten, zo lokaal en duurzaam mogelijk, en dat voor een uitstekende prijs-kwaliteitverhouding. Een huis van vertrouwen!

This cosy restaurant showcases the cuisine of Willem Schaafsma and the wine pairings of his sommelier. Dishes offer great value for money and are cooked with top quality produce, which is as local and sustainable possible. This is a place in which you can trust!

Menu 40/85 € - Carte 42/60 €

Korfmakersstraat 17 ✉ 8911 LA - ✆ 058 213 0835 - www.restauranteindeloos.nl - alleen diner - Gesloten eerste week januari, 19 juli-6 augustus, zondag en maandag

Proefverlof (N)

FRANS MODERN • BRASSERIE Private dining in een cel? Eten terwijl u vastgebonden bent met handboeien? Klinkt gek, maar in deze voormalige gevangenis kan het allemaal! Uiteraard kunt u ook gewoon in de eetzaal of op het terras tafelen. Het is hier ongedwongen genieten van een leuk geprijsde, eigentijdse keuken. Geen pretentie, maar vakkundig bereid en lekker eten!

This old prison offers unusual options such as private dining in a former prison cell and special dinners where guests are handcuffed together! There's also more conventional wining and dining available in the main room or on the terrace, where guests can relax and enjoy reasonably priced, contemporary cuisine. Good, skilfully prepared dishes with no pretensions.

Lunch 20 € - Menu 30 € - Carte 36/49 €

Blokhuisplein 40 ✉ 8911 LJ - ✆ 058 302 0030 - www.proefverlof.frl - Gesloten 31 december

Sjoddy (N)

MEDITERRAAN • WIJNBAR Een gezellige straat hartje Leeuwarden, een intieme wine bar/bistro en een ervaren chef die zijn gasten wil plezieren. Wat een succesformule! De kaart is eerder beknopt maar o zo aantrekkelijk. Italiaanse en Spaanse invloeden zorgen voor borden vol smaak. Het gerijpt vlees bereid op de Big Green Egg is top!

A bustling street in the heart of Leeuwarden, an intimate wine bar-cum-bistro and an experienced chef who is keen to please his guests all contribute to the success of this restaurant. The menu is short yet attractive, with Italian and Spanish influences which enhance dishes bursting with flavour. The matured meat grilled on the Big Green Egg barbeque is superb!

Menu 36 € - Carte ong. 40 €

Druifstreek 55 ✉ 8911 LH - ✆ 058 250 4150 - www.sjoddy.nl - alleen diner - Gesloten 27 december-31 januari, maandag en dinsdag

Post-Plaza

HISTORISCH PAND • HEDENDAAGS Noem dit hotel gerust monumentaal. De kamers zijn stijlvol ingericht en gehuld in charme, het comfort is uitstekend. Van 's ochtends vroeg tot 's avonds laat kunt u voor een lekkere hap terecht in het Grand Café, een voormalig postkantoor dat indruk maakt door zijn groots interieur.

This hotel is truly monumental in style. The bedrooms are stylishly decorated, exuding charm and comfort. From morning until night guests can obtain a tasty bite to eat from the Grand Café - a former post office with an impressive interior.

82 kam - †85/105 € ††105/145 € - 2 suites - ☕ 15 € - ½ P

Tweebaksmarkt 25 ✉ 8911 KW - ✆ 058 215 9317 - www.post-plaza.nl

🏠 WTC   ⟨ 🔵 ⋔ 🔲 & 🅰️ 🛇 🧖 🅿️

BUSINESS · EIGENTIJDS Dit comfortabel hotel, met ruime designkamers, is ideaal voor zakenlui: gelegen in een nieuwe kantorenwijk aan de stadsrand, bij een expocomplex en casino. U kunt hier dineren met uw hoofd in de wolken: restaurant Élevé bevindt zich namelijk op de elfde verdieping.

Ideal for the business traveller, this comfortable hotel on the edge of the city is in a new office district close to an exhibition complex and casino. Spacious designer-style rooms. Dine up in the clouds at Élevé, situated on the 11th floor.

143 kam – ♦78/169 € ♦♦149/199 € – ☐ 16 €

Heliconweg 52 ⊠ 8914 AT – ☏ 058 233 4900 – www.westcordhotels.nl

Élevé ⏱○ – zie restaurantselectie

LEIDEN
Zuid-Holland – 122 561 inw. – Atlas n° **12**-B1

⏱○ Woods   ⟨ 🍴 🅰️ 🛇 🅿️

MODERNE KEUKEN · TRENDY ✗✗ De prachtige houtzaagmolen ernaast, het heerlijke zomerterras aan het water erachter: dit moderne restaurant geniet van een fantastische locatie. De chef laat u zijn frisse, smakelijke kookstijl ontdekken aan de hand van kleine gerechten.

From the magnificent sawmill next door to the wonderful waterside summer terrace to the rear, this modern restaurant enjoys a fantastic location. The chef reveals his fresh, tasty cooking style in a selection of small dishes.

Lunch 30 € – Menu 40 € – Carte ong. 50 €

Haagweg 81 ⊠ 2321 AA – ☏ 071 522 2225 – www.restaurantwoods.nl
– Gesloten 27 december-4 januari en zaterdagmiddag

⏱○ Dartel   🍴 & 🛇

FRANS MODERN · GEZELLIG ✗✗ Speels, zo kan je de creatieve bereidingen van de chef gerust omschrijven. Hij neust in de regio naar de beste producten en dresseert ze zeer mooi op het bord. Ook het interieur, een combinatie van moderne en authentieke stijlelementen, is nogal ... Dartel.

Playful is a good word to describe the creative dishes of Dartel's chef, who searches for the best ingredients in the region and dresses them up beautifully on the plate. The interior also has its own distinctive look with its blend of modern decor and authentic style.

Lunch 29 € – Menu 47/80 €

Kloksteeg 13 ⊠ 2311 SK – ☏ 071 512 4012 – www.restaurantdartel.nl
– Gesloten 27 april, 29 juli-6 augustus, 2 en 3 oktober, zaterdagmiddag en zondag

⏱○ In den Doofpot   🔲 🍴 🛇 ⇔

CREATIEF · TRENDY ✗✗ Een puur en trendy adres, een terras aan het water voor het aperitief en een heerlijke inventieve keuken ... Wat een onthulling! De chef houdt de smaak van het product in eer en geeft klassieke basisbereidingen een update met fijne bewerkingen die er echt toe doen. Pure verleiding, net als de prestigieuze wijnbijbel.

A trendy location, a terrace by the water for an aperitif and wonderfully inventive cooking make this a real revelation. The chef honours the flavour of the ingredients and updates the basic classics with fine adjustments which make all the difference. Pure temptation, like the prestigious wine bible.

Lunch 39 € – Menu 55/75 € – Carte 57/77 €

Turfmarkt 9 ⊠ 2312 CE – ☏ 071 512 2434 – www.indendoofpot.nl
– Gesloten 31 december-1 januari, 22 juli-4 augustus, 2 en 3 oktober, zaterdagmiddag en zondag

⏱○ In Den Gapenden Eter   🍴

FRANS CREATIEF · INTIEM ✗✗ De gaper aan de gevel en de authentieke drogisterijkasten herinneren aan het verleden van dit historisch pand, waar u zich vandaag vergaapt aan het intieme decor en het zicht op de Leidse grachten. De keuken staat met beide voeten in het nu en moet niet onder doen, met mooi ogende borden die smaak te over hebben.

The sign on the gable and the authentic pharmacy cabinets are a reminder of this historical building's past. Guests will be impressed by the cosy decor and view of Leiden's canals. The cooking has both feet in the here and now, and can certainly hold its own, with attractively presented plates offering plenty of flavour.

Menu 40 € - Carte 57/65 €

Rapenburg 97 ⊠ 2311 GL - ☏ 071 566 1494 - www.indengapendeneter.nl - alleen diner - Gesloten 31 december-1 januari, 2 en 3 oktober, zondag en maandag

🍴○ The Bishop

WERELDKEUKEN · BURGERLIJK ⅄ The Bishop huist in een historisch gebouw, daar herinneren de zuilen en het houtgebinte aan, maar het trendy interieur en de gezellige sfeer zijn op-en-top 21ste eeuw. Deze zaak bruist! De keuken is internationaal en rechtdoorzee, geen liflafjes maar robuuste smaken. Dit is een publiekslieveling, reserveer dus zeker!

The Bishop is located in a historical building, the pillars and wood beams being clues to its ripe old age. But the trendy interior and friendly atmosphere of this stunning establishment are thoroughly 21C. The cuisine is honest and international; nothing fussy, just robust flavours. This is a local favourite, so be sure to make a reservation.

Menu 37/60 € - Carte 40/63 €

Middelweg 7 ⊠ 2312 KE - ☏ 071 763 0370 - www.thebishop.nl - alleen diner - Gesloten 30 juli-17 augustus en maandag

🏠 De Barones van Leyden   🅱 🚗

HISTORISCH · KLASSIEK Klassieke elegantie en modern comfort gaan wonderwel samen in dit grachtenpand uit 1644. Elke kamer straalt persoonlijkheid uit, en dat geldt ook voor de bediening. Heerlijk! 300 meter verder ligt zusterhuis Huys van Leyden, waar u van dezelfde charme kunt genieten.

Classic elegance and modern comfort are wonderfully combined in this canal house dating back to 1644. Every bedroom exudes personality, as does the excellent service. You can enjoy the same charming ambience 300m up the street at De Barones's sister establishment, Huys van Leyden.

5 kam - ♦102/124 € ♦♦109/149 € - ⌷ 15 €

Oude Herengracht 22 ⊠ 2312 LN - ☏ 071 260 0700 - www.debaronesvanleyden.nl

LEIDSCHENDAM
Zuid-Holland - Leidschendam-Voorburg – Atlas n° **12**-B2

😊 Bij Erik   🏠 ✺

FRANS MODERN · INTIEM ⅄ Hout, metaal en leder creëren een intieme sfeer, al is een plek op het terras een aanrader: het uitzicht op de sluis en de windmolen is prachtig! Erik Tas laat u smullen van frisse combinaties waarin sauzen en bouillons een heerlijke harmonie creëren. Fijn en verfijnd. De prijs-kwaliteitverhouding is gewoonweg schitterend!

Wood, metal and leather create an intimate feel, although a table on the terrace is also a good choice: the view of the lock and windmill is magnificent. Erik Tas will have diners' mouths watering with fresh combinations in which stocks and sauces lead to wonderful harmonies.

Lunch 28 € - Menu 37/73 € - *(een enkel menu)*

Sluisplein 9 ⊠ 2266 AV - ☏ 070 301 0451 - www.bijerik.nl - Gesloten 27 december-9 januari, 28 april-6 mei, maandag en dinsdag

Nr.11 🍴○ – zie restaurantselectie

🍴○ Nr.11   🏠

MARKTKEUKEN · BISTRO ⅄ Elke dag, van 's ochtends tot 's avonds, staan de deuren van deze knusse bistro voor u open. De tweede zaak van Erik Tas is laagdrempeliger, maar vers en huisbereid zijn hier een garantie. Een leuke zaak om op elk moment van de dag iets lekkers te komen eten.

The doors of this cosy bistro are open every day from morning until night. Erik Tas's second restaurant is more relaxed, while the food is guaranteed to be fresh and home-made. A pleasant option for food at any time of day.

Lunch 30 € - Menu 35 € - Carte 34/55 €

Rest. Bij Erik, Sluisplein 9 ⊠ 2266 AV - ☏ 070 205 7423 - www.nr11.nl - Gesloten 27 december-9 januari, 28 april-6 mei, maandag en dinsdag

LEUVENUM
Gelderland – Ermelo – Atlas n° **4**-B2

✿ **Het Roode Koper**　　　　　　　🏠 🍽 **P**

MODERNE KEUKEN · ELEGANT XXX De pracht van de omliggende natuur wordt door het warme decor van deze klassieke zaak mooi geaccentueerd. Op het bord eenzelfde verhaal: het lekkerste uit de seizoenen wordt met respect behandeld en schittert in moderne bereidingen. De chef gaat voor sterke smaken die hij wonderwel laat harmoniëren.

The splendour of Het Roode Koper's natural surroundings is accentuated by the warm decor of this classic establishment. The cuisine is equally as impressive. The chef uses seasonal ingredients to create well-balanced and harmonious modern dishes that are full of strong flavours.

→ Geglaceerde kalfszwezerik met gegrilde langoustine, pastinaak, sinaasappelcrème en kalfsjus. Rosé gebrand lam met gekaramelliseerde wang en ravioli van rauwe kaas. Mousse van karnemelk, met bros van witte chocolade en sorbetijs van limoenblad.

Lunch 45 € – Menu 70 € – Carte 70/78 €
Hotel Het Roode Koper, Jhr. Dr. C.J. Sandbergweg 82 ✉ 3852 PV
– ☎ 0577 407 393 – www.roodekoper.nl

🏠 **Het Roode Koper**　　　　　🛎 🛖 🥤 🍽 ♨ **P**

TRADITIONEEL · BERGCHALET Monumentaal landgoed met een fraai aangelegd park, midden in de bossen. Het hotel, verdeeld over vier gebouwen, straalt charme en karakter uit, en biedt de nodige luxe: u vindt er een buitenzwembad, een tennisbaan, paardenboxen en een prachtig terras waar u 's zomers kunt lunchen of dineren.

A stately country house with a beautifully landscaped garden in the middle of woodland. The hotel is divided into four buildings, all of which exude lots of charm and character, while providing plenty of luxury. An outdoor swimming pool, tennis court, stables and a magnificent terrace for summer dining complete the picture.

30 kam 🛏 – †195/255 € ††260/380 € – 2 suites – ½ P
Jhr. Dr. C.J. Sandbergweg 82 ✉ 3852 PV – ☎ 0577 407 393
– www.roodekoper.nl
Het Roode Koper ✿ – zie restaurantselectie

LIJNDEN
Noord-Holland - Haarlemmermeer – **8**-A3

🍴 **Bij Qunis**　　　　　　　　🏠 🍽 ♿ **P**

MARKTKEUKEN · EIGENTIJDS XXX Bij Ronald en Tamara Kunis kijkt u uw ogen uit: hun restaurant is ondergebracht in het gemaal De Lynden (1847), een Rijksmonument waar het authentieke karakter zich mooi vermengt met de stijlvolle inkleding. De chef laat zich leiden door de regio en de seizoenen, zijn eerlijke kookstijl steunt op het beste van de markt.

Ronald and Tamara Kunis's restaurant is housed in a truly striking setting – the De Lynden pumping station (1847). This national heritage site's authentic atmosphere mixes nicely with the stylish decor. The chef is guided by the region and seasons, his honest cooking style supported by the best ingredients on the market.

Lunch 30 € – Menu 40 € – Carte 48/58 €
Akerdijk 12 ✉ 1175 LE
– ☎ 023 204 9040 – www.restaurantbijqunis.nl
– gesloten 27 tot 31 december, 27 april, 10 mei, zaterdagmiddag, zondag en maandag

---

Wilt u een feestje organiseren of een maaltijd met zakenrelaties?
Kijk dan naar de restaurants met het symbool ♿.

✿ De Burgemeester   ⊛ 🕏 **P**

MODERNE KEUKEN · EIGENTIJDS ✕✕ In het voormalige raadhuis van Linschoten staat een veelbelovend team klaar, onder leiding van chef Spruijt. Zijn uitstekende techniek en neus voor topproducten zijn duidelijk aanwezig in de gerechten. De afwisseling van smaken en texturen is speels, boeiend en heerlijk in combinatie met de vondsten van de sommelier.

A contemporary restaurant in Linschoten's old town hall, run by an ambitious team led by chef Spruijt. His excellent technique and keen eye for top-quality produce is evident in the dishes. The variety of tastes and textures is playful, intriguing and even more delicious in combination with the sommelier's choices.

→ Rode mul met taboulé, tamarinde, bottarga en pikante tomaat. Weidelam met asperges, munt en jus met specerijen. Bramen en chocolade met bonenkruid, wodka en kwark.

Lunch 50 € – Menu 69/90 € – Carte ong. 70 €

Raadhuisstraat 17 ✉ *3461 CW –* ☏ *0348 414 040 – www.deburgemeester.nl – alleen diner behalve vrijdag – Gesloten 1 tot 7 januari, zondag en maandag*

⊛ Bij Mette   🕏 ✿

KLASSIEKE KEUKEN · GEZELLIG ✕✕ Verzorgd, eigentijds restaurant in een oude kruidenierswinkel, in de schaduw van de scheve klokkentoren. Eetzaal met een mix van oud en modern. Wenteltrap, verscholen terras.

This modern restaurant is housed in a former grocery near the church tower. A pleasant blend of modern- and old-style décor in the dining room; wonderful spiral staircase. Hidden terrace.

Lunch 30 € – Menu 37/60 € – Carte 45/54 €

Dorpsstraat 41 ✉ *3461 CP –* ☏ *0348 499 939 – www.bijmette.nl – Gesloten zaterdagmiddag, zondag en maandag*

🏠 Louisehoeve ①   🛏 ✿ 🛝 **P**

LANDHUIS · NATUUR Deze gerenoveerde boerderij uit 1602 garandeert een verblijf in alle rust. Het ligt namelijk op landgoed Linschoten en is enkel omgeven door natuur. Heerlijk! U ontdekt er de sereniteit van het landelijke leven, en overnacht in moderne kamers die het mooie pand nog wat extra charme geven.

This renovated farmhouse dating from 1602 guarantees a peaceful stay, as it is located on the Linschoten Estate and surrounded only by nature. You will discover the serenity of rural life while sleeping in modern rooms which add yet more charm to this lovely building.

5 kam – 🛏85/135 € 🛏🛏85/135 € – ⌣ 10 €

Haardijk 12 ✉ *3461 AB –* ☏ *06 53710373 – www.louisehoeve.nl*

⊛ Het Oude Dykhuys   ⊛ 🕏 ✿ **P**

MODERNE KEUKEN · ELEGANT ✕✕ Dit zeer goed onderhouden dijkhuis bewijst dat oud worden niet negatief hoeft te zijn. Het elegante interieur is strak en vormt een prachtig decor om in te dineren. De manier waarop de chef producten combineert en bereidt, is lekker eigentijds. Heerlijk in combinatie met een van de kwaliteitswijnen uit de wijnkamer.

This beautifully maintained dike house proves that growing old can be a positive experience. The slick, elegant interior forms a magnificent backdrop to a meal. The way in which the chef combines and prepares dishes is deliciously contemporary, and pairs wonderfully with the quality wines.

Menu 35/50 € – Carte 44/67 €

Lisserdijk 567 ✉ *2165 AL –* ☏ *0252 413 905 – www.hetoudedykhuys.nl – Gesloten zaterdagmiddag, zondagmiddag en maandag*

LOCHEM

Gelderland – Atlas n° **4**-D2

🏠 Hof van Gelre

FAMILIAAL • ELEGANT Hier logeren of dineren is je helemaal onderdompelen in de sfeer en charme van de Achterhoek. Vanuit het hotel ligt dit stukje Nederland aan uw voeten of (voor fietsliefhebbers) aan uw trappers!

Guests staying or dining here can soak up the atmosphere and charm of the Achterhoek in the Eastern Netherlands. From the hotel, this part of the country is easily explored on foot or by bike.

46 kam ⌛ – †59/79 € ††99/129 €

Nieuweweg 38 ✉ 7241 EW – ✆ 0573 253 351 – www.hofvangelre.nl

LOENEN AAN DE VECHT

Utrecht – Stichtse Vecht – Atlas n° **10**-A2

✿ 't Amsterdammertje (André Gerrits)   🏡 🕏 🖙

CREATIEF • TRENDY XX Wat een prachtige make-over heeft deze oude boerderij ondergaan! Het is er trendy – de open keuken is zeer knap – en er hangt altijd een leuke ambiance. Die vibe weet de chef te vertalen naar het bord: creatieve ingrediëntencombinaties monden uit in gulle smaken met diepgang. Dit noemt men een zaak met schwung.

This old farmhouse has been successfully renovated to create a trendy restaurant with a stunning open kitchen and a friendly ambience. The imaginative cuisine is prepared by a skilful chef who manages to create combinations of ingredients resulting in deep, lavish flavours. A real success story.

→ Gepekelde en gemarineerde makreel met tomaat en harissa. Weidelam met kokkels, zilte groenten, broccolicrème en lamsjus. Aardbeien : sorbet en gemarineerd met tonic en aardbeienmeringue gevuld met een ijspastille van verveine.

Lunch 44 € – Menu 59/89 € – Carte 62/75 €

Rijksstraatweg 119 ✉ 3632 AB – ✆ 0294 234 848
– www.restaurantamsterdammertje.nl – Gesloten 29 december-2 januari, 27 april, 21 juli-5 augustus, zaterdagmiddag, zondag en maandag

✿ Tante Koosje   🏡 🄰🄲 🖙

FRANS MODERN • RUSTIEK XX Een voetgangersstraat leidt naar dit intieme, charmante huis waar Koosje Edema (een markante dorpsbewoonster) haar leven doorbracht. Koos retrodecor en een heerlijk terras bij de kerk. Kies vol vertrouwen voor de menu's.

A pedestrian street leads to this charming house where Koosje Edema (an important local figure) spent her whole life. Cosy, retro setting and pleasant terrace by a church. Good choice on the menus.

→ Twee bereidingen van koningskrab met kaviaar en savarin van avocado en champagnevinaigrette. Ossenstaartstoofvlees van de barbecue met rauwe eendenlever, gnocchi, kletskop van parmezaankaas en jus. Tarte Tatin van appel met karamelsaus en vanilleroomijs.

Menu 70/88 € – Carte 71/96 €

Kerkstraat 1 ✉ 3632 EL – ✆ 0294 233 201 – www.tante-koosje.nl – alleen diner
– Gesloten 27 december-7 januari en 27 april

LUNTEREN

Gelderland – Ede – Atlas n° **4**-B2

🏠 de Lunterse Boer

HERBERG • ELEGANT Kom tot rust in dit gerenoveerde hotel, midden in de bossen. De kamers zijn klassiek met een vleugje Engelse stijl. Wie toch wil werken, kan in het vergadercentrum terecht. In het restaurant geniet u rondom de haard of met zicht op de bossen van weldoordachte, moderne gerechten.

Peace and quiet is to the fore in this refurbished hotel, completely surrounded by woods. The guestrooms are traditional in style and show a touch of English influence. Guests on business can use the facilities in the conference centre. Enjoy carefully conceived, modern dishes served in a cosy atmosphere at the restaurant.

18 kam - ♥90 € ♥♥90/100 € - 🛏 15 €

Boslaan 87 ✉ 6741 KD - ☎ 0318 483 657 - www.lunterseboer.nl - Gesloten 27 december-4 januari en 23 juli-9 augustus

De LUTTE
Overijssel – Losser – Atlas n° **9**-D3

✿ **De Bloemenbeek** 🏠 🌾 **P**

FRANS MODERN · KLASSIEK XXX Een aperitief in het cosy salon, doorstappen naar het stijlvolle restaurant en op uw wenken bediend worden door de attente service. Wat een begin! De chef toont met de heerlijke sauzen en juiste afkruiding dat hij klassiek geschoold is, maar slaagt er ook in finesse en variatie toe te voegen met moderne technieken.

An aperitif in the cosy salon, followed by attentive service in the stylish restaurant makes for a promising start. The flavourful sauces and well-balanced seasoning reveal the chef's classic training, while also applying modern techniques to achieve variety and finesse.

→ Tartaar en pastrami van Dinkeldalrund met balsamico, oude kaas en aardappelkaantjes. Ree uit Twente met pommes Paolo, meiknol en jus met vlierbessen. Gemarineerde aardbeien met amandelen en seringbloesemsorbetijs.

Menu 50/105 € – Carte 73/100 €

*Hotel Landhuis De Bloemenbeek, Beuningerstraat 6, (Noordoost : 1 km)
✉ 7587 LD - ☎ 0541 551 224 - www.bloemenbeek.nl
- Gesloten 2 tot 6 januari*

⫶◯ **Landgoed de Wilmersberg** ← 🍴 🏠 ♿ 🌾 ♻ **P**

MODERNE KEUKEN · ELEGANT XX De natuur speelt hier een hoofdrol. Dat begint met het prachtige zicht dat u op het Twentse landschap hebt, zowel op het terras als vanuit de charmante eetzaal. De chef geeft groenten een hoofdrol in moderne bereidingen en durft wel eens uitdagend te combineren, al doet hij dat steeds met respect voor de cuissons.

At Landgoed de Wilmersberg nature takes centre stage, beginning with a wonderful view of the landscape of Twente, both on the terrace and in the charming dining room. The chef makes vegetables the focus in his modern dishes. He is bold enough to present the occasional challenging combination, always applying the correct techniques.

Lunch 28 € – Menu 40/70 € – Carte 57/66 €

*Hotel Landgoed de Wilmersberg, Rhododendronlaan 7 ✉ 7587 NL
- ☎ 0541 585 555 - www.wilmersberg.nl*

🏘 **Landhuis De Bloemenbeek** 🏊 🍴 📺 💆 ⛹ 🌾 🖭 ♿ 🧖 **P**

LUXE · ELEGANT Landhuishotel in een rustige, bosrijke omgeving. Standaard- en luxekamers, junior suites en suites. Goed ontbijtbuffet, wellness- en beautycentrum, vergaderfaciliteiten.

This plush villa stands in a peaceful wooded site with standard, superior guestrooms and junior suites and suites. Tasty buffet breakfast. Wellness facilities. Meeting rooms.

52 kam 🛏 - ♥110/190 € ♥♥150/245 € - 5 suites

*Beuningerstraat 6, (Noordoost : 1 km) ✉ 7587 LD
- ☎ 0541 551 224 - www.bloemenbeek.nl
- Gesloten 2 tot 6 januari*

De Bloemenbeek ✿ – zie restaurantselectie

🏠 Landgoed de Wilmersberg 👓 🍴 🛏 🖼 🕸 🐾 🎣 ✂ 🗄 ♿ 🎰 ♨ **P**

LANDHUIS · KLASSIEK Weelderig landgoed midden in de bossen. Het hotel is gehuld in een elegante, warme sfeer en wordt omgeven door een mooie bloementuin. De Royale landgoedkamers zijn ingericht in Engelse stijl en beschikken op de balkons en terrassen over een weids uitzicht. Een oase van rust, dat ervaart u ook in de prachtige wellness.

This opulent country house in the middle of the woods is surrounded by a beautiful flower garden and has a warm, welcoming atmosphere. The Royale Estate rooms are decorated in an English style and boast panoramic views from their balconies or terraces. The spa and beauty facilities in this oasis of peace are equally wonderful.

57 kam ⚏ – �psn90/120 € ♥♥105/180 € – 2 suites – ½ P

Rhododendronlaan 7 ✉ 7587 NL
– ☎ 0541 585 555 – www.wilmersberg.nl
Landgoed de Wilmersberg 🍴 – zie restaurantselectie

MAARSSEN
Utrecht – Stichtse Vecht – Atlas n° **10**-A2

🍴 Auguste 🍷 🏡 **P**

VIS EN ZEEVRUCHTEN · CHIC ✗✗ De intimiteit van dit restaurantje zorgt voor een cosy sfeer waarin u rustig kunt genieten. De chef balanceert met verve tussen de Franse keuken en Italiaanse invloeden. Hij werkt bijna uitsluitend met vis, die uitblinkt door zijn versheid. Heerlijk! Kwaliteit vindt u ook in de prachtige wijnkelder.

This intimate little restaurant creates a cosy atmosphere for relaxed enjoyment. The chef balances French and Italian influences with gusto, working almost exclusively with fish, which stands out for its freshness. Guests will also find top quality options on the wine list.

Lunch 33 € – Menu 39/69 € – Carte 48/85 €

Straatweg 144 ✉ 3603 CS
– ☎ 0346 565 666 – www.auguste.nl
– Gesloten zaterdagmiddag, zondag en maandag

MAARTENSDIJK
Utrecht – De Bilt – Atlas n° **10**-A2

🌸 Zilt & Zoet 🏡 🍷 ♿ **P**

MODERNE KEUKEN · HEDENDAAGSE SFEER ✗✗ Het moderne interieur van deze landelijke villa is opgefrist en onder meer vintage accenten en is een mooi voorbeeld van Nederlandse gezelligheid. Het ruime keuzemenu (keuze tussen 3, 4 en 5 gangen) is ijzersterk. De chef werkt vooral met seizoensproducten en verwerkt ze in eigentijdse, gulle gerechten.

The refreshed interior of this countryside villa combines the modern and the vintage, and is a great example of cosy Dutch ambience. The extensive set menu (a choice of three, four or five courses) is impressive. It is created by a chef who creates modern, lavish dishes from largely seasonal produce.

Lunch 32 € – Menu 37/60 € – Carte ong. 55 €

Dorpsweg 153 ✉ 3738 CD
– ☎ 0346 212 627 – www.restaurantziltenzoet.nl
– Gesloten 27 december-3 januari, 31 juli-20 augustus, dinsdagmiddag,
zaterdagmiddag, zondag en maandag behalve feestdagen

Bij ieder ✿ restaurant worden drie gerechten vermeld, waarmee een beeld wordt gegeven van de kookstijl van het huis.
Deze gerechten staan niet altijd op de kaart, maar ruimen af en toe plaats voor smakelijke recepten van het moment.

MAASBRACHT

Limburg – Maasgouw – Atlas n° **6**-B2

🕸 **Da Vinci** (Margo Reuten)   🕸 🕸 🕸

FRANS CREATIEF · DESIGN 🕸🕸 Da Vinci is een prachtig modern restaurant waar u geniet van de goede zorgen van Margo Reuten. Dankzij de grote glaspartijen ziet u hoe beheerst zij wel werkt, dat bewijzen ook haar gerechten: mooi bewerkt, technisch verzorgd en sterk op smaak. De sommelier weet perfect welke lekkere wijn daar bij past.

Da Vinci is a beautiful modern restaurant where you enjoy the good care of Margo Reuten. Thanks to the large glass pieces, you can see how controlled she works, which also proves her dishes: well-prepared, technically well-groomed and highly flavored. The sommelier knows perfectly what tasty wine fits with.

→ Makreel en koningskrab met kaviaar. Reerug met kersen, seizoensgroenten en rodewijnsaus. Creatie van ananas met een citroenmousse en ananasroomijs met een pepertje.

Lunch 55 € – Menu 100 € 🍷/160 € – Carte 80/115 €

Havenstraat 27 ✉ 6051 CS – ☎ 0475 465 979 – www.restaurantdavinci.nl – Gesloten 24 december-3 januari, 27 februari-5 maart, 24 juli-13 augustus, zaterdagmiddag, maandag en dinsdag

MAASLAND

Zuid-Holland – Midden Delfland – Atlas n° **12**-B2

🍴 **De Lickebaertshoeve**   🏡 ♿ 🕸 🚲 🅿

STREEKGEBONDEN · RUSTIEK 🕸🕸 Neem plaats op het terras om te genieten van het omringende polderlandschap, in de karaktervolle boerderij is het dan weer de gezelligheid die bekoort. De chef voert een eerlijke keuken die goede producten volledig tot hun recht brengt.

Take your place on the terrace to enjoy the polder landscape that surrounds this friendly restaurant, housed on a farm full of character. The chef runs an honest kitchen, getting the best out of good ingredients.

Lunch 25 € – Menu 43/60 € – Carte ong. 46 €

Oostgaag 55 ✉ 3155 CE – ☎ 010 591 5175 – www.lickebaertshoeve.nl – Gesloten zaterdagmiddag, zondagmiddag, maandag en dinsdag

MAASTRICHT

De meest zuidelijke stad van Nederland is tevens de
meest bourgondische. Maastricht heeft een heel ander
eetcultuur dan de rest van Nederland en is iets minder
gediversifieerd dan andere grote Nederlandse steden,
de keuken is er meer Frans georiënteerd. De locatie aan
het drielandenpunt, net naast België en Duitsland, en
op een kruispunt van water en wegen, is ook een deel
van de verklaring waarom de eetcultuur zo rijk is in
Maastricht.

De gezelligheid van de stad is alom bekend, en dat mag
ondertussen ook gezegd worden van de Limburgse
streekproducten. De wijnen die in de regio gemaakt
worden, zijn verrassend goed en hun kwaliteit
blijft jaar na jaar toenemen. De champignons uit de
Mergelgrotten zijn niet te versmaden, de asperges uit
de buurt zijn ware lekkernijen. Hier is men terecht fier
op wat de regio te bieden heeft!

Limburg – 122 488 inw.
• Atlas n°6-A3

ALFABETISCHE LIJST VAN RESTAURANTS
INDEX OF RESTAURANTS

ALFABETISCHE LIJST VAN HOTELS
INDEX OF HOTELS

wooyaa/iStock

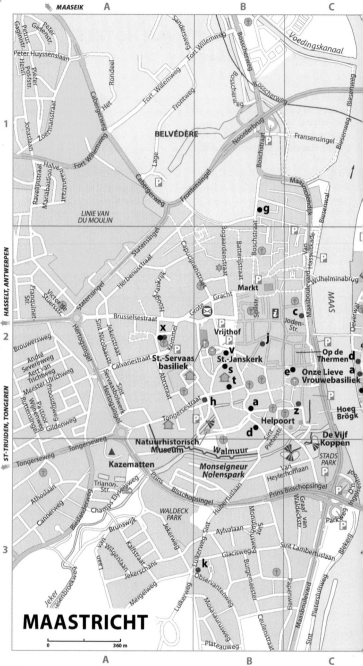

A   B   C

HASSELT, ANTWERPEN

ST-TRUIDEN, TONGEREN

Voedingskanaal

Peter Gielenstr.
Petrus Gagingstr.
Peter Huyssenslaan
Pieter Post-str.
Peter Henri
Zoetmanstraat
Jonastraat
Jonaslaan

Sandersweg
Fort Willemweg
Bosscherweg
Bosscherweg
Bosscherweg

Cabergenweg
Het
Rondeel
Frontweg
Noorderbrug

Fransensingel

Ravellijnstraat
Mariabastion
Halvemaanstraat
Fort Willemweg

1

Lage
Cabergenweg
Frontensingel

BELVÉDÈRE

Boschstraat
P
Maasmolendijk
Biesenwal

LINIE VAN
DU MOULIN

•g

Statensingel
Statenstraat
Herbenusstraat

Capucijnenstraat

Bogaardenstraat
Battenijstraat
Boschstraat

Maastrichter Hessenpad

MAAS

Victor de
Stuersstr.
Brouwersweg
André
Severinweg
Aert van
Trichtweg
Meester Ulrichweg

Hertogsingel

Sint-Nicolaasstr.
Sint Servaasstraat
Calvariestraat

Frankijk
Hoogfrankijk
Brusselsestraat

Grote Gracht

P
Markt

Splitse.
Joden-
Str.

2

•x

Kommel
Jekerstraat
Sint-Nicolaasstr.

Vrijthof

•v
St.-Janskerk

•j

•c

St.-Servaas
basiliek

St.-Jans kerk

•s
•t

Op de
Thermen

•e

Onze Lieve
Vrouwebasiliek

•d
•a

Pastoor
Willemsweg
Proosdijweg
Ruttensingel
Gildenweg

Hertogsingel
Abtstraat
Servaasbolwerk

•h

•a

Helpoort

•z

Hoeg
Brögk

Tongersestraat

•d

Sint
Pieterstr.

De Vijf
Koppen

Tongerseweg

Natuurhistorisch
Museum

Walmuur

Monseigneur
Nolenspark

STADS
PARK

Van
Heylerhofflaan

Kazematten

Prins
Bisschopsingel

Prins Bisschopsingel

Graaf van
Waldeckstr.

Park

Trianon-
Str.

Champs Elyseeweg
Brunswijk
Kalfstraat
Jekerschans

WALDECK
PARK

Jekerweg

Aylvalaan

Sint Monulphusweg

Sint Lambertuslaan

Papenweg

Athoslaan
Canneweg

Bieslanderweg
van Wijngenlaan
Jeker

Lijkerweg

Glaciesweg
Burgemeester
Mooresatunuweg

Maasboulevard
Pieterstraat

3

•k

Observantenweg

Plateauweg

MAASTRICHT

0   360 m

A   B   C

AACHEN, HEERLEN, VALKENBURG AAN DE GEUL

AACHEN VAALS

OOSTERMAAS

WYCK

CÉRAMIQUE

Bonnefanten museum

Gouvernement

MECC

HEER

Centre Céramique

oohtee/iStock

Centrum

Restaurants

⌘ Tout à Fait (Bart Ausems)

FRANS MODERN • EIGENTIJDS XX Traditie en originaliteit vloeien hier heerlijk in elkaar over. Zo gaat het moderne interieur mooi samen met het oude karakter van het pand. De vakkundige chef werkt met de beste seizoensproducten en maakt graag gebruik van de rôtissoire. Hij levert smaak, puur en heerlijk. De goede prijs-kwaliteitverhouding maakt uw ervaring tout à fait geweldig!

Tradition and originality meet in this lovely restaurant, where a modern interior blends nicely with the old character of the house. The skilled chef works with the best seasonal produce to deliver delicious natural flavours – he loves to use the rotisserie. It's also excellent value for money, which makes your experience 'tout à fait marvellous'!

→ Slaatje van koningskrab omwikkeld met gerookte zalm, gefrituurd scharreleitje en een yuzucrème. Aan het rôtissoire geroosterd duifje met gebraiseerde kapucijners à la barigoule en ravioli met de gekonfijte boutjes. Moelleux van chocolade, compote van frambozen en een verveinesorbet.

Lunch 45 € – Menu 70/110 € – Carte 93/103 €

Plattegrond: C2-z – St-Bernardusstraat 16 ✉ 6211 HL – ☎ 043 350 0405 – www.toutafait.nl – Gesloten 25 tot 31 december, zaterdagmiddag, maandag en dinsdag

Bistro Bœuf La Roche ‖○ – zie restaurantselectie

🙂 L'Auberge

KLASSIEKE KEUKEN • RUSTIEK X U vindt deze zaak onder de gewelven van de oude kapel van kasteel Neercanne, een locatie die tot de verbeelding spreekt. Hier wordt voor het klassieke repertoire gekozen, vertolkt op de wijze van het huis. Bij mooi weer waant u zich op het heerlijke terras de koning te rijk. Zondag enkel kleine lunch en gebak.

The location of this restaurant under the vaults of the old chapel at Château Neercanne captures the imagination. Enjoy al fresco dining on the stunning patio in summer. On Sundays, options are limited to a modest lunch or cakes and pastries.

Menu 37 € – Carte 41/54 €

Rest Château Neercanne, Cannerweg 800, (5 km langs Bieslanderweg) ✉ 6213 ND – ☎ 043 325 1359 – www.oostwegelcollection.nl – alleen lunch – Gesloten zaterdag

🙂 Danyel

FRANS • GEZELLIG X Danyel van den Bongard is een oudgediende van de Maastrichtse gastronomie. Deze man kent dus zijn klassiekers, dat ontdekt u in deze leuke zaak die iets weg heeft van een Franse bistro. Het is rijk, smeuïg, sappig, ... Kortom: u eet hier heel lekker! Het keuzemenu is top, al zijn specialiteiten als ganzenlever en zwezeriken ook zeker de moeite!

Danyel van den Bongard is a veteran of the Maastricht food scene who knows his classics well. Experience his cuisine for yourself in this pleasant restaurant with its French bistro feel, and enjoy delicious dishes that are rich, smooth and full of flavour. Both the set menu and specialities such as foie gras and sweetbread are simply exquisite.

Lunch 25 € – Menu 37/80 € – Carte 50/79 €

Plattegrond: B3-k – *Observantenweg 3* ⊠ *6212 EN* – ℰ *06 81851059*
– *www.restaurtdanyel.nl* – *Gesloten woensdag*

ⅱ○ **Au Coin des Bons Enfants** 🏠 🅰 ⇔

FRANS MODERN • CHIC XXX Hoe slaagt een chic, intiem restaurant er in om sinds 1949 een vertrouwd adres te zijn in hartje Jekerkwartier? Door een keuken aan te bieden die de Franse culinaire tradities en de seizoenen respecteert, maar wel met zijn tijd mee is. Maar ook door niet onnodig zwaar te koken en altijd de smaak te laten primeren.

This chic, intimate restaurant has remained a trusted address in the heart of the Jeker quarter since 1949. The secret of its success is cuisine that respects French culinary traditions as well as the seasons. The restaurant also moves with the times by keeping the food light and always allowing the flavours to shine through.

Menu 39 € – Carte 58/79 €

Plattegrond: B2-h – *Ezelmarkt 4* ⊠ *6211 LJ* – ℰ *043 321 2359*
– *www.aucoindesbonsenfants.nl* – *alleen diner* – *Gesloten zondag en maandag*

ⅱ○ **Château Neercanne** ⇐ 🏠 🍴 ⇔ 🅿

KLASSIEKE KEUKEN • KLASSIEK XXX Dit terrassenkasteel is een van de mooiste huizen van het land! De authentieke charme van het château is voelbaar tot in de kleinste details, het terras met uitzicht op de baroktuinen en de valleien is adembenemend! De chef steekt op zijn beurt de rijke smaken van de klassieke keuken in een verleidelijk modern jasje.

This castle is one of the most beautiful houses in the country! The authentic charm of the château is palpable down to the smallest details, and the terrace with a view of the baroque gardens and the valleys is breathtaking! The chef, in turn, puts the rich flavours of classic cuisine into attractively modernised dishes.

Lunch 50 € – Menu 85/108 € – Carte 92/115 €

Cannerweg 800, (5 km langs Bieslanderweg) ⊠ *6213 ND* – ℰ *043 325 1359*
– *www.neercanne.nl* – *Gesloten 31 december, zaterdagmiddag en maandag*
L'Auberge 🍴 – *zie restaurantselectie*

ⅱ○ **Kruisherenrestaurant** 🅰 🍴 🚗

FRANS MODERN • DESIGN XX Kleurrijke ufo's die boven uw hoofd hangen en voor verlichting zorgen? Het heeft iets surreëels, maar het gaat wel zeer mooi samen met het karakter van deze gotische kerk. De gerechten zijn down-to-earth en resoluut modern, dat merkt u aan de mate van bewerking en de diversiteit van de smaken.

The colourful UFO-shaped lights over the tables at this restaurant create a surreal ambience which nonetheless blends beautifully with its setting in a Gothic church full of character. The carefully prepared dishes are down-to-earth, resolutely modern and full of different flavours.

Lunch 29 € – Menu 45 € – *(eenvoudige lunchkaart)*

Plattegrond: A2-x – *Kruisherenhotel, Kruiserengang 19* ⊠ *6211 NW*
– ℰ *043 329 2020* – *www.oostwegelcollection.nl*

ⅱ○ **Fifty-Five** 🅰 🍴 ⇔

FRANS MODERN • RUSTIEK XX Leuke zaak in de Heggenstraat, een gezellige plek in het oude centrum, waar u binnen een sfeervol decor met barokke stijlinvloeden ontdekt. Het valt meteen op dat hier een jong team in de keuken staat, al houden ze de smaken eerder klassiek. En dat voor zachte prijzen!

Set in the Heggenstraat, a cosy spot in the old city centre, is this pleasant restaurant with an atmospheric, baroque-style interior. It is immediately apparent that the kitchen is run by a young team – even if they do keep the flavours classic. The prices are very reasonable too!

Menu 37/57 €

Plattegrond: B2-j – *Heggenstraat 3a* ⊠ *6211 GW* – ℰ *043 325 1762*
– *www.restaurant55.nl* – *Gesloten maandagmiddag, donderdagmiddag, zondagavond, dinsdag en woensdag*

⫘○ Bistro Bœuf La Roche

VLEES · BISTRO ⅹ De ster van deze gezellige bistro is de Bœuf la Roche: een rund dat in de Belgische Ardennen graast. Het vlees hangt er in rijpingscellen en u kunt meteen proeven waarom het zo geroemd wordt. Ook niet-vleeseters komen hier aan hun trekken.

The star of this cosy bistro is the Bœuf la Roche, from cattle that grazes in the Belgian Ardennes. The meat hangs in the ageing room and you can immediately taste why it's praised. Non-meat-eaters can also find dishes to suit their tastes.

Menu 34 € – Carte 43/57 €

Plattegrond: C2-z – *Rest Tout à Fait, St-Bernardusstraat 20* ✉ *6211 HL – ☏ 043 321 3231 – www.boeuflaroche.nl – alleen diner – Gesloten 25 december-1 januari, maandag en dinsdag*

⫘○ Café Sjiek

VLAAMS · GEZELLIG ⅹ Aan uw bezoek aan Café Sjiek houdt u niet alleen goede gastronomische herinneringen over, maar misschien zelfs vrienden. De sfeer in dit informele eetcafé leent zich namelijk uitstekend tot socializen. De Frans-Belgische keuken heeft de Maastrichtenaars overtuigd, u moet hier dan ook soms aanschuiven (reserveren onmogelijk).

The Franco-Belgian cooking at Café Sjiek has won many friends in Maastricht, where you are guaranteed to take some pleasant gastronomic memories away with you. The informal atmosphere makes it easy to mix with other diners and since no reservations are taken, you may have to share a table.

Carte 31/52 €

Plattegrond: B2-c – *Sint Pieterstraat 13* ✉ *6211 JM – ☏ 043 321 0158 – www.cafesjiek.nl – open tot 23.00 u. – Gesloten 24 en 25 december, carnaval, maandagmiddag, dinsdagmiddag en woensdagmiddag*

Hotels

🏠 Kruisherenhotel

HISTORISCH · GROTE LUXE "Design tussen hemel en aarde": een 16de-eeuws klooster dat werd omgevormd tot een oase van rust die tegelijk monumentale klasse en elegante verfijning uitstraalt. Het royale ontbijt wordt geserveerd in de voormalige kerk: dit is leven als God in... Maastricht!

This 16C monastery is described as 'a design between heaven and earth'. It represents an oasis of peace and tranquillity, one that also emanates real class and elegant refinement. A lavish breakfast is served in the former church. A heavenly experience in ... Maastricht!

60 kam – 🛏189/281 € 🛏🛏189/399 € – ☕ 25 €

Plattegrond: A2-x – *Kruiserengang 19* ✉ *6211 NW – ☏ 043 329 2020 – www.oostwegelcollection.nl/kruiserenhotel-maastricht/*

Kruiserenrestaurant ⫘○ – zie restaurantselectie

🏠 Derlon

LUXE · DESIGN Ontdek u een stad graag vanuit zijn hart? Dan is dit moderne hotel aan een bruisend marktplein de place to be! U logeert er in ruime kamers die zeer comfortabel zijn en geniet van een ontbijt in een museumkelder met Romeinse resten.

For those who like to explore a city from its heart, this modern hotel on a bustling market square is a great option. Stay in spacious, comfortable rooms, enjoying breakfast in a museum cellar with Roman remains.

50 kam – 🛏160/450 € 🛏🛏160/450 € – ☕ 25 € – ½ P

Plattegrond: C2-e – *O.L.Vrouweplein 6, (met annexe)* ✉ *6211 HD – ☏ 043 321 6770 – www.derlon.com*

🏠 Botticelli

STADSHOTEL · ROMANTISCH Dit charmant patriciërshuis kreeg een nieuwe look aangemeten, in Italiaanse renaissancestijl: muurschilderingen in trompe-l'œil, romantische kamers en patioterras met waterpartij en beelden.

This charming mansion has been given a new look in Italian Renaissance-style, with trompe l'oeil wall paintings, romantic guestrooms and a patio terrace with a fountain and sculptures.

18 kam – †90/160 € ††90/160 € – ⚏ 17 €

Plattegrond: B2-s – *Papenstraat 11* ✉ *6211 LG* – ☏ *043 352 6300*
- *www.hotelbotticelli.nl* – *Gesloten 25 en 26 december*

🏠 Dis

STADSHOTEL · GEZELLIG Stap door de kunstgalerij om dit stijlvolle, rustig gelegen hotel te bereiken. Kunt u maar niet genoeg krijgen van de artistieke creaties? Geen nood, want moderne kunst siert ook de gepersonaliseerde, designvolle kamers. Wie zelf creatief aan de slag wil, kan hier op aanvraag kookworkshops volgen.

Walk through the art gallery to get to this stylish hotel in a quiet location. Art enthusiasts will appreciate the modern artwork that adorns the personalised, designer-style rooms, while food lovers will enjoy the cookery classes on offer.

7 kam – †79/400 € ††79/400 € – ⚏ 15 €

Plattegrond: B2-a – *Tafelstraat 28* ✉ *6211 JD* – ☏ *043 321 5479*
- *www.hoteldis.nl*

🏠 Trash Deluxe

HERENHUIS · PERSOONLIJK CACHET Achter de anarchistische naam Trash Deluxe schuilt een überhip, zacht geprijsd hotel. De beschrijving casual chic lijkt wel voor deze plek gemaakt: verschillende materialen als hout en beton vormen de rode draad voor de stoere themakamers.

The anarchistic name of Trash Deluxe is a front for this hip, attractively priced hotel. You would think that the term 'casual chic' had been specially invented for this place. The robustly themed rooms express a materials-based concept featuring wood and concrete.

8 kam – †69/199 € ††69/199 € – ⚏ 14 €

Plattegrond: B1-g – *Boschstraat 55* ✉ *6211 AT* – ☏ *043 852 5500*
- *www.trashdeluxe.nl* – *Gesloten 2 tot 5 maart*

🏠 Les Charmes

FAMILIAAL · VINTAGE De charme van dit rustige hotel komt ten eerste van het monumentale pand (1725) waarin het is ondergebracht. De kamers zijn er cosy en delen de retroambiance van het gebouw. Ook de jonge, gastvrije patron zal u ongetwijfeld charmeren.

This peaceful hotel owes its appeal mainly to the listed building (1725) in which it is housed. The rooms are cosy and share the retro ambience of the building, while the charming young owner offers guests a warm welcome.

15 kam – †99/205 € ††99/205 € – ⚏ 14 €

Plattegrond: B2-t – *Lenculenstraat 18* ✉ *6211 KR* – ☏ *043 321 2521*
- *www.lescharmes.nl*

🏠 Haas op het Vrijthof

LUXE · BIJZONDER Haast u naar het Vrijthof, want de 2 concepten van dit B&B zijn de moeite. Haas op het Vrijthof bevindt zich in een prachtig pand uit 1920 dat met Scandinavisch design is ingericht. Daarnaast biedt Hustinx luxekamers die met al even verleidelijk design zijn gedecoreerd. In de galerie van het B&B stellen ontwerpers hun werk tentoon.

This B&B comes in two different parts. 'Haas op het Vrijthof' is housed in a beautiful building dating back to 1920 and decorated in a Scandinavian style; next to it, you will find the luxurious rooms of 'Hustinx', where the décor is equally appealing. The B&B also has a gallery, where designers display their work.

11 kam – †100/150 € ††130/170 € – 2 suites – ⚏ 15 €

Plattegrond: B2-v – *Vrijthof 20* ✉ *6211 LD* – ☏ *043 852 4353*
- *www.haasophetvrijthof.nl*

🏠 Rekko

HERENHUIS · PERSOONLIJK CACHET Rustig gelegen, voormalige leerlooierij in het Jekerkwartier. Keurige openbare ruimten, comfortabele gastenkamers en een bijzonder gastvrij onthaal. Vlak bij de vestingwerken.

A peaceful Jekerkwartier house, once a tannery. Stylish communal areas, pleasant B&B rooms, excellent hospitality. A stone's throw from the fortifications.

12 kam ⌧ – 🛏98/180 € 🛏🛏125/180 €

Plattegrond: B2-d – *Kleine Looiersstraat 8* ⌧ *6211 JL* – ☎ *043 325 1841* – *www.chambre-rekko.nl*

Rechteroever (Wyck - Céramique)

J. Langley /age fotostock

Restaurants

✿✿ Beluga (Hans van Wolde)

CREATIEF · DESIGN 🗙🗙🗙 Beluga Loves You, het is een naam die verwachtingen creëert. En die worden waargemaakt zodra u het restaurant binnenstapt, op de gelijkvloerse verdieping van een modern appartementsgebouw. Het sérieus van de bediening staat de joviale sfeer niet in de weg. Het is hier zeer leuk tafelen. De aandacht voor natuur en zee maakt het trendy interieur nog wat gezelliger. En dan komt de grootste liefdesbetuiging, van SVH Meesterkok Hans van Wolde.

Bij Beluga bent u getuige van zijn zoektocht naar de perfecte smaakbalans. Hij is een meester in het vinden van harmonieën en weet zijn creatieve ideeën te bundelen in fantastische, soms verrassende gerechten. Zijn tarte Tatin van witlof en kreeft is daar een prachtvoorbeeld van. De topkwaliteit en -cuisson van de kreeft wordt benadrukt door het zoete van het witlof. Het begeleidend sausje verbindt de ingrediënten op indrukwekkende wijze.

Eten bij Beluga is relaxed, op-en-top modern. Maar zodra het eten op tafel komt, merkt u dat in de keuken met grote precisie wordt gewerkt. Want voor iemand die je liefhebt, streef je nu eenmaal naar perfectie.

Beluga Loves You: the name itself creates expectations, which are fulfilled as soon as you enter this restaurant on the ground floor of a modern apartment building. The seriousness of the staff in no way detracts from the jovial atmosphere in this attractive restaurant, where attention to nature and the sea make the trendy interior all the more lively. Superb cuisine prepared by talented chef Hans van Wolde, who has been awarded the title of master chef by the Dutch hospitality organisation SVH, completes the picture.

At Beluga guests witness the chef's quest for the perfect balance of flavours. He is a master of harmony and knows how to combine his creative ideas into fantastic, sometimes surprising dishes. His chicory and lobster tarte Tatin is a shining example. The high quality and perfect preparation of the lobster is underlined by the sweetness of the chicory, while the accompanying sauce brings together the ingredients in impressive fashion.

Eating at Beluga is a relaxed and eminently modern experience. But as soon as the food arrives at the table, guests are aware of the careful and precise work going on in the kitchen. After all, and as the restaurant's name suggests – if you love someone, you strive for perfection.

→ Oesters en krab met aardappel, citroen en krokantje met kaviaar. Meibok met frambozen, jeneverbes en pommes fondantes. 100% passie van ananas, passievrucht, aardbei en witte chocolade.

Lunch 55 € - Menu 120/191 € - Carte 75/98 €

Plattegrond: C2-g - *Plein 1992 nr 12, (Céramique)* ✉ *6221 JP -* ✆ *043 321 3364*
- www.belugalovesyou.com - Gesloten zondag en maandag

Harry's   AC ⍓ 🚗

MARKTKEUKEN • **BRASSERIE** XX De kosmopolitische sfeer en de dynamische bediening maken van deze luxebrasserie een uiterst aangename plek. Dankzij de open keuken ziet u hoe (bij voorkeur) lokale producten in internationaal getinte gerechten worden verwerkt. De chef durft creatief te zijn, maar weet ook dat eenvoud siert. Bij Harry's zult u smullen!

The cosmopolitan atmosphere and dynamic service make this luxury brasserie a wonderful venue. Watch the chef at work in the open kitchen, where he uses mainly local ingredients to create bold yet simple international cuisine. A true feast for the senses!

Lunch 28 € - Menu 37 € - Carte 37/109 €

Plattegrond: D2-e - *Hotel Beaumont, Wycker Brugstraat 2* ✉ *6221 EC*
- ✆ *043 328 1366 - www.harrysrestaurant.nl*

Novo ⓝ   ⍓

FRANS MODERN • **TRENDY** X Iets Nederlands, een beetje oosters, wat Aziatisch? Uw smaakpapillen zien in deze gezellige zaak alle kanten van de wereld! De chef is geschoold volgens de Franse regels, maar brengt graag vernieuwing in zijn keuken. Wat is het moeilijk te kiezen uit het keuzemenu! Nog een afsluiter? Ga dan lekker naar de film in de Euroscoop (in hetzelfde gebouw).

A delightful restaurant which serves cuisine from all around the world, so that whether you fancy Dutch, Oriental or Asian specialities you'll find something to suit you. Although the chef qualified in French cuisine, he enjoys adding innovative touches to his dishes, offering a set menu with plenty of choice. And after your meal, why not go and watch a film in the Euroscoop (a cinema in the same building)?

Menu 29/48 €

Plattegrond: D2-m - *Wilhelminasingel 39 A* ✉ *6221 BE -* ✆ *043 204 1169*
- www.novo-dining.com - alleen diner behalve zaterdag en zondag - Gesloten maandag

Umami by Han   AC ⍓

AZIATISCH • **EXOTISCHE SFEER** X Het strakke interieur van deze Umami creëert de juiste sfeer om te genieten van lekkere gerechten uit alle uithoeken van Azië. De chef kookt met verse producten en houdt zijn bereidingen licht, zonder dat ze aan smaak inboeten. Dankzij de zachte prijzen en het shared dining concept kunt u hier uitgebreid uitproberen.

The smart interior of Umami creates the right atmosphere for enjoying delicious dishes from all corners of Asia. The chef uses fresh ingredients prepared with a light touch, without sacrificing flavour. The favourable pricing and shared dining concept allows diners to try plenty of different dishes.

Lunch 16 € - Menu 30/50 € - Carte ong. 25 €

Plattegrond: D2-c - *Stationsstraat 12* ✉ *6221 BP -* ✆ *043 351 0006*
- www.umami-restaurant.com - Gesloten maandagmiddag en dinsdagmiddag

⅋O Mediterraneo   AC ⬌

ITALIAANS • **GEZELLIG** XX Van patron Pino Melani tot de gerechten op het bord: deze gezellige zaak is op-en-top Toscaans! Dat betekent: uitstekende producten (tijdens de winter worden de truffels met kilo's geleverd) en bereidingen zonder poespas maar boordevol smaak.

From patron Pino Melani to the food on the plate, this friendly establishment is Tuscan through and through. That means excellent ingredients (in winter the truffles are delivered by the kilo) and unfussy dishes packed with flavour.

Menu 59/69 € - Carte 60/100 €

Plattegrond: C2-h - *Rechtstraat 73* ✉ *6221 EH -* ✆ *043 325 5037*
- www.ristorante-mediterraneo.nl - alleen diner - Gesloten 1 week carnaval, zondag en maandag

MAASTRICHT

‖○ **"O"** 🏠 AC

VIS EN ZEEVRUCHTEN • TRADITIONEEL ✕✕ O wat is het toch fijn om in dit elegant visrestaurant te tafelen, waar de chef de versheid van zijn vis en zeevruchten in de verf weet te zetten met verzorgde bereidingen. De borden fruits de mer, met daarop verschillende soorten oesters, zijn absolute aanraders!

Dining in this elegant fish restaurant is a true pleasure. The chef showcases the freshness of his fish and seafood with meticulous dishes. The seafood platters, laden with different types of oyster, are especially recommended.

Lunch 30 € – Menu 45/52 € – Carte 42/75 €

Plattegrond: C2-d – *Rechtstraat 76* ✉ *6221 EL* – ☏ *043 325 9747*
– *www.restaurant-o.nl* – *Gesloten zaterdagmiddag, zondagmiddag en maandag*

‖○ **Tabkeaw** 🏠 AC

THAIS • EXOTISCHE SFEER ✕ Specialiteiten uit het Land van de Glimlach in een exotisch, Siamees decor: lambrisering van bamboe, Thaise landschappen en pagodebar. Stoepterras.

Specialities from the Land of Smiles in an exotic Siamese décor with bamboo-style panelling, Thai landscapes, and a pagoda counter. Terrace on the Rechtstraat.

Menu 37 € – Carte 36/45 €

Plattegrond: C2-a – *Rechtstraat 102* ✉ *6221 EL* – ☏ *043 325 9712*
– *www.tabkeaw.com* – *alleen diner* – *Gesloten woensdag*

‖○ **Wen-Chow** 🏠 AC

CHINEES • TRADITIONEEL ✕ Recht tegenover het station vind je dit restaurant, waar je écht Chinees eet. Het bewijs voor deze authenticiteit? De trouwe clientèle van Chinese klanten!

Situated directly opposite the station, this restaurant serves authentic Chinese cuisine, as the number of loyal Chinese regulars testifies.

Menu 25/35 € – Carte 22/62 €

Plattegrond: D2-a – *Spoorweglaan 5* ✉ *6221 BS* – ☏ *043 321 4540*
– *www.wen-chow.nl* – *Gesloten woensdag*

Hotels

🏨 **Crowne Plaza** 🏊 ‹ 🖥 ♿ AC 🛋 🐾 🚗

STADSHOTEL • EIGENTIJDS In lijn met de uitgelezen locatie, langs de Maas en naast designwijk Céramique, wacht u hier een uitstekend verzorgd verblijf. Dit klassehotel – met prima congresfaciliteiten – wil niets minder dan kwaliteit en voert daarom verschillende vernieuwingswerken uit. De Mangerie serveert gerechten die een kosmopolitisch publiek moeten plezieren.

Complementing its superb location on the Maas and next to the Céramique design quarter, this top class hotel provides excellent accommodation, which is maintained to the highest of standards. First class conference facilities. The cuisine served at De Mangerie is designed to please a cosmopolitan clientele in an elegant setting.

144 kam – 🛏99/495 € 🛏🛏99/495 € – ⌑ 28 €

Plattegrond: C2-c – *Ruiterij 1* ✉ *6221 EW* – ☏ *043 350 9191* – *www.cpmaastricht.com*

🏨 **Beaumont** 🖥 AC 🍽 🛋 🚗

FAMILIAAL • HEDENDAAGS Een charmante buitenkant en een verfijnd modern interieur verraden de toewijding en persoonlijke toets van de familie Beaumont, die de gasten al sinds 1912 met open armen ontvangt. Van uw aankomst tot aan het ontbijt, in dit hotel wordt u werkelijk in de watten gelegd.

A charming façade and a sophisticated modern interior are indicators of the dedication and personal involvement of the Beaumont family, who have been receiving guests here with open arms since 1912. From the moment you arrive until the moment you leave, you will be pampered.

75 kam – 🛏130/180 € 🛏🛏130/180 € – ⌑ 20 €

Plattegrond: D2-e – *Wycker Brugstraat 2* ✉ *6221 EC* – ☏ *043 325 4433*
– *www.beaumont.nl*
Harry's 🍴 – *zie restaurantselectie*

MAASTRICHT

🏰 Buitenplaats Vaeshartelt   ♙ 🐾 ≪ 🖨 🎥 ♿ 🛗 **P**

HISTORISCH · EIGENTIJDS Ontwaak in een kasteel uit de 17de eeuw waar binnenin een frisse wind waait, wandel door de ochtenddauw in het park en schuif
aan voor een ontbijt met spek en eieren... En de dag is nog maar net begonnen!
Het restaurant met zijn eigentijdse, streekgebonden keuken is dan weer een
mooie afsluiter.

Wake up in a 17C castle with a fresh and modern interior, take a stroll through
the morning dew in the park and come back to enjoy a breakfast of bacon and
eggs – a great way to start the day! In a similar vein, the restaurant with its contemporary, regional cuisine provides a fitting end to your day.

84 kam ⌂ – 🛏59/250 € 🛏🛏69/300 €

Weert 9 ⊠ 6222 PG – ☎ 043 369 0200 – www.vaeshartelt.nl

🏰 Hoogenweerth Suites   🐾 🖨 **P**

HISTORISCH · TRENDY In het oude koetshuis van een romantisch kasteel aan de
Maas staan verschillende elegante suites tot uw beschikking. Deze locatie is erg
in trek voor feestelijkheden.

The old coach house of a romantic castle on the Maas offers accommodation in a
number of elegant suites. It is a particularly popular location for parties and cel-
ebrations.

8 kam – 🛏99/299 € 🛏🛏99/299 € – 4 suites – ⌂ 19 €

*Hoge Weerd 4, (Zuid : 3 km via Limburglaan, aan de Pietersplas) ⊠ 6229 AM
– ☎ 043 311 6934 – www.kasteeldehoogenweerth.nl*

🏰 Townhouse   🛗 🎥 AC 🚫 🚗

STADSHOTEL · BIJZONDER Alsof u bij uw gastvrije Limburgse tante gaat logeren, zo wil dit innovatieve hotel u ontvangen (met een kop soep als u aankomt,
dat spreekt!). Townhouse toont dat design niet per se strak en minimalistisch is,
maar ook warm, speels en nostalgisch kan zijn. Deze zaak beslaat drie huizen aan
het station.

You feel as if you are arriving at a hospitable aunt's house in Limburg when you
are welcomed to this hotel (with a warming bowl of soup, naturally!). Three
houses close to the station have been joined together in a style that proves that
design doesn't have to be cool and minimalistic but can be warm, humorous and
nostalgic.

69 kam ⌂ – 🛏69/250 € 🛏🛏69/250 €

Plattegrond: D2-f – *St. Maartenslaan 5 ⊠ 6221 AV – ☎ 043 323 3090
– www.townhousehotels.nl*

🏠 Kaboom   🎥 AC 🚫

STADSHOTEL · VINTAGE Luxe volgens Kaboom: overnachten vlak bij het station,
slapen in een comfortabel bed, genieten van een hip en modern interieur en 's
ochtends de keuze hebben uit een snel of een uitgebreid ontbijt. Kortom: voor
de moderne gast is dit een knaller!

Luxury according to Kaboom: an overnight stay near the station, sleeping in a
comfortable bed, enjoying a trendy, modern interior, with a choice of quick or extensive breakfast the next morning. In short, this is a top-notch establishment for
the modern guest.

79 kam – 🛏48/250 € 🛏🛏48/250 € – ⌂ 16 €

Plattegrond: D2-w – *Stationsplein 1 ⊠ 6221 BT – ☎ 043 325 3340
– www.kaboomhotel.nl*

De prijzen voor het symbool 🛏 komen overeen met de laagste prijs
in laagseizoen en daarna de hoogste prijs in hoogseizoen voor een
éénpersoonskamer. Hetzelfde principe voor het symbool 🛏🛏, hier
voor een tweepersoonskamer.

MAKKUM

Fryslân – Súdwest Fryslân – Atlas n° **3**-B2

⌂ **Villa Mar**   🐕 🛏 ⚙ 🚗

HERENHUIS · BIJZONDER Deze mooie villa in neoklassieke stijl (1882) is één en al karakter. Al de kamers zijn smaakvol en minimalistisch, maar zijn steeds op een persoonlijke manier ingekleed. De gezellige lounge (met open haard) en de mooie tuin zijn heerlijk om te relaxen.

This beautiful villa in neo-Classical style, dating back to 1882, exudes character throughout. All the rooms are tastefully minimalist, each decorated in an individual style. The cosy lounge (with open hearth) and lovely garden are great for relaxing in.

8 kam   ☕ – ♦55/80 € ♦♦90/110 €

Ds. L. Touwenlaan 5 ✉ 8754 BP – ☎ 0515 232 468 – www.villa-mar.com – Open van 16 maart tot 1 november

MALDEN

Gelderland – Heumen – Atlas n° **4**-B3

🐟 **Lime**   🛖

MODERNE KEUKEN · GEZELLIG XX Het talent van chef Wermenbol staat buiten kijf. In deze trendy zaak (met mooie veranda) geeft hij traditionele bereidingen een persoonlijke, smaakvolle twist. Dat doet hij weldoordacht, bijvoorbeeld door mediterrane en Aziatische smaken toe te voegen. Hij bewijst dat verfijning ook genereus kan zijn!

Chef Wermenbol's talent is beyond dispute. At this trendy restaurant with a pleasant veranda he gives traditional dishes a tasteful personal twist. His compositions are well thought through and include the addition of Mediterranean and Asian flavours to create refined dishes that are also generously portioned.

Menu 32/66 € – Carte 37/63 €

Kerkplein 2 ✉ 6581 AC – ☎ 024 357 2705 – www.restaurantlime.nl – Gesloten eerste week januari, eerste week augustus, woensdagmiddag maandag en dinsdag

MARIËNHEEM

Overijssel - Raalte – Atlas n° **9**-B2

🍴○ **De Bagatelle**   🛖 ⟳ 🅿

MARKTKEUKEN · INTIEM X Het aanzien van dit voormalig wachtershuis (1747) met rieten dak zal u ongetwijfeld bekoren, maar stap snel naar binnen om het stijlvol restaurant te ontdekken. Net als het decor is de keuken met zijn tijd mee, sterk op smaak en fijn.

The sight of this former guardhouse with a thatched roof (1747) will undoubtedly charm visitors, but hurry on inside to discover the stylish restaurant. Like the decor, the cuisine has moved with the times and is flavourful and refined.

Menu 33/43 € – Carte 40/48 €

Nijverdalseweg 10 ✉ 8106 AC – ☎ 0572 358 484 – www.bagatelle.nl – Gesloten maandag en dinsdag

MARKELO

Overijssel - Hof van Twente – Atlas n° **9**-C3

🍴○ **Il Campanile**   🛖 ⚙

ITALIAANS · BUURTRESTAURANT X Het gezin Torella dompelt u in hun gezellige huiskamer onder in zuiderse warmte. Moeder en dochter zorgen voor de goede bediening, terwijl vader en zoon hun persoonlijke touch geven aan traditionele Napolitaanse gerechten. Eenvoudige, kwaliteitsvolle producten worden hier krachtig op smaak gebracht en gul geserveerd.

The Torella family pampers guests with the warmth of the Mediterranean in their cosy living room. Mother and daughter provide great service, while father and son add their own personal touch to traditional, generously portioned Neapolitan dishes created with high-quality and strongly flavoured ingredients.

Menu 33/50 € – Carte 45/55 €

Taets van Amerongestraat 9 ✉ 7475 BT – ☎ 0547 363 297 – www.ilcampanile.nl – alleen diner – Gesloten maandag, dinsdag en na 20.30 u.

MEDEMBLIK
Noord-Holland – Atlas n° **8**-B2

ⅠⅠ◯ Meijers 2.0   🏠 ⟳

FRANS MODERN • EIGENTIJDS XX De 2.0 versie van Meijers is modern en sober, de keuken is iets verfijnder geworden. U kunt er nog steeds terecht voor de Tien van Meijers die in kleine porties worden geserveerd, aangevuld met een paar klassiekers. Ga zeker voor vier à vijf gangen om echt te genieten van de kwaliteitsvolle creaties boordevol smaak.

2.0 version of Meijers is modern and simple, while the kitchen has grown more refined. The restaurant still offers the Meijers' Ten, a selection of small portions including a couple of classics. Be sure to opt for the four- or five-course set menu to make the most of the high-quality creations, which are packed with flavour.

Menu 38/57 € – Carte 47/59 €

Oosterhaven 3 ✉ 1671 AA – ℰ 0228 591 667 – www.restaurant-meijers.nl – alleen diner behalve vrijdag en weekend – Gesloten dinsdag

🏠 Medemblik   🛠 🖵 🏛

FAMILIAAL • HEDENDAAGS Karakteristiek pand bij een haven. Alle kamers zijn gerenoveerd en het resultaat is meer dan geslaagd te noemen. Lounge-café en serre voor high teas en thema-avonden. Traditionele maaltijd in een eigentijds decor of op het zomerterras met uitzicht op de brug.

A traditional building on the waterfront. Quiet, renovated rooms, café-lounge and conservatory where high tea and theme evenings are held. Traditional cuisine in a contemporary environment, or on the terrace facing the bridge in summer.

26 kam ⌂ – ♦95/125 € ♦♦120/150 € – ½ P

Oosterhaven 1 ✉ 1671 AA – ℰ 0227 543 844 – www.hetwapenvanmedemblik.nl – Gesloten 24 december en 31 december-2 januari

MEPPEL
Drenthe – Atlas n° **1**-A3

🙂 Sukade   🏠 ♿ ⟳

MARKTKEUKEN • HEDENDAAGSE SFEER X Sukade werd lang verkocht in dit pakhuis uit 1860, vandaag huist er een resoluut modern restaurant. Het oog voor smaak en kwaliteit is hier echter nooit verdwenen. Dat bewijzen de traditionele bereidingen die met creatieve twisten worden verrijkt. De aandacht voor groenten (interessant groentemenu) is een pluspunt.

Succade – candied citrus peel – was long sold in this warehouse, which dates back to 1860 and now houses a resolutely modern restaurant. It never lost its eye for taste and quality, though, as proven by the traditional dishes with a creative twist. The attention to greens in the enticing vegetable menu is an additional plus.

Lunch 24 € – Menu 32/36 € – Carte ong. 40 €

Stoombootkade 10 ✉ 7941 BS – ℰ 0522 859 663 – www.restaurantsukade.nl – Gesloten eerste week januari, zondagavond en maandag

MIDDELBURG
Zeeland – 47 873 inw. – Atlas n° **11**-A2

ⅠⅠ◯ De Gespleten Arent

MODERNE KEUKEN • EIGENTIJDS XX Een zaak met twee gezichten: karakteristiek huis in het oude stadscentrum, maar binnen modern design. Op het bord worden seizoenproducten verenigd in eerlijke, moderne gerechten. De chefs maken graag gebruik van zelf ontworpen porseleinen borden, maar vrees niet: de prijzen zijn zeer schappelijk.

A restaurant in the old city with two contrasting sides to it: the exterior of a typical house leading to an interior that is thoroughly modern in design. The focus is on seasonal produce used to create attractive, modern and reasonably priced dishes, which the chefs like to present on personally designed china crockery.

Menu 35/68 € – Carte 49/61 €

Vlasmarkt 25 ✉ 4331 PC – ℰ 0118 636 122 – www.degespletenarent.nl – alleen diner – Gesloten 31 december-2 januari, 23 februari-3 maart, woensdag en zondag

ⅠⅠ○ Scherp   🏠 ♻

MODERNE KEUKEN • EIGENTIJDS XX Een pand in het oude centrum, waar Mart Scherp zijn gasten onthaalt in een smaakvol, trendy interieur. Goede lokale producten. Menu's met een gunstige prijs-kwaliteitverhouding.

These quaint old houses in historic Middelburg hide a distinctive modern décor. Mart Scherp treats his guests to excellent local produce. The menus offer a good value for money.

Menu 38/65 € – Carte ong. 60 €

Slapen bij Scherp, Wijngaardstraat 1 ⌧ 4331 PM
– alleen diner – Gesloten eind december-half januari, zondag en maandag

🏘 The Roosevelt   🛏 🔲 🚫

HISTORISCH • ELEGANT Het pand is monumentaal, maar binnen vindt u een karaktervol boetiekhotel waar plaats is voor intimiteit. Smaak en warmte typeren de kamers, die allemaal verschillend zijn ingericht. The Roosevelt heeft alles om zelfs een president te bekoren.

This charming boutique hotel is housed within a monumental building, which allows for plenty of intimacy, and the individually designed bedrooms are warmly and tastefully furnished. This is a hotel with true presidential flair.

28 kam 🖂 – 🛉109/309 € 🛉🛉109/309 €

Nieuwe Burg 42 ⌧ 4331 AH
– ☎ 0118 436 360 – www.hoteltheroosevelt.nl

🏠 Aan de Dam   🛏

HISTORISCH PAND • ROMANTISCH Hotel genoemd naar de locatie van dit pand, dat door dezelfde architect is ontworpen als het Koninklijk Paleis in Amsterdam. Klassieke kamers met de sfeer van weleer (de meeste hebben zelfs een platenspeler!) en mooie stadstuin.

This hotel, built by the architect of the royal palace of Amsterdam, is steeped in the history of the town's affluent middle classes. Spacious guestrooms with a nostalgic feel (most of them have a record player) and a sheltered garden.

13 kam 🖂 – 🛉75/115 € 🛉🛉90/150 €

Dam 31 ⌧ 4331 GE – ☎ 0118 643 773 – www.hotelaandedam.nl

🏠 Slapen bij Scherp   🚫

FAMILIAAL • GEZELLIG Slapen 'in de wei', met een koe die u van op een grote foto toekijkt, of liever een charmante 'strand suite' met eigen kitchenette? De kamers van dit gezellig B&B hebben uiteenlopende thema's, maar ze baden allemaal in een fijn romantisch sfeertje.

Sleep "in the meadows" with a cow looking down on you from a large photo, or would you prefer a charming "beach suite" with its own kitchenette? The bedrooms at this friendly B&B are done out in a variety of themes and have a refined, romantic atmosphere.

4 kam – 🛉89/119 € 🛉🛉89/119 € – 🖂 10 €

Wijngaardstraat 1 ⌧ 4331 AH
– ☎ 0118 634 633 – www.slapenbijscherp.nl
– Gesloten eind december-half januari

Scherp ⅠⅠ○ – zie restaurantselectie

MIDDELHARNIS
Zuid-Holland – Goeree-Overflakkee – Atlas n° **12**-B3

🙂 Brasserie 't Vingerling   ⩽ 🏠 🚫 ♻

KLASSIEKE KEUKEN • BRASSERIE X 18de-eeuws visserspakhuis aan de haven dat mooi is opgefrist, maar de gezellige ambiance is uiteraard gebleven. Dankzij de broer van de eigenaresse belandt zeevis hier kraakvers in de keuken, het bewijs dat met kwaliteit wordt gewerkt. Ze worden verwerkt in traditionele gerechten die met zorg en smaak worden bereid.

This 18C former fishing warehouse overlooking the port has been refurbished, yet its cosy ambience remains. The brother of the owner delivers the sea fish himself, so can vouch for the freshness and quality of the produce. The chef uses these ingredients to make carefully prepared, traditional dishes that are full of flavour.

Menu 33 € – Carte 37/50 €

Vingerling 23 ⊠ 3241 EB – ℰ 0187 483 333 – www.brasserievingerling.nl – alleen diner – Gesloten 26 december-7 januari, zondag van oktober tot mei en maandag

MONNICKENDAM
Noord-Holland – Waterland – Atlas n° **8**-B3

✿ **Posthoorn** ❀ 🏡 ✿ ✿

MODERNE KEUKEN • ROMANTISCH ✗✗ Het chique Posthoorn huist in twee stijl-volle 17de-eeuwse panden en is sinds 1881 een begrip bij levensgenieters. Chef Bavelaar blijft hen verleiden met zijn beheersing van de moderne keuken. Zelfs al is er een klassiek menu, toch is hij een creatieveling. Zijn zoektocht naar opvallende combinaties is intens en boeiend, net als de wijnassociaties.

The chic Posthoorn is housed in two stylish 17C buildings and has been popular with gourmets since 1881. Chef Bavelaar continues to move them with his mastery of modern cuisine. The menu might be classically based but he remains a creative soul; his search for striking combinations is intense and fascinating, as are the wine pairings.

→ Rollade van kalf en pekelvlees met eendenlever, biet en venkel, dressing met sherry-azijn. Gebakken grietbot met coquilles, prei en blanke boter. Dessert met rabarber, koffie, kamille en yoghurt.

Lunch 49 € – Menu 59/99 € – Carte 59/75 €

Noordeinde 43 ⊠ 1141 AG – ℰ 0299 654 598 – www.posthoorn.eu – alleen diner behalve zondag – Gesloten 31 december-10 januari en maandag

🏨 **Posthoorn** ❶ 🐾 ✿ 🏋

HERBERG • GROTE LUXE De stijl van dit 17de-eeuwse Rijksmonument is mooi behouden en geeft het hotel cachet, dit is charme ten top! De combinatie met de luxueuze inrichting en topmaterialen zorgt voor een weelderig gevoel. Hier logeren is een verwennerij, en dat op een kwartiertje rijden van Amsterdam. Het à la carte ontbijt is de kers op de taart.

The original features of this 17C Regency house have been beautifully preserved and give this hotel cachet; this is charm at its best! This, combined with luxurious decoration and top quality materials, creates an opulent feeling. Staying here is a real treat; it's only 15 minutes' drive from Amsterdam and the à la carte breakfast is the icing on the cake!

12 kam – ⊇ – 🛏135/165 € – 🛏🛏149/195 €

Noordeinde 43 ⊠ 1141 AG – ℰ 0299 654 598 – www.posthoorn.eu – Gesloten 31 december-10 januari

Posthoorn ✿ – zie restaurantselectie

MONTFOORT
Utrecht – Atlas n° **10**-A2

🍂 **De Schans** 🏡 🄰🄲 ✿ 🅿

CREATIEF • ELEGANT ✗✗ De beschrijving 'licht en actueel' past hier zowel bij het opgefriste interieur als bij de keuken. De chef combineert graag vis en vlees in één gerecht, met het gebruik van de modernste technieken creëert hij een variatie van texturen en een onverwachte smakenmix. Het Bib Gourmandmenu is top!

The description 'light and modern' really suits the revamped interior and cuisine at this restaurant. The chef likes to combine fish and meat in one dish, using modern techniques to create a variety of textures and unexpected flavour combinations. Excellent Bib Gourmand menu!

Menu 37/80 € – Carte 52/64 €

Willeskop 87, (Zuidwest : 4,5 km langs N 228) ⊠ 3417 MC – ℰ 0348 562 309 – www.restdeschans.nl – Gesloten zaterdagmiddag, zondagmiddag, dinsdag en woensdag

MUIDEN

🐸 De Doelen ⊰ 🏠 ⅗ ⇄ 🅿

KLASSIEKE KEUKEN · GEZELLIG XX Een sfeervol decor van kleurrijke muren en impressionistische kunstwerken, een mooi terras aan de Muidense sluis ... Wat een gezellig restaurant! De flamboyante patron is een Fransman en eert hier zijn thuisland. De keuken is namelijk door en door klassiek: krachtig, genereus en verdomd lekker. Je zou hier meteen de volledige kaart willen bestellen!

An attractive setting with colourful walls and Impressionist artworks, and a beautiful terrace overlooking the lock in Muiden, give this restaurant its character. The flamboyant French owner pays homage here to his native country, serving traditional cuisine which is bold, generous and full of flavour. You'll find it difficult to choose from the highly tempting menu!

Lunch 29 € – Menu 35/49 € – Carte 45/59 €

Sluis 1 ⊠ 1398 AR – ℰ 0294 263 200 – www.restaurantdedoelen.nl

NAARDEN

🍴 Het Arsenaal 🏠 AK ⇄ 🅿

MODERNE KEUKEN · EIGENTIJDS XX In deze dependance van het oude arsenaal van vestingstad Naarden is er altijd wel wat te doen. U vindt er namelijk een evenementenzaal, een brasserie en dit karaktervol restaurant. De chef houdt zich aan de regels van de Franse klassieke keuken, al geeft hij ze ook graag een eigen draai. Een interessant smakenarsenaal!

There's always something to do in this annexe to the old arsenal of the once fortified city of Naarden, where you will find an event hall, a brasserie and this characterful restaurant. The chef respects the rules of classic French cuisine but he also likes to add a personal twist, which results in an interesting arsenal of flavours!

Lunch 30 € – Menu 37/60 € – Carte 36/67 €

Kooltjesbuurt 1, (Naarden-Vesting) ⊠ 1411 RZ – ℰ 035 694 9148
– www.arsenaalrestaurants.nl – Gesloten 5 december, 28 december-5 januari, 27 april en maandag

🏠 Vesting ⓝ 🏹 🔼 🏂

HISTORISCH PAND · HEDENDAAGS Het voormalige stadsarchief in Naarden Vesting is omgevormd tot dit charmante boetiekhotel. De structuur van het gebouw is behouden, denk aan hoge plafonds en zichtbare balken, en combineert zeer mooi met het moderne comfort van dit hotel. De contemporaine vintagesfeer in de brasserie en de lounge is geslaagd!

The former city archive in Naarden has been transformed into this charming boutique hotel. The main structure of the building has been preserved and its high ceilings and wooden beams blend nicely with the modern comforts this hotel offers. The contemporary-vintage ambiance in the brasserie and lounge is great.

24 kam – ♦80/220 € ♦♦80/220 €

Raadhuisstraat 1 ⊠ 1411 EC – ℰ 035 785 2116 – www.vestinghotel.nl

NECK

🍴 Mario 🕸 ⇦ 🏠 AK ⅗

ITALIAANS · KNUS XX Mario Uva staat al decennialang symbool voor een verfijnde Italiaanse keuken, op basis van vers ingevoerde ingrediënten. De sommelier zorgt ervoor dat de wijnen daar mooi bij aansluiten. U vindt hier ook enkele goed onderhouden kamers met prima bedden.

A former inn on a dyke across from a canal. Italian cuisine featured on the single menu. Elaborate Italian wine list and excellent advice from the sommelier-owner. A handful of well-kept rooms with good bedding.

Lunch 30 € – Menu 50/80 €

5 kam ⌕ – 🛏110/130 € 🛏🛏110/130 €

Neck 15 ✉ 1456 AA – ☎ 0299 423 949 – www.restaurantmario.nl
– Gesloten 31 december-1 januari, 27 april, dinsdagmiddag, zaterdagmiddag, zondagavond en maandag

NEDERWEERT
Limburg – Atlas n° **6**-A2

Diverso   🛋 AC ⇔ P

MEDITERRAAN · TRENDY X Vink op het bestelbonnetje één van de vijf gerechten aan die u per gang kunt kiezen en maak u op voor een zonovergoten etentje. Het vijfgangenmenu is een topper (ook de kaart is aantrekkelijk)! Zo divers de keuze is, zo krachtig en smaakrijk zijn de typische zuiderse gerechtjes. Diverso, dat is mediterraan smullen in alle gezelligheid!

On the order form, tick a choice of one of the five dishes from each course, and prepare for a meal full of southern sunshine. The 5-course meal is superb - and so is the menu! The typically Mediterranean dishes are as strong and tasty as the menu is diverse, offering a southern European feast to be enjoyed in an attractive cosy ambience.

Menu 35/58 € – Carte 30/58 € – *(eenvoudige lunchkaart)*
Brugstraat 44 ✉ 6031 EG – ☎ 0495 625 000 – www.restaurantdiverso.nl

NIEUWEGEIN
Utrecht – Atlas n° **10**-A2

🍴 Huis de Wiers   🛋 ❄ ⇔ P

MODERNE KEUKEN · RUSTIEK XX U stapt een modern pand binnen en komt terecht ... in oude kelders, met typische gotische bogen. Het gerestylede interieur is er wel bijdetijds, de sfeer lekker intiem. De chef heeft veel oog voor presentatie en techniek. Zijn ideeën zijn interessant, dat bewijst hij onder meer met zijn risotto, een signatuurdish.

A modern building is home to this restaurant which boasts old cellars with typical Gothic arches, a restyled contemporary interior and an intimate ambience. The chef has a keen eye for presentation and technique, creating interesting dishes such as his signature risotto dish.

Lunch 26 € – Menu 34/53 € – Carte 42/52 € – *(eenvoudige lunchkaart)*
Wiersedreef 3, (in Vreeswijk) ✉ 3433 ZX
– ☎ 030 606 1322 – www.huisdewiers.nl
– Gesloten 1 januari, 27 april en zaterdagmiddag

NIEUWE-NIEDORP
Noord-Holland – Hollands Kroon – Atlas n° **8**-A2

🍴 Red Chilli   🛋 ❄ P

AZIATISCH · GEZELLIG XX Azië ver verwijderd van de rustige polders? Daar brengt deze typische, intieme zaak verandering in. De fusion van Aziatische kookstijlen wordt op een moderne wijze aangepakt, maar de authentieke ziel blijft behouden. Red Chilli is ... pittig!

Asia is a world away from the peaceful polders but this intimate restaurant creates a real Eastern ambience. Its fusion Asian cuisine is authentic yet modern in style. Red Chilli will definitely spice up your evening!

Menu 49/85 € – Carte 44/83 €
Oude Provincialeweg 2 ✉ 1733 NG – ☎ 0226 410 118 – www.redchilli.nl
– alleen diner – Gesloten dinsdag

De Nijenshof

LANDHUIS · PERSOONLIJK CACHET Een droom van een B&B! Prachtig pand, rustig gelegen in een landelijk gebied en een ontvangst door heel aardige mensen die alles piekfijn verzorgen. Alle kamers zijn suites genoemd naar beren.

A gem of a B&B! A beautiful building quietly set in a rural area. You'll be received by very friendly people who take care of everything marvelously. All the rooms are suites named after bears.

3 kam – ₦120/165 € ₦₦120/165 € – ⌑ 13 €

Dwarsweg 15 ⊠ 8383 EP – ☎ 0521 380 022 – www.denijenshof.nl – Gesloten februari

E. Pollaert/age fotostock

NIJMEGEN

Gelderland – 172 064 inw. – Atlas n° **4**-B3

Restaurants

Bistro Flores

FRANS KLASSIEK · GEZELLIG Niet te stijf en gezellig, dat is Bistro Flores. Blote bakstenen muren en een oude betegelde vloer geven deze hippe zaak – met patio – een ietwat ruw aanschijn, maar de eerlijke gerechten zorgen voor zachtheid. De chef haalt pure smaken uit kwaliteitsproducten en kan uitpakken met heerlijk vlees uit de rijpingskast.

Bistro Flores is friendly and informal. Exposed brick walls and an old tiled floor give this trendy establishment with a patio a somewhat raw appearance, but the excellent cuisine softens the effect. The chef draws pure flavours from quality ingredients, producing a sumptuous feast with delicious aged meats.

Menu 36/50 € – Carte 33/44 €

Plattegrond: B1-a – *Kelfkensbos 43* ⊠ *6511 TB*
– ✆ *024 322 1037* – *www.bistroflores.nl*
– *alleen diner – Gesloten 24 tot 26 december, 31 december-1 januari, 15 tot 30 juli, zondag en maandag*

Witlof

MARKTKEUKEN · BISTRO Een huiskamer die omgevormd is tot een gezellig restaurant en een chef die zelf aan tafel komt? Hier voelt u zich meteen thuis! De chef brengt persoonlijkheid op het bord door verrassende twists te geven aan klassieke gerechten. Zijn formule, waarin u alle gerechten in kleine of grote porties kunt nemen, is ijzersterk.

With a living room converted into a friendly restaurant and a chef who joins diners at the table, guests will immediately feel at home at Witlof. The chef brings a personal touch to his food with surprising twists to classic dishes. His winning formula allows diners to select small or large portions of any dish.

Menu 36/65 € – Carte 36/42 €

Plattegrond: A1-d – *Lage Markt 79* ⊠ *6511 VK*
– ✆ *024 322 4060* – *www.restaurantwitlof.nl*
– *alleen diner – Gesloten 16 tot 19 juli en woensdag*

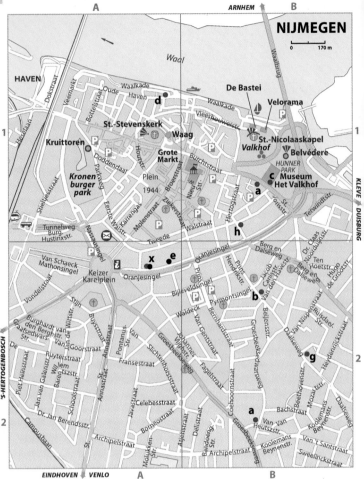

NIJMEGEN

ARNHEM

0 170 m

HAVEN

Waal

Waalbrug

'S-HERTOGENBOSCH

KLEVE DUISBURG

EINDHOVEN VENLO

De Bastei
Velorama
St.-Stevenskerk
Waag
Kruittoren
Grote Markt
St.-Nicolaaskapel
Valkhof
Belvédère
Kronen burger park
Plein 1944
HUNNER PARK
Museum Het Valkhof
Keizer Karelplein

🍴 **de Portier** 🏠 🚫 ⬚

FRANS MODERN • ELEGANT XxX De historische bakstenen van dit voormalig Poortwachtershuys zijn aangekleed met een mooi modern interieur. Het is er leuk toeven om te genieten van gerechten die met hun tijd mee zijn. Het huis werkt graag met Oostenrijkse wijnen, die de verschillende smaakinvloeden en bewerkingen goed begeleiden.

The historical former gatekeeper's house has been beautifully furnished for a modern interior. Enjoy a wonderful meal composed of dishes that truly capture the zeitgeist. De Portier likes to work with Austrian wines, which perfectly accompany the varied flavour influences and techniques.

Lunch 34 € – Menu 55/75 € – Carte 56/72 €

Plattegrond: B1-c – *Kelfkensbos 57* ⊠ *6511 TB* – ✆ *024 679 2719*
– *www.portier-nijmegen.nl* – *Gesloten 31 december-3 januari en zondagmiddag*

⫶○ **Manna**   🌣 ⅏ ♻

INTERNATIONAAL • TRENDY XX Fashion restaurant in een mooi oud pand. Kosmopolitische, moderne keuken, waar visgerechten de hoofdtoon voeren. Interessant geprijsd 4-gangenmenu.

A fashionable restaurant in a beautiful old building. Cosmopolitan, modern kitchen with a focus on fish dishes. Attractively priced four-course menu.

Menu 32/65 € – Carte 36/72 €

Plattegrond: A2-x – *Hotel Manna, Oranjesingel 2c* ✉ *6511 NS* – ✆ *024 365 0990*
– *www.manna-nijmegen.nl* – *Gesloten 31 december-2 januari*

⫶○ **Bistrobar Berlin**   🌣 AC

MODERNE KEUKEN • EIGENTIJDS X Deze bruisende bistrobar deelt de avant-gardistische spirit van Berlijn. Beneden staat de muziek wat luider, boven is er meer comfort; maar overal geniet u van de huiseigen creativiteit. De keuken is modern en gedurfd, de kaart internationaal en eclectisch. Mis zeker de Kreuzberg dumplings (met Frankfurter worst) niet!

This vibrant bistro-bar shares its avant-garde spirit with Berlin. Choose a spot in which to enjoy the restaurant's home-grown creativity: the music is louder downstairs, while upstairs you'll find more comfort. The cooking is modern and daring and the menu is international and eclectic – don't miss the Kreuzberg dumplings with frankfurter sausage!

Carte 28/153 €

Plattegrond: B2-b – *Daalseweg 15* ✉ *6521 GE* – ✆ *024 360 3303*
– *www.bistrobarberlin.nl* – *alleen diner ; open tot 23.00 u.*

⫶○ **Hobbema**   🌣 ⅏

FRANS MODERN • BISTRO X Hobbema is een leuke buurtbistro, losjes, zonder aan professionaliteit in te boeten. De chef toont er aan dat hij geen luxeproducten nodig heeft om lekker te koken. Zijn eigentijdse gerechten zijn gevarieerd, met gevoel bereid en zacht geprijsd.

Hobbema is a pleasant local bistro which achieves a relaxed feel without sacrificing professionalism. The chef doesn't need luxury ingredients to produce delicious food. His contemporary dishes are varied, sensitively prepared and favourably priced.

Menu 30 € – Carte ong. 40 €

Plattegrond: B2-g – *Hobbemastraat 2* ✉ *6521 LJ*
– ✆ *024 845 4919* – *www.hobbema-nijmegen.nl*
– *alleen diner* – *Gesloten woensdag*

⫶○ **Het Savarijn**   🕸 🌣 AC ⅏

KLASSIEKE KEUKEN • BISTRO X Een vaste waarde worden, dat moet je verdienen. Deze gezellige zaak is daar in geslaagd dankzij een keuken die lekker klassiek is (het keuzemenu is top), Europese wijnen die met kennis worden gekozen en een heerlijk stadsterras.

A restaurant has to earn its place as a permanent fixture on the hospitality scene. This lively establishment has succeeded thanks to deliciously classic cuisine (the fixed menu is excellent), European wines selected by a connoisseur, and a lovely pavement terrace.

Menu 37/50 € – Carte 43/57 €

Plattegrond: B1-h – *Van der Brugghenstraat 14* ✉ *6511 SL* – ✆ *024 323 2615*
– *www.savarijn.nl* – *Gesloten 24, 25, 26 en*
31 december-1 januari, 27 arpil-5 mei, 7 tot 28 juli, feestdagen, zaterdagmiddag, zondag, maandag en feestdagen

---

 Een lekkere maaltijd voor een scherpe prijs?
Volg onze Bib Gourmand ⊛.

🍴 de Sjalot

MAROKKAANS • BISTRO 🍽 Een sjalot wordt versneden, groenten uit de eigen moestuin worden daar aan toegevoegd, technieken uit de Franse keuken worden gecombineerd met gewoontes uit de Arabische keukens; en voilà: u hebt de basis van de vele smakelijke gerechten die met veel passie worden bereid in deze mooie zaak, die een verleidelijke Frans-Arabische sfeer uitstraalt.

Slice a shallot, add vegetables from the garden, combine French techniques with customs of Arab cuisine, and voilà... This is the basis for the various tasty dishes prepared with a good dose of passion at this pleasant restaurant, which exudes a French-Arabic atmosphere.

Menu 35/60 € – Carte 41/53 €

Plattegrond: B2-a – *Groesbeeksedwarsweg 304A* ✉ *6521 DW*
– ☎ 024 845 5277 – www.restaurant-sjalot.nl – alleen diner
– Gesloten 24, 25 en 26 december, maandag en dinsdag

Hotels

🏨 Sanadome

SPA EN WELLNESS • FUNCTIONEEL Dit moderne hotel is net een vakantieoord. Het biedt uitstekend onderdak en een rijke keuze aan thermen en schoonheidsbehandelingen. Restaurant met moderne eetzaal; allerhande culinaire invloeden. Internationaal buffet op vrijdag- en zaterdagavond.

This modern building could pass as a nice holiday resort providing quality accommodation and a good range of spa treatments and beauty care. A contemporary dining area and cuisine with various influences. Globe-trotter buffet on Fridays and Saturdays.

106 kam ☲ – ♥140/250 € ♥♥190/250 €
Weg door Jonkerbos 90 ✉ *6532 SZ*
– ☎ 024 359 7280 – www.sanadome.nl

🏨 Blue

HISTORISCH PAND • EIGENTIJDS Vier statige herenhuizen vormen het mooie decor van dit hotel. De inkleding is modern en strak, zonder iets weg te nemen van het historische karakter van het pand. De verschillende foodoutlets bieden heel wat eetmogelijkheden. U kunt er zelfs de gin van het hotel proeven.

Four stately townhouses form the location of this stunning hotel. The interior is modern and smart, without detracting from the historical character of the building. The different food outlets offer a great range of dining options. Visitors can even taste the hotel's own gin.

30 kam ☲ – ♥109/159 € ♥♥119/169 €
Plattegrond: A2-e – *Oranjesingel 14* ✉ *6511 NT* – ☎ *024 744 0094*
– www.blue-nijmegen.nl – Gesloten 31 december

🏨 Manna

BUSINESS • ELEGANT Dit zijn de beste kamers van de stad! De bedden zijn fantastisch en zorgen voor een geweldig slaapcomfort. Het onthaal is hartelijk en al de kamers zijn ingericht in design stijl. Tijdens de zomer is het heerlijk ontbijten op de binnenplaats.

The best rooms in town! The beds are fantastic and a good night's sleep is assured. The welcome is warm and all the rooms have a certain style. Breakfast in the courtyard on summer mornings is great.

10 kam ☲ – ♥129/259 € ♥♥129/259 €
Plattegrond: A2-x – *Oranjesingel 2c* ✉ *6511 NS* – ☎ *024 365 0990*
– www.manna-nijmegen.nl – Gesloten 31 december-2 januari
Manna 🍴 – zie restaurantselectie

Een goede tip: neem een lunchmenu, vaak erg scherp geprijsd.

NOORDELOOS

Zuid-Holland – Giessenlanden – Atlas n° **12**-D2

🕸 **De Gieser Wildeman** (René Tichelaar) 🕸 🛖 🅰🅲 ⇔ 🅿

CREATIEF · ELEGANT XxX Beeld het u in: een voormalige boerderij met rieten dak, een serre die uitkijkt op de licht glooiende tuin bij het water: een heerlijke setting voor een culinaire escapade. De gerechten worden vergezeld van een mooie selectie wereldwijnen.

This old farmhouse has a thatched roof and a conservatory looking out onto a waterside garden. It provides a wonderful setting for a culinary adventure. The dishes are expertly prepared and accompanied by an excellent selection of wines from around the world.

→ Oosterscheldepaling met ganzenlever, mimosa van mierikswortel, framboos en bramen. Hollands lam met mini meiknol, bosui en eigen jus met tijm. Creatie van kersen in crème brûlee en tompoes met Grand Marnier en amarena stracciatella.

Menu 55/88 € – Carte 81/134 €

Botersloot 1 ✉ 4225 PR – ☎ 0183 582 501 – www.degieserwildeman.nl – Gesloten 22 juli-13 augustus, zaterdagmiddag, zondag en maandag

Bistro 🕸 – zie restaurantselectie

🕸 **Bistro** 🛖 🅰🅲 ⇔ 🅿

TRADITIONELE KEUKEN · BISTRO X In de voorkamer van de herenboerderij vindt u Bistro, het broertje van De Gieser Wildeman. Het interieur is er nogal retro, de sfeer best gezellig en het eten lekker. Het keuzemenu is een aanrader: voor 33 euro kunt u kiezen uit klassieke gerechten waarin verse producten voor heerlijke smaken zorgen.

In the front room of the farmhouse you will find Bistro – the little brother of restaurant De Gieser Wildeman. The interior is on the retro side, the atmosphere friendly and the food delicious. The set menu offers good value for money: for €33 you have a choice of classic dishes in which fresh ingredients ensure delicious flavours.

Menu 33 €

Rest De Gieser Wildeman, Botersloot 1 ✉ 4225 PR – ☎ 0183 582 501 – www.degieserwildeman.nl – alleen diner – Gesloten 22 juli-13 augustus, feestdagen, zondag en maandag

NOORDEN

Zuid-Holland – Nieuwkoop – Atlas n° **12**-C1

🕸 **De Watergeus** ⇔ 🕸 ≼ 🛏 🛖 🅿

MODERNE KEUKEN · ELEGANT XxX Restaurant op een mooie locatie aan het water. Eetzaal en terras met uitzicht op de Nieuwkoopse Plassen, goed keuzemenu op basis van lokale producten. Selectie Franse kazen. Rustig gelegen kamers, tuin, fietsen beschikbaar, boottochtjes op de plassen, picknickmanden.

Looking for a good restaurant near the Nieuwkoopse Plassen? Then this beautifully refurbished inn is what you're after. The chef's love of cooking is palpable, along with his passion for quality produce – both from here and abroad (mainly France). The Watergeus also has bedrooms, provides picnics and offers boat rides on the lake.

Lunch 30 € – Menu 37/48 € – Carte 45/64 €

10 kam – 🛏60/90 € 🛏🛏85/125 € – 1 suite – 🍽 13 €

Simon van Capelweg 10 ✉ 2431 AG – ☎ 0172 408 398 – www.dewatergeus.nl – Gesloten 23 december-4 januari, zondag en maandag

ONZE AANRADERS... *GOOD TIPS....*

Breakers Beach House, om met de voeten in het zand te eten op het terras.
Vesper, waar u vanuit uw bad de zee kunt zien. Grand Hotel Huis ter Duin
en Latour, om luxe te ervaren met zicht op de duinen.

Breakers Beach House, for a meal on the terrace with your feet in the sand.
Vesper, where you can enjoy sea views from your bath. Grand Hotel Huis
ter Duin and Latour, to experience luxury with a view of the dunes.

NOORDWIJK AAN ZEE

Zuid-Holland – Noordwijk – Atlas n° **12**-B1

Restaurants

✿ Latour   ⠀⠀⠀⠀⠀⠀⠀⠀⠀ ⚞ ⟨ & ⚿ ⟳ **P**

MODERNE KEUKEN · KLASSIEK XxxX Het opulente decor van Latour kijkt uit op
zee en is een toonbeeld van klassieke elegantie, net als de uitstekende service.
Wat een luxe! De ervaren chef verwerkt uitheemse invloeden in moderne gerechten en speelt onder meer met frisse en sterke smaken, met krokante en smeuïge
texturen. Subtiele contrasten creëren hier diepgang.

The opulent decor at Latour looks out over the sea and is a paragon of classical
elegance, as is the excellent service, making this a real luxury establishment. The
experienced chef works exotic influences into modern dishes, playing with fresh,
strong flavours and subtly contrasting textures to create depth.

→ Slaatje van noordzeekrab met watermeloen, dashi en koriander. Op de huid
gebakken zeebaars met octopus, tomaat en chorizo. Creatie van aardbei, Thaise
basilicum en kerrie.

Menu 65/90 € – Carte 88/104 €

Plattegrond: A1-2-a – *Grand Hotel Huis ter Duin, Koningin Astrid bd 5, (1ste etage)*
✉ *2202 BK* – ✆ *071 365 1274* – *www.restaurantlatour.nl* – *alleen diner*
– Gesloten 1 en 2 januari, 6 tot 17 januari, zondag en maandag

☺ Onder de Linde   ⌂

MODERNE KEUKEN · BURGERLIJK XX Een straat waar de ene lindeboom naast
de andere staat, een gezellig ogend pand: welkom bij het elegante Onder de
Linde! Hier laat de chef u proeven van zijn creativiteit. Hij laat verse producten
samenspelen in verschillende texturen en weet mooie smaaknuances te creëren.
Onder deze linde zit u goed.

This inviting, elegant restaurant stands on a street lined with linden trees. The creative chef prepares imaginative dishes. There is a focus on the interplay of fresh
ingredients and different textures, which achieves beautiful nuances of flavour.

Menu 37/72 €

Voorstraat 133, (in Noordwijk Binnen, Zuidoost: 2 km) ✉ *2201 HS* – ✆ *071 362 3197*
– www.onderdelinde.com – alleen diner – Gesloten 27 april, maandag en dinsdag

ⅡO Breakers Beach House ≤ ⌂ AC ⅗

KLASSIEKE KEUKEN · BRASSERIE XX Probeer een tafel op het terras te pakken te krijgen voor een etentje met uw voeten in het zand, of geniet binnen van de ambiance van de hippe brasserie, onder de 'propellers'! De gerechten zijn fris en modern, en uiteraard is er een mooi aanbod lekkernijen uit de zee.

Nab a table on the terrace for a light meal with your feet in the sand, or enjoy the hip brasserie ambience inside, beneath the decorative propeller-shaped fans. The food here is fresh and modern, with a great selection of delicacies from the sea.

Lunch 21 € – Menu 48/58 € – Carte 41/84 €

Plattegrond: A1-h - *Grand Hotel Huis ter Duin, Koningin Astrid bd 5 ⊠ 2202 BK*
- 𝒞 071 365 1481 - www.breakersbeachhouse.nl

ⅡO Villa de Duinen ⇐ ⌂ AC ⅗ P

FRANS MODERN · INTIEM XX In deze Engels-Normandische villa (1902) waait een frisse wind dankzij de nieuwe eigenaar. In het elegante interieur, waar een sfeervolle ambiance hangt, geniet u van een natuurlijke, seizoengebonden keuken. Stijlvolle hotelkamers voor een aangenaam verblijf op een steenworp van de zee.

The new owner has brought a breath of fresh air to this lovely Anglo-Norman villa, which was built in 1902. Enjoy seasonal cuisine inspired by nature in an elegant interior where a warm atmosphere reigns. The stylish bedrooms are located just a stone's throw from the seashore.

Menu 37 € – Carte 38/79 €

11 kam – 🛏205/255 € 🛏🛏205/255 € – 🍽13 €

Plattegrond: A2-g - *Oude Zeeweg 74 ⊠ 2202 CE*
- 𝒞 071 364 8932 - www.villadeduinen.nl
- Gesloten zondag van oktober tot april

ⅡO Bij Raggers ⌂ AC

FRANS KLASSIEK · TRADITIONEEL XX Bij Cor en Sjaan Raggers krijgt u kwaliteit. Zijn hedendaagse gerechten steunen op een klassieke basis, steeds verzorgd en mooi op smaak. Haar wijnkaart bundelt een interessante selectie flessen. Deze moderne zaak is een vaste waarde.

Cor and Sjaan Raggers offer their guests real quality in their modern restaurant. Cor's contemporary dishes rest on classic foundations and are always immaculately presented and seasoned. While Sjaan's wine list brings together an exciting selection of bottles.

Menu 40/60 € – Carte 49/82 €

Plattegrond: A1-p - *Koningin Wilhelmina bd 16a ⊠ 2202 GT*
- 𝒞 071 361 4875 - www.bijraggers.nl - alleen diner behalve zondag
- Gesloten maandag en dinsdag

ⅡO Alexander Beach Club ≤ ⌂ ⅗ ⇔

INTERNATIONAAL · TRENDY X De trendy beach club van hotel Alexander swingt. De sfeer is er hip en gezellig, het eten lekker. De kaart biedt een ruim aanbod internationaal getinte gerechten die overtuigen dankzij de verse producten en de verzorgde bereidingen.

Hotel Alexander's trendy beach club is a lively venue. The atmosphere is hip and happening, and the food delicious. The menu offers a broad range of internationally influenced dishes, which are carefully prepared with fresh ingredients.

Carte 37/72 €

Plattegrond: A1-e - *Hotel Alexander, Koningin Wilhelmina bd, afrit 10 ⊠ 2202 CJ*
- 𝒞 071 362 0489 - www.alexanderbeach.nl

 Wilt u een feestje organiseren of een maaltijd met zakenrelaties? Kijk dan naar de restaurants met het symbool ⇔.

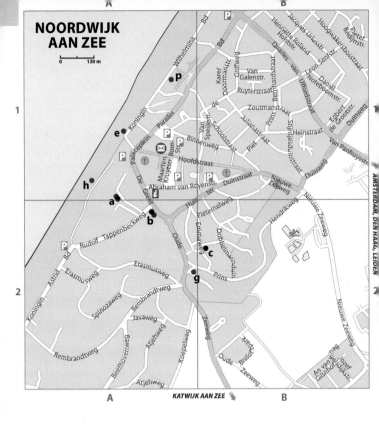

⅋○ DYLANS   𝔸ℂ 🚭 🚗

VLEES · CHIC 🗶 De oprichter van hotel Alexander is geboren als slagerszoon en mag fier zijn op dit vleesrestaurant. De trendy intimiteit van het decor, de gouden elementen, de hippe lounge en cocktailbar ... Wat een prachtzaak! Heel wat van de moderne gerechten worden op de Josper houtskooloven bereid, met stoere en pure smaken als resultaat.

The founder of Alexander Hotel was born a butcher's son and can be justifiably proud of this meat restaurant. The trendy intimacy of the decor, the gold elements, the hip lounge and cocktail bar all make for a magnificent venue. Many of the modern dishes are prepared on the Josper charcoal oven, resulting in robust, pure flavours.

Menu 37/75 € – Carte 38/83 €

Plattegrond: A2-b – *Hotel Alexander, Oude Zeeweg 63* ✉ *2202 CJ* – ✆ *071 364 0777* – *www.dylansnoordwijk.nl* – *alleen diner*

Hotels

🏨🏨 **Grand Hotel Huis ter Duin**   🏔 🐾 ⪪ 🛎 🖼 💯 🦺 🎧 💈 & 🅿 🛍

GROTE LUXE · ELEGANT Wat een paleis! Al sinds 1887 logeert men hier 🚗 in luxe: het zicht op zee is heerlijk, de kamers zijn piekfijn en de congres- en verwenfaciliteiten zijn uitgebreid. Voor een diner met zicht op duinen en zee moet u dan weer bij La Terrasse zijn.

An extraordinary palace, where guests have been revelling in luxury since 1887. Superb sea views, well-maintained rooms and extensive conference and spa facilities. The La Terrasse offers dining with views over the dunes and the sea.

250 kam ⌤ – ♦155/245 € ♦♦265/295 € – 4 suites

Plattegrond: A1-2-a – *Koningin Astrid bd 5* ✉ *2202 BK* – ✆ *071 361 9220*
– *www.huisterduin.com*

Latour ✿ • **Breakers Beach House** ⅈ○ – zie restaurantselectie

⌂⌂ Alexander   ⌂ ⊡ ⚗ ♨ ⚘

FAMILIAAL · EIGENTIJDS U wordt ontvangen in een decor dat goud en warme kleuren combineert en zowel sjiek als stoer is. Wauw! Ook de kamers zien er piekfijn uit en worden geleidelijk aan in dezelfde sfeer als de lobby gehuld. Bij Alexander ontdekt u de meerwaarde van een familiale aanpak, en daar hoort regelmatig een aardig woordje bij.

Guests are received in an interior that combines gold with warm colours for a chic yet bold effect. The bedrooms are exquisite, retaining the atmosphere of the lobby. Alexander illustrates the added value of a family business, offering a friendly word here and there along the way.

60 kam ⌤ – ♦85/190 € ♦♦105/195 € – 1 suite – ½ P

Plattegrond: A2-b – *Oude Zeeweg 63* ✉ *2202 CJ* – ✆ *071 364 0777*
– *www.alexanderhotel.nl*

DYLANS ⅈ○ • **Alexander Beach Club** ⅈ○ – zie restaurantselectie

⌂⌂ Vesper   ⚐ ⩻ ⊡ ⚗ ♨ Ⓟ

LUXE · AAN ZEE Wanneer luxe, design en een vleugje vintage samenkomen, mag u zich verwachten aan een prachthotel. En dat is Vesper ook. De kamers stralen puurheid uit en zijn telkens in een andere kleur gedecoreerd. Het mooie zicht op zee is een grote troef van dit boetiekhotel, net als het heerlijke ontbijt na een zachte nachtrust.

When luxury, design and a touch of vintage come together, you can expect a magnificent hotel, and Vesper will not disappoint. The guestrooms exude minimalist style, each decorated in a different colour. The beautiful sea view is this boutique hotel's trump card, as is the delicious breakfast after a good night's sleep.

27 kam ⌤ – ♦140/280 € ♦♦140/280 €

Koningin Astridboulevard 46 ✉ *2202 BE* – ✆ *071 800 9988*
– *www.vesperhotel.com*

⌂⌂ Hogerhuys   ⚐ ⚓ ⊡ ⚗ ♨ Ⓟ

FAMILIAAL · PERSOONLIJK CACHET Dit energiek familiebedrijf beschikt over heel wat troeven. De goede, rustige ligging komt bijvoorbeeld mooi tot uiting op uw terras (elke kamer heeft er één!). De witte designkamers genieten dan weer van alle comfort. De kwaliteit van het royale ontbijtbuffet vindt u eveneens terug in het cosy restaurant.

This energetic family business has plenty of cards up its sleeve. Each guestroom has access to its own terrace, allowing visitors to enjoy the quiet location to the full. The white-themed rooms are furnished with all the creature comforts. The quality of the lavish breakfast buffet is equalled in the cosy restaurant.

32 kam ⌤ – ♦95/135 € ♦♦110/160 €

Plattegrond: B2-c – *Emmaweg 25* ✉ *2202 CP* – ✆ *071 361 7300*
– *www.hogerhuys.nl* – *Gesloten 23 december-6 januari*

Adressen met gastenkamers 🏠 bieden niet dezelfde service als een hotel. Zij onderscheiden zich vaak door hun onthaal en decor, die vooral de persoonlijkheid van de eigenaars naar voren brengt. De B&B's vermeld in het rood 🏠 zijn het charmantst.

NOOTDORP

Zuid-Holland – Pijnacker-Nootdorp – Atlas n° **12**-B2

🏵 Calva   🅰🅲 🍴

FRANS MODERN · **HEDENDAAGSE SFEER** ✕✕ Deze gezellige zaak trekt steeds meer foodies naar Nootdorp. Hoe? De service is persoonlijk, zo staat de chef er op u te begroeten. U zult merken dat hij een gepassioneerde man is, en proeven dat hij mooie smaaksensaties creëert door de Franse keuken met subtiele bereidingen te moderniseren. De wijnen? Een extra troef!

This friendly establishment is attracting more and more foodies to Nootdorp thanks to its personal service, with the passionate chef personally greeting diners. Guests will taste the beautiful flavour sensations he creates by modernising traditional French dishes. An excellent wine list completes the picture.

Menu 36/52 €

Dorpsstraat 30 ✉ 2631 CT – ✆ 015 889 1995 – www.restaurantcalva.nl – alleen diner tot 20.30 u. – Gesloten dinsdag

NORG

Drenthe – Noordenveld – Atlas n° **1**-A2

🏠 De Eshof   🐾 🍴 ⅄ 🐾 🅰🅲 🍴 🅿 🚭

FAMILIAAL · **GEZELLIG** Een idyllisch plaatje: deze Saksische boerderij uit 1762, met rieten dak, straalt charme uit en is omgeven door een mooie tuin met zwembad en sauna. Hier geniet u van een authentieke ambiance in hedendaags comfort.

This charming thatched Saxon farmhouse dating back to 1762 is truly idyllic and is surrounded by a beautiful garden with a swimming pool and sauna. Contemporary comfort in a delightful historic setting.

3 kam – 🛏85/105 € 🛏🛏85/105 € – ☑ 15 €

Esweg 25 ✉ 9331 AP – ✆ 06 21690092 – www.eshofnorg.nl

NUENEN

Noord-Brabant – Nuenen, Gerwen en Nederwetten – Atlas n° **7**-C2

✿✿ De Lindehof (Soenil Bahadoer)   🐾 🅰🅲 🍴

CREATIEF · **DESIGN** ✕✕✕ Soenil Bahadoer belichaamt het spreekwoord 'arbeid loont'. Als chef met Surinaamse roots heeft hij zich altijd wat meer moeten bewijzen dan anderen. Het sterkte hem. Hij liet nooit af. Integendeel, het motiveerde hem om iedereen te overtuigen met zijn creativiteit en eigenzinnige kookstijl. Daar slaagt hij met brio in. Een etentje in dit fashionable restaurant, opgeleukt door moderne kunst, is een exotische beleving.

Chef Bahadoer doorspekt Europese gerechten namelijk met invloeden uit Suriname, Indië en Indonesië. Zijn keuken heeft pit! De smaken zijn raak en intens, maar altijd in balans. Een terrine van ganzenlever combineert hij bijvoorbeeld met een bitter-zure marmelade van sinaasappel, umeboshi en een crumble van seroendeng. Of wat dacht u van dit moderne texturenspel: rendang van spitskool, tofu, een krokant van sesam, ijs van ganzenlever en een gel van gember. Technisch precies uitgevoerd, complex, en zo lekker!

Soenil Bahadoer heeft niets in de schoot geworpen gekregen. Hij heeft zich naar de top moeten knokken, maar bewijst elke dag dat hij er thuis hoort!

The Dutch expression "arbeid loont" ("hard work pays off") accurately applies to Soenil Bahadoer. As a chef with Surinamese roots he has always had to prove himself a little more than his peers, but it has made him stronger and he has never given up. On the contrary, it has motivated him to win over guests through his creativity and his own unique cooking style – and he succeeds brilliantly. Having dinner in this fashionable restaurant, embellished with modern art, is a truly exotic experience.

Bahadoer loves using influences from Suriname, India and Indonesia to spice up his European dishes. The result is punchy cuisine featuring flavours that are spot on, intense, but always well balanced, such as his combination of foie gras terrine with a bitter and sour orange marmalade, umeboshi and seroendeng, or rendang with oxheart cabbage, tofu, a sesame crust, foie gras ice cream and ginger jelly, which focuses on a more modern play of textures. All his dishes are complex, created with meticulous technique, and taste wonderful!

Soenil Bahadoer's success didn't just fall into his lap and he has had to fight hard to get to the top, but every day he proves that this is where he belongs.

→ Ganzenlever in twee bereidingen, terrine met grapefruit en gember, gebakken met bloedworst, mango en granaatappel. Kreeft met appel, kerrie en mangochutney. Kokosmousse en roomijs met sereh, confituur van rode peper en kerriemeringue.

Lunch 48 € – Menu 135 € – Carte 113/230 €

Beekstraat 1 ⊠ 5671 CS – ⌀ 040 283 7336
– www.restaurant-delindehof.nl – Gesloten 27 december-2 januari, 3 tot
8 maart, 22 tot 26 april, 29 juli-16 augustus, zaterdagmiddag, dinsdag en
woensdag

NUNSPEET
Gelderland – Atlas n° **4**-B1

🕥 **Ni Hao**   🏠 🅐 ⇄ 🅿

CHINEES · ORIËNTAALSE SFEER ❌❌ Betreed Ni Hao en kom terecht in een modern interieur met een intieme oosterse sfeer. De chef combineert traditioneel en eigentijds eveneens in zijn bereidingen (specialiteiten uit Sechuan, Kanton, Peking en Wenzhou). Die zijn authentiek van smaak, maar worden modern gebracht.

This modern restaurant has an intimate Eastern feel. The chef combines traditional and contemporary flavours in his dishes (specialities from Sichuan, Guangdong, Beijing and Wenzhou), which present a modern take on authentic Chinese cuisine.

Menu 30/47 € – Carte 29/40 €

Harderwijkerweg 85 ⊠ 8071 EN – ⌀ 0341 252 829 – www.ni-hao.nl – alleen
diner behalve weekend – Gesloten maandag

🏠 **Villa Vennendal**   🌳 🍴 🖼 🛏 ❌ 🧖 🎿 🅿

FAMILIAAL · KLASSIEK Bosrijke omgeving, lobby met glazen dak en colonnade, Victoriaans decor, elegante standaard- en luxekamers, vergaderzalen, park met een partyhuisje en een bruidshuis. Restaurant met retroambiance.

This hotel in a wooded area features a conservatory-lobby with columns, a Victorian décor, smart standard and deluxe bedrooms, as well as meeting rooms. Cottage for receptions and honeymoons in the park. Restaurant with a 1900s atmosphere.

75 kam ⌷ – 🛏69/99 € 🛏🛏79/119 € – 1 suite

Vennenpad 5 ⊠ 8072 PX – ⌀ 0341 261 016 – www.villavennendal.nl

OISTERWIJK
Noord-Brabant – Atlas n° **7**-C2

🕥 **SEC eten & drinken**   🏠 ♿ 🧖 ⇄

MARKTKEUKEN · GRAND CAFÉ ❌ SEC, zo willen ze het hier aanpakken: geen poespas in de eetzaal en geen franje op het bord. De bereidingen zijn to the point, maar wat op de kaart eenvoudig lijkt, blijkt toch erg verfijnd te zijn. Deze sexy plek is ook perfect voor een borrel of een lekkere lunch ('s middags kleine kaart).

This restaurant aims for an unfussy, no-frills approach, both in its decor and cuisine. The cooking is to the point but choices on the menu that at first look simple often prove to be very sophisticated. This delightful venue is also an ideal place for a drink or a lunch (small menu at lunchtime).

Menu 30/43 € – Carte 34/73 €

Lindeplein 13 ⊠ 5061 HN – ⌀ 013 521 3217 – www.secetendrinken.nl
– Gesloten 9 tot 13 februari en maandag behalve feestdagen

🏠 Bos en Ven   🍴 🐾 ⇔ 🛏 🏛 🖼 ♨ **P**

LANDHUIS · KLASSIEK Statig pand in Engelse stijl (1920) in een rustige, groene villawijk. Grote bedden, dik tapijt en lichte kleuren maken de kamers behaaglijk en elegant. In het romantisch restaurant krijgen seizoengebonden gerechten een moderne touch. Geniet mee van de chocoladefetisj van de chef en trakteer uzelf op een paashaas of kerstman om mee naar huis te nemen.

In a quiet and green residential area, this large villa built in 1920 stands proudly next to a small lake. With large, fine, comfortable rooms and opulent communal spaces. Enjoy seasonal cuisine with a modern touch served in the romantic restaurant. Revel in the chef's passion for chocolate and treat yourself to an Easter bunny to take home with you.

40 kam – ♦105/150 € – ♦♦105/150 € – ☕ 10 € – ½ P

Klompven 26 ✉ 5062 AK – ☎ 013 528 8856 – www.bos-ven.nl

OLDEBERKOOP · OLDEBERKEAP
Fryslân – Ooststellingwerf – Atlas n° **3**-D3

🏠 Lunia   🍴 🐾 🛏 🏛 ॐ ♨ **P**

HISTORISCH PAND · GEZELLIG Lunia ontpopte zich tot een hotel-restaurant waar genieten centraal staat, zowel in het klassieke hoofdgebouw als in de moderne nieuwe vleugel. De rust van de omgeving en de wellness zijn zeer relaxerend.

Lunia has transformed itself into a hotel-restaurant. Quiet enjoyment is the central theme, both in the classic-style main building and the new, modern annexe. Relaxing sauna and whirlpool.

18 kam – ♦65/85 € – ♦♦80/105 € – ☕ 14 € – ½ P

Molenhoek 2 ✉ 8421 PG – ☎ 0516 452 555 – www.lunia.nl

OMMEN
Overijssel – Atlas n° **9**-B2

🍴 De Zon   🌳 ♿ 🅰🅲 **P**

STREEKGEBONDEN · ELEGANT ✕✕ Is de zon van de partij? Probeer dan zeker plaats te nemen op het heerlijke terras aan de Vecht! De chef kan rekenen op een pak ervaring en brengt warmte in zijn gerechten door (bij voorkeur lokale) producten op een moderne manier te combineren en aangename smaakcontrasten te creëren. Smakelijk!

In fine weather, take a seat on the lovely terrace of this restaurant overlooking the River Vecht. The highly experienced chef brings warmth to his dishes with local ingredients where possible, in modern combinations, creating pleasant flavour contrasts with delicious results.

Lunch 30 € – Menu 37/59 € – Carte 52/67 €

Hotel De Zon, Voorbrug 1 ✉ 7731 BB – ☎ 0529 455 550 – www.dezon.nl

🏠 De Zon   🏛 🖼 ♿ ♨ **P**

TRADITIONEEL · GEZELLIG De unieke ligging aan de Vecht (met zicht!), de kunstwerken die de openbare ruimtes opfleuren, de zomers op het terras en de winters bij het haardvuur, de smaakvol ingerichte kamers … U zult ongetwijfeld als sneeuw voor deze Zon smelten.

De Zon, meaning "sun" in Dutch, enjoys a unique location alongside the River Vecht. Highlights here include the artwork decorating the public spaces, the summer terrace, the warming fire in winter, plus tastefully decorated guestrooms.

35 kam – ♦75/110 € – ♦♦80/120 € – ☕ 15 € – ½ P

Voorbrug 1 ✉ 7731 BB – ☎ 0529 455 550 – www.dezon.nl

De Zon 🍴 – zie restaurantselectie

ONDERDENDAM
Groningen – Bedum – Atlas n° **5**-A2

‖○ de Molenaar ≤ 🏠 ⇔

CREATIEF · RUSTIEK ✕ Een pittoresk dorpje en deze gerenoveerde korenmolen (1853) vormen de mooie setting voor een etentje vol creativiteit. De chef brengt producten op het bord die zeer bewerkt zijn, interessant, zonder aan finesse te verliezen. Tijdens een overnachting in de vroegere maal- of graanzolder kunt u zelfs even molenaar worden.

A picturesque little village and this renovated mill dating back to 1853 form the beautiful setting for a meal full of creativity. The chef plates up carefully prepared food which manages to be interesting without sacrificing finesse. Guests can play at being a miller during a stay in the former grinding loft.

Menu 45/75 € – *(een enkel surprise menu)*

Uiterdijk 4 ✉ 9959 PK – ☎ 050 204 1732 – www.restaurantdemolenaar.nl – alleen diner – Gesloten 2 en 3 januari, 27 en 28 februari, 24 april, 17 juni-4 juli, 28 en 29 augustus, 30 en 31 oktober maandag en dinsdag

OOSTBURG
Zeeland – Sluis – Atlas n° **11**-A2

‖○ De Eenhoorn ⇐ 🏠

KLASSIEKE KEUKEN · FAMILIAAL ✕✕✕ Deze elegante zaak zet de kwaliteiten van traditie in de verf. De chef bereidt kwaliteitsproducten volgens de regels van de klassieke keuken en laat zijn gerechten uitblinken door hun smaak en gulheid. De kamers bieden alle comfort voor een zachte nachtrust.

This elegant restaurant showcases the value of tradition. Using top quality ingredients, the chef prepares classic dishes that stand out for their rich flavours. Comfortable guestrooms are also available.

Menu 37/60 € – Carte 47/72 €

11 kam ⌂ – ♦90/130 € ♦♦90/150 €

Markt 1 ✉ 4501 CJ – ☎ 0117 452 728 – www.eenhoornoostburg.nl – Gesloten donderdag en na 20.00 u.

OOSTERBEEK
Gelderland – Renkum – Atlas n° **4**-B2

‖○ Bistro Barbizon 🏠 ⇔ 🅿

KLASSIEK · BRASSERIE ✕ Bent u op zoek naar inspiratie voor uw interieur? Dan zit u hier goed, want het meubelbedrijf dat het knappe decor samenstelt, biedt alles te koop aan! Ondertussen smult u van gerechten waarin de roots van de Spaanse chef duidelijk aanwezig zijn. De specialiteit van het huis is het kwaliteitsvlees uit de houtskooloven.

Those in search of interior design inspiration have come to the right place. The company that furnished this smart establishment is offering everything on sale. Meanwhile diners will enjoy mouthwatering dishes which reveal the chef's Spanish roots. The house speciality is high-quality meat from the charcoal oven.

Lunch 22 € – Menu 30/32 € – Carte 36/48 €

Valkenburglaan 1A ✉ 6861 AH – ☎ 026 848 0159 – www.bistrobarbizon.nl – Gesloten maandag en dinsdag

🏨 De Bilderberg ✿ 🐾 📺 🏠 🛠 ✕ 🍽 ♿ 🎱 🅿

KETENHOTEL · FUNCTIONEEL Dit moderne en luxueuze hotel-congrescentrum ligt in een bosrijke omgeving. Vier categorieën kamers en diverse voorzieningen voor sport en ontspanning. In het restaurant is de keuken Frans/Amerikaans, onder het glazen dak van de trattoria worden Italiaanse klassiekers geserveerd.

This modern and luxurious hotel located in a wooded area is fully-equipped for conferences. Four categories of rooms. Various sports and relaxation facilities. Restaurant with French/American cuisine. Trattoria where Italian dishes are served under a glass roof.

146 kam ⌂ – ♦74/124 € ♦♦79/149 € – 1 suite

Utrechtseweg 261 ✉ 6862 AK – ☎ 026 339 6333 – www.bilderberg.nl

OOSTERHOUT
Noord-Brabant – Atlas n° **7**-B2

⍸○ Zout & Citroen   🎍 ⌘ **P**

CREATIEF · HEDENDAAGSE SFEER ✕✕ Zout en citroen zijn subtiel aanwezig, maar het zijn vooral de oriëntaalse kruiden die uw smaakpapillen zullen beroeren. De ambitieuze chef geeft er een fijne pittigheid mee aan gerechten die gesofistikeerd en creatief zijn. Het mooie uitzicht op de tuin en de vijver van het slot waar dit voormalig koetshuis bij hoort, is een leuke plus.

The traditional flavouring of salt and lemon (zout & citroen) are subtly present in the dishes served at this restaurant, but it is the oriental spices which will especially delight your tastebuds. With these ingredients, the ambitious chef adds a spicy note to his sophisticated and creative cuisine. The beautiful view of the garden and the pond of the castle to which this former coach house once belonged is an added bonus.

Lunch 37 € – Menu 40/99 € – Carte 60/82 €

Ridderstraat 86 ✉ *4902 AC –* ☎ *0162 450 806 – www.zoutencitroen.nl – Gesloten 31 december-1 januari, 3 tot 6 maart, zaterdagmiddag, zondagmiddag, dinsdag en woensdag*

OOSTKAPELLE
Zeeland – Veere – Atlas n° **11**-A2

🏠 Villa Magnolia   🐾 🖙 ⌘ **P**

FAMILIAAL · ELEGANT De charme van deze villa (1910) is enig. Mooie stijlelementen zetten de Jugendstilstijl van het gebouw in de verf. Die sfeer wordt doorgetrokken in de ruime, comfortabele kamers. Het ontbijt in de oranjerie is heerlijk, net als het zicht op de bloementuin. Ga ook zeker op verkenning in de nabij gelegen bossen en stranden.

This charming 1910 villa is truly unique. Beautiful original features highlight the Art Nouveau style of the building and this ambience is also palpable in the spacious, comfortable rooms. Breakfast in the orangery is delicious and comes with a view of the flower-filled garden. Be sure to explore the surrounding forests and beaches.

31 kam ⌂ – 🛏78/133 € 🛏🛏93/148 €

Oude Domburgseweg 20 ✉ *4356 CC –* ☎ *0118 581 980 – www.villamagnolia.nl*

OOTMARSUM
Overijssel – Dinkelland – Atlas n° **9**-D2

🏠 De Wiemsel   🍴 🖙 ☃ 📺 🕸 🏋 🛁 ⌘ 🏧 🎴 **P**

LANDHUIS · ELEGANT De Wiemsel is volledig gerenoveerd, en hoe! Het omliggende park is zeer mooi heraangelegd en het hotel zelf straalt kwaliteit uit. Er is geen moeite gespaard om de gast comfort te bieden, zowel op zijn kamer als in de wellness en het restaurant. Een topper!

De Wiemsel has had a complete makeover. The surrounding park has been beautifully replanted and the hotel itself exudes quality. No effort is spared in the name of comfort, which is evident in the guestrooms, wellness suite and restaurant alike. A real treat.

54 kam ⌂ – 🛏129/209 € 🛏🛏169/259 € – 2 suites

Winhofflaan 2, (Oost : 1 km) ✉ *7631 HX –* ☎ *0541 791 010 – www.parkhotel-dewiemsel.nl*

OSS
Noord-Brabant – Atlas n° **7**-C1

⍸○ Cordial   🎍 🎍 🏧 ⌘ ⇄ **P**

FRANS CREATIEF · TRENDY ✕✕✕ Cordial associeert een trendy decor met een zekere intimiteit, de open haard zorgt voor gezelligheid. De eigentijdse keuken komt hier in de vorm van borden waarop veel ingrediënten worden gecombineerd. De chef is een man met veel ideeën en brengt telkens verschillende smaken samen. De wijnassociaties zijn geslaagd.

Cordial blends trendy decor with a certain intimacy, and the open fire add a level of cosiness. Contemporary cuisine is presented in dishes which combine lots of different ingredients; the chef is a man with many ideas, who likes to bring together contrasting flavours. Well-matched wines complete the picture.

Lunch 40 € – Menu 68/98 € – Carte 55/65 €

Hotel De Weverij, Oostwal 175 ✉ *5341 KM –* ☎ *0412 694 646 – www.restaurantcordial.nl – Gesloten 27 december-1 januari, 28 juli-15 augustus, zaterdagmiddag en zondag*

🏠 De Weverij   🔥 ⬆ 🆔 🛗 🅿

LUXE · EIGENTIJDS Lekker dineren bij Cordial en achteraf nagenieten in een comfortabele kamer die voorzien is van alle moderne gemakken ... Heerlijk! En als u dat op vrijdag doet, is uw overnachting ook nog eens volledig gratis.

Come to De Weverij for delicious dining at its restaurant Cordial, then bathe in the afterglow in a comfortable bedroom equipped with every modern convenience. If you book on a Friday, your night's stay is even free of charge.

57 kam – 🛏98/125 € 🛏🛏105/195 € – 3 suites – 🍽15 € – ½ P

Oostwal 175 ✉ 5341 KM – 𝒞 0412 694 646 – www.deweverij.nl – Gesloten 27 december-1 januari en 28 juli-15 augustus

Cordial 🍽 – zie restaurantselectie

🏠 City   🏔 🔥 ⬆ 🆔 🛗 🅿

STADSHOTEL · HEDENDAAGS De familie Elberse beheert dit centraal gelegen hotel met ernst. Dat voelt u, van de bediening tot de kleurrijke inkleding van de lobby en het piekfijne onderhoud van de kamers. Tip: probeer een hoekkamer te boeken, die zijn wat ruimer. Geniet ook zeker van de goede hedendaagse gerechten in het stijlvolle restaurant of de heldere serre.

The Elberse family runs this centrally located hotel and they take their job seriously. Guests will see this in the service, the colourful lobby and well-maintained bedrooms. We recommend booking a corner room, as these are a little more spacious. You can enjoy good contemporary cuisine in the stylish restaurant or in the bright conservatory.

49 kam – 🛏70/90 € 🛏🛏75/100 € – 🍽13 €

Raadhuislaan 43 ✉ 5341 GL – 𝒞 0412 633 375 – www.cityhotel.nl – Gesloten 26 december-1 januari

OSSENDRECHT

Noord-Brabant – Woensdrecht – Atlas n° **7**-A2

😊 Jagersrust   🍴 🍸 ♿ 🅿

FRANS MODERN · RUSTIEK XX Bij Jagersrust bent u nooit alleen en dankzij het knusse interieur is het gegarandeerd gezellig tafelen. Chef Rob zet gerechten op tafel die met hun tijd meegaan. Denk hierbij aan interessante smaakcombinaties met uitstekende producten, oosterse invloeden en af en toe wat vergeten groenten.

You never feel alone at Jagersrust and the cosy interior guarantees pleasant dining. Chef Rob creates dishes that move with the times, producing interesting taste combinations with Asian produce, oriental influences and the occasional 'forgotten' vegetable.

Lunch 28 € – Menu 37/84 € 🍷 – Carte 44/65 €

Putseweg 21 ✉ 4641 RS – 𝒞 0164 672 481 – www.jagersrust.nl – Gesloten 27 december-8 januari en woensdag

OTTERLO

Gelderland – Ede – Atlas n° **4**-B2

😊 Cèpes   🍴 🍸 🅿

MEDITERRAAN · TRENDY XX Cèpes heeft iets natuurlijks, het interieur is zowel strak als warm en combineert veel hout met beton. De chef klopt graag aan bij leveranciers uit de buurt om kwaliteit te kunnen verzekeren. Hij combineert Frans en mediterraan om fraîcheur en een mooie afwisseling van smaken te creëren.

There is a natural quality to Cèpes. The interior is smart and warm, combining lots of wood with concrete. This is a great venue where the chef likes to use local suppliers to ensure quality. He combines French and Mediterranean influences to achieve freshness and variety.

Lunch 20 € – Menu 37/65 € – Carte 47/75 € – *(eenvoudige lunchkaart)*

Hotel Sterrenberg, Houtkampweg 1 ✉ 6731 AV – 𝒞 0318 591 228 – www.sterrenberg.nl

⏹️◯ Hostellerie Carnegie Cottage   ⬅️ 🏊 ⬅️ 🍴 **P**

MODERNE KEUKEN · LANDELIJK ✕✕ Deze cottage geniet van een prachtige locatie, midden in een bos. Op deze tot de verbeelding sprekende plek kookt een patron die zijn fantasie de vrije loop laat. Hij presenteert een gevarieerde, actuele kaart die in de smaak valt. Achteraf kunt u nagenieten in kamers die even charmant als gezellig zijn.

This cottage enjoys a beautiful forest setting that is sure to inspire the imagination. It is run by a restaurateur who gives his creativity free rein, presenting a varied, fashionable menu. Charming and comfortable guestrooms complete the picture.

Lunch 27 € – Menu 35 € – Carte 42/49 € – *(eenvoudige lunchkaart)*

12 kam   ⌷ – 🛏65/73 € 🛏🛏100/125 €

Onderlangs 35 ✉ *6731 BK –* 🕿 *0318 591 220 – www.carnegiecottage.nl*
– Gesloten januari, maandag en dinsdag

🏠 Sterrenberg   🖥️ 🌐 🐾 💆 🖥️ 🍽️ 🏋️ **P**

LUXE · TRENDY De inspiratiebron voor dit boetiekhotel is de prachtige natuur van het Nationaal Park de Hoge Veluwe. Die natuurlijke touch, met veel hout, zorgt voor warmte, dat zowel in de sfeervolle kamers als in de artistiek ingerichte openbare ruimtes voelbaar is. De recente make-over heeft zelfs nog wat gezelligheid toegevoegd!

The inspiration for this boutique hotel is the magnificent natural backdrop of the Hoge Veluwe national park. That natural touch, with plenty of wood, creates a warmth that is palpable both in the atmospheric guestrooms and in the artistically decorated communal spaces. The recent makeover has further added to the welcoming feel.

44 kam   – 🛏130/195 € 🛏🛏130/195 € – ⌷ 13 €

Houtkampweg 1 ✉ *6731 AV –* 🕿 *0318 591 228 – www.sterrenberg.nl*

Cèpes 😊 – zie restaurantselectie

OUDENDIJK
Noord-Holland – Koggenland – Atlas n° **8**-B2

😊 La Mère Anne   ⬅️ 🏡 🅰️🅲 🍽️ **P**

REGIONAAL · FAMILIAAL ✕✕ La Mère Anne is een immense zaak met heel wat activiteiten. U kunt hier onder meer terecht voor feesten en logeren in moderne kamers, maar vooral: lekker eten! De chef heeft een voorkeur voor regionale producten, die hij op een eigentijdse wijze op smaak brengt. De prijzen zijn aantrekkelijk, het keuzemenu is een aanrader!

La Mère Anne is a huge business with several offspring. The venue can be hired for parties and there are also modern guestrooms for overnight accommodation. However, the main activity is the restaurant, which serves delicious food. The chef focuses on regional produce, which he uses to create tasty, contemporary dishes. Attractive prices and a recommended set menu.

Lunch 30 € – Menu 35/45 € – Carte 41/62 €

3 kam   ⌷ – 🛏85 € 🛏🛏95 €

Dorpsweg 110 ✉ *1631 DJ –* 🕿 *0229 542 844 – www.lamereanne.nl – Gesloten 31 december-8 januari, 23 april, 30 april-2 mei, 11 juni, 28 juli-9 augustus, 21 tot 23 oktober, zaterdagmiddag, woensdagmiddag en maandag*

OUDERKERK AAN DE AMSTEL
Noord-Holland - Ouder-Amstel – **8**-B3

⏹️◯ De Kruidfabriek by Lute   🏡 🔶 🅰️🅲 🔄 🐷 **P**

CREATIEF · TRENDY ✕✕ Peter Lute gooit het in zijn voormalige kruitfabriek over een andere boeg. Het interieur is mooi opgefrist en de nadruk wordt nog meer gelegd op kruiden en specerijen die de streekproducten op smaak brengen. De chef heeft ook aandacht voor gezondheid en duurzaamheid, want ook dat kan rijmen met genieten.

Peter Lute has changed tack with this former gunpowder factory. The interior has been beautifully spruced up with an emphasis on herbs and spices to season the local ingredients. The chef also succeeds in focusing on health and sustainability, without ever having to sacrifice enjoyment.

Lunch 36 € – Menu 48/72 € – Carte 40/54 €

De Oude Molen 5 ✉ *1184 VW – ℰ 020 472 2462 – www.dekruidfabriek.nl*
– gesloten 27 arpil en zaterdagmiddag

Jaimie van Heije 🏠 🖾 ⅍ ⇔

CREATIEF • BISTRO ⅋ Jaimie van Heije en zijn ambitieus keukenteam brengen rock & roll. Dat merkt u al aan de muurschildering van Selwyn Senatori die het bistro-interieur pit geeft. De rocksterren van de swingende keuken zijn seizoengebonden gerechten waarin Indische invloeden zijn verwerkt. Spannend en barstensvol smaak!

Jaimie van Heije and his ambitious kitchen team serve fine cuisine in a trendy ambience, as demonstrated by the mural by Selwyn Senatori, which gives the bistro interior its character. The stars of the kitchen are the exciting, seasonal and Indonesian influenced dishes that are bursting with flavour.

Lunch 43 € – Menu 58/80 € – *(een enkel menu)*

Kerkstraat 56 ✉ *1191 JE*
– ℰ 020 496 5848 – www.jaimievanheije.nl
– gesloten 27 december-6 januari en zondag

Ron Gastrobar Indonesia 🏠

INDONESISCH • EXOTISCHE SFEER ⅋ Ron Blaauw heeft een neus voor geslaagde concepten, dat bewijst de topchef in dit typisch Indonesisch restaurant. De smaken zijn herkenbaar Aziatisch, maar toch voegt hij er eigen accenten aan toe die ze net dat tikkeltje extra parfum en kracht geven. Het is echt een plezier om al het lekkers hier te delen.

Ron Blaauw has a nose for successful concepts, as proven by this characteristically Indonesian restaurant. The flavours are recognisably Asian, while Blaauw adds his own touch, elevating the power and fragrance of the dishes. Dining here is a truly pleasurable experience.

Lunch 30 € – Menu 35 € – Carte ong. 40 €

Amstelzijde 51 ✉ *1184 TZ – ℰ 020 305 2760 – www.rongastrobarindonesia.nl*
– gesloten 1 januari en 27 april

De Voetangel ≼ 🏠 ⅋ ⇔ 🅿

TRADITIONELE KEUKEN • FAMILIAAL ⅋ Polder de Ronde Hoep is hofleverancier van deze familiezaak. Die biedt niet alleen een prachtig zicht aan, maar is ook de graasgrond van lammeren, fazanten en andere lekkernijen die op de kaart staan. Leuke plus: u kunt hier altijd a la carte genieten van de traditionele gerechten, hoe groot uw gezelschap ook is.

The 'Ronde Hoep' polder visible from this family restaurant not only offers lovely views, but also provides pastureland for the lambs, pheasants and other delicacies that feature on the menu. The traditional dishes served here are always available à la carte whatever the size of your party.

Lunch 30 € – Menu 37 € – Carte 40/59 €

Ronde Hoep Oost 3, (Zuidoost : 3 km) ✉ *1191 KA*
– ℰ 020 496 1373 – www.voetangel.nl
– gesloten 26 december-09 januari, 21 juli-12 augustus, zondag en maandag behalve feestdagen

Adressen met gastenkamers 🏠 bieden niet dezelfde service als een hotel. Zij onderscheiden zich vaak door hun onthaal en decor, die vooral de persoonlijkheid van de eigenaars naar voren brengt. De B&B's vermeld in het rood 🏠 zijn het charmantst.

OUDEWATER

Utrecht – Atlas n° **10**-A2

🍴○ **Joia** 🛖 ⇆

WERELDKEUKEN · BRASSERIE ✕ Het is in een oud café, pittoresk gelegen naast de gracht, dat u vandaag deze sfeervolle brasserie vindt. Het terrasje aan het water is de moeite! Op de kaart staan aantrekkelijke omschrijvingen die op het bord evenzeer in de smaak vallen. Ze zijn modern, divers en werelds. Een echt plezier!

An attractive brasserie housed in an old café with a charming terrace overlooking a picturesque canal. The enticing descriptions on the menu don't disappoint, translating into modern, diverse and cosmopolitan dishes that are a real treat for the tastebuds.

Menu 35/45 € – Carte 37/46 €

Havenstraat 2 ⊠ 3421 BS – ℰ 0348 567 150 – www.brasseriejoia.nl
– Gesloten 31 december-1 januari, maandag en dinsdag

OUD-LOOSDRECHT

Noord-Holland – Wijdemeren – Atlas n° **8**-B3

🍴○ **AIM** 🆕 ⇐ 🛖 🆂

INTERNATIONAAL · TRENDY ✕✕ AIM is knus en trendy, maar het is vooral het terras met een prachtig zicht op de Loosdrechtse Plassen dat de show steelt. Wauw! De jeugdige vibe die hier hangt, vindt u ook op het bord. De keuken is modern en internationaal, fris en interessant. Richt u voor de wijn gerust tot de gastvrouw, die tevens vinoloog is.

AIM is cosy and trendy, but it is the terrace with its breathtaking view of the Loosdrechtse Plassen (lake) that steals the show. There's a young vibe to the decor and the food here, with a menu featuring contemporary, international cuisine which is fresh and interesting. Don't hesitate to ask the hostess for advice about the wine, as she is also a viticulturist.

Lunch 33 € – Menu 43/71 € – Carte 64/74 €

Veendijk 1a ⊠ 1231 PB – ℰ 035 582 2215 – www.restaurantaim.nl – Gesloten zaterdagmiddag en maandag

PAPENDRECHT

Zuid-Holland – Atlas n° **12**-C3

😋 **Bistro De Ertepeller** ⇐ 🍽

WERELDKEUKEN · BISTRO ✕✕ In deze contemporaine bistro kunt u zowat heel de dag terecht. U geniet er niet enkel van een fantastisch uitzicht op het water, ook het meerkeuzemenu is om vingers en duimen af te likken. De chef respecteert de generositeit van bistrogerechten en voegt er originaliteit en wat meer bewerking aan toe. Wat een heerlijke plek!

This contemporary bistro welcomes guests throughout the day. Diners enjoy a fantastic view of the water and a delicious multiple choice set menu. The chef honours the generosity of bistro dishes, adding originality and a little extra refinement. A wonderful spot.

Menu 34 € – Carte 35/81 €

Slobbengorsweg 149 ⊠ 3351 LH – ℰ 078 303 2260 – www.ertepeller.nl
– Gesloten 1 tot 18 augustus, zaterdagmiddag en maandag

🍴○ **De Ertepeller** ⇐ ♿ 🆂 🍽

CREATIEF · DESIGN ✕✕✕ Wat beschikt dit modern restaurant over een prachtig uitzicht over het Drierivierenpunt! De chef epateert dan weer met zijn durf en weldoordachte gerechten. Hij bewerkt producten graag in diverse structuren en weet met soms verrassende smaken heerlijke akkoorden te creëren die het hoofdproduct tot zijn recht laten komen.

This modern restaurant offers a magnificent view of the point where three rivers meet. The chef impresses diners with his bold, well-thought-out dishes. He likes to work with a variety of structures to create tasty marriages, sometimes with surprising ingredients, allowing the main products to shine through.

Lunch 30 € – Menu 55/195 € ♀ – Carte 66/90 €

Slobbengorsweg 149 ⊠ 3351 LH
– ☏ 078 303 2260 – www.ertepeller.nl
– Gesloten 1 tot 18 augustus, zaterdagmiddag en maandag.

Bistro De Ertepeller ⊛ – zie restaurantselectie

Een lekkere maaltijd voor een scherpe prijs? Ga op zoek naar de Bib Gourmand ⊛. Ze onderscheiden restaurants met een sterke prijs-kwaliteitverhouding.

PHILIPPINE
Zeeland – Terneuzen – Atlas n° **11**-A3

🕯○ **Auberge des Moules**   🛋 🆎 ⇦ 🅿

VIS EN ZEEVRUCHTEN • FAMILIAAL ×× De mosselen voelen zich thuis in deze herberg, die bij visliefhebbers al jaren hoog genoteerd staat. Kleine zalen met foto's van de oude haven van Philippine.

The name is obvious: in season, mussels are quite at home in this inn, long familiar to shellfish lovers. Small dining rooms decorated with photos showing the old port at Philippine.

Menu 37/45 € – Carte 44/61 €

Visserslaan 3 ⊠ 4553 BE – ☏ 0115 491 265 – www.aubergedesmoules.com
– Gesloten 23 december-7 januari, 3 tot 23 juni en maandag

🕯○ **Place du Marché**   🛋 � 🆎

KLASSIEKE KEUKEN • GEZELLIG ×× Place du Marché heeft zijn interieur mooi geüpdatet, maar de vaste waardes zijn intact gebleven. Het homarium, bijvoorbeeld, en uiteraard ook de specialiteiten van het huis: dagverse vis, puur en lekker bereid, en mosselen à volonté!

Place du Marché has beautifully updated its interior, but the key features, such as the lobster tank, have remained intact, as have the house specialities: fresh fish, straightforwardly and deliciously prepared, and plenty of mussels.

Lunch 25 € – Menu 44 € – Carte 44/75 €

Havenstraat 12 ⊠ 4553 AV – ☏ 0115 491 524 – www.placedumarche.nl
– Gesloten donderdag van september tot juni

PURMEREND
Noord-Holland – Atlas n° **8**-B3

🕯○ **Saporetti**   🛋

ITALIAANS • ELEGANT ×× De goede reputatie van de familie Uva wordt nogmaals bevestigd in dit romantische restaurant. Raffaele doet de Italiaanse keuken hier eer aan door zijn pasta zelf te maken, goede producten te gebruiken en voor authentieke smaken te zorgen.

The Uva family's good reputation is confirmed once again in this romantic restaurant. Raffaele honours Italian cuisine by making his own pasta, using good ingredients and producing authentic flavours.

Menu 39/55 € – Carte 47/59 €

Koemarkt 58 ⊠ 1441 DD – ☏ 0299 769 046 – www.saporetti.nl – alleen diner
– Gesloten maandag

ⅱ◯ Poterne ❶ 🛖 ✿ 🅿

STREEKGEBONDEN · EIGENTIJDS ⅹ Het intieme Poterne heeft alles van een modern restaurant. De bereidingen zijn gevarieerd, de chef maakt gebruik van technieken uit diverse keukens en werkt graag met streekproducten. Het is met de sterke, wel afgewogen smaken dat hij zich onderscheidt. De oosterse invloeden zorgen voor interessante nuances.

Poterne is an intimate place that is the embodiment of a modern restaurant. The menus are wide-ranging and, while the chef likes to work with regional produce, his techniques are varied. The Eastern influences provide some interesting nuances and his dishes stand out for their strong, carefully considered flavours.

Menu 37/55 € – Carte ong. 40 €

Hotel Fort Resort Beemster, Nekkerweg 24, (in Halfweg, Noordwest : 4 km)
✉ *1461 LC – ☎ 0299 682 200 – www.fortresortbeemster.nl – Gesloten 1 januari*

🏠 Fort Resort Beemster 🗾 🗾 ⊛ 🏠 🍽 🛎 🅿

SPA EN WELLNESS · HEDENDAAGS U mag dan al veel gewoon zijn, van de weelderige wellness van dit resort kunt u niet anders dan onder de indruk zijn. Van vleermuissauna tot zoutgrot, u kunt het niet gek genoeg bedenken of het is er. Luxueuze, moderne kamers.

You might think you have seen it all but the sumptuous spa facilities at this resort need to be seen to be believed. From the interestingly named 'bat' sauna to a salt cave, nothing is too much for the imagination. Luxurious modern bedrooms.

14 kam ⌂ – 🛏120/140 € 🛏🛏135/175 € – 2 suites

Nekkerweg 24, (in Halfweg, Noordwest : 4 km) ✉ *1461 LC – ☎ 0299 682 200*
– www.fortresortbeemster.nl – Gesloten 1 januari

Poterne ⅱ◯ – zie restaurantselectie

PUTTEN
Gelderland – Atlas n° **4**-B2

🏠 De Vanenburg ⚑ 🛏 ☷ 🆊 🍽 🛎 🅿

HISTORISCH PAND · FUNCTIONEEL Het is in de prachtige tuinen van het kasteel De Vanenburg (17de eeuw) dat de klassevolle kamers van dit hotel liggen. Ze zijn verspreid over vier afzonderlijke hofjes en zijn ondergedompeld in de heerlijke rust van het landgoed. Een combinatie met een lekker etentje in het elegante restaurant is de moeite.

The classy guestrooms of this hotel are located in the magnificent gardens of the 17C De Vanenburg Castle. They are distributed over four separate courtyards, submerged in the wonderful peace and quiet of the estate. It's well worth combining a stay with a delicious meal in the elegant restaurant.

52 kam ⌂ – 🛏74/104 € 🛏🛏104/134 €

Vanenburgerallee 13 ✉ *3882 RH – ☎ 0341 375 454 – www.vanenburg.nl*
– Gesloten zondag

RAVENSTEIN
Noord-Brabant – Oss – Atlas n° **7**-C1

🙂 Versaen 🍽 ✿

CREATIEF · EIGENTIJDS ⅹⅹ U stapt een voormalige slagerij binnen, loopt over een glazen vloer waardoor u de wijnkelder kunt bewonderen en belandt in een sober, strak restaurant. Versaen is de thuisbasis van creatieve chefs die u een variatie van smaken en texturen voorschotelen die elkaar versterken. Hier wordt u verwend.

Step into a former butcher's, walk over a glass floor revealing the wine cellar beneath and make your way to this simply furnished, smart restaurant. Versaen is the home of creative chefs who serve a balanced variety of flavours and textures – a true treat for the senses!

Lunch 33 € – Menu 37/88 €

Marktstraat 19 ✉ *5371 AC – ☎ 0486 851 565 – www.restaurantversaen.nl*
– Gesloten zondag en maandag

RENESSE

Zeeland – Schouwen-Duiveland – Atlas n° **11**-A1

🏨 **Landgoedhotel Renesse** ✿ ⅋ ⇦ ⅏ 🅿

FAMILIAAL · FUNCTIONEEL Laat de toeristische drukte achter u in dit rustige hotel, op een indrukwekkend landgoed. Moderne kamers, allemaal op de begane grond, waarvan de helft met terras en prachtig zicht op het groen. Diner in stijl in de voormalige orangerie.

Leave the tourist crowds behind you in this peaceful hotel in an impressive country house. Modern guestrooms, all at ground level, half of which have a terrace and beautiful views of the surrounding greenery. Enjoy diner in style in the former orangery.

44 kam ⌧ – ♥84/244 € ♥♥89/249 €

Stoofwekken 5, (Slot Moermond) ✉ 4325 BC – ☏ 0111 461 788
– www.fletcherlandgoedhotelrenesse.nl

 Zin om te vertrekken op de laatste minuut? Bezoek de hotels op het internet om van promotieprijzen te genieten.

RENKUM

Gelderland – Atlas n° **4**-B2

😊 **Gastrobar Oude Post** ⅋

CREATIEF · BISTRO 🍴 De broers Bregman hebben het postkantoor waar hun vader werkte, in het stadscentrum, omgetoverd tot een strakke, jonge zaak. De chef heeft ervaring opgedaan bij Sergio Herman en dat merkt u op uw bord: de gerechten zijn creatief, gul en verrassend.

The Bregman brothers have transformed the town centre post office where their father used to work into a young, minimalist-style restaurant. The chef gained experience at Sergio Herman and this is reflected in his cuisine, which is creative, generous and surprising.

Carte 26/59 € – *(eenvoudige lunchkaart)*

Dorpsstraat 9 ✉ 6871 AA
– ☏ 0317 316 091 – www.oude-post.nl
– Gesloten maandag

REUSEL

Noord-Brabant – Reusel-De Mierden – Atlas n° **7**-C2-3

⅋🍴 **Bochica** ⌂ ⅋

FRANS CREATIEF · GEZELLIG 🍴🍴 De eigenwijze Lucas Iraca drukt zijn visie op de gastronomie uit in deze intieme zaak. Zijn keuken is resoluut creatief en plezicrt zowel het oog als de tong. U kunt enkel het aantal gangen kiezen, maar in ruil krijgt u wel een spannende ervaring. Onder hetzelfde dak kunt u bij Lucas Easy onbeperkt kleine gerechten proeven tegen een vaste prijs.

Headstrong Lucas Iraca expresses his gastronomic vision in this intimate restaurant, where he succeeds in pleasing both eye and palate with his creative combinations of flavours and ingredients. Guests choose the number of courses they want, then sit back and enjoy the exciting culinary experience. In the same building, Lucas Easy serves unlimited small dishes at a fixed price.

Menu 40/50 € – Carte 55/68 €

Kerkstraat 38 ✉ 5541 EM
– ☏ 06 40079164 – www.bochica.nl
– alleen diner – Gesloten 27 december-2 januari, maandag en dinsdag

RHENEN
Utrecht – Atlas n° **10**-B2

⊛ **Het Oude Gemeentehuis**   🛋 AC

FRANS MODERN • KLEURRIJK XX Oud? Helemaal niet! De authentieke stijlelementen van dit voormalige gemeentehuis contrasteren mooi met de moderne inrichting en frisse kleuren. Niels Minkman en Janneke Eerbeek zijn hier nu aan het roer en voeren een heerlijk beleid: een betaalbare moderne keuken op basis van superverse producten.

Despite its name ('the old town hall') there is nothing old-fashioned about this restaurant, whose original features provide a striking contrast with the modern design and fresh colours. Niels Minkman and Janneke Eerbeek are now at the helm and they have a stated policy of creating affordable modern dishes based on the freshest produce.

Lunch 25 € – Menu 37/55 € – Carte 44/73 €

*Herenstraat 47 ⊠ 3911 JB – ℰ 0317 740 294
– www.restauranthetoudegemeentehuis.nl – Gesloten 28 december-9 januari, maandag en dinsdag*

De RIJP
Noord-Holland – Alkmaar – Atlas n° **8**-A2

🏠 **Het Pakhuys**   � 🚭

HISTORISCH PAND • HEDENDAAGS De charme van het pittoresk Hollands dorpje De Rijp ligt klaar om door u ontdekt te worden vanuit Het Pakhuys. Achter de charmante trapgevel van dit rijksmonument ziet u hoe een modern interieur, met Eames-stoelen en strakke lijnen, helemaal tot zijn recht kan komen in een historisch pand.

The charm of the picturesque Dutch village of De Rijp is just waiting to be discovered from this hotel. Behind the delightful stepped gable of the listed building, the modern interior demonstrates how Eames chairs and clean lines can do full justice to a historic property.

6 kam � – 🛏75/95 € 🛏🛏99/145 €

Grote Dam 7 ⊠ 1483 BK – ℰ 06 27066067 – www.pakhuysderijp.nl – Gesloten 2 weken september

RIJSWIJK
Zuid-Holland – Atlas n° **12**-B2

❀ **Niven** (Niven Kunz)   🛋 🚭 ♿ P

CREATIEF • DESIGN XX 80% groenten in elk gerecht: dat is het basisprincipe bij Niven. Met die filosofie in het achterhoofd en het gebruik van kraakverse producten, weet de chef creatieve lekkernijen samen te stellen. In deze fraai vernieuwde zaak hangt een moderne ambiance, net als in de kamers – met terras aan een golf.

The basic principle of Niven is to ensure that every dish consists of 80% vegetables. With that philosophy in mind and the use of field-fresh produce, the chef succeeds in creating imaginative delicacies. This fresh business exudes a modern ambience, including in the guestrooms, which boast a terrace overlooking a golf course.

→ Steak tartaar met tomaat, noordzeekrab en brioche. Zacht gegaarde lamsnek met asperges en daslook. Dessert van aardbeien, gember en vlierbloesem.

Menu 55/100 € – Carte ong. 83 €

Delftweg 58a ⊠ 2289 AL – ℰ 070 307 7970 – www.restaurantniven.nl – alleen diner behalve zaterdag – Gesloten eind december, zondag en maandag

🍴 **Savarin**   🛋 ♿ ♿ P

MODERNE KEUKEN • EIGENTIJDS XX Een boerderij die helemaal up-to-date is gebracht, zonder zijn ziel te verliezen, is de prachtige setting om te genieten van een keuken zonder poespas. De chef laat producten in eigentijdse combinaties samenspelen en hecht veel waarde aan hun afkomst, dat merkt u aan de symbolen op de kaart.

This former farmhouse has been thoroughly updated without losing its soul, to form a wonderful backdrop for fuss-free food. The chef brings together ingredients in contemporary combinations, attaching value to their origins, as diners will notice from the symbols on the menu.

Lunch 33 € – Menu 45/55 € – Carte 48/65 €

Hotel Savarin, Laan van Hoornwijck 29 ✉ 2289 DG - ☎ 070 307 2050
– www.savarin.nl – Gesloten zondag

‖○ Elea

MODERNE KEUKEN · TRENDY X Elea is het verhaal van een talentvolle Griekse chef. Hij gaat aan de slag met klassieke recepten en zet hen heerlijk naar zijn hand, zijn roots worden subtiel verwerkt in moderne gerechten die divers, internationaal en bij momenten verrassend zijn. Bij Elea ervaart u Griekse warmte, zowel op het bord als in het decor.

Elea is the story of a talented Greek chef who works with classic recipes, giving them his own personal stamp. His roots are subtly worked into modern dishes which are diverse, international and sometimes pleasantly surprising. At Elea diners experience Greek warmth, both on the plate and in the decor.

Menu 40/67 € – Carte ong. 61 €

Herenstraat 83 ✉ 2282 BS
– ☎ 070 214 3860 – www.restaurantelea.nl – alleen diner
– Gesloten maandag en dinsdag

Savarin

BUSINESS · DESIGN Een oase tussen de snelwegen en de grote kantoorgebouwen, waar u een heerlijke mix vindt van ontspanning, wellness en persoonlijke service. Ook de kamers zijn een genot: warm, intiem en zeer comfortabel.

An oasis between motorways and huge office buildings, where you'll find a winning mix of leisure and wellness facilities and personal service. Guestrooms are intimate and extremely comfortable. It's a real delight!

35 kam – ♦119/229 € ♦♦119/229 € – 2 suites – �'22 € – ½ P

Laan van Hoornwijck 29 ✉ 2289 DG - ☎ 070 307 2050 – www.savarin.nl
Savarin ‖○ – zie restaurantselectie

RODEN

Drenthe – Noordenveld – Atlas n° **1**-A1

Ky-hotel

FAMILIAAL · ELEGANT Oude hoeve uit 1813 waar u rust vindt. Romantische kamers met modern sanitair en fraaie, warme lounge waar u kunt genieten van een prachtig zicht op het landgoed Mensinge. De gastvrouw, een dame met pit, organiseert op aanvraag Bourgondische barbecues in de buitenlounge.

Dating back to 1813, this old farm is the perfect place for a relaxing break. It boasts romantic guestrooms with modern bathroom fittings and a warm lounge where you can enjoy a magnificent view of the Mensinge estate. The friendly landlady can organise hearty barbeques in the outdoor lounge on request.

7 kam – ♦85/95 € ♦♦85/95 € – �'12 €

Brink 24 ✉ 9301 JL - ☎ 06 15336313 – www.ky-hotel.nl

Bij ieder ❀ restaurant worden drie gerechten vermeld, waarmee een beeld wordt gegeven van de kookstijl van het huis. Deze gerechten staan niet altijd op de kaart, maar ruimen af en toe plaats voor smakelijke recepten van het moment.

⚙⚙ **Sabero** Ⓝ (Nico Boreas)

FRANS MODERN · VINTAGE XX Nico en Sonja Boreas hebben van hun achternaam een kwaliteitsgarantie gemaakt. In Heeze werden ze zes jaar lang onderscheiden met één ster en zeven jaar lang met twee sterren. Tot ze in 2016 besloten het restaurant te sluiten. Het was tijd voor een nieuwe uitdaging. Die vonden ze in Roermond, waar ze een gezellig hoekpand met de nodige luxe inrichtten. Het mocht allemaal kleinschaliger, zodat ze hun gasten echt in de watten kunnen leggen. Geloof ons: in de handen van gastvrouw Sonja bent u in goede handen.

Chef Nico ziet u in de open keuken, waar ook een paar plaatsjes aan de bar zijn voorzien. Voor hem is less more. Hij benut zijn rijke ervaring in gerechten die technisch feilloos en zeer fijn zijn. Topproducten worden hier met inventiviteit gesublimeerd. Visgerechten bereidt hij als de beste. Een prachtige filet van rode mul, met het vel krokant gebakken, geeft hij bijvoorbeeld diepgang met stukjes kalfstong en een werkelijk geweldige mosselsaus. Top!

Een grote chef onderscheidt zich door de continue kwaliteit die hij biedt. Het typeert ook Nico Boreas, die met veel gevoel kookt. Zijn signatuur staat garant voor een culinair feest!

Nico and Sonja Boreas have made their name a guarantee of quality. They held One Michelin Star for six years and Two Michelin Stars for seven years in their previous restaurant in Heeze, but in 2016 they took the decision to close the doors as they wanted a new challenge. They found this in Sabero, which they have transformed from a cosy corner building into a luxurious restaurant. They wanted to scale things down in order to be able to really pamper their guests and, believe us, you're in good hands with hostess Sonja.

You can watch chef Nico in the open kitchen, which also has a counter with a couple of seats. For him, less is more, and he uses his great experience to create dishes that are technically flawless and very refined. Top-quality produce is sublimated with inventiveness and his fish dishes are a real highlight – like the marvellous filet of red mullet which has nice crispy skin and is given depth by the addition of pieces of veal tongue and a truly fantastic mussel sauce.

A great chef distinguishes himself by the consistent quality that he offers and Nico, who cooks with plenty of feeling, certainly achieves this. His signature dishes guarantee a culinary feast!

➔ Gebakken langoustines met kumquat, tandoori en bospeen. Gelakte en gerookte paling met mierikswortel, rode biet en framboos. Citroen met een vulling van pisco sourcocktail, basilicum, witte chocolade en galanga.

Lunch 115 € ♟ – Menu 85/105 € – Carte 68/78 €

Roerkade 39 ⊠ 6041 KZ – ☎0475 723 101 – www.sabero.nl – alleen diner behalve iedere eerste en derde zaterdag van de maand – Gesloten 23 december-2 januari, 3 tot 12 maart, 29 juli-20 augustus, zondag, maandag en dinsdag

⚙ **ONE** (Edwin Soumang)

CREATIEF · EIGENTIJDS XxX Een indrukwekkend industrieel pand is de mooie thuisbasis van de talentvolle Edwin Soumang. Hij brengt creatieve gerechten in een succesvol en aantrekkelijk geprijsd meerkeuzemenu. De charmante Canadese gastvrouw stelt u graag een plekje voor in het loftachtig interieur of een tafeltje op het terras aan het water.

Edwin Soumang's restaurant is in an impressive industrial building. The charming Canadian hostess will lead you to a table in the loft-style interior or out onto the terrace, overlooking the water. The popular set menus provide the best value, featuring very creative dishes that show off the chef's talent.

➔ Kokkels, scheermesjes en langoustines met saffraan, bisque en gember. Geuldallam met asperges, yoghurt en specerijen. One's 70% chocolade met roomijs van pompoenpitten, koekjes en sinaasappel.

Lunch 50 € – Menu 55/110 € – Carte 65/89 €

*ECI 17 ⊠ 6041 MA – ☎0475 600 262 – www.restaurantone.nl
– alleen diner behalve vrijdag en zaterdag – Gesloten 30 december-7 januari, 2 tot 6 maart, 22 juli-12 augustus, zondag en maandag*

‖○ Kasteeltje Hattem   ⇐ ⊗ ⇐ 🍴 🏠 **P**

FRANS MODERN · KLASSIEK XxX Kasteeltje Hattem bevindt zich in een stads-
park vol kunstwerken. Het is een stijlvolle plek waar men logeert in mooie
designkamers en eet in een eigentijds restaurant dat over een fraaie orangerie
en terras beschikt. De chef kookt Frans modern en speelt af en toe op de verrassing.

Situated in a city park full of art works, Kasteeltje Hattem is a stylish place where
you can spend the night in attractive designer rooms and dine in a contemporary
restaurant with a beautiful conservatory and terrace. The chef specialises in modern French cuisine and regularly introduces little surprises.

Lunch 30 € – Menu 45/60 € – Carte 48/80 €

8 kam ⌂ – ⛟139 € ⛟⛟169 €

*Maastrichterweg 25 ✉ 6041 NZ – 𝒞 0475 319 222 – www.kasteeltjehattem.com
– Gesloten 22 juli-4 augustus en zondag*

‖○ Damianz   🏠 & ⒶⒸ 🍴 ⇄ **P**

CREATIEF · CHIC XX Het knap gerestylede, fashionable decor verraadt het niet,
maar u eet hier in een voormalige gevangenis! De gemotiveerde chef laat zich
niet beknotten en toont zijn ambitie aan met mooi ogende gerechten. Hij steekt
veel moeite in het bewerken van zijn producten en laat zich inspireren door de
huidige trends. Verzorgd en lekker!

You wouldn't expect it judging by the restyled, fashionable décor, but this used to
be a prison! The motivated chef has no boundaries and shows his ambition
through eye-catching presentation. He puts a lot of effort into crafting his dishes
and uses the latest trends as inspiration. This is cooking that is attractive and tasty!

Menu 53/113 € – Carte 73/82 € – *(eenvoudige lunchkaart)*

*Hotel Het Arresthuis, Pollartstraat 7 ✉ 6041 GC – 𝒞 0475 870 870
– www.hetarresthuis.nl – Gesloten 3 tot 5 maart en zondag*

🏨 Het Arresthuis   🦢 🛗 🔲 ⒶⒸ 🍴 🛁 **P**

HISTORISCH · BIJZONDER De naam herinnert nog aan het feit dat u hier in een
19de-eeuwse gevangenis (!) slaapt en ook binnenin kunt u niet naast het bajes-
verleden kijken. Sobere, hedendaagse kamers vervangen de cellen en glimla-
chend personeel de cipiers.

The name of this hotel is a reminder that you are sleeping in a 19C gaol, which
remains true to its original structure. The cells have been replaced by simple,
contemporary-style guestrooms, and stern guards by friendly smiling staff.

40 kam ⌂ – ⛟103/213 € ⛟⛟123/233 €

*Pollartstraat 7 ✉ 6041 GC – 𝒞 0475 870 870 – www.hetarresthuis.nl – Gesloten
3 tot 5 maart*

Damianz ‖○ – zie restaurantselectie

ROOSENDAAL
Noord-Brabant – Atlas n° **7**-A2

‖○ Sistermans   🏠 ⒶⒸ 🍴 ⇄

MODERNE KEUKEN · TRENDY XX Sistermans is gerestyled, en hoe! Het interieur
is cosy en trendy, dankzij de verschillende zithoekjes kan men er lekker intiem
tafelen. Kiezen is hier het moeilijkste, want de kaart en de interessante menu's
verzamelen een ruime waaier van eigentijdse gerechten.

Sistermans has been restyled to offer a cosy and contemporary interior with an
array of seating areas where you can enjoy an intimate dining experience. Making
a choice is the hardest part of any visit here, thanks to the interesting and broad
selection of contemporary dishes on the menu.

Menu 37/56 € – Carte 39/53 €

*Hotel Central, Stationsplein 9 ✉ 4702 VZ
– 𝒞 0165 535 657 – www.hotelcentral.nl
– Gesloten 24 en 31 december-1 januari, zaterdagmiddag en zondagmiddag*

ⅠⅠ◯ Vroenhout 🏠 ♿ **P**

MODERNE KEUKEN · EIGENTIJDS ✕✕ Begin met een aperitief in de salon, bij de open haard, en schuif vervolgens door naar de moderne eetzaal of het zonnige terras om ten volle te genieten van deze grote boerderij. Mooi, net als de borden die de chef de zaal instuurt. Hij pakt Franse recepten op een moderne manier aan en werkt graag met veel garnituren.

Begin with an aperitif by the fireplace in the lounge, and then move to the modern dining room or the sunny terrace to enjoy all that this large farmhouse has to offer. The setting here is as beautiful as the dishes created by the chef, who interprets French recipes and gives them a modern twist with an imaginative range of garnishes.

Menu 37/65 € – Carte 49/71 €

Vroenhoutseweg 21, (via A 17, afrit 19, richting Wouw) ✉ *4703 SG – ☎ 0165 532 632 – www.restaurantvroenhout.nl – alleen diner behalve zondag – Gesloten maandag en dinsdag*

🏠 Central ⬍ 🆎 ⚄ ⛲

STADSHOTEL · FUNCTIONEEL Central is al sinds 1914 een geliefd hotel in Roosendaal. De locatie tegenover het station en vlakbij het centrum komt handig van pas, maar het is vooral de charme van dit familiebedrijf die bekoort. De gezellige kamers verzekeren een deugddoende nachtrust.

Since 1914, Central has been a popular hotel in Roosendaal. Its location opposite the train station and close to the city centre makes it a convenient base, but it is the charm of this family business that is particularly appealing. The cosy bedrooms guarantee a good night's sleep.

18 kam ⇌ – ♦99/109 € ♦♦109/129 € – 3 suites

Stationsplein 9 ✉ *4702 VZ – ☎ 0165 535 657 – www.hotelcentral.nl – Gesloten 24, 25, 26 en 31 december-1 januari*

Sistermans ⅠⅠ◯ – zie restaurantselectie

🏠 Goderie 🍴 ⬍ 🆎 ⚄ ⛲

BUSINESS · TRADITIONEEL De zakenwereld is kind aan huis in dit hotel, dat al een lange traditie kent (1907). De kamers worden geleidelijk gerenoveerd, de rustigste liggen aan de achterkant. Relaxte brasserie en een formeler restaurant met meer comfort.

This hotel established in 1907 has a regular business clientele. All rooms are gradually being renovated. Book one of those away from the station side. A relaxed brasserie and a comfortable, more formal restaurant.

46 kam – ♦87/142 € ♦♦107/152 € – ⇌16 € – ½ P

Stationsplein 5a ✉ *4702 VX – ☎ 0165 555 400 – www.hotelgoderie.nl*

 Een goede tip: neem een lunchmenu, vaak erg scherp geprijsd.

ROSMALEN
Noord-Brabant - 's-Hertogenbosch – Atlas n° **7**-C1

ⅠⅠ◯ Die Heere Sewentien 🏠 ⚄ ♻ **P**

MODERNE KEUKEN · CHIC ✕✕ Grote villa in een groene woonwijk. Nieuw interieur in moderne stijl, charmante tuin met terras aan de achterkant, kaart en menu's naar de smaak van vandaag.

Large villa in a green residential area. New contemporary décor, charming garden terrace in the back, up-to-date à la carte and set menus.

Lunch 32 € – Menu 46/64 € – Carte 54/76 €

Sparrenburgstraat 9 ✉ *5244 JC – ☎ 073 521 7744 – www.dieheeresewentien.nl – Gesloten 1 tot 15 augustus, zaterdagmiddag, zondag en maandag*

🏠 **De Gouden Molen**   ⚜ 🐾 ⩽ 🐾 **P**

HERBERG · PLATTELANDS Oud, aangenaam hotel onder aan de dijk en gerenoveerd met behoud van het authentieke karakter. De kamers zijn hier piekfijn en
liefhebbers van mooie landschappen kunnen hun hart ophalen op twee terrassen
met een schitterend uitzicht over de rivier. In het sympathieke restaurant geniet u
van hartverwarmende menu's vol streekproducten.

Located on a dyke, this traditional, congenial hotel has been renovated with respect for its authentic character. Lovers of beautiful countryside will delight in
the wonderful views from the two terraces overlooking the river. Immaculate
guestrooms. Enjoy heart-warming dishes created using regional produce at the
friendly restaurant.

9 kam ⌺ – ♦84 € ♦♦100 €

*Waaldijk 5 ⊠ 5328 EZ – ℰ 0418 661 306 – www.goudenmolen.nl – Gesloten
31 december-1 januari*

ROTTERDAM

Rotterdam heeft twee gezichten. Langs de ene kant is de stad internationaal en zakelijk, maar daarnaast is er eveneens een vibrerend uitgaansleven waar de invloed van mode en architectuur duidelijk waarneembaar is. Verschillende restaurants zijn ondergebracht in voormalige industriële panden, of zelfs in wat vroeger dienst deed als treintunnel!

De Kop van Zuid is een mooi voorbeeld van de ontwikkeling van de stad. In deze nieuwe, hippe wijk vindt men heel wat moderne concepten en restaurants waar men zeer lekker eet in een ongedwongen sfeer. Het mag niet verbazen dat deze dan ook zeer populair zijn.

De Markthal is nog zo'n must-do voor foodies. In deze overdekte foodmarkt kan men verse lekkernijen kopen om zelf te bereiden, maar ook proeven van een hele waaier aan smaken in de verschillende eetgelegenheden. Dit is bruisend Rotterdam ten top!

Zuid-Holland – 618 357 inw.
• Atlas n°12-B2

Lisovskaya / iStock

ALFABETISCHE LIJST VAN RESTAURANTS
INDEX OF RESTAURANTS

ALFABETISCHE LIJST VAN HOTELS
INDEX OF HOTELS

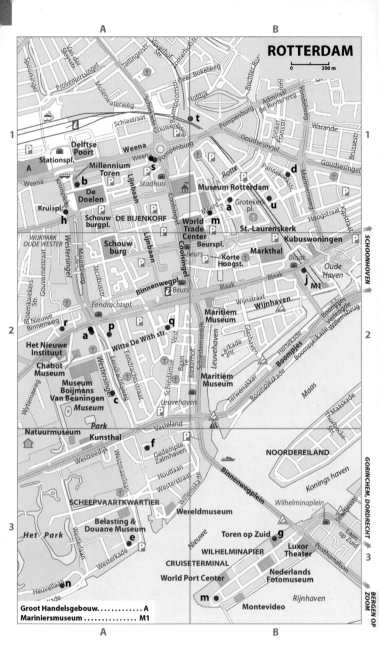

ROTTERDAM

0   200 m

✿✿ **Parkheuvel** (Erik van Loo) ⚖ ≼ 🏠 ⇔ **P**

CREATIEF · ELEGANT XxxX Bij Parkheuvel is een belangrijke pagina van de Nederlandse culinaire geschiedenis geschreven. Cees Helder zorgde er in 2002 namelijk voor dat het als eerste Nederlandse restaurant werd onderscheiden met drie Michelin sterren. De renommee van Parkheuvel bleef onder de vleugels van Erik van Loo intact. Hij bezorgde het op zijn beurt twee Michelin sterren en zet de rijke traditie voort. Dit elegante paviljoen in het Rotterdamse Park, van waar men een mooi zicht heeft op de Maas, blijft een culinaire bestemming.

De creativiteit van chef Van Loo is een begrip geworden. Zijn keuken is zeer bewerkt en nauwkeurig, hij kookt met natuurlijke generositeit. De signatuur-rechten zijn absolute aanraders om zijn stijl te ontdekken. Filets van hert krijgen bijvoorbeeld een krokante korst van merg en vanille. Kersen en eekhoorntjes-brood vullen de sterke smaak van het vlees mooi aan, een intense saus geeft het geheel een boost.

Erik van Loo geeft vandaag al zijn kennis door aan zoon Julien, die hem moet opvolgen. Want tradities zijn er om voort te zetten, zoals die van Parkheuvel en topgastronomie.

An important page of Dutch culinary history was written at Parkheuvel. In 2002 Cees Helder made this the first Dutch restaurant to be distinguished with three Michelin stars. Parkheuvel's reputation has remained intact under the leadership of Erik van Loo, who in turn has won the establishment two Michelin stars and maintained its rich tradition. This elegant pavilion in a park in Rotterdam with its beautiful view of the River Maas remains a gourmet destination.

Chef Van Loo's creativity has become a concept in itself. His cuisine is precise and refined, and he cooks with natural generosity, creating signature dishes which are absolute musts for exploring his style. For example, venison fillets are enhanced with a crispy crust of bone marrow and vanilla, cherries and cep mush-rooms beautifully complement the strong flavour of the meat, while an intense sauce brings it all together with an additional boost.

Erik van Loo is now passing on all his knowledge to his son Julien, who is to succeed him, ensuring that haute-cuisine traditions such as those in evidence at Parkheuvel will continue.

→ Noordzeekrab en kaviaar met zoetzure komkommer, chlorofyl en boekweitbli-ni's. Zuiglam met tomaat, gefermenteerde knoflook, tuinboontjes en tortellini. Parkheuvels Snickers met pinda, karamel en nougatine.

Lunch 43 € - Menu 105/145 € - Carte 112/186 €

Plattegrond: A3-n – *Heuvellaan 21* ✉ *3016 GL* - ☎ *010 436 0530*
- *www.parkheuvel.nl – Gesloten 27 december-8 januari, 25 tot 28 februari, 22 en 27 april, 10 mei, 10 juni, 31 juli-20 augustus, zaterdagmiddag, maandag en dinsdag*

✿✿ **Fred** (Fred Mustert) ⚖ 🎦 ⅔ 🦞

FRANS CREATIEF · CHIC XxxX Een grote chef herken je aan de stempel die hij drukt. Dat hoef je Fred Mustert niet te vertellen. Al van bij binnenkomst neemt hij u mee op avontuur. Het stijlvolle interieur is prachtig en telt een paar eyecat-chers: een kunstwerk van leer met 24 karaats goud, een indrukwekkende wine-dome en een lichtinstallatie die als een handtekening door het restaurant loopt. Onder de indruk? Wacht maar, want het echte spektakel moet nog komen.

De keuken van chef Mustert is modern, maar verwacht geen overbodige liflafjes. Hij verloochent allerminst zijn klassieke basis en laat het product voor zich spre-ken. Zijn weldoordachte creaties zijn spannend, alles is minutieus afgewogen. Tarbot en quinoa met groene kruiden krijgen bijvoorbeeld extra smeuïgheid dankzij een tartaar van gerookte paling. Daarbij komt een fijne vinaigrette van zuring, broodcroutons voor het krokantje en aceto balsamico voor de pep. Wauw!

Het is verbazingwekkend hoe chef Mustert het evenwicht weet te vinden. Hij levert culinair maatwerk. Less is hier echt wel meer!

You can recognise a great chef by the mark he makes, something you don't have to tell Fred Mustert. The adventure starts as soon as you enter the restaurant with its stylish interior that boasts several eye-catching features: a work of art

created from leather and 24-carat gold, an impressive wine dome and the restaurant's signature light installation. You might already be impressed, but the real spectacle is still to come.

Mustert's cuisine is modern without any unnecessary additions as he is keen to showcase his classical roots and let the ingredients speak for themselves. His well-thought-out creations are exciting, and everything has been measured out meticulously. As an example, his turbot and quinoa with green herbs is given added creaminess thanks to a tartare of smoked eel, and is further enhanced by a delicate sorrel vinaigrette, a breadcrumb crust and balsamic vinegar, giving the whole dish a real wow factor.

Fred Mustert has the impressive ability to find a balance that delivers culinary precision but where less is definitely more.

→ Gebakken langoustines met meloen, bleekselderij en vinaigrette van milde kerrie. Zeetong met artisjok, asperges en beurre blanc met citroen. Parfait van nougat, compote van banaan, vanilleschuim en café glacé.

Lunch 48 € – Menu 97/140 € – Carte 86/108 €

Honingerdijk 263, (in Kralingen) ✉ *3063 AM*
– ☎ 010 212 0110 – www.restaurantfred.nl
– Gesloten 25 december-1 januari, 4 tot 18 augustus, zaterdagmiddag en zondag

🕸🕸 **FG - François Geurds** 🕸 🎴 🍸 ⇔ 🎴

CREATIEF · TRENDY 🗶🗶 François Geurds is een rasechte ondernemer. Hij bezit twee restaurants die reeds bekroond zijn, maar het is bij FG dat hij echt zijn ding doet. Chef Geurds heeft een heus smaaklaboratorium en gaat op zoek naar de ultieme combinaties. Zijn onuitputtelijke drang om gasten te verbazen blijkt ook uit het decor van dit op-en-top urban restaurant. Het is trendy en origineel. Bij FG schuwt men het spektakel niet, zoals een indrukwekkende collectie messen of een omgekeerde tuin in de private dining room!

De keuken is zeer detaillistisch, speels zelfs, maar altijd met de focus op de smaak van topproducten en sauzen. Chef Geurds verrast graag, maar verrukt nog liever. Neem nu gebakken ganzenlever met een gelei van rabarber, waarvan de smaak contrasteert met gehakte oester en een oestersaus. Niet alledaags, maar wat weet chef Geurds hier een ongelooflijke harmonie van te maken!

François Geurds experimenteert graag en daar bent u als gast getuige van. Maar wees gerust: hij laat niets aan het toeval over, alles is top. Wat is het heerlijk hier proefkonijn te zijn!

François Geurds is a true entrepreneur and the owner of two award-winning restaurants, but it is at FG, which features a tasting laboratory where he strives to create the ultimate culinary combinations, that he really comes into his own. His inexhaustible desire to surprise his guests is also reflected in this truly urban restaurant, which is both trendy and original. At FG guests will enjoy a true spectacle, as demonstrated by the impressive collection of knives and the upside-down garden in the private dining room!

The cuisine is extremely detailed, playful even, but the focus is always on the flavours created by top-quality products and sauces. François Geurds enjoys surprising his guests, but he loves to thrill them even more. His pan-fried foie gras with a rhubarb jelly is a prime example, in which the flavour contrasts with the chopped oyster and an oyster sauce. This is not your everyday dish, but Geurds has the ability to create an unbelievable harmony of flavours.

This chef likes to experiment, which you have the privilege of witnessing as a guest. However, nothing is left to chance and everything is truly extraordinary, making the experience of being a gastronomic guinea pig truly wonderful!

→ Oester met kombu, rabarber en ganzenlever. Piepkuiken met langoustine en kaviaar. Dessertcreatie met drop, banaan, venkel en dragon.

Lunch 45 € – Menu 125/205 € – Carte 108/220 €

Plattegrond: AB1-t *– Katshoek 37B* ✉ *3032 AE – ☎ 010 425 0520*
– www.fgrestaurant.nl – Gesloten zondag en maandag

⍟ Amarone (Jan van Dobben) 🕸 🅰️

FRANS MODERN · CHIC ❌❌ Een gezellig haardvuur, een warm en modieus decor, ... Elegantie typeert zowel dit restaurant als de wijn waarnaar het genoemd is. Amarone heeft een prominente plaats op de rijk gevulde wijnkaart, die de creatieve gerechten van Jan van Dobben mooi aanvult. De combinaties zijn gezocht, smaken contrasteren wel eens, maar vormen telkens een mooie harmonie.

A cosy open fire and a warm and fashionable interior... elegance is a quality this restaurant and the wine after which it is named share. Amarone has a prominent place on the impressive wine list, which beautifully complements the creative dishes from Jan van Dobben. Combinations are well-thought-through and, although the flavours can sometimes provide contrasts, they are always in harmony.

→ Rode mul met knolselderij, zwarte knoflook en nori. Zeetong met sambai, beukenzwammen, paksoi en uiencrème. Champagnemousse met rabarber, yoghurt en rozensorbetijs.

Lunch 38 € – Menu 65/85 € – Carte 71/140 €

Plattegrond: B1-a – *Meent 72a* ✉️ *3011 JN* – ☎️ *010 414 8487*
– www.restaurantamarone.nl – Gesloten 31 december-7 januari, 5 tot 26 augustus, feestdagen, zaterdagmiddag en zondag

⍟ Fitzgerald 🕸 🏠 🍽️ 💬

FRANS MODERN · ELEGANT ❌❌ Italiaans marmer verenigd met design- en vintage-elementen, grote glasramen, een mooie binnentuin ... Fitzgerald heeft allure! De moderne, soms verrassende twists die de chef aan zijn gerechten geeft, brengen ze naar een hoger niveau en creëren een fantastische afwisseling van smaken. De sommelier vult die aan met uitstekende wijnen.

Italian marble combined with design and vintage features, big windows and a beautiful enclosed garden all lend Fitzgerald a special allure. The modern, sometimes surprising twists the chef gives his dishes take them to a higher level and create a fantastic exchange of flavours. The sommelier complements this with excellent wines.

→ Langoustines met avocado, kimchi, garnalen en zeebanaan. Gebraden duif met aubergine, tamarinde en kastanje. Ananas met appelkappers en karamelroomijs.

Lunch 32 € – Menu 49/89 € – Carte 66/101 €

Plattegrond: B2-j – *Gelderseplein 49* ✉️ *3011 WZ* – ☎️ *010 268 7010*
– www.restaurantfitzgerald.nl – Gesloten 27 december-7 januari, 27 april, 28 juli-12 augustus, maandagmiddag, zaterdagmiddag en zondag

⍟ Joelia (Mario Ridder) 🕸 🍽️ 💬

FRANS CREATIEF · DESIGN ❌❌ Joelia bewijst dat raffinement niet complex hoeft te zijn. Dat doet ze met haar eclectisch decor dat vintage en design enig mooi samenbrengt. Maar ook met haar keuken: de gerechten zijn dan wel creatief, toch zijn ze niet té bewerkt en dienen ze één doel: een harmonie creëren van subtiele parfums en intense smaken.

Joelia proves that refinement does not need to be complex. Her eclectic decor beautifully combines vintage and design to unique effect. Her cuisine is creative without being fussy, and serves one aim: to achieve a harmony of subtle perfumes and intense flavours.

→ Gouden gebak van brioche met ganzenlever en truffel. Hazenrug met rode biet en knolselderij. Soufflé met vanille, roomijs en bessencompote.

Lunch 45 € – Menu 105/165 € – Carte 97/158 €

Plattegrond: A1-s – *Hotel Hilton, Coolsingel 5* ✉️ *3012 AA* – ☎️ *010 710 8034*
– www.joelia.eu

 Wilt u een feestje organiseren of een maaltijd met zakenrelaties? Kijk dan naar de restaurants met het symbool 💬.

The Millèn ⓝ (Wim Severein) ♿ 🅰🅲 ⇔

MODERNE KEUKEN · DESIGN XxX De Millenniumtoren is een landmark van Rotterdam, dankzij de komst van dit elegante designrestaurant is het nu ook een bestemming voor foodies. Wim Severein etaleert hier namelijk zijn kennis en inventiviteit. Met een zekere speelsheid laat hij topingrediënten op elkaar inspelen en heerlijk nuanceren. Zijn kleurrijke composities zijn delicieus!

The Millennium Tower is a landmark in Rotterdam and, thanks to the arrival of this elegant design restaurant, it is now also a destination for foodies. Wim Severein shows his knowledge and inventiveness here by bringing together top quality ingredients and allowing them to interact with one other with a certain playfulness. His colourful compositions really are delicious!

→ Geroosterde langoustines met pastinaak, zoute vinger, zuurdesem en schaaldierengelei. Boerenduif met een parmentier van de pootjes, hazelnoot, gnocchi en koffie. Chocoladeganache met eucalyptus en bramensorbetijs.

Lunch 30 € – Menu 60/95 € – Carte 58/75 €

Plattegrond: A1-b – *Weena 686, (1ste etage in het Marriott Hotel)* ✉ *3012 CN – ☎ 010 430 2333 – www.restaurantthemillen.nl – Gesloten op 24 december-2 januari, zaterdagmiddag, zondag en maandag*

FG Food Labs (François Geurds) 🏠 🍽

CREATIEF · TRENDY X Een smaaklaboratorium dat in een hippe versie van een treintunnel huist: van trendy Rotterdam gesproken … De zoektocht naar smaken en texturen, het aftasten van de limieten, hoe je het beste uit producten haalt: dat drijft de chefs naar een keuken die inventief is en punch heeft. Heerlijk om hier proefpersoon te zijn.

This 'taste laboratory' housed in a trendy version of a train tunnel is definitely part of the Rotterdam scene. The emphasis is on new flavours and textures and on pushing culinary boundaries. This results in inventive cuisine that is bold and full of character.

→ Nitro vijzel 'lab style'. Porkbelly 48 uur gegaard. Blanc-manger van amandelen.

Lunch 43 € – Menu 80/125 € – Carte 55/73 €

Plattegrond: A1-t – *Katshoek 41* ✉ *3032 AE* – ☎ *010 425 0520 – www.fgfoodlabs.nl*

In den Rustwat 🏠 🅰🅲 ⇔

MODERNE KEUKEN · INTIEM XxX Een rieten dak, een geschiedenis die teruggaat tot in de 16de eeuw en een idyllische locatie, bij een arboretum: In den Rustwat is een vreemde eend in de bijt in het grootsteedse Rotterdam. Hier echter geen traditionele kost, maar de keuken van vandaag in gezochte gerechten met een overvloed aan producten en bereidingen.

In den Rustwat adds an exotic touch to metropolitan Rotterdam with its thatched roof, history dating back to the 16C and an idyllic setting close to an arboretum. The food here is anything but traditional, offering contemporary-style dishes with an abundance of ingredients and cooking methods.

Lunch 35 € – Menu 37/62 € – Carte 52/79 €

Honingerdijk 96, (in Kralingen) ✉ *3062 NX* – ☎ *010 413 4110 – www.idrw.nl – Gesloten 31 december-8 januari, 23 juli-12 augustus, zaterdagmiddag, zondag en maandag*

Asian Glories 🅰🅲 ⇔

CHINEES · FAMILIAAL XX In dit leuke restaurant wordt de Chinese keuken geroemd, en hoe! U krijgt er een heerlijk overzicht van de culinaire traditES van Kanton en Sichuan. Laat u zeker verleiden door de pekingeend en de dimsum: de combinatie van fijne smaken maakt van deze lekkernijen absolute aanraders!

Asian Glories offers authentic, high quality Chinese cuisine, which focuses on the culinary traditions of Canton and Szechuan. Specialities on the menu include Peking duck and the delicious dim sum, a type of Oriental dumpling that is served either boiled or fried.

Menu 32/52 € – Carte 33/52 €

Plattegrond: B1-m – *Leeuwenstraat 15a* ✉ *3011 AL* – ☎ *010 411 7107 – www.asianglories.nl – Gesloten woensdag*

⊛ Gym & Gin   🏠 🅰🅲 🍴 ⇨ 🅿

INTERNATIONAAL · VINTAGE ✕✕ De naam Gym & Gin staat voor het evenwicht dat men moet vinden tussen genieten en gezond, al is het hier vooral genieten! Het kleurrijk decor, een balans tussen vintage en modern, is heerlijk om de weldoordachte gerechten te ontdekken. De originaliteit van chef Huson is boeiend en verfrissend, hij creëert echte smaakbommetjes!

The name Gym & Gin stands for the balance we have to find between hedonism and health, although hedonism comes first here. The colourful decor, a balance between vintage and modern, makes for a wonderful backdrop for exploring the well-composed dishes. The originality of chef Huson's flavour bombs is exciting and refreshing.

Lunch 29 € – Menu 36/45 € – Carte 37/54 €

Kralingseweg 224, (in Kralingen) ✉ *3062 CG – ℰ 010 210 4510 – www.gymandgin.nl – Gesloten 28 december-7 januari, eerste week augustus en zondag*

⊛ Huson   🏠 🅰🅲 ⇨

MODERNE KEUKEN · GEZELLIG ✕✕ Huson is een trendy zaak waar altijd een gezellige bedrijvigheid heerst. U smult hier van een heerlijk huwelijk: de creativiteit van de chef en internationale ingrediënten komen samen in kleine gerechten die zowel subtiel als uitbundig zijn. De chef laat vol en fris mooi balanceren, dat bewijzen zijn signature dishes.

Huson is a trendy establishment where a lively industriousness always prevails. Here guests' mouths will water at the marvellous pairing of creativity with international ingredients in small dishes which are as subtle as they are exuberant. The chef is a dab hand at beautifully balancing fullness of flavour with freshness, as his signature dishes show.

Lunch 33 € 🍸 – Menu 36/80 € – Carte 44/61 €

Plattegrond: A3-f – *Scheepstimmermanslaan 14* ✉ *3011 BS – ℰ 010 413 0371 – www.huson.nl – Gesloten zaterdagmiddag en zondagavond na 19.30 u.*

⊛ The Park - Inspired by Erik van Loo   ♿ 🅰🅲 🍴 ⇨ 🅿

MODERNE KEUKEN · EIGENTIJDS ✕✕ De borden in deze blauw getinte luxebrasserie liegen er niet om: hier weet men wat smaak is. De gerechten gaan uit van creatieve ideeën en zijn zeer bewerkt. Elk product wordt goed op smaak gebracht en past in het totaalplaatje. Logisch, eigenlijk, als je weet dat de chef van sterrenzaak Parkheuvel peter is van The Park ...

The food at this blue-tinted luxury brasserie doesn't lie: they understand the meaning of taste here. The dishes are creatively inspired and beautifully composed. Every dish is perfectly seasoned and fits into the complete picture. So it makes sense when you hear that The Park is inspired by Erik van Loo, the chef of Michelin star establishment Parkheuvel.

Lunch 29 € – Menu 37/80 € – Carte 28/52 €

Plattegrond: A2-a – *Parkhotel, Westersingel 70* ✉ *3015 LB – ℰ 010 440 8165 – www.thepark.nl – Gesloten zaterdagmiddag en zondagmiddag*

⊛ Ayla   🏠

MEDITERRAAN · TAPASBAR ✕ De sfeer is zwoel, mediterrane parfums vullen stilaan de ruimte ... Welkom bij het hippe Ayla, waar u heel de dag lang van haar internationale allure kunt genieten. Het is een ongedwongen plek waar ervaren chefs al hun kunde in het versterken van zuiderse smaken steken. Niet onnodig ingewikkeld, maar man, zo lekker!

The air is sultry and Mediterranean scents quietly fill the room. Welcome to Ayla, where guests can enjoy the international atmosphere all day long. This is a relaxed spot where experienced chefs put all their skill into enhancing southern European flavours. Dishes are not unnecessarily complicated and are simply delicious.

Carte 24/46 €

Plattegrond: A1-h – *Kruisplein 153* ✉ *3014 DD – ℰ 010 254 0005 – www.ayla.nl – open tot 23.30 u.*

Kwiezien 🏠 🅰️🅲️

MARKTKEUKEN · FAMILIAAL ✕ Geef gerust toe aan het verleidelijk aanbod gerechten dat deze knusse Kwiezien bundelt, want Karin en Remco werken alleen met verse producten en gaan steeds op zoek naar prikkelende combinaties. Het is soms gewaagd, maar het rijk smakenpalet dat ze met uiteenlopende smaken creëren, is steeds geslaagd!

Sit back and enjoy the tempting range of dishes which this cosy restaurant has put together. Karin and Remco work exclusively with fresh ingredients and are constantly in search of inspiring combinations. The rich palette of flavours they create is sometimes daring but they always pull it off.

Menu 35/50 €

Delistraat 20, (in Katendrecht) ✉ *3072 ZK*
– ☎ 010 215 14 40 – www.kwiezien.nl
– alleen diner – Gesloten 25 en 26 december, 1 januari, zondag, maandag en dinsdag

Umami by Han 🍴

AZIATISCH · TRENDY ✕ Het hippe, moderne interieur met felle kleuren springt meteen in het oog, maar dé troefkaart van Umami by Han is het ijzersterk concept: een aanbod Aziatische bereidingen met Franse twist waaruit u naar hartenlust kunt kiezen. Hier krijgt u een heerlijke ontdekkingstocht voorgeschoteld aan ongelooflijke prijzen!

The trendy, modern interior with bright colours immediately catches the eye, but the trump card of this restaurant is its rock solid concept... a range of Asian dishes with a French twist from which you can choose your heart's desire. A wonderful journey of discovery at amazing prices!

Menu 27/27 € – Carte ong. 19 €

Plattegrond: B1-u – *Binnenrotte 140* ✉ *3011 HC* – ☎ *010 433 3139*
– www.umami-restaurant.com – alleen diner – Gesloten 31 december

Old Dutch 🏠 🍴 ♿ 🍷 🅿️

FRANS KLASSIEK · KLASSIEK ✕✕✕ Een brigade in kostuum, met vlinderdasjes, die versnijdingen aan tafel doet: in deze klassieke zaak hangt de sfeer van een gentlemen's club. Het terras is heerlijk ruim. Vertrouwde producten krijgen hier een frisse tint, en dat smaakt!

With its serving staff decked out in suits and bow ties, this traditional restaurant with an incredibly spacious terrace has the atmosphere of a gentlemen's club. Familiar produce is given a fresh twist. Meat is even sliced at your table.

Lunch 40 € – Menu 45/63 € – Carte 54/98 €

Plattegrond: A2-r – *Rochussenstraat 20* ✉ *3015 EK*
– ☎ 010 436 0344 – www.olddutch.net
– Gesloten feestdagen, zaterdag en zondag

Allure ≤ 🏠 🅰️🅲️ 🍴

MARKTKEUKEN · DESIGN ✕✕ Het begint met de moderne kunstwerken en het warme designinterieur dat mooi aansluit op het fantastische zicht van de jachthaven. Dan komt de champagnekar, de topproducten die in Frans moderne gerechten met internationale invloeden worden verwerkt, en uiteindelijk is er de goedgevulde kaaskar. Wat een Allure!

Allure fully lives up to its name. The experience starts with a warmly designed interior hung with modern art, which fits beautifully with the fantastic view of the marina. Then comes the champagne trolley, followed by top quality ingredients worked into modern French dishes with an international twist. Finally, there's the well-stocked cheese trolley.

Lunch 30 € – Menu 38/63 € – Carte ong. 55 €

Cargadoorskade 107 ✉ *3071 AW*
– ☎ 010 486 6529 – www.restaurant-allure.nl
– Gesloten zaterdagmiddag en maandag

De Harmonie 23 ⛨ ⛨

CREATIEF · ELEGANT ✗✗ Het prachtig vernieuwde decor van De Harmonie 23 zet de ambitie van chef Somer kracht bij. Zijn creativiteit komt hier mooi tot uiting en wordt ingezet om de naam van zijn zaak waar te maken. Puur en eerlijk rijmen hier met verrassend. Dankzij het nieuwe concept, met een uitgebreid tasting-menu, ontdekt u echt zijn keuken.

The magnificently restored interior of De Harmonie 23 adds power to the ambition of chef Somer. His creativity is beautifully expressed here, making the name of his restaurant a reality, with authenticity and honesty combining to exciting effect. The extensive tasting menu allows diners to truly discover his cuisine.

Menu 53/100 € – Carte 56/80 €

Plattegrond: A2-c – *Westersingel 95* ✉ *3015 LC* – ✆ *010 436 3610*
– restaurant23.deharmonierotterdam.nl – Gesloten 27 december-9 januari, feestdagen, zaterdagmiddag, zondag en maandag

HMB ⮜ ⛨ ⛨

INTERNATIONAAL · TRENDY ✗✗ Net als een dartele kolibrie (HMB staat voor hummingbird) is het interieur sierlijk, door de grote ramen geniet u van een prachtig zicht op de Rotterdamse skyline. De gerechten ogen mooi en smaken heerlijk dankzij de combinatie van ingrediënten uit verschillende internationale keukens die met zorg worden bereid.

HMB stands for hummingbird, and in keeping with its name, the interior of this restaurant is elegantly playful. The large windows also provide a stunning view of the Rotterdam skyline. The delicious, beautifully presented dishes are prepared with care and attention using ingredients from different international culinary traditions.

Lunch 38 € – Menu 65/90 € – Carte 52/93 €

Plattegrond: B3-g – *Holland Amerika Kade 104, (op de Wilhelminapier)*
✉ *3072 MC* – ✆ *010 760 0620 – www.hmb-restaurant.nl – Gesloten*
27 december-8 januari, 22 tot 30 april, 29 juli-13 augustus, zaterdagmiddag, zondag en maandag

Vineum ⮾ ⛨ ⛨

FRANS MODERN · GEZELLIG ✗✗ De wijnkaart is het hart van dit restaurant, dat achteraan over een intieme stadstuin beschikt. De variatie en kwaliteit van de wijnen is opmerkelijk en wordt ondersteund door een lekkere productkeuken. De ervaren chef brengt fraîcheur op het bord door ingrediënten te gebruiken als ze op hun best zijn.

The wine list is the heart and soul of this restaurant with a pleasant city garden at the back. The variety and quality of the wines is truly remarkable, supported by cuisine that showcases excellent ingredients. The experienced chef brings freshness to the plate, using produce at its best.

Menu 35/55 € – Carte 46/72 €

Plattegrond: A2-p – *Eendrachtsweg 23* ✉ *3012 LB* – ✆ *010 720 0966*
– www.vineum.nl – Gesloten 25 en 26 december, 31 december-1 januari, 27 april, zaterdagmiddag en zondag

Zeezout ⛨ ⍰

VIS EN ZEEVRUCHTEN · DESIGN ✗✗ Vis, vis ... en nog eens vis. In het schippers-kwartier van een van de belangrijkste havensteden ter wereld geniet u van het beste van het water. Hun pure smaken verleiden keer op keer, zoals de dorade in zoutkorst, een topper! Vanuit het stijlvolle decor hebt u, uiteraard, zicht op de Maas.

Fish, fish and more fish. In the shipping quarter of one of the most important port cities in the world diners can enjoy the best the water has to offer. Their pure flavours seduce time and again, with dishes such as the salt-crusted sea bream topping the list. The stylishly decorated dining room also offers a view of the River Maas.

Lunch 35 € – Menu 50/69 € – Carte 57/65 €

Plattegrond: A3-e – *Westerkade 11b* ✉ *3016 CL* – ✆ *010 436 5049*
– www.restaurantzeezout.nl – Gesloten zondagmiddag en maandag

⫶⃝ **Aji** Ⓝ   🛏 ⌘

ZUID-AMERIKAANS · VINTAGE ⍒ Aji (een chilipeper) is een van de ingrediënten die Pelle Swinkels ontdekte op zijn reizen door Azië en Zuid-Amerika. Die ervaringen kleuren hier de kaart. Hij mixt het met Franse basistechnieken en creëert op die manier smaakvolle gerechten die intrigeren. Het heeft iets avontuurlijks, net als het vintage/loungy decor.

Aji (a type of chilli pepper) is one of the ingredients that Pelle Swinkels discovered on his travels through Asia and South America – travels which have had a strong influence on his menu. He mixes these influences with basic French techniques to create delicious and intriguing dishes with an adventurous feel which is echoed in the restaurant's bold, vintage lounge-style decor.

Lunch 25 € – Carte 39/51 €

Plattegrond: B1-d – *Pannekoekstraat 40A* ✉ *3011 LK* – ☏ *010 767 0169 – www.restaurantaji.nl – open tot 23.00 u. – Gesloten 22 juli-7 augustus, zondag en maandag*

⫶⃝ **C.E.O baas van het vlees**   🏠 ⌘ 🖨

VLEES · HEDENDAAGSE SFEER ⍒ A point of saignant? Met verse frieten en huisgemaakte mayonaise? Dit zijn het soort vragen waar u zich in deze levendige bistro aan mag verwachten. Maar dé kopbreker is: welk stuk Amerikaans kwaliteitsvlees kiest u?

A lively bistro where prime quality American meat takes pride of place on the menu. All you have to decide is how you would like your meat cooked and whether you would like French fries and homemade mayonnaise as part of your meal.

Carte 41/83 €

Sumatraweg 1, (in Katendrecht) ✉ *3072 ZP* – ☏ *010 290 9454 – www.ceobaasvanhetvlees.nl – alleen diner tot 23.00 u. – Gesloten zondag en maandag*

⫶⃝ **De Jong**   🏠

BIO · BUURTRESTAURANT ⍒ Jim de Jong is een chef die houdt van groenten en kruiden. Hij kweekt ze zelf en bereidt ze met inventiviteit, maar laat hun pure smaken altijd primeren. In deze oude treintunnel, die vintage is ingericht, laat hij u ontdekken hoe verrassend en lekker de biologische keuken wel is. Eten bij De Jong is telkens een avontuur!

Chef Jim de Jong loves vegetables and herbs. He grows them himself and is inventive in preparing them, always placing their natural flavours front and centre. In this old train tunnel, decorated in vintage style, he shows diners how surprising and delicious organic cuisine can be. Eating at De Jong is an adventure every time.

Menu 47/62 €

Plattegrond: A1-d – *Raampoortstraat 38* ✉ *3032 AH* – ☏ *010 465 7955 – www.restaurantdejong.nl – alleen diner – Gesloten maandag en dinsdag*

⫶⃝ **NY Basement**   ⌘ 🖨

MODERNE KEUKEN · VINTAGE ⍒ In de kelder van hotel New York hangt een jazzy sfeer die herinnert aan de Big Apple uit de jaren twintig en dertig. Na een lekkere cocktail aan de elf meter lange bar geniet u er van kleine, moderne gerechtjes die af en toe op de houtskoolgrill worden bereid.

A jazz vibe reigns in the cellar of Hotel New York, reminiscent of the Big Apple of the 1920s and 1930s. After a delicious cocktail at the 11m-long bar, guests can enjoy small, modern dishes, some of which are prepared on the charcoal grill.

Carte 32/55 €

Plattegrond: B3-m – *Hotel New York, Koninginnenhoofd 1, (op de Wilhelminapier)* ✉ *3072 AD* – ☏ *010 439 0525* – *www.nybasement.nl* – *alleen diner behalve zondag*

⫶⃝ **Oliva**   🏠 🎬 ⌘ 🖨

ITALIAANS · BISTRO ⍒ Smullen van down-to-earth Italiaanse gastronomie in een trattoria-ambiance: dat is Oliva. De dagelijks wisselende kaart wordt bepaald door het aanbod producten die rechtstreeks uit Italië komen. Puur en lekker!

Enjoy down-to-earth Italian cuisine in this delightful trattoria. The menu changes daily and the dishes are made from ingredients imported straight from Italy. Authentic and delicious.

Menu 37/49 € - Carte 27/52 €

Plattegrond: A2-q - *Witte de Withstraat 15a* ✉ *3012 BK* - ☎ *010 412 1413* - *www.restarantoliva.nl* - *alleen diner* - *Gesloten 25 december-1 januari*

🏨 Hilton   ☆ ⅃⚹ 📺 🛗 🎧 🛎 🌡 🚗

KETENHOTEL · DESIGN U wordt ontvangen in een ruime, lumineuze inkomsthal en wordt vervolgens begeleid naar een kamer die comfort, warmte en puurheid combineert. Deze gevestigde waarde staat niet stil en houdt alles fris en up-to-date. Het stadscentrum ligt rondom, maar bezoek gerust restaurant Roots om lekkers uit de regio te ontdekken.

Guests are received in a spacious, bright lobby and shown to a bedroom that combines comfort, warmth and minimalism. This fixture in the hotel scene has not stood still, instead keeping everything fresh and up-to-date. The city centre is all around you, but go straight to Roots restaurant to discover regional delicacies.

246 kam - 🛏139/279 € 🛏🛏139/279 € - 7 suites - 🍽 20 €

Plattegrond: A1-s - *Weena 10* ✉ *3012 CM* - ☎ *010 710 8000* - *www.rotterdam.hilton.com*

Joelia ❀ - zie restaurantselectie

🏨 Pincoffs   📺 📻 🌿 🛎 🅿

HISTORISCH · TRENDY Dit trendy gerenoveerde douanekantoor is de place to be voor wie de stad wil verkennen maar zich ook wil verwennen. Badkamerspulletjes van Bulgari, uw favoriete muziek in het Bluetooth soundsysteem en een onberispelijke, warme service: het plaatje klopt!

This trendy renovated customs office is the place to be for visitors wanting to explore the city and indulge in a little pampering. Bulgari accessories in the bathroom, your favourite music on the Bluetooth sound system and impeccable, friendly service all add to the appeal.

16 kam - 🛏125/175 € 🛏🛏145/195 € - 1 suite - 🍽 19 €

Stieltjesstraat 34, (op de Kop van Zuid) ✉ *3071 JX* - ☎ *010 297 4500* - *www.hotelpincoffs.nl* - *Gesloten 24 tot 26 december*

🏨 Parkhotel   ⬅ 🐾 ⅃⚹ 📺 📻 🛎 🅿

BUSINESS · HEDENDAAGS De geschiedenis van Parkhotel gaat terug tot 1922, maar het heeft nog steeds een hedendaagse look. Het hotel bevindt zich in het centrum van Rotterdam, de twee torens uit de jaren tachtig bieden een panoramisch overzicht van deze 'architectuurhoofdstad van Nederland'.

A contemporary hotel with a history dating back to 1922, situated in the heart of modern Rotterdam. The two tower blocks built in the 1980s offer panoramic views of the 'Architectural Capital of the Netherlands'.

187 kam 🍽 - 🛏100/300 € 🛏🛏100/300 € - 2 suites

Plattegrond: A2-a - *Westersingel 70* ✉ *3015 LB* - ☎ *010 436 3611* - *www.bilderberg.nl*

The Park - Inspired by Erik van Loo ❀ - zie restaurantselectie

🏨 New York   ☆ ⬅ 📺 🛗 📻 🌿 🛎

TRADITIONEEL · VINTAGE Wie bij New York logeert, ervaart even de opwinding van de avonturiers die hier vroeger hun ticket kwamen kopen om de grote oversteek te maken. Alles straalt karakter en dynamiek uit: van de sierlijke kamers tot het eetcafé, dat groot en gezellig druk is.

Stay at the New York hotel and experience the excitement of the fortune-seekers who came to buy their tickets here for the ocean crossing to New York. The whole place radiates character and dynamic energy, from the elegant rooms to the large restaurant, which has a pleasant, lively ambience.

72 kam - 🛏110/350 € 🛏🛏110/350 € - 🍽 19 €

Plattegrond: B3-m - *Koninginnenhoofd 1, (op de Wilhelminapier)* ✉ *3072 AD* - ☎ *010 439 0500* - *www.hotelnewyork.nl*

NY Basement 🍴○ - zie restaurantselectie

🏠 SS Rotterdam

HISTORISCH · BIJZONDER Aan boord van dit voormalig cruiseschip ervaart u de rijke geschiedenis die het verzamelde tijdens reizen op de wereldzeeën. Het is een echt hotel met ruime themakamers die u meenemen naar de vroegere bestemmingen van deze oceaanstomer. Een diner op de boeg, met een prachtig zicht op de skyline van Rotterdam, is de moeite!

On board this former cruise ship visitors will experience the rich history she collected on her ocean voyages. This is a real hotel with spacious themed bedrooms to transport guests to the old ocean steamer's destinations. Dinner on deck with a beautiful view of Rotterdam's skyline is well worth the effort.

254 kam – ♦85/350 € ♦♦99/400 € – ☐ 18 €

3ᵉ Katendrechtsehoofd 25 ✉ 3072 AM – ☏ 010 297 3090 – www.ssrotterdam.nl – Gesloten 21 december-5 januari, 16 februari-3 maart, 27 april-5 mei, 13 juli-1 September, 12 tot 27 oktober

🏠 Stroom

STADSHOTEL · FUNCTIONEEL Ooit werd stroom opgewekt in deze voormalige elektriciteitscentrale, vandaag huist er een urban boetiekhotel. Het interieur is aangekleed met sober design, maar de persoonlijke aanpak van de uitbaters zorgt voor warmte. Stroom? Zinderend!

Once energy was generated in this former power station, today it houses a boutique hotel. The interior has a rather austere design, but the personal approach of the managers brings warmth to the place. The effect is truly electric.

18 kam – ♦110/150 € ♦♦110/170 € – 3 suites – ☐ 19 €

Lloydstraat 1, (in het Lloydkwartier) ✉ 3024 EA – ☏ 010 221 4060 – www.stroomrotterdam.nl

ROTTEVALLE · DE ROTTEFALLE
Fryslân – Smallingerland – Atlas n° **3**-D2

🍴 De Herberg van Smallingerland

CREATIEF · HERBERG XxX Deze 18de-eeuwse herberg ademt de sfeer van vervlogen tijden, het heeft karakter en beschikt over een mooie binnentuin. De keuken staat met zijn voeten stevig in het heden. De chef kookt creatief en zoekt naar verrassende combinaties. Dat hij daarvoor graag Friese kwaliteitsproducten gebruikt, laat zich smaken.

This 18C inn breathes the atmosphere of times gone by. The place has character and boasts a beautiful courtyard garden, while the cuisine is firmly rooted in the present. The chef cooks creatively, seeking out surprising combinations that showcase quality Frisian ingredients.

Menu 40/70 €

Muldersplein 2 ✉ 9221 SP – ☏ 0512 342 064 – www.herbergvansmallingerland.nl – alleen diner – Gesloten 31 december-1 januari, zondag en maandag

ROZENDAAL
Gelderland – Atlas n° **4**-C2

🍴 The Hunting Lodge

MODERNE KEUKEN · HEDENDAAGSE SFEER XxX Dit voormalige jachthuis is omgetoverd tot een elegant restaurant, met een terras dat een mooi zicht biedt op het omringende park en kasteel Rosendael. De chef gaat voor een eigentijdse keuken, zowel qua combinaties als presentatie, 's middags aangevuld met eenvoudige gerechten.

This former hunting lodge has been transformed into an elegant restaurant with the terrace offering a beautiful view of the surrounding park and Kasteel Rosendael. The chef produces contemporary cuisine, both in the combinations used and in the presentation. This is supplemented with simple lunch dishes.

Lunch 38 € – Menu 48/78 € – Carte 55/79 €

Beekhuizenseweg 1 ✉ 6891 CZ – ☏ 026 361 1597 – www.thehunting.nl – Gesloten 31 december-2 januari en maandag

RUURLO

Gelderland – Berkelland – Atlas n° **4**-D2

De Tuinkamer ⇐ 🍴 🏠 **P**

MODERNE KEUKEN • GEZELLIG XX Welkom bij Jos en Ria. Dit sympathieke stel ontvangt al sinds 1995 fijnproevers in hun gerenoveerde boerderij, die is uitgebreid met een serre. Jos bereidt er Frans/Nederlandse gerechten waarmee hij bewijst diepgang te kunnen geven aan lekkere klassieke smaken. Nagenieten kan in een van de keurige kamers.

Welcome to Jos and Ria's restaurant. Since 1995 this friendly couple have welcomed food connoisseurs into their renovated farmhouse, extended with a conservatory. Jos produces French-Dutch dishes, proving his ability to create depth in delicious classic flavours. Beautifully maintained guestrooms are also available.

Menu 37/47 € – Carte 50/76 €

9 kam � – †80/114 € ††95/129 €

Hengeloseweg 1, (Zuidwest : 3 km) ⊠ 7261 LV

– ☏ 0573 452 147 – www.hoteldetuinkamer.nl

– alleen diner – Gesloten 1 tot 18 januari, 23 juni-11 juli, dinsdag van half september tot mei en maandag

SANTPOORT

Noord-Holland – Velsen – Atlas n° **8**-A3

۞ De Vrienden van Jacob 🐾 ≤ 🏠 ⅙ ⅍ ⇔ **P**

CREATIEF • KLASSIEK XxX Statig kasteeltje op een landgoed, met chique inrichting. Creatieve, verfijnde keuken, mooie en goed toegelichte wijnkaart, verzorgde bediening en luxueus rooksalon. Kortom alles voor een topavond!

A stately castle within its own grounds with a chic decor. Creative, refined cuisine, a good and informative wine list, immaculate service and a luxury smoking room. A perfect setting for a splendid dinner.

→ Rauwe makreel met knolselderij, kombu, rettich en bleekselderij. Zomerree met een amandelcrunch, gebakken ui, zoetzure kapucijners en een jus van citroentijm. Sorbet van kersen met pistache, zure room en spongecake.

Menu 68/120 € – Carte 66/86 €

Hotel Landgoed Duin en Kruidberg, Duin en Kruidbergweg 60, (Santpoort-Noord) ⊠ 2071 LE – ☏ 023 512 1800 – www.devriendenvanjacob.nl

– alleen diner – Gesloten 27 december-7 januari, zondag en maandag

🏘 Landgoed Duin en Kruidberg 🕯 🐾 ≤ 🍴 🐾 ⅙ ☐ ⅙ 🎵 ⅍ 🛁 **P**

GROTE LUXE • HISTORISCH Prachtig huis uit 1900 op een landgoed met een vijver. Het interieur is klassiek en telt heel wat kunstobjecten, de lounge is schitterend. Dit landgoed wordt ook veel gebruikt voor congressen en seminars. Brasserie DenK staat voor een actuele brasseriekeuken in een modern interieur. Cocktails en meer in de loungebar.

Hotel built in 1900 in a park containing a small lake. Classic décor with objets d'art, a superb lounge and two types of rooms. Seminar and conference facilities. Brasserie DenK serves contemporary brasserie cuisine in a modern decor. Cocktails and more in the lounge bar.

75 kam – †115/440 € ††115/440 € – ⊵22 €

Duin en Kruidbergerweg 60, (Santpoort-Noord) ⊠ 2071 LE

– ☏ 023 512 1800 – www.duin-kruidberg.nl

– Gesloten 27 december-7 januari

De Vrienden van Jacob ۞ – zie restaurantselectie

Zoekt u een sfeervol hotel voor een bijzonder aangenaam verblijf?
Reserveer in een hotel met deze rode tekens : 🏠, 🏡... 🏘.

SAS VAN GENT
Zeeland – Terneuzen – Atlas n° **11**-A3

🏨 Royal   🕸 🖾 🍴 🛁

STADSHOTEL · FUNCTIONEEL De familie Hoogstad staat al sinds 1956 aan het roer van Royal. Het hotel is voorzien van alle gemakken en is door zijn goede locatie zowel geliefd bij zakenmensen als toeristen. Het trendy Bottles maakt zijn naam waar met een indrukwekkende wijnkaart die de contemporaine keuken mooi aanvult.

The Hoogstad family has been at the helm of Hotel Royal since 1956. The hotel is equipped with all modern comforts and is popular with business travellers and tourists alike thanks to its excellent location. The trendy Bottles lives up to its name offering guests an impressive selection of wines – the perfect complement to the contemporary cuisine.

52 kam ⌂ – 🛉85/125 € 🛉🛉95/140 €

Gentsestraat 12 ✉ 4551 CC – ☎ 0115 451 853 – www.royalhotels.nl – Gesloten zondag

SCHAGEN
Noord-Holland – Atlas n° **8**-A2

🍴 TOV   🍴 🕸 🛎

MODERNE KEUKEN · GEZELLIG XX TOV staat voor Team Onvergetelijk Verrassend, waarmee direct duidelijk wordt wat ze hier voor u in petto hebben: een jong team boordevol enthousiasme in een fashionable restaurant waar alles gebeurt volgens de regels van de kunst. De creatieve chef kiest resoluut voor een hedendaagse kookstijl.

TOV stands for Team Onvergetelijk Verrassend (literally, an unforgettably surprising team), giving an indication of what is in store at this trendy restaurant. The young staff are full of enthusiasm and everything is organised just as it should be. Resolutely contemporary-style cuisine created by an imaginative chef.

Menu 37/63 € – Carte 56/66 €

Loet 8 ✉ 1741 BP – ☎ 0224 299 432 – www.restauranttov.nl – alleen diner
– Gesloten 27 december-14 januari, maandag en dinsdag

🍴 Stiel   🕸 🍴 ♿ 🅰🅲 🕸

FRANS MODERN · EIGENTIJDS X Hun stiel leerden de chefs bij enkele grote huizen, dat merk je. Op de kaart staan uiteenlopende gerechten aan vaste prijzen, maar nooit wordt aan kwaliteit ingeboet. Ze zijn bewerkt, afgemeten en mooi op smaak. Boven zijn er kamers beschikbaar voor wie een luxueuze overnachting zoekt.

Stiel's chefs have learned their trade at some big-name establishments, as the cuisine served here testifies. The menu presents a variety of dishes at fixed prices, without sacrificing quality. The food is carefully prepared and balanced, and beautifully seasoned. Bedrooms are available upstairs for those looking for a luxury stay.

Lunch 23 € – Menu 35/58 € – Carte 35/64 €

6 kam ⌂ – 🛉90/130 € 🛉🛉130 €

Markt 23 ✉ 1741 BS – ☎ 0224 820 222 – www.restaurantstiel.nl – Gesloten
31 december-1 januari, maandag en dinsdag

SCHIERMONNIKOOG (Eiland) Fryslân ➜ Zie Waddeneilanden

SCHINNEN
Limburg – Atlas n° **6**-B3

🍴 Aan Sjuuteeänjd   🍴 ♿ 🅰🅲 🕸 🛎 🅿

REGIONAAL · RUSTIEK X Dit boerderijrestaurant is een uitgelezen plek om te genieten van de gezellige Limburgse sfeer. Bio- en streekproducten zetten hier de toon in gerechten die actueel en smaakvol zijn.

This farm restaurant is an exquisite place to enjoy the welcoming atmosphere of Limburg. Regional and bio produce set the tone in up-to-date and tasteful dishes.

Menu 37/40 € – Carte ong. 46 €

Dorpsstraat 74 ✉ 6365 BH – ☎ 046 443 1767 – www.sjuut.nl – alleen diner
– Gesloten 15 juli-3 augustus, maandag, dinsdag en woensdag

SCHIPLUIDEN
Zuid-Holland - Midden-Delfland – Atlas n° **12**-B2

❀ **Aan de Zweth** (Joris Peters)   ← 🏠 🅰️ ⅍ ⇔ 🅿️

FRANS MODERN · **ELEGANT** XxX Tafelen aan de Delftse Schie in De Zweth heeft voordelen: in dit elegante restaurant en op het terras hebt u een prachtig zich op de passerende boten. Spectaculair! Spanning vindt u ook op het bord. De chef serveert kleine gerechtjes die mooi gebalanceerd zijn. Geen overvloed aan ingrediënten, maar smaken met diepgang en power!

One of the attractions of this elegant restaurant and its terrace is the spectacular view of passing boats on the Delftse Schie in De Zweth. Just as impressive is the cuisine, which comprises of small, well-balanced dishes focusing on simple ingredients and flavours with real depth and power.

➔ Gemarineerde coquilles met crème van parmezaan, bloemkoolmousseline en truffelvinaigrette. Bereidingen van Zeeuws lam met aubergine, ratatouille en eigen jus met vermouth. Aardbeien en oranjebloesem met rabarber, parfait van zuurtjes en groene kerrie.

Menu 45/95 € – Carte 69/84 €

Rotterdamseweg 480, (langs het kanaal in De Zweth) ✉ *2636 KB*
– ☎ 010 470 4166 – www.aandezweth.nl – Gesloten woensdagmiddag en dinsdag

SCHOONLOO
Drenthe – Aa en Hunze – Atlas n° **1**-B2

❀ **De Loohoeve** (Jeroen Brouwer)   ⇔ 🏠 🅿️

CREATIEF · **HERBERG** XxX Het is gezellig tafelen in deze sfeervolle hoeve. Het decor is elegant, de joviale service en de keuken zorgen voor jeugdige schwung. De technisch onderlegde chef is een creatieveling. De gerechten zijn bewerkt, het samenspel van smaken maakt indruk. De subtiele aciditeit die hij graag in zijn sauzen verwerkt, creëert geweldige harmonieën!

Eating in this attractive farm building is a cosy experience. The interior is elegant, the service jovial and the kitchen team give it a youthful panache. The technically talented chef is also very creative and he puts a lot of effort into his dishes. The combination of flavours certainly impresses and the subtle acidity he likes to add to his sauces creates delicious harmonies.

➔ Vijf maal knolselderij met gezouten citroen en laurierolie. Lokaal ree met groentjes uit de tuin, uibereidingen en eigen jus met ras-el-hanout. 'Milk and Honey' met geweckte bessen.

Lunch 39 € – Menu 59/95 € – Carte 65/85 € – *(een enkel menu)*
14 kam – ♦75/120 € ♦♦75/120 € – ⛱ 13 €

Hoofdstraat 20 ✉ *9443 PA – ☎ 0592 501 490 – www.deloohoeve.nl*
– Gesloten 31 december-9 januari, woensdag van oktober tot maart, maandag en dinsdag behalve juli en augustus

SCHOORL
Noord-Holland – Bergen – Atlas n° **8**-A2

❀ **Merlet**   🕸 🏠 ♿ ⅍ ⇔ 🅿️

MODERNE KEUKEN · **ROMANTISCH** XxX Restaurant met een chic, modern-klassiek interieur dat prima bij de verfijnde kookstijl van de chef-kok past. Prachtig terras met uitzicht op de natuur.

A restaurant with a chic, modern-cum-classic interior that matches the chef's refined style of cooking perfectly. Delightful terrace commanding superb views of the countryside.

➔ Sashimi van zeebaars met knolselderij, yuzu en kaviaar. Gebraden hazenrug met gekonfijte okkernoten, sinaasappel en pompoen. Chocolade met hazelnoot, sesam, limoen en groene thee.

Menu 58/115 € – Carte 75/104 €

Hotel Merlet, Duinweg 15 ✉ *1871 AC – ☎ 072 509 3644 – www.merlet.nl – alleen diner behalve vrijdag en zondag van oktober tot april – Gesloten 31 december-2 januari, 6 tot 31 januari, zaterdagmiddag en dinsdagmiddag van mei tot september en maandag*

Merlet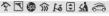

BUSINESS · ELEGANT De familie Van Bourgonje staat al sinds 1984 aan het roer van dit prachtige hotel, en dat voel je. De ontvangst is hier familiaal, de sfeer gezellig. Dankzij zorgvuldig onderhoud hebben de kamers karakter en zijn de themasuites sfeervol. Leuke plus: de wellness is goed uitgerust, net als de kaart van het Grand Café.

The Van Bourgonje family has been at the helm of this attractive hotel since 1984, and their experience is evident in both the friendly welcome and the relaxing ambience here. Through meticulous attention to detail, the rooms have acquired real character, and the themed suites have plenty of atmosphere. Other attractions include the well-equipped wellness area and the menu at the Grand Café.

28 kam – ♦99/214 € ♦♦99/214 € – ⌕ 18 €

Duinweg 15 ✉ 1871 AC – ☎ 072 509 3644 – www.merlet.nl – Gesloten 31 december-2 januari en 6 tot 31 januari

Merlet ✿ – zie restaurantselectie

Strandhotel Camperduin

FAMILIAAL · TRADITIONEEL Klein badhotel tussen de duinen en de polders, op een steenworp van het strand. Rustige kamers met balkon of terras. De junior suites zijn de beste en liggen aan de achterkant.

A small seaside resort hotel between the dunes and the polders, a stone's throw from the beach. Quiet nights in the rooms with balcony or terrace. The best ones, in the back, are junior suites.

26 kam – ♦70/110 € ♦♦80/120 € – ⌕ 14 €

Heereweg 395, (in Camperduin, Noordwest : 5 km) ✉ 1871 GL – ☎ 072 509 1436 – www.strandhotel-camperduin.nl

SIMPELVELD
Limburg – Atlas n° **6**-B3

Bellevue

MODERNE KEUKEN · FAMILIAAL ✗✗ Dit elegante restaurant bovenop een heuvel biedt u een panoramisch uitzicht over een groene vallei: van een belle vue gesproken! Hier zorgt gastvrouw Sylvia voor de vlotte bediening, patron Richard van de Velde schotelt u gerechten voor die lekker up-to-date zijn, met smaken die subtiel doordringen.

This elegant restaurant on the top of a hill offers superb panoramic views over a green valley, hence its name. Hostess Sylvia takes care of the smooth service, while owner Richard van de Velde serves up-to-date dishes full of subtle flavours.

Menu 37/69 € – Carte 61/74 €

Deus 1 ✉ 6369 GA – ☎ 045 544 1537 – www.hr-bellevue.nl – Gesloten maandag, dinsdag en woensdag

SINT MAARTENSDIJK
Zeeland – Tholen – Atlas n° **11**-B2

Het Raedthuys

HISTORISCH · FUNCTIONEEL De charmante uitstraling van dit voormalige raadhuis werd behouden, maar het comfort werd helemaal up-to-date gebracht. Na een heerlijk dagje Zeeland kunt u lekker uitrusten op uw kamer, suite of appartement. Actuele kaart, scherp geprijsd.

This former town hall has retained its charming character while bringing the level of comfort on offer completely up-to-date. Just the place to relax after a pleasant day out in Zeeland, whether in a room, suite or apartment. Modern menu of snacks and light meals at reasonable prices.

28 kam – ♦79/109 € ♦♦109/139 € – ⌕ 15 € – ½ P

Markt 2 ✉ 4695 CE – ☎ 0166 662 626 – www.raedthuystholen.nl

SINT NICOLAASGA · ST. NYK

Fryslân – De Fryske Marren – Atlas n° **3**-C3

🏠 **De IJsvogel** ⚜ 🦢 ⪦ 🛏 🗲 🏠 🗲 AK P

LANDHUIS · KLASSIEK Rust is koning in dit kleinschalig hotel. Het ligt in het Friese merengebied, midden de landerijen en naast een golfterrein. Het terras geniet ten volle van die mooie omgeving. Overnachten doet u in comfortabele kamers, waarvan sommige met terras of balkon. In het restaurant eet u klassiek bereide streekproducten.

Peace reigns at this small-scale hotel, which is situated in the Friese Meren area, surrounded by country estates and next to a golf course. The terrace makes the most of these beautiful surroundings, as do the comfortable bedrooms, many of which come with a balcony or terrace. The restaurant serves classically prepared regional produce.

21 kam 🛏 – 🛏69/129 € 🛏🛏87/137 € – ½ P

Legemeersterweg 1a, (in Legemeer aan de golfbaan), (Noordwesten : 4 km)
✉ 8527 DS – ☏ 0513 432 999 – www.landhoteldeijsvogel.nl
– Gesloten 29 december-6 januari

Een lekkere maaltijd voor een scherpe prijs?
Volg onze Bib Gourmand ⊛.

SINT-OEDENRODE

Noord-Brabant – Meierijstad – Atlas n° **7**-C2

⚜ **Wollerich** (Gerard Wollerich) ⚙ 🛏 AK ⟳

FRANS CREATIEF · CHIC XxX Waar vroeger meneer de notaris huisde, vond in 1996 de creatieve keuken van Gerard Wollerich een thuis. Hypotheken en testamenten maakten plaats voor een parade van smaken en texturen, alleen de beroepsernst en de grandeur van het pand zijn dezelfde gebleven.

This restaurant, housed in an old notary's premises since 1996, showcases the creativity of chef Gerard Wollerich. Although legal documents have been replaced by a cuisine that is full of texture and flavour, the restaurant has retained much of the villa's original dignity and grandeur.

→ Langzaam gegaarde en gegrilde langoustine met tamarinde, kokos en een jus van schaaldieren. Black Angusrund met een luchtig dragonsausje, baba ganoush en bataat. Panacotta met papaya en ananas, limoenmeringue en witte chocolade.

Lunch 43 € – Menu 48/90 € – Carte 71/80 €

Heuvel 23 ✉ 5492 AC – ☏ 0413 473 333 – www.wollerich.nl
– alleen diner behalve zondag – Gesloten 31 december-8 januari,
3 tot 12 maart, maandag en dinsdag

⊛ **De Beleving** 🛏 ⟳

FRANS MODERN · BRASSERIE X Het team van deze gezellige brasserie doet er alles aan om van uw bezoek een belevenis te maken. De chef brengt spanning in zijn bereidingen door smaken te combineren die elkaar verheffen. Dat de prijs-kwaliteitverhouding ijzersterk is, maakt uw ervaring des te heerlijker.

Beleving means experience, and the team at this lively brasserie will do all they can to make sure your visit lives up to the name. The chef brings excitement to his dishes by combining flavours that enhance one another. Good value for money also adds to the appeal.

Lunch 28 € – Menu 37/44 € – Carte 39/47 €

Hertog Hendrikstraat 6 ✉ 5492 BB
– ☏ 0413 474 392 – www.debeleving.nl
– Gesloten 1 tot 6 januari, 1 tot 6 maart, 30 mei en woensdag

SINT WILLEBRORD
Noord-Brabant – Rucphen – Atlas n° **7**-A2

⚘ **O&O** (Danny Tsang)   🦐 🍽 🆔 🍴 ♿

AZIATISCH · ELEGANT XxX Welkom in het elegante restaurant van de familie Tsang, die sinds 1982 een goede reputatie heeft opgebouwd. Dochter Monica zorgt vandaag voor passend wijnadvies bij de lekkernijen van vader Danny. Zijn creatieve aanpak van Aziatische bereidingen is geweldig. Het is een feest vol subtiliteit waar zoet en zuur, fris en krachtig, heerlijk samenspelen.

Welcome to the elegant restaurant of the Tsang family, which has built up a good reputation since opening in 1982. Monica, the daughter, provides matching wine suggestions for the delicacies of her father Danny. His creative approach to Asian preparations is great. It is a feast full of subtlety, where sweet and sour, and fresh and powerful flavours, are deliciously unified.

→ King gamba in tempura met zoetzure mango en shiso. Runderhaas met miso, gnocchi en spitskool. Creatie van mandarijn, cheesecake, schuim van honing en gezouten melkijsje.

Lunch 45 € – Menu 65/148 € – Carte 62/165 €

Dorpsstraat 138 ✉ *4711 EL*
– ☎ *0165 383 249 – www.restaurantoeno.nl*
– *Gesloten maandagmiddag, donderdagmiddag, dinsdag en woensdag*

SITTARD
Limburg – Sittard-Geleen – Atlas n° **6**-B3

⊛ **Silvester's**   🍽 🍴

MODERNE KEUKEN · ELEGANT XX Het laagdrempelige concept Silvester's slaat aan in Sittard. Hier geen liflafjes maar een leuke, zuiders aandoende kookstijl. Dat de chef u zoveel kwaliteit kan voorschotelen voor zo'n prettig prijsje, is iets waar hij echt trots op mag zijn.

This restaurant has changed its course and returned to the pure, Mediterranean cuisine it originally served. The wine list offers a good selection of Italian wines.

Menu 37/58 € – Carte 54/62 €

Paardestraat 25 ✉ *6131 HA*
– ☎ *046 451 1224 – www.silvesters.nl*
– *alleen diner behalve op donderdag en vrijdag*
– *Gesloten 27 december-3 januari, 24 februari-7 maart, 21 juli-14 augustus, zondag en maandag*

🏠 **Merici**   🍷 🛗 🆔 🧖 🚗

HISTORISCH · EIGENTIJDS Dit voormalige Ursulinenpensionaat is omgevormd tot een prachthotel. De serene sfeer van weleer is hier nog steeds aanwezig, oude interieurelementen herinneren aan het verleden. Zo leidt een monumentale houten trap u naar de moderne, luxueuze kamers. In het restaurant (op 75 meter van het hotel) staan de Limburgse producten garant voor kwaliteit.

This former monastery has been converted into a beautiful hotel, retaining some of its historic features and much of the serene atmosphere so typical of religious buildings. A monumental wooden staircase leads to the modern, luxurious bedrooms. In the restaurant (75 meters from the hotel), enjoy top-quality cuisine from the Limburg region.

48 kam ⌂ – ♦100/149 € ♦♦129/169 €

Oude Markt 25 ✉ *6131 EN*
– ☎ *046 400 9002 – www.hotelmerici.nl*

Adressen met gastenkamers 🏠 bieden niet dezelfde service als een hotel. Zij onderscheiden zich vaak door hun onthaal en decor, die vooral de persoonlijkheid van de eigenaars naar voren brengt. De B&B's vermeld in het rood 🏠 zijn het charmantst.

SLEEUWIJK
Noord-Brabant – Werkendam – Atlas n° **7**-B1

⊚ Brasserie BovendeRivieren   ⇐ 🏠 **P**

CREATIEF · GRAND CAFÉ X Vanuit deze drijvende brasserie lijkt men boven de jachthaven, de Merwede en natuur- en waterreservaat de Biesbosch te zweven. Spectaculair! Met dit prachtige zicht als achtergrond geniet men van creatieve gerechten met wereldse invloeden. De vele huisbereidingen verraden de hand van een bevlogen chef met vakkennis.

From this floating brasserie, you can enjoy spectacular views of the marina, the Merwede river and the Biesbosch nature and water reserve. In this delightful setting enjoy imaginative dishes with cosmopolitan influences and typical specialities created by a skilful and enthusiastic chef.

Lunch 30 € – Menu 33/40 € – Carte ong. 46 €

Hoekeinde 24 ✉ 4254 LN – ☎ 0183 307 353 – www.bovenderivieren.nl – Gesloten 27 december-3 januari en maandag

SLENAKEN
Limburg – Gulpen-Wittem – Atlas n° **6**-B3

🍴○ Puur   ⇐ 🛗 🅰🅺 ⅀ **P**

KLASSIEKE KEUKEN · TRADITIONEEL XXX Als u houdt van klassieke gerechten, dan zal de kaart u hier beslist plezieren. Ook de eetzaal is ingericht naar de smaak van liefhebbers van traditioneel tafelen.

The menu at Puur will certainly please lovers of classic cuisine, while the decor will delight those who enjoy traditional dining.

Menu 37/89 € – Carte 60/82 € – *(eenvoudige lunchkaart)*

Hotel Klein Zwitserland, Grensweg 11 ✉ 6277 NA
– ☎ 043 457 3291 – www.kleinzwitserland.com
– Gesloten 6 januari-15 februari en na 20.00 u.

🏨 Klein Zwitserland   🦢 ⇐ 🛏 🖼 💮 🎐 🛗 🔆 🅰🅺 ⅀ 🧖 **P**

SPA EN WELLNESS · PERSOONLIJK CACHET Het prachtige zicht over de groene Limburgse heuvels doet de naam van dit familiehotel alle eer aan. De stijlvolle inrichting van de kamers moet daar niet voor onderdoen, de luxueuze wellness is gewoonweg fantastisch! Een heerlijke plek waar de gastvrijheid gemeend is, en dat voel je.

The beautiful view of the green hills of Limburg explains the name ('little Switzerland') of this family hotel. It offers superb hospitality, stylishly designed guestrooms and a luxurious spa. An excellent choice for a relaxing break.

36 kam 🛏 – 🛏106/190 € 🛏🛏174/248 € – ½ P

Grensweg 11 ✉ 6277 NA – ☎ 043 457 3291 – www.kleinzwitserland.com
– Gesloten 6 januari-15 februari

Puur 🍴○ – zie restaurantselectie

🏨 Het Gulpdal   🕊 🦢 🛏 🖼 🎐 ⅀ 🔆 **P**

FAMILIAAL · GEZELLIG De familie Huls heet u welkom in zijn knus hotel, een mooie villa in Engelse stijl. Hier geniet u van de rustige omgeving en de tuin die tot aan de rivier loopt, maar ook van de charme van het huis. In het klassieke, elegante restaurant laat de patron u proeven van zijn seizoengebonden keuken.

Housed in a beautiful English-style villa, this cosy hotel is run by the welcoming Huls family. It offers guests peaceful surroundings and a garden running down to the river, as well as charming accommodation. Enjoy seasonal cuisine prepared by the owner in the elegant, classic-style restaurant.

24 kam 🛏 – 🛏89/199 € 🛏🛏133/266 € – 5 suites – ½ P

Dorpsstraat 40 ✉ 6277 NE – ☎ 043 457 3315 – www.gulpdal.nl
– Gesloten januari

SLUIS
Zeeland – Atlas n° **11**-A2

⛄ La Trinité (François de Potter)   🍴 🅰🅺 ↔

MODERNE KEUKEN · ELEGANT XxX La Trinité huist in een voormalig bankkantoor waar u zowel een trendy aperitiefbar, een hip restaurant, een Michelinmuseum (!) in de kelder als een loungy terras vindt. De patronne bekoort met haar charme, de chef met zijn innovatieve keuken: een combinatie van fraîcheur, evenwicht en kwaliteit. Dit is genieten in drievoud!

The home of La Trinité is a former banking office, where you will find a trendy aperitif bar, a cool restaurant, a Michelin museum in the basement and a comfy terrace at the back. The owner will delight you with her charm and the chef, with his innovative cuisine, which focuses on freshness, balance and quality. This is pleasure in triplicate!

→ Kikkerbilletjes uit 't vuistje met gewürztraminer en peterselie. Tarbot op de graat gebraden, beurre blanc en seizoensgroenten. Irish trifle met whisky, pruimen en citroen.

Lunch 49 € – Menu 70/89 € – Carte 62/108 € – *(een enkel menu op zaterdagavond)*

Kaai 11 ⊠ 4524 CL – 𝒞 0117 462 040 – www.latrinite.nl – Gesloten eerste week januari, 1 week in maart, laatste week juni, 1 week in oktober, dinsdagavond, woensdag en donderdag

🍴🔟 De Vijverhoeve   🍴 ↔ 🅿

KLASSIEKE KEUKEN · ELEGANT XxX De rustieke charme van dit boerderijtje wordt aangevuld door een serre waar u een mooi zicht hebt op de Franse tuin. Chef Bart Grahame heeft van zijn vader geleerd hoe je het product tot zijn recht brengt, dat merkt u zowel aan de klassieke gerechten als de bereidingen waarin hij zich van zijn moderne kant toont.

The rustic charm of this little farmhouse is enhanced by a conservatory offering a beautiful view of the French garden. Chef Bart Grahame learnt from his father how to honour his ingredients, as diners will note from the classic dishes in which he also reveals his modern side.

Lunch 30 € – Menu 48/78 € – Carte 66/86 €

Greveningseweg 2, (in Sint Anna ter Muiden, Noordwest: 2 km) ⊠ 4524 JK – 𝒞 0117 461 394 – www.restaurantdevijverhoeve.nl – Gesloten woensdag en donderdag

SNEEK · SNITS
Fryslân – Súdwest-Fryslân – Atlas n° **3**-C2

😊 Le Petit Bistro

FRANS KLASSIEK · BISTRO X De naam doet het al vermoeden: in deze intieme bistro komt u terecht in Parijse sferen. De chef zorgt ervoor dat traditionele bistrorecepten toch nog verbazen. Want zelfs al kent u ze, toch is de combinatie van krachtige smaken een ontdekking, net als de kwaliteit van de producten en de zorg waarmee ze worden bereid.

As the name suggests, this intimate bistro has a Parisian feel. The chef ensures that traditional bistro recipes retain the power to surprise. Even in familiar dishes, the combination of powerful flavours is a voyage of discovery, as is the quality of ingredients and care with which they are prepared.

Menu 37/50 € – Carte 46/58 €

Muntstraat 2 ⊠ 8601 CJ – 𝒞 0515 433 460 – www.petitbistro-sneek.nl – alleen diner – Gesloten 31 december-2 januari, maandag en dinsdag

SOEST
Utrecht – Atlas n° **10**-B2

‖○ **Eetvilla van den Brink** 🛖 ♿ 🅰🄺 ⇔ 🅿

STREEKGEBONDEN · GEZELLIG XX Wilt u zoveel mogelijk verschillende smaken ontdekken? Dan bent u in deze mooie, klassieke villa (1928) aan het juiste adres. U kunt hier voor een vaste prijs alle gerechten van de kaart proeven, in de vorm van tussengerechten, en ervaren hoe eigentijds en smaakvol hier wordt gekookt.

If you enjoy sampling a whole host of flavours, then this beautiful, classic villa dating from 1928 is the place for you. At Eetvilla van den Brink guests can taste all the dishes on the menu in the form of small courses for a fixed price – a great way to enjoy the delicious contemporary cuisine served here.

Lunch 28 € - Menu 30 € - Carte 40/55 €

Soesterbergsestraat 122 ✉ *3768 EL – ☎ 035 601 2706 – www.eetvilla.nl – Gesloten 24 en 31 december-6 januari en zaterdagmiddag*

SOESTERBERG
Utrecht - Soest – Atlas n° **10**-B2

‖○ **The Oriental Swan** 🛖 🅰🄺 ⇔ 🅿

CHINEES · EXOTISCHE SFEER XXX Deze elegante zwaan doorzwemt vele watertjes. Vader Mok bereidt authentieke gerechten uit Sichuan en Kanton, maar waagt zich eveneens aan lekkere Thaise en Mongoolse specialiteiten. De goede bediening van zijn vrouw en kinderen maken hier een geslaagd familieverhaal van.

The elegant cuisine served at this restaurant is truly eclectic. Chef Mok prepares authentic dishes from Sichuan and Canton, but also includes tasty Thai and Mongolian specialities on the menu. The excellent service offered by his wife and children has turned this restaurant into a family success story.

Menu 35/60 € - Carte 38/72 €

Rademakerstraat 2 ✉ *3769 BD – ☎ 0346 351 423 – www.orientalswan.nl – alleen diner - Gesloten maandag*

SON en BREUGEL
Noord-Brabant – Atlas n° **7**-C2

🏠 **La Sonnerie** ♤ 🄴 🅰🄺 🍴 🛁 🅿

HISTORISCH PAND · HEDENDAAGS Dit voormalige klooster is verbouwd tot een hotel in familiebeheer en herbergt twee generaties kamers. De kapel wordt nu gebruikt voor vergaderingen, feesten en partijen. In het restaurant worden pasta's en klassiek bereide vis- en vleesgerechten geserveerd.

A former cloister converted into a family-run hotel. It has rooms from different periods and a chapel used as a banquet and conference room. Restaurant serving pasta and classically prepared meat and fish dishes.

38 kam 🛏 - 🛉78/108 € 🛉🛉88/139 €

Nieuwstraat 45, (Son) ✉ *5691 AB – ☎ 0499 460 222 – www.sonnerie.nl*

SPAKENBURG
Utrecht - Bunschoten – **10**-B2

‖○ **De Mandemaaker** 🛖 ♿ ⇔

POISSONS ET FRUITS DE MER · KNUS XX De aandacht die een chef heeft voor kwaliteit merk je op. Ook hier, want uitstekende producten (vooral vis) komen mooi tot hun recht in eigentijdse, smaakvolle gerechten. De grote retrofoto zorgt voor een vrolijke noot in deze aangename zaak, die ook beschikt over een terras aan de binnenhaven en kamers (rechtover).

The chef's focus on top-quality ingredients (especially fish) in this restaurant is immediately evident in the delicious contemporary dishes served here. The large retro photo adds a cheerful note to this pleasant establishment, which also features a terrace overlooking the water.

Lunch 29 € - Menu 37 € - Carte 46/65 €

Kerkstraat 103 ✉ *3751 AT – ☎ 033 298 0255 – www.demandemaaker.nl – gesloten kerstdag, nieuwjaarsdag en zondag*

De STEEG
Gelderland - Rheden – Atlas n° **4**-C2

�𝄢○ Koetshuis Rhederoord   ⇦ 🏠 🅿

FRANS MODERN • LANDELIJK HUIS ✕✕ Het koetshuis van het prachtige landgoed Rhederoord is omgebouwd tot een luxueus restaurant met daarboven mooie kamers. Die omgeving inspireert de chef tot een keuken die puur natuur is, die de streek en de seizoenen eert, en dat in de vorm van smaakvolle moderne gerechten. Zelfs voor de wijnen trekt men de kaart van bio.

The old coach house of the magnificent Rhederoord Estate has been transformed into a luxurious restaurant with bedrooms above. The lovely setting inspires the chef to create tasty modern dishes that are rooted in nature and honour both the region and the seasons. Even the wines are mainly biological.

Menu 37/85 € – Carte ong. 47 €

22 kam – ♦78/118 € ♦♦78/118 € – ☐ 15 €

Parkweg 19 ✉ 6994 CM – ☏ 026 495 5358 – www.restaurant-rhederoord.nl – alleen diner – Gesloten 1 januari

STEENBERGEN
Noord-Brabant – Atlas n° **7**-A2

⊕ In de Oude Stempel   🏠 🅰🅲

STREEKGEBONDEN • HEDENDAAGSE SFEER ✕✕ De stempels van vroeger zijn in dit voormalige postkantoor ingeruild voor inventieve gerechten. De ambitieuze chef beheerst de moderne technieken en waagt zich soms aan gedurfde combinaties, zonder de smaakbalans uit het oog te verliezen. Zijn keuken is divers en lekker! In de aanleunende brasserie (Puur) is de aanpak laagdrempeliger.

This former post office is home to an ambitious chef who has mastered modern techniques to create occasionally daring culinary combinations, while still managing to offer a skilful balance of flavours. The resulting cuisine is diverse and delicious. Puur, the brasserie next door, has a more low-key approach.

Menu 37/79 €

Kaaistraat 19 ✉ 4651 BL – ☏ 0167 567 381 – www.indeoudestempel.nl – alleen diner – Gesloten 27 december-6 januari, 14 tot 24 februari, 27 april-3 mei, 16 juli-10 augustus, maandag, dinsdag en woensdag

STEENWIJK
Overijssel – Steenwijkerland – Atlas n° **9**-B1

⊕ Bovenmeester   🏠 ⇄

FRANS MODERN • BRASSERIE ✕✕ Een hoofdonderwijzer is er al even niet meer in dit vroegere schoolgebouw. De kapstokjes hangen er nog, maar het interieur werd aangepakt en kreeg een warme inkleding en een gezellige loungeruimte. De kaart volgt de seizoenen en het keuzemenu is een topper: kwaliteit voor zachte prijzen. Een les in smaak!

The head teacher left this former school building some time ago, and although the coat hooks are still in place, the decor has been pleasantly renovated. The result is a warm atmosphere complemented by a cosy lounge area. The menu is seasonal, and the excellent multi-choice option offers quality cuisine at affordable prices.

Lunch 30 € – Menu 35/54 € – Carte 38/68 €

Woldpoort 57 ✉ 8331 KP – ☏ 0521 854 700 – www.bovenmeestersteenwijk.nl – Gesloten maandag behalve feestdagen

🏠 Huis ten Wolde   ✿ 🐾 ⇦ 🖥 🌐 🏠 ♿ 🅰🅲 🎿 🅿

SPA EN WELLNESS • EIGENTIJDS Dit nieuwgebouwd hotel, in de stijl van een oude hoeve uit de streek, ligt ietwat verscholen in de landelijke omgeving. Elegante, functionele kamers met goede voorzieningen en wellness in het souterrain.

This newly built hotel in the style of an old farmhouse from the area is hidden in rural surroundings. Elegant and functional rooms with good facilities. Wellness zone in the basement.

41 kam ⌧ – †95/145 € ††105/165 €

Onderduikersweg 6, (op de Bult, Noord : 3 km) ✉ 8346 KP – ☏ 0521 535 400 – www.huistenwolde.nl

STEVENSWEERT
Limburg – Maasgouw – Atlas n° **6**-A2

⑬ **Herberg Stadt Stevenswaert** 🏠 ☺

FRANS MODERN · HERBERG ✕✕ De herberg van Marcus Schmidt ligt aan een mooi boomrijk plein, in een wijk op een eiland tussen de Maas en een kanaal. Het menu wisselt hier vaak, de seizoensproducten (met name groenten uit de tuin) worden op elkaar afgestemd in creatieve gerechten en de desserts zijn verrukkelijk. Het huis heeft ook goede wijnen, veelal afkomstig uit Duitsland.

Marcus Schmidt's inn sits on a picturesque tree-lined square, at the centre of an island flanked by a canal and the River Maas. The menu changes frequently, with seasonal produce – including vegetables from their garden – harmoniously coming together in creative dishes; the desserts in particular are delicious. The restaurant also offers a great selection of German wines.

Menu 37/65 € – Carte 48/66 €

Veldstraat Oost 1 ✉ 6107 AS – ☏ 0475 552 376 – www.herberg-stevensweert.nl – alleen diner – Gesloten 1 tot 12 maart, 5 tot 19 april, 25 oktober-5 november, maandag, dinsdag en na 20.30 u.

STREEFKERK
Zuid-Holland – Molenwaard – Atlas n° **12**-C2

⑬ **De Limonadefabriek**

CREATIEF · DESIGN ✕✕ Een knap restaurant met grote ramen dat op een drijvend ponton staat: het zal u niet verbazen dat het uitzicht op de omringende jachthaven hier fantastisch is! Ook de eigentijdse gerechten van de chef zijn een lust voor het oog, en zetten uw smaakpapillen aan het feest. Voor de afterparty zijn er mooie kamers beschikbaar.

De Limonadefabriek is a smart restaurant with large windows located on a floating pontoon, so it is hardly surprising that it offers fine views of the surrounding marina. The chef's contemporary dishes are a pleasure for the eye and a feast for the taste buds. Beautiful guestrooms are available for anyone wishing to stay the night.

Lunch 35 € – Menu 37/65 € – Carte 45/66 €

6 kam – †75/125 € ††100/150 € – ⌧ 7 €

Nieuwe Haven 1 ✉ 2959 AT – ☏ 0184 689 335 – www.limonadefabriek.nl – Gesloten laatste 2 weken januari, eind september, 2 weken in oktober, maandag en dinsdag

TEGELEN
Limburg - Venlo – Atlas n° **6**-B2

⑩ **Aubergine** 🏠 ☺

FRANS MODERN · TRADITIONEEL ✕✕ Het romantische Aubergine heeft sinds 1998 al heel wat harten veroverd. Paul Pollux is een klassieke chef die zich laat inspireren door de huidige tendensen, zonder daarin te overdrijven. Groenten hebben hier altijd al veel aandacht gekregen. Een etentje afsluiten in een van de kamers is de moeite waard.

This romantic restaurant has conquered a lot of hearts since 1998. Paul Pollux is a classic chef who is inspired by current trends, but without overdoing it, and vegetables have always received a lot of attention here. Ending diner with a stay in one of the bedrooms is worthwhile.

Menu 58/110 € – Carte 68/90 €

Maashoek 2a, (Steijl), (West : 0,5 km) ✉ 5935 BJ – ☏ 077 326 0390 – www.restaurantaubergine.nl – alleen diner behalve zondag – Gesloten eind december, 3 eerste weken van augustus, maandag, dinsdag en woensdag

🏚 Château Holtmühle 🤸 🚲 ⚔ 🏠 🖼 🏤 ♨ 🎾 🈳 🐟 **P**

HISTORISCH PAND • HEDENDAAGS Een mooi kasteel met slotgracht. Gerenoveerd, stijlvol decor, vorstelijke kamers, ontbijtbuffet in een serre met uitzicht op
het water, vergaderzalen, recreatieve faciliteiten.

A beautiful old abode surrounded by moats. Refurbished manorial atmosphere,
plush guestrooms, and breakfast in a conservatory overlooking the water. Seminar and leisure facilities.

66 kam – � 85/155 € – ♂♂ 90/160 € – 🛏 18 € – ½ P

Kasteellaan 10, (Zuidoost : 1,5 km) ✉ *5932 AG –* 🕿 *077 373 8800*
– www.bilderberg.nl

TERHEIJDEN
Noord-Brabant – Drimmelen – Atlas n° **7**-B2

🍴 Ripasso 🈴 ♿ **P**

FRANS MODERN • GEZELLIG ⅩⅩ De naam van dit fijne restaurant zal wijnliefhebbers ongetwijfeld intrigeren, en dan moeten ze de wijnkaart nog zien! De sommelier stelt een kleine maar zeer aantrekkelijke selectie samen, die de Franse
gerechten met internationale invloeden mooi ondersteunt.

The name Ripasso will undoubtedly intrigue wine-lovers before they have even
seen the wine list. The sommelier has compiled a concise but extremely attractive
selection that provides a beautiful accompaniment to French dishes with an international influence.

Lunch 25 € – Menu 37/60 € – Carte 43/69 €

Moerdijkseweg 10 ✉ *4844 PD –* 🕿 *076 593 1297 – www.restaurantripasso.nl*
*– Gesloten 27 december-8 januari, 2 en 3 maart, 24 april-2 mei, 31 juli-15 augustus,
zaterdagmiddag, maandag, dinsdag en na 20.30 u.*

TERNAARD
Fryslân – Dongeradeel – Atlas n° **3**-C1

🍴 Herberg de Waard van Ternaard 🔄 🚲 🈴

REGIONAAL • DESIGN Ⅹ Deze stijlvolle herberg (1860) kreeg een nieuw uiterlijk,
zodat u er nu wordt onthaald in een minimalistisch designdecor. Surprisemenu
met een voorbeeldige prijs-kwaliteitverhouding. Lichte kamers in eigentijdse stijl.
Goed ontbijt (huisgebakken brood).

After a makeover, this characterful inn (1860) welcomes guests into a minimalist
all-wood décor. Surprise menu offering exemplary value for money. Luminous,
contemporary guestrooms. Homemade bread on the enticing breakfast table.

Menu 35/53 € – *(eenvoudige lunchkaart)*
5 kam 🛏 – ♂ 89/109 € – ♂♂ 139/179 €

De Groedse 3 ✉ *9145 RG –* 🕿 *0519 571 846 – www.herbergdewaard.nl – Gesloten
maandag en dinsdag*

TERSCHELLING (Eiland) Fryslân ➜ Zie Waddeneilanden

TEUGE
Gelderland – Voorst – Atlas n° **4**-C2

🏚 De Slaapfabriek 🈳 **P**

BUSINESS • PERSOONLIJK CACHET Maak uw keuze uit een van de twaalf
wereldsteden die de ruime kamers als thema hebben, overnacht in alle comfort
en geniet na het ontbijt van de rustgevende omgeving. Aan de 'jobomschrijving'
van deze fabriek valt niet te weerstaan ...

Choose one of spacious guestrooms, themed on 12 world cities, spend the night
in complete comfort, and enjoy the peaceful surroundings after breakfast. Slaap-
fabriek means 'sleep factory' and this establishment fully lives up to its name.

12 kam – ♂ 98/110 € – ♂♂ 98/110 € – 🛏 14 €

De Zanden 47 ✉ *7395 PA –* 🕿 *06 28828781 – www.deslaapfabriek.nl*

TILBURG
Noord-Brabant – Atlas n° **7**-B2

🕸 **Monarh** (Paul Kappé)   🏠 🏵 ⇔ 🅿

CREATIEF · LUXE 🕸🕸 Het is verrassend de subtiele luxe van Monarh te vinden in deze gewelfde kelder van een ruim 120 jaar oud klooster. En dat is maar een begin, want de keuken is al even verwonderlijk! De borden zijn prachtig, zeer bewerkt, en elke hap vergroot de verwachtingen. Dit is een moderne keuken met fond, die schoonheid koppelt aan geweldige smaken.

It is a surprise to find such subtle luxury in the vaulted cellar of an old monastery dating back more than 120 years... and that's just the beginning, because the kitchen is no less astonishing! A lot of effort is put into the dishes and every bite increases expectations. This is a strong, modern kitchen, which combines beauty with marvellous flavours.

→ Paling en varkenshiel met groene kruiden en koolraap. Anjouduif met ganzenlever, biet, époissekaas en hazelnoot. 'After Eight' Monarh style.

Lunch 39 € – Menu 49/119 € – Carte 61/86 €

Bredaseweg 204 ✉ 5038 NK – 𝒸 013 536 5805 – www.monarh.nl – Gesloten zaterdagmiddag, zondag en maandag

🕸 **Brasserij Kok Verhoeven**   🏠 🏵 ⇔

VIS EN ZEEVRUCHTEN · TRENDY 🕸🕸 Neemt u de deur links, naar het restaurant dat fashionable en kosmopolitisch is, en waar u heerlijke vis en schaaldieren eet? Of wordt het de deur rechts naar de meer laagdrempelige Brasserij? Daar vindt u een ruim keuzemenu dat u met zijn kwaliteit (ook hier vooral vis) en sterke smaken zal overtuigen.

Take the left-hand door to a fashionable, cosmopolitan restaurant offering delicious fish and shellfish. Or, the right-hand door to the more relaxed brasserie with an extensive menu (again largely fish), which will win guests over with its quality and powerful flavours.

Lunch 28 € – Menu 30/60 € – Carte 41/65 €

NS Plein 32 ✉ 5014 DC – 𝒸 013 545 1088 – www.kokverhoeven.nl – Gesloten 31 december-1 januari en 1 tot 6 maart

🕸 **Hofstede de Blaak**   🏠 ⅃ 🏵 ⇔ 🅿

REGIONAAL · HERBERG 🕸🕸 Dit pittoreske landhuis in Engelse Tudorstijl, met witte muren, vakwerk en bow-windows, werd gebouwd in 1907. In deze sfeer draait men de tijd terug met een cultus van goede producten en tijdloze smaken. De verhouding kwaliteit-lekkernijen-prijs is hier opmerkelijk!

This picturesque country house was built in 1907 in an English Tudor style, with white walls, timbers and bow windows. It is the perfect setting in which to turn back in time, with a wealth of great produce used in timeless dishes. The quality to price ratio is remarkable!

Lunch 25 € – Menu 29/78 € – Carte 49/70 €

Dussenpad 1, (West : 2 km via Baroniebaan) ✉ 5032 WL – 𝒸 013 463 8899 – www.hofstededeblaak.nl

🕸 **De Houtloods**   🏠 🏵 ⇔

FRANS MODERN · EIGENTIJDS 🕸 De industriële look past deze voormalige houtloods als gegoten. Knap! De kaart is onderverdeeld in frisse / kruidige / rijke en zoete gerechten. Een zuurtje hier, een zoute toets daar; het zijn de details en speelse combinaties die de eigentijdse gerechten (in kleinere porties) hier diepgang geven. Creativiteit typeert ook de keuken van eetbar De Wagon.

The industrial look fits this former woodshed like a dream. The menu is divided into cold, spicy, rich and sweet dishes, using a touch of acidity here and a hint of savoury there; it is these details and playful combinations which give depth to the contemporary small plates. Their food bar, De Wagon, is also characterised by creativity.

Lunch 25 € – Menu 35/58 € – Carte ong. 36 €

Burgemeester Brokxlaan 1041 ✉ 5041 RP – 𝒸 013 850 9200 – www.houtloods.com – Gesloten maandag

295

🍽️○ **Auberge du Bonheur**   🛂 🍴 ♿ **P**

MARKTKEUKEN • ELEGANT XxX De voorkeur om met streekproducten te werken
... De aandacht voor eigentijdse kooktechnieken ... De juiste balans tussen de
smaken ... Het natural chic decor dat de groene omgeving naar binnen haalt ...
In deze auberge vindt u ongetwijfeld uw bonheur!

Its focus on regionally sourced ingredients, contemporary preparation methods
and well-judged combination of flavours make this elegant restaurant with its
natural decor a delightful place to dine.

Lunch 35 € – Menu 49/90 € ▾ – Carte ong. 75 €

Hotel Auberge du Bonheur, Bredaseweg 441, (N 282), (West : 3 km) ✉ *5036 NA
– ✆ 013 468 6942 – www.aubergedubonheur.nl – Gesloten zaterdagmiddag en zondag*

🏠 **Auberge du Bonheur**   🌿 🛂 🔲 ♨ 🛁 **P**

LANDHUIS • HEDENDAAGS De kamers van dit traditioneel landhuis hebben een
knappe moderniseringskuur ondergaan. U komt hier dus niets tekort aan comfort
en logeert ook nog eens aan de rand van de bossen. Heerlijk, toch.

The guestrooms of this traditional country house have been beautifully modernised, so guests will not lack a single comfort here on the edge of the woods.

36 kam 🛏 – �û99/150 € ��û99/150 €

Bredaseweg 441, (N 282), (West : 3 km) ✉ *5036 NA – ✆ 013 468 6942
– www.aubergedubonheur.nl*

Auberge du Bonheur 🍽️○ – zie restaurantselectie

TUBBERGEN
Overijssel – Atlas n° **9**-D2

😊 **Droste's**   🍴 ♿ 🅰️ ♨ ♿ **P**

STREEKGEBONDEN • HERBERG Xx Respecteer de seizoenen en koop je producten lokaal aan, dat lijkt hier wel het uitgangspunt te zijn. In deze gezellige herberg krijgt u al het lekkers dat Twente te bieden heeft op het bord. Boeren helpen zelfs bij de productkeuze, de chef bedankt hen door ze te laten schitteren in
eigentijdse gerechten vol smaak.

The aim here is to respect the seasons and buy products locally. This homely tav-
ern serves up all the delicacies Twente has to offer. Farmers even help in the selection of ingredients and the chef rewards their input by allowing the food to
shine in contemporary dishes full of flavour.

Menu 37 € – Carte 38/63 €

Hotel Droste's, Uelserweg 95, (Noordoost : 2 km) ✉ *7651 KV – ✆ 0546 621 264
– www.drostes.nl – Gesloten 31 december-5 januari, zaterdagmiddag en zondagmiddag*

🏠 **Droste's**   🛁 **P**

FAMILIAAL • FUNCTIONEEL Een trendy sfeertje gaat perfect samen met gezelligheid, dat bewijst dit aangenaam familiehotel. Leuk detail zijn de klompjes die
u in uw kamer vindt: indien u niet gestoord wilt worden, zet u die voor de deur,
zoals een gezegde uit Twente voorschrijft.

This family hotel perfectly combines a friendly welcome with a trendy atmosphere. The
little clogs in the bedrooms are a cute detail: those who prefer not to be disturbed can
place them outside the door, as prescribed by a traditional saying from Twente.

20 kam 🛏 – �û69/119 € ��û79/139 € – ½ P

Uelserweg 95, (Noordoost : 2 km) ✉ *7651 KV – ✆ 0546 621 264 – www.drostes.nl
– Gesloten 31 december-5 januari*

Droste's 😊 – zie restaurantselectie

UBACHSBERG
Limburg – Voerendaal – Atlas n° **6**-B3

😋 **De Leuf** (Robin van de Bunt)   🥢 🔄 🌿 🍴 **P**

CREATIEF • RUSTIEK XxX Deze fraai verbouwde hoeve straalt klasse uit, maar
heeft niets van zijn authentieke charme verloren. In de keuken treedt Robin van
de Bunt in de voetsporen van zijn vader, en doet dat met zijn eigen equipe en
creatieve stijl. De charmante kamers verzekeren een mooi vervolg.

This beautifully renovated farmhouse radiates class yet has not lost any of its authentic charm. In the kitchen, Robin van de Bunt follows in the footsteps of his late father. He has his own team and creative style. Charming bedrooms complete the picture.

→ Paling op Japanse wijze met sojaboon, sesam en zeewier. Gebraden duif met steranijs, structuren van maïs, miso en pistache. Pisang goreng : gefruite banaan in pandanblad en pinda.

Lunch 48 € – Menu 70/115 € – Carte 83/89 €

3 kam ☑ – ♦50/113 € ♦♦100/130 €

Dalstraat 2 ⊠ 6367 JS – ℰ 045 575 0226 – www.deleuf.nl
– Gesloten 24 december, 1 tot
8 januari, 26 februari-6 maart, 23 juli-13 augustus, dinsdagmiddag,
zaterdagmiddag, zondag, maandag en na 20.30 u.

UDEN
Noord-Brabant – Atlas n° **7**-C2

❀ **OONIVOO** 🄽   🕸 🕭 ⅍ ⇔

FRANS MODERN · HISTORISCH XX De wijnkaart is het paradepaardje van dit loungy restaurant in het voormalige Raadhuis van Uden. Wat een kelder! Sommige bereidingen zijn zelfs aangepast aan wat in het glas komt. De talentvolle chef associeert het met Frans klassieke gerechten, soms wat creatiever, die niet moeten onderdoen qua finesse en diepgang. Hier is de generositeit gemeend!

The wine list and impressive wine cellar are the highlights of this lounge restaurant in Uden's former town hall, where some dishes have even been adapted to what's in the glass. The talented chef prepares traditional, sophisticated and refined French cuisine with a creative twist and a good dose of generosity.

→ Frisse heilbot met ratatouille, knoflook en radijs. Krokant gebakken koningsbaars in paella met zilte groene groentjes en jus van mosselen. Creatie van bramen met ruby chocolade en sorbet van Thaise basilicum.

Lunch 32 € – Menu 40/63 € – Carte 45/71 €

Markt 1a ⊠ 5401 GN – ℰ 0413 257 000 – www.oonivoo.nl

🅘🅞 **Somm** 🄽   🕸 🕭 ⅍ ⇔

FRANS MODERN · GEZELLIG X Neem chefs die hebben gewerkt bij toprestaurants, geef ze een gezellig restaurant en combineer dat met uitstekende wijnen van de aansluitende wijnwinkel. Resultaat: het ongedwongen Somm! De keuken is hier lekker modern, goed afgewogen en internationaal getint. Interessant!

The chefs at this cosy restaurant with a relaxed ambience have all worked in top establishments. The result is modern, well-balanced and interesting dishes with international influences, all accompanied by excellent wines from the adjacent wine boutique.

Menu 35/60 € – Carte 41/56 €

Veghelsedijk 42 ⊠ 5401 PB – ℰ 0413 395 260 – www.restaurant-somm.nl – alleen diner – Gesloten 31 december-06 januari, 2 tot 5 maart en maandag

UITHOORN
Noord-Holland – Atlas n° **8**-A3

🏠 **Het Rechthuis aan den Amstel**   ✿ ⌦ ⪦ 🖳 🄰🄲 🛁

FAMILIAAL · FUNCTIONEEL In dit voormalige gerechtsgebouw kan men nu rustig slapen, want vonnissen worden er niet meer gewezen. Schitterend terras aan het water. Bootjes en fietsen beschikbaar. Comfortabele eetzalen, serre en zomerterras met weids uitzicht. Hollandse kaart.

They no longer pronounce jail sentences at this former courthouse, now a hotel on the Amstel where you can sleep in peace. Attractive terrace on the water. Boats and bikes available. Comfortable dining rooms, panoramic conservatory and summer restaurant. Dutch menu.

12 kam ☑ – ♦110 € ♦♦125 €

Schans 32 ⊠ 1421 BB – ℰ 0297 561 380 – www.hetrechthuis.nl – Gesloten 31 december-3 januari

ULVENHOUT

Noord-Brabant - Breda – **7**-B2

⅋○ 't Jagthuijs   🏠 ⇄ **P**

FRANS MODERN • VINTAGE ✕✕ Jagers lijken nog elk moment binnen te kunnen stappen in dit voormalige jachthuis (1908). Die authentieke sfeer wordt gecombineerd met modern comfort, gezellig terras incluis. De keuken is lekker up-to-date, met oosterse invloeden en gerechten die men in kleinere vorm kan nemen. Leuke plus: men sabreert hier uw champagnefles!

This former hunting lodge (1908) with an authentic atmosphere offers modern comforts, including a cosy terrace. The menu features up-to-date cuisine with Oriental influences and dishes that can be ordered as smaller portions. One of the restaurant's big attractions is that the waiter sabers your champagne bottle!

Lunch 37 € – Menu 44/65 € – Carte 54/84 €

Dorpstraat 3 ✉ 4851 CJ – ☎ 076 565 6956 – www.jagthuijs.nl – gesloten maandag

URK

Flevoland – Atlas n° **2**-B2

⅋○ De Boet   ⟵ 🏠 ⅃ 🅰🅲 ⌀ ⇄

MODERNE KEUKEN • REGIONALE SFEER ✕✕ Een monumentaal pand bij de jachthaven biedt onderdak aan deze luxebrasserie. Dat hier een chef kookt die kwaliteit herkent, proeft u aan de producten die hij gebruikt. Hij weet ook wat mooi is, dat bewijzen de moderne gerechten die hij bereidt.

A monumental building by the marina is home to the luxury brasserie of De Boet. The chef demonstrates his clear appreciation of top quality ingredients through his beautifully prepared modern dishes.

Menu 40/58 € – Carte 40/78 €

Wijk 1 nr 61, (bij de haven) ✉ 8321 EM – ☎ 0527 688 736 – www.restaurantdeboet.nl – Gesloten zaterdagmiddag, zondag en maandag

USSELO

Overijssel - Enschede – Atlas n° **9**-D3

⅋○ Hanninkshof   🏠 🅰🅲 ⇄ **P**

FRANS CREATIEF • GEZELLIG ✕✕ In dit cosy restaurant brengt chef Kersbergen zijn ervaring bij toprestaurants in de praktijk. Hij gebruikt graag de Big Green Egg om precieze cuissons te bekomen, hij brengt diepgang in zijn gerechten door juist te kruiden en werkt met uitstekende (liefst regionale) producten. Een creatief samenspel met smaak!

Chef Kersbergen puts his experience gained in top restaurants into practice at this cosy eatery. He likes to use the Big Green Egg grill for precise results, adding depth to his dishes with the right seasoning and working with excellent (preferably local) produce to conjure up creative, flavoursome dishes.

Lunch 25 € – Menu 39 € – Carte 52/73 €

Usselerhofweg 5 ✉ 7548 RZ – ☎ 053 428 3129 – www.hanninkshof.nl – Gesloten eind december-begin januari, eerste 2 weken augustus en maandag

L. Maisant/hemis.fr

UTRECHT

Utrecht – 338 967 inw. – Atlas n° **10**-A2

Restaurants

😊 ElVi

ITALIAANS • GEZELLIG ⅞ De flair van Elvira en de smaak van Victor maakt van een bezoek aan ElVi telkens weer een geslaagde ervaring. De keuken is er gedetailleerd en bewerkt, de chef combineert graag verschillende bereidingen in één gerecht. Maar hij wijkt nooit af van zijn doel: zoveel mogelijk smaak uit het product puren. Een leuke, ongedwongen Bib Gourmand!

Elvira's flair and Victor's taste ensure that a visit to ElVi is always a rewarding experience. The cuisine is detailed and intricate, with different methods of preparation combined in one single dish. The chef never deviates from his main goal, which is to extract as much flavour as possible from his ingredients. A fun, relaxed Bib Gourmand!

Menu 36/60 € – Carte 44/70 €

Plattegrond: D2-a – *Jan van Scorelstraat 21* ✉ *3583 CJ*
– ✆ *030 251 3913* – *www.restaurantelvi.nl*
– *alleen diner* – *Gesloten 31 december-1 januari, zondag en maandag*

😊 Héron 🅝   ✧

BIO • GEZELLIG ⅞ Héron staat voor reiger, een dier waar deze leuke zaak zich graag aan spiegelt. Ook hier werkt men met wat op dat moment lokaal beschikbaar is, en dat kunnen eveneens eerder ongekende stukken vlees zijn. De creativiteit waarmee de chef minder evidente bereidingen uitvoert en groenten een hoofdrol geeft, verrast. Dit is duurzaamheid op zijn lekkerst!

Just like its namesake the heron, this attractive property sources food from its immediate vicinity. The local ingredients used here include unusual cuts of meat and vegetables which are often given pride of place in creatively prepared dishes. In other words, sustainable cuisine at its best!

Menu 35/45 € – Carte ong. 45 €

Plattegrond: C1-c – *Schalkwijkstraat 26* ✉ *3512 KS*
– ✆ *030 230 2229* – *www.heronrestaurant.nl*
– *alleen diner* – *Gesloten zondag en maandag*

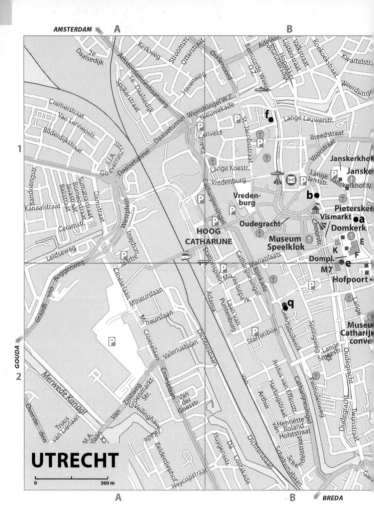

UTRECHT

🍴 **Karel 5**   🕸 🍽 🎬 🍴 ⇆ 🅿

CREATIEF · HISTORISCH XxX Creatieve gastronomie in een luxueus, historisch decor. Cassetteplafond, schouw, kristallen luchters, oude schilderijen, klassiek meubilair. Tuinterras. Deskundige sommelier.

Creative cuisine served in a historic luxury hotel. Coffered ceiling, fireplace, crystal chandeliers, old paintings and classic furniture. Garden terrace. Well-informed wine steward.

Menu 57/82 € – Carte 67/111 €

Plattegrond: B2-q – *Grand Hotel Karel 5, Geertebolwerk 1* ✉ *3511 XA*
– ☎ *030 233 7575* – *www.karel5.nl/gastro* – *alleen diner*
– *Gesloten 23 december-6 januari, 29 juli-19 augustus en zondag*

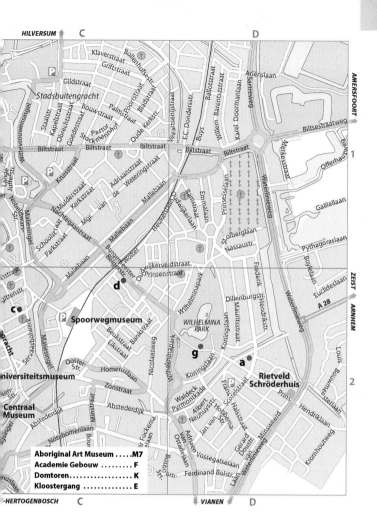

Aboriginal Art Museum	..... M7
Academie Gebouw	.... F
Domtoren	.... K
Kloostergang	.... E

ⅈ◯ **Wilhelminapark**   88 ≤ 🏠 🏛 🏛

MARKTKEUKEN · TRADITIONEEL ✗✗✗ Het rietgedekte restaurant in het Wilhelmi-napark is al sinds 1898 een vaste waarde, maar het is wel volledig met zijn tijd mee. De seizoenen bepalen welke producten worden gebruikt, de chef verwerkt ze in boeiende bereidingen.

This thatched building in the Wilhelminapark has been a fixture since 1898, but the restaurant has moved with the times. The seasons determine which ingredients are used, and the chef uses them to create exciting combinations.

Lunch 33 € – Menu 43/53 € – Carte ong. 50 €

Plattegrond: D2-g – *Wilhelminapark 65, (in het park)* ✉ *3581 NP* – ☏ *030 251 0693* – *www.wilhelminapark.nl* – *Gesloten 31 december-1 januari en 27 april*

⊣○ L'ami Jac AC

MODERNE KEUKEN • BUURTRESTAURANT ✕✕ In deze gezellige bistro wordt u verrast: de chef laat het seizoen en de markt bepalen wat u eet. Hij werkt graag met groenten en weet interessante smaken te creëren met zijn doordachte combinaties.

This friendly bistro never ceases to surprise. The chef decides what to serve based on the season and the market. He likes to work with vegetables, creating exciting flavours in well thought-out combinations.

Carte 45/65 €

Plattegrond: C2-d – *Burgemeester Reigerstraat 29* ✉ *3581 KK*
– *℘ 030 251 5020 – www.lamijac.nl*
– *alleen diner – Gesloten zondag en maandag*

⊣○ Bistro Karel 5 🛋 ᕐ AC P

KLASSIEKE KEUKEN • BISTRO ✕ Bistro Karel 5 is gehuisvest in een voormalig klooster. Gelukkig merkt u niets meer van die soberheid uit het verleden, behalve dan in het prettige vleugje geschiedenis dat het pand karakter geeft. Hedendaagse keuken op een klassieke basis.

Bistro Karel 5 is housed in a former monastery. Fortunately it has lost all traces of its past austerity apart from a slight hint of history that gives the premises its character. Contemporary cooking with classic foundations.

Menu 39/46 € – Carte 42/59 €

Plattegrond: B2-q – *Grand Hotel Karel 5, Geertebolwerk 1* ✉ *3511 XA*
– *℘ 030 233 7595 – www.karel5.nl/bistro*

⊣○ Bistro Madeleine Ⓝ

FRANS KLASSIEK • BRASSERIE ✕ Zo typisch de naam klinkt, zo typisch bistro is deze zaak. Alhoewel. Verwacht geen stoffig decor, maar een bistro-interieur versie 21ste eeuw. Dat gevoel vertaalt de chef naar het bord. Eenvoud staat hier gelijk aan sterke smaken. De moderne bereidingen die hij toevoegt, zorgen voor een aangename twist. Een typisch atypische bistro!

This bistro may have a typical French name, but its interior decor is more 21C than traditional. The cuisine is equally contemporary, with a menu featuring simple dishes with strong flavours and modern touches which add a surprising twist. A typically atypical bistro!

Lunch 25 € – Menu 30/46 € – Carte 36/62 €

Plattegrond: B1-e – *Wed 3A* ✉ *3512 JH*
– *℘ 030 231 0100 – www.madeleine-utrecht.nl*
– *Gesloten maandagmiddag*

Hotels

🏨 Grand Hotel Karel V 🐾 🛏 🕐 ᨓ ⌨ ⬆ ᕐ AC ⚶ P

HISTORISCH • ELEGANT U bevindt zich in het hart van de stad, maar toch baadt dit ommuurde 14de-eeuwse klooster in heerlijke rust. Of u nu in een klassieke of een modernere kamer overnacht, uw nachtrust is hier gegarandeerd. Wie nog wat extra wilt relaxen, mag een passage in de wellness en een wandeling in de mooie binnentuin niet missen.

Although situated in the heart of the city, this walled 14C monastery has a quiet, peaceful atmosphere which guarantees a good night's sleep, whether you choose one of the traditional or more modern guestrooms. If you're looking for relaxation, why not visit the wellness centre or take a walk in the beautiful courtyard?

117 kam – 🛏138/268 € 🛏🛏138/268 € – 4 suites – ⊒ 23 €

Plattegrond: B2-q – *Geertebolwerk 1* ✉ *3511 XA* – *℘ 030 233 7555*
– *www.karelv.nl*

Karel 5 ⊣○ • **Bistro Karel 5** ⊣○ – zie restaurantselectie

⌂ Mother Goose ❶

STADSHOTEL · BIJZONDER Een voormalig krakerspand is omgevormd tot dit warme nest. Urban chic is hier de stijl, elke verdieping is in één van de vier kleuren van de gans gedecoreerd. De uitgebreide aandacht voor duurzaamheid blijkt onder meer uit het gebruik van gerecyclede materialen. Het resultaat is een opmerkelijk hotel met een eigen sfeer.

A former squatters' building has been transformed into this cosy property in urban-chic style, where each floor is decorated in one of the four colours of a goose. The extensive attention to sustainability is evidenced by the use of recycled materials. The result is a remarkable hotel with a unique atmosphere.

23 kam ⌫ - ♦110/180 € ♦♦110/180 €

Plattegrond: B1-b – *Ganzenmarkt 26* ✉ *3512 GE* – ☏ *030 303 6300*
– *www.mothergoosehotel.com*

⌂ Simple

STADSPALEIS · DESIGN 18de-eeuws vanbuiten, 21ste-eeuws vanbinnen. Zo eenvoudig kunnen we Simple samenvatten. Maar er valt natuurlijk veel meer over te zeggen. Zo is het designinterieur van de kamers zeer aangenaam, het privé-dakterras waar twee suites over beschikken is top. En de keuken? Die is al even modern en smaakvol als de omgeving.

An 18C exterior with a 21C interior. This hotel offers guestrooms with attractive designer-style decor, plus two suites with access to a stunning private roof terrace. The cuisine is as modern and tasteful as its surroundings.

11 kam – ♦130/200 € ♦♦130/200 € – ⌫ 10 €

Plattegrond: B1-a – *Domstraat 4* ✉ *3512 JB* – ☏ *030 400 4050*
– *www.simpleutrecht.nl*

⌂ Mary K

HISTORISCH · BIJZONDER Sommige hotels hebben hét, en Mary K is er zo een. Woorden schieten tekort om het design van dit heerlijk hotel te beschrijven. Om er toch maar enkele te noemen: fris, speels en een tikje artistiek. U gaat gegarandeerd naar huis met ideeën voor de inrichting van uw eigen plek!

Some hotels just have natural style and Mary K is one of them. It is hard to find the words to describe this beautiful hotel, which is bright, playful in tone and decorated with artistic touches. You are guaranteed to be inspired with new design ideas for your own home!

10 kam – ♦107/200 € ♦♦107/200 € – ⌫ 8 €

Plattegrond: B1-f – *Oudegracht 25* ✉ *3511 AB* – ☏ *030 230 4888*
– *www.marykhotel.com*

VAALS
Limburg – Atlas n° **6**-B3

⌂ Kasteel Bloemendal

HISTORISCH PAND · ROMANTISCH Ontdek het geslaagde huwelijk van een 18de-eeuws kasteel en een moderne nieuwbouw, een plek waar charme en karakter hand in hand gaan met een eigentijdse interpretatie van klassiek. Alles is piekfijn in orde, de gerenoveerde kamers zijn echte juweeltjes! De elegantie wordt doorgetrokken in het traditionele restaurant.

This hotel is a successful combination of an 18C castle and a modern new building. A place where charm and character go hand in hand with a contemporary interpretation of the classics. There is real attention to detail throughout and the renovated guestrooms are particularly attractive. Elegant, traditional restaurant.

77 kam – ♦90/225 € ♦♦90/225 € – ⌫ 17 €

Bloemendalstraat 150 ✉ *6291 CM* – ☏ *043 365 9800* – *www.hotelbloemendal.nl*

🏰 Kasteel Vaalsbroek ☆ 🐕 🛗 🖼 🕙 🦢 ⛄ ⚟ ⚟ 🅿

LUXE · REGIONAAL Luxehotel met rustige kamers die van alle gemakken zijn voorzien, en een goed uitgerust fitnesscentrum. Op een steenworp afstand worden in een mooi kasteel congressen gehouden. Een oude watermolen herbergt het restaurant. Zomerterras aan de vijver.

This luxury hotel with quiet bedrooms has all the amenities, as well as a well-equipped fitness centre. Conferences are held close by in a beautiful château. An old watermill houses the restaurant. Lakeside summer terrace.

125 kam ⚏ – ♦130/450 € ♦♦130/450 € – 5 suites
Vaalsbroek 1 ✉ 6291 NH – ℰ 043 308 9308 – www.vaalsbroek.nl

VAASSEN
Gelderland – Epe – Atlas n° **4**-C2

❀❀❀ De Leest (Jacob Jan Boerma) 🕸 🏠 🆎 ⇔

CREATIEF · DESIGN 🟊🟊🟊 Jacob Jan Boerma is een chef met een open vizier. Kosmopolitische invloeden geven pep aan zijn zeer persoonlijke bereidingen. Hij speelt graag met het contrast tussen zoete smaken en aciditeit, de elegantie van die combinatie toont zijn vakmanschap aan. Zo strijkt hij zacht gegaarde medaillons van kreeft in met tandoorikruiden. De combinatie met pompoen, biet en komkommer geeft het geheel fraîcheur. Een kruidige vinaigrette, onder meer opgemaakt met kefir, zorgt voor extra power.

De combinatie van frisheid en kruidige oosterse smaken beheerst chef Boerma als de beste. Het is subtiel maar tegelijkertijd krachtig. Dankzij de fijne wijnassociaties zorgt de gastvrouw voor een uitermate interessante pairing. Het maakt de verhouding tussen prijs en kwaliteit hier des te opmerkelijker!

Bij De Leest eet u in een decor dat Scandinavische puurheid en design combineert. Het is een prachtige plek om te genieten van de signatuur van Jacob Jan Boerma, geschoeid op de leest die vakmanschap!

Jacob Jan Boerma is an open-minded chef whose highly personal dishes have a strong cosmopolitan feel. He enjoys experimenting with contrasting flavours, such as sweet and acidic, and the elegance of these combinations reflects his craftsmanship. His gently cooked lobster medallions are lightly coated with tandoori herbs and the combination with pumpkin, beetroot and cucumber gives it a real freshness, while the spicy vinaigrette, featuring kefir, among other ingredients, gives it extra power.

Chef Boerma is highly skilled in mastering combinations featuring the freshest ingredients and spicy oriental flavours, in so doing creating subtle yet powerful dishes. These are complemented by the selection of fine wine pairings on offer, accentuating the superb value for money here.

The decor at De Leest is a combination of Scandinavian purity and design and is the perfect setting in which to enjoy Jacob Jan Boerma's superbly crafted signature cuisine.

→ Langoustine met schorseneer, truffel en champignons met een vinaigrette van geroosterde knoflook. Hollands kalf met miso, texturen van aubergine, vadouvan en gerookte ui-jus. Diversiteit van melk met citroen, framboos en venkel met kruiden.

Lunch 72 € – Menu 145/172 € – Carte 100/158 €
Kerkweg 1 ✉ 8171 VT – ℰ 0578 571 382 – www.restaurantdeleest.nl – alleen diner behalve donderdag en vrijdag – Gesloten eind december-begin januari, 23 april-1 mei, 15 juli-7 augustus, zondag en maandag

VALKENBURG
Limburg – Valkenburg aan de Geul – Atlas n° **6**-A3

⅋◯ Chez Paul 🏠

FRANS MODERN · KLASSIEK 🟊🟊 Paul en Marion kunnen hun liefde voor Frankrijk niet verbergen. Het lichte interieur van deze villa krijgt de nodige warmte dankzij de goede bediening, de chef heeft de Franse keuken in de vingers. Ze geeft het een actuele invulling en brengt het mooi op smaak, bij voorkeur met geraffineerde sauzen.

Paul and Marion cannot hide their love of France in this villa restaurant. He provides good service in the brightly decorated dining room and she prepares the delicious French cuisine. Enjoy contemporary-style dishes that are full of flavour and served with fine sauces.

Menu 40/70 €

Plattegrond: A1-d – Broekhem 130 ⊠ 6301 HL
– *☏ 043 751 8150 – www.restaurantchezpaul.nl*
– *alleen diner – Gesloten 29 december-6 januari, carnaval, maandag en dinsdag behalve feestdagen*

🏠 Thermae 2000 ☆ 🛏 ⌇ 🖳 🕥 🏠 🖻 🍴 🛎 🄿

THERMENHOTEL · HEDENDAAGS Wellness-concepthotel met indrukwekkend zwemparadijs en saunalandschap (toegang begrepen in de kamerprijs), ten volle te ontdekken met een van de dagarrangementen. Bij restaurant Pure eet u een seizoen- en streekgebonden keuken en hebt u een mooi uitzicht op de Limburgse heuvels.

A 'Health Farm' styled hotel with an impressive swimming and sauna complex (included in room price). Book one of the Spa Day offers to enjoy these facilities to the full. In Pure guests can sit and enjoy views of the hills in Limburg while a choice of seasonal cuisine and local dishes are served.

60 kam – ♦139/229 € ♦♦179/269 € – 5 suites – ⊡ 23 €
Plattegrond: A2-a – Cauberg 25 ⊠ 6301 BT – ☏ 043 609 2000
– *www.thermae.nl*

VALTHE
Drenthe - Borger-Odoorn – Atlas n° **1**-B2

🍴 De Gaffel 🛖 ⇔ 🄿

MODERNE KEUKEN · REGIONALE SFEER 🕸🕸 Bij De Gaffel is het heerlijk tafelen: onder het rieten dak van een oude Saksische boerderij en rond een open haard die het rustieke interieur met gezelligheid vult. Rondom het restaurant kweekt de chef zijn eigen groenten en varkens. Hij werkt dus met topproducten, en accentueert hun kwaliteit met eigentijdse bereidingen.

De Gaffel creates a wonderful dining experience under the old Saxon farm's thatched roof and around the open hearth, which fills the rustic interior with a homely feel. Outside, the chef grows his own vegetables and raises pigs, working with top-quality ingredients, accentuated with contemporary techniques.

Lunch 38 € – Menu 38/80 € – Carte 52/66 €
Odoornerweg 1 ⊠ 7872 PA – ☏ 0591 513 536 – www.restaurantdegaffel.nl
– *Gesloten maandag en dinsdag*

VEENHUIZEN
Drenthe - Noordenveld – Atlas n° **1**-A2

🏠 Bitter en Zoet ☆ 🦢 🛏 🕥 🏠 🖻 🕹 🛎 🄿

LANDHUIS · REGIONAAL Modern hotel dat zijn naam te danken heeft aan de drankjes die in deze voormalige gevangenisapotheek werden gebrouwen. Vandaag wordt u er nog steeds opgekikkerd: de bosrijke omgeving zorgt voor zalige rust, de zes duplexsuites zijn ideaal voor familieplezier en het restaurant verwent u met lekker eten.

A modern hotel that was named 'bitter & sweet' after the drinks that were once distilled in the former prison pharmacy. Nowadays, the property offers a haven of peace and quiet in a woodland setting. The six duplex suites are ideal for families, and the restaurant will spoil you with its delicious cuisine.

15 kam ⊡ – ♦69/115 € ♦♦69/158 € – 6 suites
Hospitaallaan 16, (achter het Nationaal Gevangenismuseum) ⊠ 9341 AH
– *☏ 0592 385 002 – www.bitterenzoet.nl*
– *Gesloten 31 december-1 januari*

VEERE
Zeeland – Atlas n° **11**-A2

🕙 De Campveerse Toren

KLASSIEKE KEUKEN · KLASSIEK XX De keuken hier wordt omschreven als "streekgebonden koken met vee, veld en zee", een leuze die u als fijnproever alleen maar kunt toejuichen, vooral als ze met zoveel liefde en gulheid wordt bereid. Prachtig uitzicht op het Veerse meer.

Regional cuisine featuring a wide selection of local products, including fish and seafood. The cuisine is carefully prepared with real attention to detail – a philosophy that connoisseurs will undoubtedly welcome wholeheartedly. Wonderful view of the lagoon.

Menu 37/65 € – Carte 46/76 €

12 kam 🛏 – †125/225 € ††160/235 € – 2 suites

Kaai 2 ⊠ 4351 AA – ℰ 0118 501 291 – www.campveersetoren.nl
– Gesloten 4 januari-13 februari, woensdagmiddag, maandag en dinsdag

🏠 't Waepen van Veere 🌲 🍸

HERBERG · GEZELLIG Sfeervolle hostellerie, een oude bekende aan de Markt. Twee generaties keurige kamers op de verdiepingen. Vriendelijke, huiselijke sfeer. Eigentijdse gerechten van streekproducten, intieme ambiance en een terras aan de voorkant, onder de bomen.

A traditional hostelry on the market square offering stylish guestrooms. Friendly, homely atmosphere. Contemporary regional fare, intimate ambience and a front terrace shaded by trees.

14 kam 🛏 – †90/150 € ††90/150 € – ½ P

Markt 23 ⊠ 4351 AG – ℰ 0118 501 231 – www.waepen.nl

VEGHEL
Noord-Brabant - Meierijstad – Atlas n° **7**-C2

🍴 Sillyfox

MODERNE KEUKEN · VINTAGE XX Op de bovenste etage van een voormalige graanfabriek vindt u deze urban zaak, met knap dakterras. De ervaren chef, Joppe Sprinkhuizen, laat u proeven van een heerlijke waaier aan smaken, eigentijds en beïnvloed door technieken en ingrediënten uit heel de wereld.

This urban eatery with a smart roof terrace is situated on the top floor of a former grain-processing plant. The experienced chef, Joppe Sprinkhuizen, brings diners a wonderful range of flavours in contemporary dishes that are influenced by techniques and ingredients from all over the world.

Lunch 31 € – Menu 52/72 € – Carte 62/80 €

NCB-laan 52H ⊠ 5462 GE – ℰ 0413 782 182 – www.sillyfox.nl – gesloten zondag en maandagGesloten 26 december-5 januari, 2 tot 6 maart, 28 april-3 mei, 21 juli-9 augustus, 13 tot 18 oktober, zaterdagmiddag

VELP
Gelderland - Rheden – Atlas n° **4**-C2

🕙 De Watermolen 🍸

KLASSIEKE KEUKEN · FAMILIAAL XX De draaiende watermolen (1391) is de attractie van dit rustieke restaurant, al trekken de warme sfeer en het gezellige terras ook de aandacht. Hoewel de chef modernere bereidingswijzen durft te gebruiken, serveert hij vooral eerlijke, traditionele gerechten. Vegetariërs hebben hier altijd opties, ook in het keuzemenu.

The watermill dating back to 1391 is the main attraction of this rustic restaurant, although of course the warmth of the place and lively terrace are also a draw. The chef sometimes opts for more modern techniques, but mainly serves honest, traditional dishes. Vegetarians always have good options here, including the set menu.

Menu 37/69 € – Carte 46/69 €

H. Avelinghstraat 154 ⊠ 6881 VW – ℰ 026 361 9002 – www.de-watermolen.nl
– alleen diner – Gesloten 24 en 31 december-1 januari, zondag behalve feestdagen

⌘ Valuas (Eric Swaghoven)   🐾 🍴 ⟨ 🏡 ⚅ AC 🍸 P

FRANS MODERN · ELEGANT XxX Bij Valuas eet u in een chique zaal met arcaden en zuilen, of nog beter: op het prachtige terras dat uitkijkt op de Maas. U degusteert hier de Franse moderne keuken van Eric Swaghoven, die bol staat van de boeiende, variërende smaken. Aan tafel geniet u nog van tafelbereidingen en lekkere wijnen. Heerlijk, net als de kamers.

At Valuas you can dine in a chic room with arches and columns or, even better, on a beautiful terrace overlooking the River Maas. Eric Swaghoven's modern French cooking is full of interesting and varied flavours; you will also appreciate the attractively laid tables and the interesting wine selection. The bedrooms are great too.

→ Gebakken wijting met oester, tomaat en lavendel. Boerderijkalf met 'pizza', bloedsinaasappelmosterd en andijvie. Citroen in verschillende texturen.

Lunch 38 € – Menu 51/142 € – Carte 51/99 €

17 kam – 🛏75 € 🛏🛏95 € – 4 suites – ⬜18 €

St. Urbanusweg 11 ⊠ 5914 CA – 𝒞 077 354 1141 – www.valuas-hr.nl
– Gesloten 27 december-2 januari, 2 tot 10 maart, 13 juli-4 augustus, zondag en woensdag

Brasserie Valuas ⊕ – zie restaurantselectie

⊕ Brasserie Valuas   🐾 ⟨ 🏡 ⚅ AC 🍸 ⟲ P

FRANS KLASSIEK · BRASSERIE XX Een bekende patron-cuisinier in de lokale culinaire scene, een menu dat uitblinkt in prijs-kwaliteitverhouding, een gezellig drukke sfeer en een heerlijk terras aan de Maas... Deze moderne brasserie heeft alles van een goed adresje. De chef laat zich inspireren door de klassieke Franse gastronomie, de wijnen worden met evenveel aandacht gekozen.

An owner-chef who is a big part of the local culinary scene, a menu that offers great value for money, a convivial ambience and a lovely terrace overlooking the River Maas... this modern brasserie has it all. The chef is inspired by classic French gastronomy and sets the bar high – and the wines are chosen with equal care.

Lunch 25 € – Menu 37 € – Carte 39/75 €

Rest Valuas, St. Urbanusweg 11 ⊠ 5914 CA – 𝒞 077 354 1141 – www.valuas-hr.nl
– Gesloten 27 december-2 januari, 2 tot 10 maart, 13 juli-4 augustus, zondag en woensdag

🍴○ De Cantharel

MARKTKEUKEN · GEZELLIG XX Dit charmante restaurant wordt al sinds 1998 door een echtpaar gerund, naast een park aan de Maas. In de moderne eetzaal hangt een intieme ambiance. U geniet er van een hedendaagse 'puur product' kookstijl, begeleid door redelijk geprijsde wijnen.

A small restaurant run by a couple (since 1998!) near a park on the banks of the Maas. Airy, modern dining room with an intimate feel. Up-to-date cuisine and moderately priced wine list.

Menu 35/68 € – 🍸 – Carte 39/62 €

Helling 2, (in Blerick, West : 2 km) ⊠ 5921 GT – 𝒞 077 382 0075
– www.restaurantdecantharel.nl – alleen diner – Gesloten 25 en 26 december, 2 weken carnaval, 2 weken in september, dinsdag van april tot september en woensdag

🏠 De Bovenste Molen   🌳 🏊 ⟨ 🏡 🗔 🌐 🦢 ⅃ʓ 🍸 🗗 🏋 P

LANDHUIS · REGIONAAL Dit rustige, gemoderniseerde hotel in het groen spiegelt zich in een vijver. Behaaglijke kamers, beautycenter, wellness, lounge-bar en een heerlijk terras.

A peaceful, renovated hotel overlooking a lake and surrounded by greenery. Cosy rooms, beauty centre, spa, lounge-bar and a lovely terrace.

82 kam ⬜ – 🛏95/155 € 🛏🛏105/215 € – 3 suites – ½ P

Bovenste Molenweg 12 ⊠ 5912 TV – 𝒞 077 359 1414 – www.bovenste-molen.nl

VENRAY

Limburg – Atlas n° **6**-B1

⫶○ **De Beejekurf** 🏠 ♒

MODERNE KEUKEN · HEDENDAAGSE SFEER ✗✗ Meerkeuze- en verrassingsmenu's op basis van een moderne keuken, op actuele wijze gepresenteerd, tegen
een goede prijs. Het interieur is hedendaags: ronde tafels, comfortabele stoelen,
trendy luchters en veel ramen.

Surprise and set menus based on modern cuisine against a competitive price,
served in a fashionable way. Contemporary interior with round tables and comfortable chairs, trendy chandeliers and many windows.

Menu 35/67 € – Carte ong. 52 €

Paterslaan 15 ⊠ 5801 AS – ℰ 0478 581 869 – www.debeejekurf.nl
– alleen diner behalve zondag
– Gesloten eind december-begin januari, 1 week carnaval, laatste 2 weken van juli,
maandag en dinsdag

VIERHOUTEN

Gelderland – Nunspeet – Atlas n° **4**-B1

⫶○ **Klavertje Vier** 🏠 **P**

FRANS MODERN · GEZELLIG ✗✗ Restaurant in een dorpje, te midden van de bossen, dat wordt gerund door een vriendelijk stel. Frans georiënteerde keuken op
basis van Nederlandse producten. Nostalgisch Hollands interieur en sympathiek
terras. Hier kunt u uw geluk beproeven.

The 'Four-Leaf Clover' is a restaurant in a village surrounded by forests and run
by a very friendly couple. French inspired cuisine created using Dutch ingredients,
a nostalgic Dutch interior and an attractive terrace.

Menu 35/50 € – Carte 43/63 €

Nunspeterweg 21 ⊠ 8076 PC
– ℰ 0577 411 205 – www.klavertjevier.nl – alleen diner
– Gesloten 31 december-1 januari, 2 weken in februari, 2 weken in augustus,
maandag en dinsdag behalve feestdagen en na 20.30 u.

VIJLEN

Limburg – Vaals – Atlas n° **6**-B3

⊛ **Uit de Kunst** ⇦ ⪡ 🏠 **P**

TRADITIONELE KEUKEN · KLEURRIJK ✗ Op de Vijlenberg beoefenen wandelaars
en fietsers de kunst van het afzien, in deze moderne zaak op de top kent men
de kunst van het genieten. Het prachtige zicht op het terras is een lust voor het
oog, de traditionele keuken een lust voor het smaakpalet: verfijning in al zijn eenvoud, gewoonweg goed en lekker!

Hikers and cyclists who test themselves to their limits on the Vijlenberg are re-
warded by this modern restaurant situated right at the top. The superb view
from the terrace is a feast for the eyes, while the traditional dishes served here
are a treat for the taste buds. Simple yet refined and delicious cuisine.

Menu 29/45 € – Carte 42/51 € – *(eenvoudige lunchkaart)*

5 kam ⌂ – ♦73/83 € ♦♦95/105 €

Vijlenberg 76 ⊠ 6294 AZ
– ℰ 043 410 0410 – www.uitdekunstvijlen.nl
– Gesloten 26 februari-12 maart, 23 juli-6 augustus, dinsdag en woensdag

VLIELAND (Eiland) Fryslân ➜ Zie Waddeneilanden

VLISSINGEN

Zeeland – Atlas n° **11**-A2

🏠 Solskin ⚡ ⪕ ⚡

FAMILIAAL · AAN ZEE Schuif de deuren naar uw terras open en krijg het gevoel een stap in de zee te zetten (kies een kamer aan de zeezijde)! Deze degelijke kamers zijn ideale logies voor wie Vlissingen aandoet en de sfeer er echt wil opsnuiven.

Open the doors onto your patio and you will immediately feel as though you have stepped into the sea (make sure you book a seaview room). These practical rooms are an ideal choice for travellers staying in Flushing, particularly for those keen on a real breath of sea air.

8 kam ☲ - †60/100 € ††80/125 €

Boulevard Bankert 58 ⊠ 4382 AC - ☎ 0118 417 350 - www.solskin.nl
- Gesloten 21 januari-3 februari

VOORBURG
Zuid-Holland - Leidschendam-Voorburg – Atlas n° **12**-B2

🍴○ Villa la Ruche 🏡 🆎 ♿

FRANS MODERN · INTIEM ✕✕ Deze 19de-eeuwse villa heeft allure, het is chic en warm. De klassieke keuken spat hier van het bord, de chef beheerst zijn technieken en kookt met een heerlijke subtiliteit. Hij waagt zich ook regelmatig aan modernere bereidingen om zijn gasten te trakteren op een wervelwind van smaken.

This 19C villa is alluring, chic and inviting. The classic cuisine is the real standout feature here. The chef has a good command of his techniques and cooks with wonderful subtlety. He also regularly ventures into more modern dishes to treat his guests to a whirlwind of flavours.

Lunch 43 € - Menu 55/95 € - Carte 62/79 €

Prinses Mariannelaan 71 ⊠ 2275 BB - ☎ 070 386 0110 - www.villalaruche.nl
- alleen diner behalve vrijdag - Gesloten 27 december-2 januari, zondag en maandag

🍴○ Central Park by Ron Blaauw 🏡 ♿

MODERNE KEUKEN · EIGENTIJDS ✕✕ What's in a name: het prachtige omliggende park staat centraal in deze kosmopolitische luxebrasserie, op het bord wordt het concept van Ron Blaauw mooi vormgegeven. Voor 15 euro geniet u van interessante creaties, moderne combinaties van smaken. De twee klassiekers van Savelberg bieden een knipoog naar het verleden.

What's in a name? The magnificent surrounding park is key to this luxury cosmopolitan brasserie, where Ron Blaauw's concept is beautifully expressed on the plate. For 15 euros diners can enjoy interesting creations involving modern flavour combinations. The two Savelberg classics are a nod to the former restaurant on the premises.

Lunch 38 € - Menu 50/75 € - Carte 39/90 €

Hotel Central Park, Oosteinde 14 ⊠ 2271 EH - ☎ 070 387 2081
- www.centralparkronblaauw.com - Gesloten 31 december-1 januari,
23 februari-3 maart, 27 april en zaterdagmiddag

🏨 Central Park

LUXE · FUNCTIONEEL Kunt u de nodige portie luxe wel smaken? Hebt u ruimte nodig om u te kunnen ontspannen? Dan is dit boetiekhotel een absolute aanrader. U ontdekt hier namelijk wat in stijl logeren inhoudt, slaapt in een heerlijk bed van Hästens, en dat op tien minuutjes rijden van centrum Den Haag ...

If you are looking for a luxurious and relaxing place to stay, then this boutique hotel – just 10min drive from the centre of The Hague – is an absolute must. Here you will discover the true meaning of style, and can also enjoy the comfort of sumptuous Hästens beds.

14 kam – †125/245 € ††125/245 € - ☲ 18 €

Oosteinde 14 ⊠ 2271 EH - ☎ 070 387 2081 - www.centralparkronblaauw.com
- Gesloten 31 december-1 januari, 23 februari-3 maart en 27 april

Central Park by Ron Blaauw 🍴○ - zie restaurantselectie

VOORSCHOTEN

Zuid-Holland – Atlas n° **12**-B1

⊛ **De Knip** ≤ 佘 ⑮ ⇔ **P**

MODERNE KEUKEN · GEZELLIG XX Een idyllische plek als deze, naast de Vliet en met een subliem uitzicht op het blinkende water, is gemaakt om gedeeld te worden. Dat geldt ook voor de originele, uitgebalanceerde gerechten. Met smaak is het namelijk net hetzelfde als met geluk: gedeelde smaak is dubbele smaak.

An idyllic spot on the Vliet canal with a superb view of the glistening water. The original, well-balanced dishes are equally easy on the eye, as well as being delicious and full of flavour.

Lunch 32 € – Menu 37/63 € – Carte 49/58 €

Kniplaan 22, (4 km langs Veurseweg) ✉ *2251 AK*
– 𝒞 071 561 2573 – www.restaurantdeknip.nl
– Gesloten eerste week januari en maandag

🍽️○ **Allemansgeest** ≤ 佘 🅰🄲 ⇔ **P**

FRANS MODERN · EIGENTIJDS XXX U geeft uw ogen de kost in deze oude boerderij: de locatie aan de Vliet (met terras en aanmeermogelijkheid) is prachtig, het interieur is stijlvol en de borden zijn zeer mooi opgemaakt. Het ambitieuze keukenteam zoekt het niet te ver met zijn actuele gerechten en gaat eerst en vooral voor evenwichtige smaken.

Allemansgeest is a feast for the eyes. The location on the Vliet canal (with terrace) is magnificent, the interior stylish and the dishes beautifully composed. The ambitious kitchen team successfully create up-to-the-minute dishes that are balanced and full of flavour.

Lunch 30 € – Menu 43/65 € – Carte 60/85 €

Hofweg 55 ✉ *2251 LP – 𝒞 071 576 4175 – www.allemansgeest.nl – Gesloten zaterdagmiddag en maandag*

VOORST

Gelderland – Atlas n° **4**-C2

🍽️○ **Intens** ≤ 佘 🕭 🅰🄲 ⑮ ⇔ **P**

MARKTKEUKEN · BRASSERIE XX Intense en lichte kleuren maken dat er een zensfeer hangt in deze moderne brasserie. Het is hier lekker relaxed, waardoor u echt kunt genieten van gerechten die mooi ogen en goede producten op een eigentijdse manier combineren.

Intense, light colours make for a zen atmosphere in this modern brasserie. It is wonderfully relaxed, allowing you to enjoy dishes that look beautiful and combine ingredients according to the latest fashions.

Menu 37 € – Carte ong. 51 €

Hotel Thermen Bussloo, Bloemenksweg 38 ✉ *7383 RN*
– 𝒞 055 368 2618 – www.restaurantintens.nl
– alleen diner

🏨 **Thermen Bussloo** ⑤ ≤ 🕭 🕭 🏠 🔁 🕭 🅰🄲 ⑮ 🛁 **P**

THERMENHOTEL · ELEGANT Bent u toe aan volledige ontspanning? Dan is dit magnifiek complex the place to be. De wellness is namelijk zeer uitgebreid en een heerlijke plek om te relaxen. Ook op uw moderne kamer komt u niets tekort, en kunt u eveneens genieten van de groene omgeving.

If you are looking for a relaxing break, then this impressive resort is the place for you. It has extensive well-being facilities making it the perfect place to chill out. The modern guestrooms are fully equipped and the hotel boasts attractive green surroundings.

65 kam ☲ – ♦119/194 € ♦♦129/289 € – 8 suites

Bloemenksweg 38 ✉ *7383 RN*
– 𝒞 055 368 2618 – www.thermenbussloo.nl
Intens 🍽️○ – zie restaurantselectie

VREELAND

De Nederlanden (Wilco Berends)

MODERNE KEUKEN · CHIC XXX Knap, hoe het interieur lekker strak en zeer comfortabel gerestyled is, maar het zicht op de ophaalbrug en de Vecht gaat toch met de meeste aandacht lopen. De chef laat uiteenlopende smaken overeenstemmen en brengt zo heerlijke nuances aan in zijn moderne bereidingen. Schitterende kamers ronden dit mooie verhaal af.

The interior of De Nederlanden has been cleverly restyled, making it slick but comfortable. Although, the view of the drawbridge and the Vecht river attracts most of the attention. The chef harmonises a variety of flavours, bringing delicious nuances to his modern recipes. Magnificent rooms perfectly complete the picture.

→ Kletskopcannelloni gevuld met noordzeekrab, citrus, soja en oester. Gebraden duif met seizoensgarnituur en specerijensausje. Pêche Melba met amandel, framboos, vanille en perzik.

Lunch 45 € – Menu 68/98 € – Carte 77/111 €

10 kam – ♦125/150 € ♦♦125/175 € – ☐ 23 €

Duinkerken 3 ☒ 3633 EM – ☎ 0294 232 326 – www.nederlanden.nl
– Gesloten 31 december-7 januari, zaterdagmiddag en maandag

VUGHT

De Heer Kocken (John Kocken)

WERELDKEUKEN · ROMANTISCH XX John Kocken weet hoe je smaken combineert. De diverse ingrediënten vullen elkaar hier steeds mooi aan, zijn goed afgewogen en dat zorgt ervoor dat men steeds nieuwsgierig is naar de volgende hap. De goede bediening en het gezellige interieur, dat tevens elegantie uitstraalt, maken uw ervaring des te aangenamer.

John Kocken knows how to combine flavours: he uses a range of diverse ingredients but they are always well-balanced and complementary, and this ensures that you are eagerly anticipating your next bite. A cosy, elegant interior and good service make the experience all the more enjoyable.

→ Short-rib met bataat, paprika en granité van wortel. Grietbot met lamsoren, asperges, aardappelmousseline en een jus met asperge. Aardbeiendessert met verveine, komkommer en vlierbloesemsorbet.

Menu 50/65 € – Carte 60/80 €

Taalstraat 173 ☒ 5261 BD – ☎ 073 656 9494 – www.deheerkocken.nl – alleen diner
– Gesloten eind december, zondag en maandag

WAALRE

De Treeswijkhoeve (Dick Middelweerd)

CREATIEF · CHIC XXX Bij de Treeswijkhoeve wacht u een bijzonder moment. Het begint al met de aangename rit naar dit fraaie boerderijtje. De groene omgeving is prachtig, een plaatsje op het terras is dus echt een must. Binnen is het dan weer loungy en modern, zonder de rustieke karakteristieken van het pand te verwaarlozen. Het is een prachtige omgeving om de creativiteit van Dick Middelweerd te ontdekken.

Hij durft te combineren, contrasten te creëren, en krijgt alle smaken telkens op één lijn. Met Aziatische invloeden gaat hij regelmatig op zoek naar umamismaken en geeft hij zijn gerechten diepgang. De volle smaak van gebakken langoustine combineert hij bijvoorbeeld met de fraîcheur van limoen en citroengras. Een dashibouillon, een crémeux van dashi en een krokante tempura met aubergine zetten de topkwaliteit van het product heerlijk in de verf.

In het najaar moet u zeker de wildbereidingen van chef Middelweerd uitproberen. Heerlijk zijn ze! Het is eveneens een goede gelegenheid om de sommelier aan het werk te zien, want de wijnassociaties zijn hier uitstekend.

A special experience awaits guests at De Treeswijkhoeve, starting with the pleasant drive to this beautiful small farmhouse where a table on the terrace in these stunningly verdant surroundings is a must. Inside, the restaurant is loungy and modern in feel, without neglecting the rustic characteristics of the building. All in all, this is a wonderful setting in which to discover Dick Middelweerd's creative cuisine.

He is not afraid to combine and create contrasts, always managing to achieve perfect harmony between the different flavours he conjures up. Using Asian influences, he is always looking at savoury umami flavours to give his dishes greater depth. As an example, he combines the full flavour of baked langoustine with the freshness of lime and lemon grass, with a dashi stock, creamy dashi and crispy tempura with aubergine livening up the dish.

In the autumn the wonderful game dishes prepared by Dick Middelweerd are a must. This is also the perfect time to watch the sommelier at work, as the selection of wines here is outstanding.

→ Drie bereidingen van langoustines. Rog 'Peking impuls 2013' met hoisin, buikspek, kimchi en paksoi. Pannetjesdessert, favoriete dessert van de chef.

Lunch 49 € – Menu 58/105 € – Carte 75/114 €

Valkenswaardseweg 14, (langs N 69) ✉ *5582 VB –* ✆ *040 221 5593*
– www.treeswijkhoeve.nl – Gesloten 27 december-11 januari, 2 en
3 maart, 29 april-5 mei, 22 juli-15 augustus, 16 en 17 oktober, zaterdagmiddag,
maandag en dinsdag

WADDENEILANDEN
WADDEN ISLANDS

Een bezoek aan de Waddeneilanden is een ervaring. Zo kunt u deze eilanden in de Noordzee enkel per boot bereiken, en op sommige kleine eilanden mogen toeristen zelfs niet met de auto. Op de eilanden wordt dan ook voornamelijk gewandeld en gefietst, heerlijke manieren om te genieten van de natuurpracht die ze te bieden hebben. De verschillende leuke hotelletjes zijn uitstekende vertrekpunten. Let wel op: de meeste hotelhouders boeken maar vanaf twee overnachtingen.

De mooie natuur van de Waddeneilanden is eveneens een inspiratiebron voor de chefs. Zij gebruiken de vele eilandproducten uitvoerig in hun keukens, denk maar aan Texels lam of de verschillende lokale kazen. De bereidingswijzen zijn uiteenlopend, maar de pure smaak van de eilandproducten zijn telkens een toegevoegde waarde.

Fryslân en Noord-Holland

WADDENEILANDEN

Fryslân en Noord-Holland

AMELAND

Fryslân – Atlas n° **3**-C1

BALLUM

⅏ **Nobel**　　　　　　　　　　　　　　🛜 🅰🅲 ⅍ ⇔ 🅿

FRANS MODERN · ELEGANT ⅩⅩ Nobel is een van de betere restaurants van het eiland, in een oude herberg. Het warme interieur vormt een zeer aangename omgeving om lekker eigentijds te eten. De wijn is ook zeker aan te raden, ze hebben hier zelfs een eigen slijterij in het pand ernaast. De Nobeltje-likeur moet u geproefd hebben!

Occupying an old inn, Nobel is one of the better restaurants on the island. The warm and attractive interior of the restaurant makes for a pleasant dining environment. The wine list is excellent; they also own the wine and liquor shop next door – the Nobeltje liquor is a must-try!

Menu 37/45 € – Carte 47/70 €

Hotel Nobel, Gerrit Kosterweg 16 ✉ *9162 EN – ☏ 0519 554 157*
– www.hotelnobel.nl – Gesloten 6 januari-1 februari

🏠 **Nobel**　　　　　　　　　　　　　　　　🏊 ⅍ 🅿

LUXE · PERSOONLIJK CACHET Houdt u van strak design? Boek dan gerust een van de comfortabele kamers die Nobel aanbiedt. Of opteer voor een appartement: een even modern interieur in een authentiek kerkgebouw.

Do you like sleek design? If so, then book one of the comfortable rooms in the Nobel hotel. Alternatively, opt for one of the equally modern apartments in the converted church building.

19 kam – ♦90/180 € ♦♦90/180 € – 🕸 15 €

Gerrit Kosterweg 16 ✉ *9162 EN*
– ☏ 0519 554 157 – www.hotelnobel.nl
– Gesloten 6 januari-1 februari

Nobel ⅏ – zie restaurantselectie

NES

🏠 **Noordsee**　　　　　　　　　　🌀 🖾 🐾 🔲 ⅍ ⅍ 🛁 🅿

TRADITIONEEL · FUNCTIONEEL Dit moderne, comfortabele hotel biedt de keuze uit kamers, suites en studio's. U vindt er ook vergaderfaciliteiten en enkele recreatieve voorzieningen. Het restaurant laat u proeven van producten uit de streek.

This modern and comfortable hotel offers a choice of rooms, suites or studios. There are also facilities for meetings and a selection of recreational activities. Regional produce is to the fore in the restaurant.

110 kam 🕸 – ♦79/184 € ♦♦94/199 € – ½ P

Strandweg 42 ✉ *9163 GN*
– ☏ 0519 546 600 – www.westcordhotels.nl/noordsee
– Gesloten 3 tot 6 december

🏠 **Hofker**　　　　　　　　　　　🖾 🐾 🍴 🔲 ⅍ 🛁 🅿

FAMILIAAL · KLASSIEK Dit hotel midden in het dorp beschikt over kamers met een balkon, waarvan sommige met een kitchenette. De gastvrouw is al de vierde generatie die zich over deze zaak ontfermt, wat, samen met de open haard, zorgt voor een zweem nostalgie.

This hotel in the centre of a village offers rooms with balconies and some with a kitchenette. The hostess is the fourth generation to welcome guests here: this tradition, plus the open fire, adds a touch of nostalgia.

40 kam 🕸 – ♦65 € ♦♦90/100 €

Johannes Hofkerweg 1 ✉ *9163 GW*
– ☏ 0519 542 002 – www.hotelhofker.nl

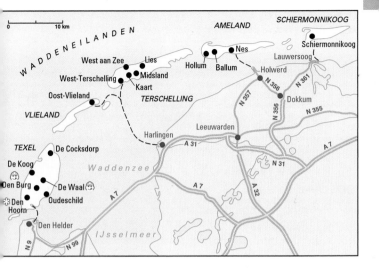

SCHIERMONNIKOOG

Fryslân – Atlas nº **3**-D1

SCHIERMONNIKOOG

⫶○ **Ambrosijn** ⇦ 🛖

MODERNE KEUKEN · EIGENTIJDS ⅩGenerositeit en betaalbaarheid, dat is waar het om draait in deze eigentijdse zaak. De chef bewerkt zijn producten zowel met hedendaagse als met traditionele technieken, steeds met de bedoeling pure smaken te laten overheersen.

Generosity and affordability are what count at this contemporary restaurant. The chef prepares good quality ingredients using both classical and contemporary techniques, with the aim of letting true flavours dominate.

Menu 33/65 € – Carte ong. 57 €

4 kam – ♦95/125 € ♦♦95/125 € – 🖵14 €

Langestreek 13 ✉ *9166 LA*

– ✆ 0519 720 261 – www.ambrosijn.nl

⌂ **Om de Noord** 🍴 🛏 🛗 🐾

HERBERG · EIGENTIJDS Etty en Ger zorgen ervoor dat u zich meteen thuis voelt in dit moderne hotelletje. U geniet er ten volle van de rust van Schiermonnikoog en kunt in de brasserie heel de dag terecht voor wat lekkers. Regelmatige evenementen zoals kamermuziekconcerten brengen leven in de brouwerij.

Etty and Ger ensure that guests immediately feel at home in this modern little hotel, where the tranquillity of Schiermonnikoog can be enjoyed to the full, while the brasserie serves delicious food all day long. The place also regularly hosts events, such as chamber music concerts, bringing a certain vibrancy.

8 kam – ♦80/125 € ♦♦80/125 € – 🖵14 € – ½ P

Langestreek 66 ✉ *9166 LE*

– ✆ 0519 700 200 – www.hotelomdenoord.nl

TERSCHELLING

Fryslân – Atlas n° **3**-B1

LIES

🏠 De Walvisvaarder ☂ 🐾 ⚲ **P**

FAMILIAAL · TRADITIONEEL Voormalige boerderij (1760) midden op het eiland, ooit bewoond door een walvisjager, nu een echt familiehotel. Diverse types kamers in de dependances, waaronder tien junior suites aan de tuin. Het restaurant serveert een eenvoudige burgerkeuken in een vast menu.

This former farm (1760) in the middle of the island was once the home of a whale hunter but has now been converted into a family hotel. Various types of guestrooms in the annexes, including 10 junior suites facing the garden. The restaurant serves simple, home-style cooking as part of its extensive menu.

69 kam 🛏 – 🛉70/95 € 🛉🛉95/115 € – ½ P

Lies 23 ✉ 8895 KP – ☎ 0562 449 000 – www.walvisvaarder.nl – Gesloten januari

MIDSLAND

🍴 't Golfje 🐌 🌳 **P**

WERELDKEUKEN · INTIEM ✗ Een culinaire oase op het eiland! De vrouwelijke finesse aan het fornuis en de knusse, gezellige ambiance zorgen samen voor een moment van intens genieten. Sterke wijnen doen de al even knappe gerechten alle eer aan.

A culinary oasis on this island, where the female chef's cuisine and the cosy dining room combine to offer a highly pleasurable dining experience. Robust wines do full justice to the equally choice dishes.

Menu 43 € – Carte 49/57 €

Heereweg 22a ✉ 8891 HS – ☎ 0562 448 105 – www.restaurant-tgolfje.nl – alleen diner – Gesloten maandag en dinsdag

WEST-TERSCHELLING

🏠 Schylge ☂ 🐌 🍽 🔟 🕹 🐾 🎛 👍 ⚲ 🛍 🚗

LUXE · HEDENDAAGS Chic hotel aan de haven, een aanrader op de Waddeneilanden. De kamers, modern en ruim, hebben telkens een eigen balkon (de beste aan de havenzijde). Het ontbijtbuffet is goed en faciliteiten zoals de vergaderzalen, het zwembad en het schoonheidsinstituut zijn een meerwaarde. Ook de eigentijdse keuken van Op West is de moeite!

This chic hotel on the harbour is the place to stay on the West Frisian islands. It has a large lounge, modern spacious bedrooms with a balcony (the best overlooking the harbour) and a plentiful breakfast buffet. There are also meeting rooms, a swimming pool, sauna and beauty centre. Op West's contemporary cuisine is probably the most ambitious on the island.

98 kam 🛏 – 🛉75/200 € 🛉🛉90/240 € – ½ P

*Burg. van Heusdenweg 37 ✉ 8881 ED – ☎ 0562 442 111
– www.westcordhotels.nl/hotels/hotel-schylge*

WEST AAN ZEE

🏠 Paal 8 ☂ 🐌 🍽 🔟 🐾 🎛 🛍

FAMILIAAL · AAN ZEE Modern hotel midden in de duinen, met uitzicht op zee. Grote kamers met terras of panoramisch balkon, waarvan veel familiekamers. Huur een fiets (fietsverhuurdienst beschikbaar) en geniet na een deugddoende tocht van de wellnessfaciliteiten. Bij De Grië mag u zich verwachten aan een eigentijdse maaltijd in een warm decor.

A modern hotel set in the dunes with commanding views of the sea. Large bedrooms (some of which are family rooms) with a patio or a balcony boasting panoramic vistas. Hire a bike from the hotel before unwinding in the spa after an enjoyable cycle ride. In De Grië, diners can enjoy a contemporary meal in a light, modern decor.

60 kam 🛏 – 🛉129/290 € 🛉🛉129/290 €

Badweg 4 ✉ 8881 HB – ☎ 0562 449 090 – www.hotelpaal8.eu

TEXEL
Noord-Holland – Atlas n° **8**-A1

DEN BURG

Vincent Eilandkeuken

REGIONAAL • TRENDY XX In dit trendy pakhuis (met boven 2 knappe kamers) ontdekt u al het potentieel van Texel. Of het nu vis, lamsvlees of kruiden betreft: het eiland heeft het allemaal te bieden. De chef verwerkt die topproducten in moderne bereidingen die heerlijk nuanceren. De borden zijn bewerkt en boordevol smaak. Hier voelt en proeft u de jeugdige Texel vibe!

Experience all that Texel has to offer in this stylish warehouse with two attractive rooms upstairs. Whether you prefer fish, lamb or herbs, this island has it all, allowing the chef to transform top-quality ingredients into beautifully presented, flavoursome and modern dishes which blend together perfectly. Young and lively ambience.

Lunch 25 € – Menu 33/63 € – Carte 47/58 €

Gravenstraat 7 ⊠ 1791 CJ – ℰ 0222 322 084 – www.vincenteilandkeuken.nl – Gesloten zondagmiddag en dinsdag

Freya

MARKTKEUKEN • FAMILIAAL X Een pittoresk huisje, een gastvrouw die u met een glimlach ontvangt en een chef die lekker voor u kookt. Welkom bij Freya! De keuken is hier rechttoe rechtaan, niet overdreven ingewikkeld, en geeft groenten de aandacht die ze verdienen. Een leuke plek voor een gezellig etentje.

A picturesque cottage, a hostess who welcomes you with a smile, and a chef who prepares delicious cuisine are just some of the attractions of this restaurant. Simple, unfussy dishes made from carefully prepared vegetables, plus a charming setting which is perfect for a cosy dinner.

Menu 27 €

Gravenstraat 4 ⊠ 1791 CK – ℰ 0222 321 214 – alleen diner – Gesloten zondag en maandag

DE COCKSDORP

Texel

BOETIEKHOTEL • GEZELLIG Logeren in dit prachtig gerenoveerd boetiekhotel is een ervaring. De gezelligheid van het interieur wordt versterkt door de uitstekende service, alles wordt hier met veel zorg gedaan. 's Ochtends smult u dan ook van een lekker ontbijt, en de wellness is top. Probeer zeker het wolbad eens uit!

A stay at this magnificently renovated boutique hotel is a real experience. The cosy interior is enhanced by excellent service, as everything is done with great care and attention. In the mornings a delicious breakfast will have your mouth watering, and the wellness suite is top-notch. We recommend giving the wool bath a try!

42 kam 🖵 – 🛏140/180 € 🛏🛏140/210 € – ½ P

Postweg 134 ⊠ 1795 JS – ℰ 0222 311 237 – www.hoteltexel.com

DEN HOORN

Bij Jef (Jef Schuur)

KLASSIEKE KEUKEN • DESIGN XXX Wie binnenkomt bij Jef, wordt getroffen door een gevoel van rust en ruimte. Het sobere design van het restaurant is dan ook speciaal ontworpen om zo goed mogelijk te genieten van de creatieve gastronomie op basis van lokale kwaliteitsproducten. De designkamers maken uw avontuur helemaal af.

Guests will be overcome with a sense of peace and space as soon as they enter Jef's. The clean, pure lines of this restaurant have been specifically designed to allow guests to enjoy the creative cuisine, which is based as much as possible on high quality local produce. Even the designrooms enjoy the welcome sea breeze.

→ Gebakken griet met scheermesjes en poeder van zeewier. Gestoomde zeetong met alikruiken, gekonfijte bloemkool en saus van bergamot. De ongebakken appeltaart.

Menu 90/111 € – Carte 55/115 €

Herenstraat 34 ⊠ 1797 AJ – ℰ 0222 319 623 – www.bijjef.nl – alleen diner – Gesloten 6 tot 17 januari, 11 tot 28 februari, maandag en dinsdag behalve in juli en augustus

⅋◯ Bosq 🅽 ⟵ 🍴 ⚡ ⌖ 🅿

REGIONAAL · GEZELLIG ⅋ Bosq is een cosy zaak aan de rand van het Nationaal Park. U hebt er uitzicht op de mooie omgeving – het zonovergoten terras is heerlijk – en degusteert er allerhande lekkers dat Texel te bieden heeft. De chef kookt met een zekere mediterrane finesse en serveert tussengerechtporties. Een leuk concept voor een zaak met schwung!

Bosq is a cosy establishment on the outskirts of the National Park, overlooking beautiful surroundings – the sunny terrace is particularly attractive – and offering the many delicacies that Texel has to offer. The chef here cooks with real Mediterranean finesse, serving a selection of smaller-sized portions. An appealing concept for a restaurant with real character.

Lunch 33 € – Menu 43/65 € – Carte ong. 50 €

Bakkenweg 16 ✉ 1797 RJ – ☏ 0222 315 541 – www.bosq.nl – Gesloten maandagmiddag, woensdagmiddag en dinsdag

🏠 Bij Jef 🍴 ⚡ 🍸 🅿

LUXE · DESIGN Bent u op zoek naar een echte verwennerij? Boek dan een tafel bij Jef, en sluit uw etentje af met een overnachting in een kamer vol design, boven het restaurant. De kamers achteraan kijken uit op de weilanden, die vooraan op het dorpstraatje. En 's ochtends lekker uitgebreid ontbijten ... Heerlijk, toch!

Are you looking for a treat? Then book a table at Bij Jef, before spending the night in one of the designer bedrooms above the restaurant. The rooms at the back look out over the meadows, while those at the front look out on a village street. In the morning enjoy an elaborate breakfast. Great, isn't it?

12 kam ⚏ – ♦195/210 € ♦♦245/295 € – ½ P

Herenstraat 34 ✉ 1797 AJ – ☏ 0222 319 623 – www.bijjef.nl – Gesloten 6 tot 17 januari, 11 tot 28 februari, maandag en dinsdag behalve in juli en augustus

Bij Jef ✿ – zie restaurantselectie

DE KOOG

🏨 Grand Hotel Opduin ⚓ 🏊 ⟨ 🖼 🎿 🈟 🏊 🍴 ☰ ⚡ 🆎 ⚒ 🅿

LUXE · ELEGANT Dit is het mooiste hotel van het eiland! Buiten geniet u van de prachtige natuur van het Nationaal Park de Duinen, binnen zijn het de charme en de warmte van het interieur die u zullen bekoren. En wat is het heerlijk om te lunchen in de orangerie, waar glas en planten het mooie decor opluisteren.

Grand Hotel Opduin is the most beautiful hotel on the island. Outside, guests can enjoy the beautiful Dunes of Texel National Park; inside there is the welcoming warmth and charm of the decor. The orangery is a wonderful place for lunch with glass and plants adorning the interior.

93 kam – ♦90/149 € ♦♦119/209 € – 3 suites – ⚏ 19 €

Ruijslaan 22 ✉ 1796 AD – ☏ 0222 317 445 – www.opduin.nl

🏠 Greenside ⚓ 🈟 🏊 ☰ 🍸 ⚒ 🅿

FAMILIAAL · EIGENTIJDS Dit hotel aan de rand van het dorp, tussen twee meertjes, heeft piekfijne juniorsuites en kamers, de meeste met balkon. In het pand hangen overal spreuken. Fitness en sauna. Menu's van Texelse producten, geserveerd in een moderne setting of buiten.

Located at a slight distance from the village, between two small ponds. This hotel has smart junior suites and rooms, generally with balconies. Aphorisms posted all around the hotel. Gym and sauna. Menus featuring the local produce, in a modern setting or outdoors.

60 kam ⚏ – ♦80/133 € ♦♦90/195 €

Stappeland 6 ✉ 1796 BS – ☏ 0222 327 222 – www.hotelgreenside.nl – Gesloten zondag tot donderdag van 6 tot 31 januari

🏠 Strandhotel Noordzee ⚓ ⟨ 🈟 ☰ 🅿

TRADITIONEEL · AAN ZEE Wilt u genieten van de Noordzee? Boek dan maar snel in dit klein hotel, dat pal aan het strand ligt. Alle kamers – ruim, comfortabel en met balkon – hebben namelijk zicht op zee! Zelfs in het traditionele restaurant geniet u er van.

Looking for a break by the North Sea? Then hurry to book a room at this little hotel right on the beach. All the rooms are spacious and comfortable, with balconies and sea views. Even the traditional restaurant overlooks the sea.

12 kam 🛏 – 🛉125/130 € 🛉🛉135/150 €

Badweg 200 ✉ 1796 AA – ☎ 0222 317 365 – www.strandhotelnoordzeetexel.nl

OUDESCHILD

🍴○ 't Pakhuus ⪡ 🏠 ♿

VIS EN ZEEVRUCHTEN · GEZELLIG 𝕏 Het designdecor is mooi, met een moswand die de natuur binnenhaalt, maar dé troef van dit historisch pakhuis is het uitzicht. U kijkt hier uit op de haven en de garnalenboten! Vis en zeevruchten zijn de specialiteit – de tank staat in het midden van de zaak – en worden bijgestaan door andere lokale lekkernijen. De designsuites boven zijn al even mooi.

This restaurant's designer decor is delightful, with a moss-cladded wall that brings a touch of nature into the dining room. However, the ultimate appeal of this historic warehouse is its view of the harbour and the shrimp boats. Fish and seafood are the house specialities (note the fish tank in the centre of the room), with other local delicacies also on the menu. Attractive designer suites on the upper floors.

Lunch 28 € – Menu 37/75 € – Carte 47/76 €

Haven 8 ✉ 1792 AE – ☎ 0222 313 581 – www.pakhuus.nl

DE WAAL

🍴○ Rebecca ⪢ 🛋 🏠 ⌀ 🅿

MARKTKEUKEN · FAMILIAAL 𝕏𝕏 De menukaart van Michel Arends loopt over van de liefde voor goede producten, in het bijzonder voor alles wat biologisch en regionaal is. Zijn kennis en kunde zorgen ervoor dat de bereidingen steeds geslaagd te noemen zijn. De gerechten onderscheiden zich door hun hedendaagse inslag en gulle porties.

Michel Arends' menu at Rebecca bears witness to his love of fresh produce, with the accent on organic and regional. The food is bursting with flavour, features a contemporary twist and comes in generous portions. His knowledge and expertise are revealed in the consistent excellence of his style of cooking.

Menu 37/40 € – Carte ong. 50 €

18 kam 🛏 – 🛉56/61 € 🛉🛉92/112 €

Hogereind 39 ✉ 1793 AE

– ☎ 0222 312 745 – www.rebeccatexel.com

– Gesloten 28 december-17 januari, 19 november-6 december en maandag

VLIELAND

Fryslân – Atlas n° **3**-A2

OOST-VLIELAND

🍴○ Het Armhuis 🏠 ♿

MODERNE KEUKEN · ROMANTISCH 𝕏 Armen en wezen werden vroeger opgevangen in dit pittoreske pand, vandaag geniet u er van lekker eten in een nostalgisch kader. Net als vroeger eet u hier wat de pot schaft, steeds klassiek geïnspireerd maar bijdetijds. Vraag aan Clara, de welgekende eigenaresse met pit, zeker om een kijkje te mogen nemen in de galerie.

Once home to paupers and orphans, this picturesque building now offers its guests delicious cuisine in a nostalgic setting. Just as in the past, diners are served a dish of the day, which is usually a modern interpretation of a traditionally inspired recipe. Ask Clara (the locally well-known owner and a real character) for a look at the gallery.

Lunch 40 € – Menu 44/60 € – *(een enkel menu)*

Kerkplein 6 ✉ 8899 AW

– ☎ 0562 451 935 – www.armhuis.com

– Gesloten januari- medio februari, maandag en dinsdag

🏨 Badhotel Bruin 🏃 🐾 🖃 🚭 🎿

FAMILIAAL · GEZELLIG Als u zich nestelt in het moderne comfort en de lande-lijke chic van Badhotel Bruin zou u het niet meteen verwachten, maar dit is het oudste hotel van het eiland. Deze kranige dame kan helemaal met haar tijd mee en beschikt over een saunapaviljoen dat u kunt afhuren. Restaurant met lichte gerechten en knusse tearoom.

As you settle into the modern comfort and country elegance of the Badhotel Bruin, you would never expect to hear that this is the oldest hotel on the island. This spirited 'grande dame' keeps up with the times and even has a sauna pavilion available for hire. Restaurant for light meals, as well as a cosy tea room.

34 kam ♨ – ♦89/149 € ♦♦89/149 €

Dorpsstraat 88 ✉ 8899 AL – ☏ 0562 452 828 – www.badhotelbruin.nl
– Gesloten 7 tot 17 januari

🏨 Strandhotel Seeduyn 🏃 🐾 ← 🖳 🌐 🐾 🍴 🖃 ♿ 🎿

TRADITIONEEL · AAN ZEE De ligging pal aan zee is de grootste charme van dit hotel. De kamers zijn modern en hebben een balkon of terras en uitzicht op zee. De wellness is heerlijk. Om te eten hebt u de keuze tussen de toegankelijke Brasserie met een brede kaart en een eenvoudig, sfeervol restaurant op het strand.

The charm of this hotel lies in its location right by the sea. Modern rooms with a balcony or patio. For lunch and dinner choose between the friendly Brasserie with an extensive menu, or a simpler beach restaurant with a great atmosphere. Copious breakfast buffet.

154 kam ♨ – ♦150/210 € ♦♦150/210 € – ½ P

Badweg 3, (met appartementen), (Noord : 2 km) ✉ 8899 BV – ☏ 0562 451 577
– www.westcordhotels.nl

WAGENINGEN
Gelderland – Atlas n° **4**-B2

🍴 O Mundo 🍴 ♿ 🎬 ⇄ **P**

STREEKGEBONDEN · ELEGANT 🍴🍴 Bij O Mundo voelt u de rijke geschiedenis van het pand, maar de stijlvolle inkleding verzekert het nodige comfort. De keuken-brigade werkt graag met streekproducten en zorgt met de nieuwste technieken voor smaken die zowel divers als complex zijn.

You can feel the rich history of the building at O Mundo, and the elegancy of the restaurant makes it a very comfortable place. The kitchen brigade like to work with local produce and use the latest techniques to create diverse and often complex flavours.

Menu 43 € – Carte 63/88 €

Hotel De Wereld, 5 Mei Plein 1 ✉ 6703 CD
– ☏ 0317 460 444 – www.restaurantomundo.nl
– alleen diner – Gesloten 31 december-1 januari en zondag

🍴 DIELS 🍴 ⇄

FRANS MODERN · BRASSERIE 🍴 De restobar van Dietmar en Elsko is een gezel-lige, ongedwongen plek waar u zowel terecht kunt voor een uitgebreid diner als een leuke borrel. De chef haalt zijn inspiratie graag over de grenzen en serveert moderne gerechten die met oog voor detail zijn bereid.

Dietmar and Elsko's restobar is a friendly, relaxed spot where diners can come for a full dinner or a pleasant drink. The chef draws inspiration from across the borders and serves modern dishes prepared with an eye for detail.

Menu 29/36 € – Carte 35/48 €

Vijzelstraat 2 ✉ 6701 DC
– ☏ 0317 422 694 – www.dielsrestobar.nl
– alleen diner – Gesloten 19 tot 25 februari, 30 juli-12 augustus en maandag

🏠 De Wereld ⊟ & 🎴 🛏 🅿

HISTORISCH PAND · EIGENTIJDS De wereld kwam even tot rust toen in dit gebouw de capitulatie van het Duitse leger werd ondertekend, op 5 mei 1945. Dit is dus een plek met historie, een van de oudste hotels van het land ook. Vandaag geniet u er van ruime, moderne kamers en van een verzorgd ontbijt na een goede nachtrust.

World peace was once briefly achieved in this building with the signing of the German army's surrender on 5 May 1945, so this is a place with history, and one of the oldest hotels in the country. Today guests enjoy spacious, modern rooms and a carefully prepared breakfast after a good night's sleep.

13 kam – ♦125/200 € ♦♦125/200 € – 2 suites – ☐ 15 € – ½ P

5 Mei Plein 1 ⊠ 6703 CD – ℰ 0317 460 444 – www.hoteldewereld.nl – Gesloten 30 december-1 januari

O Mundo 🍴 – zie restaurantselectie

 De prijzen voor het symbool ♦ komen overeen met de laagste prijs in laagseizoen en daarna de hoogste prijs in hoogseizoen voor een éénpersoonskamer. Hetzelfde principe voor het symbool ♦♦, hier voor een tweepersoonskamer.

WAHLWILLER
Limburg - Gulpen-Wittem – Atlas n° **6**-B3

🍴 Infini 🏠 🎴 ⅗ 🅿

FRANS MODERN · ELEGANT XXX Het samenspel van moderne kunst en rustieke elementen maakt van deze elegante villa een heerlijke plek, het terras is het mooiste van Zuid-Limburg! De ambitieuze chef kiest resoluut voor een moderne keuken, met mooi bewerkte borden als resultaat. De soufflé, een specialiteit van het huis, is een absolute aanrader!

The interplay of modern art and rustic features make this elegant villa a lovely setting for a fine dining experience, the terrace is the prettiest of South Limburg! The ambitious chef strongly favours modern cuisine, resulting in elaborate dishes. House specialities include the highly recommended soufflé.

Menu 51/67 € – Carte 55/74 €

Botterweck 3 ⊠ 6286 DA – ℰ 043 601 2013 – www.restaurantinfini.nl – Gesloten 1 week carnaval, maandagmiddag, zaterdagmiddag, dinsdag en woensdag

WAMEL
Gelderland – West Maas en Waal – Atlas n° **4**-B3

🐤 De Weeghbrug 🏠 🔁 🅿

MODERNE KEUKEN · TRENDY XX Peter en Jeannette hebben hun restaurant een fraaie verjongingskuur gegeven en beschikken met een terras dat uitzicht biedt op de dijk over een mooie troef. En wat dan gezegd van het menu: bereidingen die up-to-date en genereus zijn, afgewogen smaken en een keuze waar men niet onverschillig bij kan blijven.

Peter and Jeannette's restaurant has been beautifully rejuvenated and equipped with a terrace offering a view of the dyke as its trump card. The menu showcases generous, contemporary dishes, balanced flavours and a selection with something to please everyone.

Menu 36/47 € – Carte 39/57 €

Dorpsstraat 126 ⊠ 6659 CH – ℰ 0487 501 273 – www.deweeghbrug.nl – alleen diner – Gesloten carnaval, maandag en dinsdag

WARMOND

Zuid-Holland – Teylingen – Atlas n° **12**-B1

🕄 **De Moerbei** (Hans de Bont) 🏠 🅰️ 🍽️ 🔁 🅿️

MARKTKEUKEN · INTIEM XX Kunstwerken en het stijlvolle interieur geven deze oude boerderij een zekere uitstraling, de charmante gastvrouw ontvangt u als was u een oude vriend. De chef beheerst de kunst om topproducten te sublimeren. Hoewel zijn keuken gedetailleerd is, streeft hij tevens naar eenvoud om smaken zo puur mogelijk te houden.

Works of art and a stylish interior give this old farmhouse a special aura, where the charming hostess welcomes guests as if they were old friends. The chef has mastered the skill of bringing out the very best in top-quality ingredients through food prepared with close attention to detail, while striving for simplicity to keep flavours as pure as possible.

→ Cannelloni van groene appel, tonijn en eendenlever met Aziatische groentjes en sesamvinaigrette. Gebakken tarbot met oester beurre blanc en zilte groenten. Chocoladetaartje en fudge met sorbet van witte chocolade.

Lunch 45 € – Menu 60/90 € – Carte 70/88 €

Dorpsstraat 5a ⊠ 2361 AK – ℰ 071 515 6898 – www.demoerbeiwarmond.nl
– Gesloten eind december, eerste week van mei,
28 juli-19 augustus, dinsdagmiddag, zaterdagmiddag, zondag en maandag

WEERT

Limburg – Atlas n° **6**-A2

😊 **Flavours** 🅰️ 🍽️ 🔁

MODERNE KEUKEN · EIGENTIJDS XX Lekker eten in een ongedwongen sfeer, daar staat deze moderne zaak voor. Een jong stel laat u genieten van kleine gerechten die flavours eigentijds combineren. Die huisstijl vindt u nu ook in Bistro Du Sud, dat ondergebracht is in de vroegere lounge-bar. Alles is hier aanwezig om u te plezieren, wat een flavours!

The aim of this modern eatery is simply to offer delicious food in a relaxed atmosphere. The young couple at the helm provide diners with small dishes that combine contemporary flavours. The same house style can now also be found in Bistro Du Sud, situated in the former lounge bar. A dining venue offering everything you need for an enjoyable meal out.

Menu 37/79 € – Carte 61/72 €

Hoogstraat 28 ⊠ 6001 EV – ℰ 0495 451 022 – www.restaurantflavours.nl – alleen diner – Gesloten 27 tot 31 december en dinsdag

🍴 **OH30** 🏠 🔁 🅿️

MODERNE KEUKEN · RUSTIEK XX Het contrast van het rustieke karakter van deze molen (1904) met moderne elementen is mooi, de nuances die de chef creëert met zijn actuele bereidingen heerlijk! Zijn bereidingen steunen op kwaliteitsproducten en zijn zeer bewerkt, maar alles klopt. Niets is overbodig. Hij serveert topgerechten, en dat voor topprijzen!

The contrast between the rustic character of this 1904 mill and its modern interior is beautiful, while the nuances the chef creates with his up-to-the-minute dishes are delicious. The food is rooted in quality ingredients and meticulously prepared so that everything works. Nothing is superfluous. Top dishes at good value.

Lunch 27 € – Menu 45/65 € – Carte 50/68 €

Oude Hushoverweg 30 ⊠ 6003 AN – ℰ 0495 850 802 – www.restaurantoh30.nl
– Gesloten maandag en dinsdag

🏨 **Hostellerie Munten** 🏊 🔲 🧖 🚗

STADSPALEIS · FUNCTIONEEL Deze hostellerie mag dan al meer dan 100 jaar oud zijn, de inrichting is toch bijdetijds. Lounge met open haard, dakkamers op de tweede verdieping en stadstuin. U hebt hier twee eetopties: suggesties op een leitje in de bistroambiance van de brasserie, of een restaurant met traditionele gerechten in de serre of op het mooie terras in het groen.

This hostelry may be more than a century old but its interior is completely up-to-date. Lounge with a log fire, attic rooms on the second floor, plus a city garden. In the brasserie, choose from suggestions on a blackboard in a bistro ambience. While the restaurant serves traditional food, either in the conservatory or on a garden terrace.

14 kam ⌺ – †80/95 € – ††85/110 € – ½ P

Wilhelminasingel 276 ⊠ 6001 GV – ✆ 0495 531 057 – www.hostelleriemunten.nl
– Gesloten 27 december-2 januari

WEESP
Noord-Holland – Atlas n° **8**-B3

ⅼO **Bloom Kitchen Bar**

MARKTKEUKEN · EIGENTIJDS ⅩⅩ In dit monumentaal pand speelt men open kaart: achter de marmeren Bar ziet u de ervaren chef aan het werk in zijn open Kitchen. Hij werkt met eerlijke producten die hij liefst in de regio haalt, brengt ze met moderne bereidingen op smaak en verzamelt ze in een aantrekkelijk keuzemenu.

Behind the marble bar in this historic building, the open kitchen offers views of the experienced chef at work. He works with authentic ingredients that he likes to source from the region. The flavours are coaxed out with modern preparation methods and are brought together in an attractive à la carte menu.

Menu 39/54 € – Carte ong. 45 €

Achteromstraat 6 ⊠ 1381 AV – ✆ 0294 779 892 – www.bloomkitchenbar.nl
– alleen diner – Gesloten maandag en dinsdag

WEIDUM
Fryslân – Leeuwarden – Atlas n° **3**-C2

ⅼ **WeidumerHout** ⓝ

STREEKGEBONDEN · RUSTIEK Ⅹ WeidumerHout is het soort zaak waar men meteen gaat watertanden. Het interieur is mooi – de gouden tafel is opvallend! – en op de kaart staan een twintigtal gerechtjes die allemaal interessant ogen. De combinaties zijn modern, het uitvoerige gebruik van de rookoven en streekproducten zijn niet te versmaden pluspunten!

WeidumerHout is the sort of restaurant that immediately makes your mouth water. The interior is strikingly beautiful (note the gold table), while the menu lists 20 dishes that are all highly interesting. Modern combinations, plus the added bonus of extensive use of smoked and locally sourced produce.

Menu 35/75 €

Hotel Weidumerhout, Dekemawei 9 ⊠ 9024 BE
– ✆ 058 251 9888 – www.weidumerhout.nl
– alleen diner – Gesloten 15 december-9 januari, 5 tot 12 mei, 6 tot 13 oktober, zondag en na 20.30 u.

ⅼO **De Vijf Sinnen**

MARKTKEUKEN · KLASSIEK ⅩⅩ Chef Wilks heeft niets te verbergen: u kunt al zijn bewegingen volgen in de open keuken, van waar de heerlijke parfums u meteen tegemoet komen. Hij neemt seizoengebonden producten eerder traditioneel onder handen en doet dat soms met een knipoog naar zijn Engelse roots. Het terras? Een heerlijke plek!

Chef Wilks has nothing to hide, as diners can observe his movements in the open kitchen while enjoying the delicious aromas created by his cuisine, in which he puts a traditional take on seasonal ingredients, with an occasional nod in the direction of his English roots. The terrace is delightful.

Menu 38/60 € – Carte ong. 40 €

Hegedijk 2 ⊠ 9024 EA – ✆ 058 251 9217 – www.devijfsinnen.nl – alleen diner
– Gesloten 30 december-5 januari, 16 tot 24 februari, 27 april-5 mei, 19 tot 27 oktober, zondag, maandag en dinsdag

🏠 WeidumerHout   ⪦ 🕭 🍽 ⛴ 🅿

LANDHUIS · BIJZONDER Rustige weilanden omringen deze oude boerderij, die met speelse elementen is verjongd. De kamers zijn ruim, designmeubilair frist het sobere interieur op. Ook in de 10 rooms-with-a-view geniet u van een fantastisch zicht op de velden, maar dan vanuit uw bed!

Surrounded by idyllic meadows, this old farm has been brightened up with a few playful touches. The rooms are spacious and the designer furniture brightens up the sober interior. The view over the fields can also be enjoyed from the 10 rooms-with-a-view without even having to leave your bed!

20 kam ⌷ – �88/175 € ♦♦100/175 €

Dekemawei 9 ✉ 9024 BE

– ☎ 058 251 9888 – www.weidumerhout.nl

– Gesloten 15 december-9 januari, 5 tot 12 mei en 6 tot 13 oktober

WeidumerHout 🍴 *– zie restaurantselectie*

WELL

Limburg – Bergen – Atlas n° **6**-B1

🏵 Brienen aan de Maas *(René Brienen)*   ⪦ 🍴 🍽 ♻ 🅿

REGIONAAL · RUSTIEK 𝕏𝕏 Het voormalige veerhuiscafé van René Brienen biedt een prachtig uitzicht op de Maas. Een plek op het terras is een must! De chef heeft een voorkeur voor streekproducten en verwerkt ze in technisch verzorgde gerechten. Ze hebben karakter en komen wel eens verrassend uit de hoek. Bij bar A May kunt u heel de dag terecht voor interessante gerechtjes.

The former boatmen's pub of René Brienen offers a spectacular view of the River Maas, so a table on the terrace is a must! The chef has a preference for regional ingredients and showcases them in technically polished dishes which have plenty of character and can occasionally surprise. Bar A May is open all day and serves interesting small plates.

→ Zalm met een tartaar van krab en frisse komkommer. Kalfswang en -zwezerik met morieljessaus. Basilicum en sereh met chocolade en zuring.

Menu 45/92 € – Carte 41/85 €

Grotestraat 11 ✉ 5855 AK

– ☎ 0478 501 967 – www.restaurantbrienenaandemaas.nl

– Gesloten voor diner op 24 en 31 december, 1 week carnaval, 2 weken in september, maandag en dinsdag

🏨 La Belle Meuse   🐾 🍽

FAMILIAAL · PERSOONLIJK CACHET Dit karaktervol eind-18de-eeuwse huis aan de Maas werd volledig gerenoveerd. De kamers zijn gepersonaliseerd en van hoge standing. In de annex bevinden zich nog twee extra kamers en een lunchroom. Een charmant adresje.

This character-rich end of the 18th century house along the Meuse was completely restored. The rooms are personalised and of high standing. In the attached building there are two more rooms and a lunchroom. A charming address.

4 kam ⌷ – ♦90/99 € ♦♦90/99 €

Grotestraat 36 ✉ 5855 AN

– ☎ 0478 502 449 – www.labellemeuse.nl

WELLERLOOI

Limburg – Bergen – Atlas n° **6**-B1

🍴○ Hostellerie de Hamert   ⪦ 🐾 ⪦ 🚪 🍴 🍽 🅿

KLASSIEKE KEUKEN · ELEGANT 𝕏𝕏 Mooie hostellerie waar u van een prachtig zicht geniet dankzij de geweldige ligging aan de oever van de Maas. Asperges zijn tijdens het seizoen koning op de kaart, die eerder klassiek is en een fraai aanbod wijnen presenteert. Mooie grote kamers, de meeste met balkon aan de waterzijde.

A beautiful country hotel with magnificent views thanks to its superb location on the banks of the Maas. During the season, asparagus is the eye-catcher on the predominantly classic menu, which includes a fine selection of wines. Beautiful, spacious guestrooms (most with balconies overlooking the water) are available in a separate building.

Lunch 38 € – Menu 45/85 € – Carte 62/78 €

10 kam ☑ – ♦80/120 € ♦♦120/160 €

Hamert 2, (baan Nijmegen-Venlo) ✉ *5856 CL* – ✆ *077 473 1260* – *www.hamert.nl*
– Gesloten 28 december-13 januari, 25 tot 29 juni en dinsdag en woensdag van november tot april

WERVERSHOOF
Noord-Holland – Medemblik – Atlas n° **8**-B2

Oxalis 🅝

CREATIEF · EENVOUDIG Gastronomie hoeft niet duur te zijn, dat bewijst Geoffrey van Melick. Hij ging in de leer bij toprestaurants als 't Nonnetje en dat zult u merken. Zijn creativiteit uit zich in gerechten met fond, het smakenreliëf verhoogd bij elke hap de verwachtingen. Dit sober zaakje, in het oude postkantoor van een landelijk dorpje, is een echte ontdekking!

This restaurant proves that fine cuisine does not need to be expensive. Geoffrey van Melick's experience at top restaurants such as' t Nonnetje is evident in his creative cuisine, which is prepared with stock and full of contrasting flavours. This understated restaurant, situated in an old post office in a rural village, is a real find.

Lunch 14 € – Menu 33/69 € – Carte 46/52 €

Dorpstraat 9 ✉ *1693 AB* – ✆ *0228 526 162* – *www.restaurantoxalis.nl* – *Gesloten 30 december-5 januari, woensdagmiddag, maandag en dinsdag behalve van 1 juni tot 18 augustus*

WESTERLEE
Groningen – Oldambt – Atlas n° **5**-B2

Landgoed Westerlee

HISTORISCH PAND · ROMANTISCH U waant zich een herenboer in dit stijlvolle countryhotel. Welzijn, authentieke charme en modern comfort vormen hier een prima trio. Het is heerlijk slapen in kamers die romantisch en tiptop in orde zijn. In het restaurant krijgt u gerechten op basis van lokale producten voorgeschoteld, in een authentiek jugendstildecor.

You will feel like a gentleman farmer in this stylish country hotel, where well-being, authentic charm and modern comfort go hand-in-hand. The romantic guestrooms have every creature comfort. Dishes based on regional produce are served in the restaurant that features an authentic Jugendstil décor.

16 kam ☑ – ♦79/129 € ♦♦79/129 €

Hoofdweg 67 ✉ *9678 PH* – ✆ *0597 433 082* – *www.landgoedwesterlee.nl*

WESTERVELDE
Drenthe – Noordenveld – Atlas n° **1**-A2

De Jufferen Lunsingh

BIO · VINTAGE Deze 18de-eeuwse boerderij in een pittoresk dorp ademt een nostalgische sfeer. Streekproducten, waaronder vlees van lokaal gefokte schapen. Terras in het groen. Eenvoudig comfort maar veel karakter in de ruime kamers.

This 18C farm in a picturesque village has a nostalgic atmosphere. It offers simple comfort in spacious dining rooms with plenty of character. Alfresco terrace. Regional products, including locally sourced lamb.

Lunch 19 € – Menu 35/60 € – Carte ong. 50 € – *(eenvoudige lunchkaart)*

13 kam ☑ – ♦80/95 € ♦♦110/150 €

Hoofdweg 13 ✉ *9337 PA* – ✆ *0592 612 618* – *www.dejufferenlunsingh.nl*
– Gesloten 31 december-2 januari

WEZUP
Drenthe - Coevorden – Atlas n° **1**-B2

🏠 Hunebed & Breakfast   🦮 🛁 ♿ 🅿 🚭

TRADITIONEEL · KLASSIEK Oude Saksische boerderij op een pittoreske locatie. Het B&B biedt onderdak aan vier goede themakamers (Italiaans, Drents, Engels en Japans). De wondermooie tuin vormt een inspiratiebron voor gasten met groene vingers!

Traditional Saxon farm in a picturesque location. The B&B offers accommodation in four comfortable, themed rooms – Italian, Drenthe, English and Japanese. The exceptionally beautiful garden will provide inspiration for green-fingered guests.

4 kam   ⌑ – 🛏65/85 € 🛏🛏70/90 €

Westeinde 18 ✉ 7852 TB – ☎ 0591 382 817 – www.hunebedandbreakfast.nl – Gesloten 24 december- 2 januari

De WIJK
Drenthe - De Wolden – Atlas n° **1**-A3

🍴 De Havixhorst   🍽 🦮 🏡 🍴 🅿

REGIONAAL · CHIC 🏠🏠 Ooievaars nestelen zich ieder jaar op het dak van dit charmante 18de-eeuwse kasteel, en u kunt ze geen ongelijk geven. De Franse tuin met terrassen en oranjerie (maak zeker een wandeling na het eten!) zijn heerlijk. Op deze aangename plek geniet u van moderne, streekgebonden gerechten en overnacht u in piekfijne kamers.

Every year, storks make their nests on the roof of this charming 18C castle – and you can't blame them: the splendid, French-style garden with its terraces and orangery is perfect for a stroll after your meal. All praise, too, for the kitchen, which serves modern, regional dishes. Neat bedrooms complete the picture.

Lunch 33 € – Menu 38/88 € – Carte 62/83 €

13 kam – 🛏79/159 € 🛏🛏109/219 € – ⌑ 20 €

Schiphorsterweg 34, (De Schiphorst) ✉ 7966 AC – ☎ 0522 441 487 – www.dehavixhorst.nl – Gesloten 31 december-1 januari, zaterdagmiddag en zondagmiddag

WIJK AAN ZEE
Noord-Holland – Beverwijk – Atlas n° **8**-A3

🍴 Puur Zee by Imko's   🦮 🏡 🍴 🅿

FRANS KLASSIEK · ELEGANT 🏠🏠 Meesterkok Imko Binnerts weet hoe je de pure smaken van lekkernijen uit de zee haalt, hoe je ze combineert en een heerlijk geheel laat vormen. Zijn keuken is bewerkt en interessant, het modern samenspel van smaken is al even elegant als het decor! Voor bites en zeeklassiekers bent u in de bistro aan het goede adres.

Master chef Imko Binnerts knows how to bring out pure seafood flavours, and how to combine them into a delicious meal. His interesting cuisine is cleverly presented, while the modern combination of flavours is as elegant as the decor. The bistro is perfect for light bites and traditional seafood.

Lunch 38 € – Menu 63/90 €

Hotel Villa de Klughte, Van Ogtropweg 2 ✉ 1949 BA – ☎ 0251 374 304 – www.puurzee.nl – Gesloten woensdagmiddag, zaterdagmiddag, maandag en dinsdag

🏠 Puur zee-Villa de Klughte   🦮 🛏 🍴 🅿

LANDHUIS · ELEGANT Mooie retrovilla, aan de rand van de duinen, waar het aangenaam toeven is in de tuin. De kamers hebben elk een eigen sfeer en een dvd-speler, sommige zijn uitgerust met een jacuzzi. Ontbijten doet u in een romantische ruimte.

Lovely retro-style villa, overlooking a garden, at the edge of the dunes. Rooms and junior suites decorated with personal touches, some with jacuzzi. All rooms have DVD players. Romantic breakfast nook.

13 kam – 🛏75/115 € 🛏🛏90/125 € – ⌑ 13 €

Van Ogtropweg 2 ✉ 1949 BA – ☎ 0251 374 304 – www.puurzee.nl

Puur Zee by Imko's 🍴 – zie restaurantselectie

WILHELMINADORP
Zeeland – Goes – Atlas n° **11**-B2

❀ **Katseveer** (Rutger van der Weel)   ⟨ 🏠 ⌀ ✿ 🅿

MODERNE KEUKEN · TRENDY XX Dit voormalige wachtlokaal van de veerpont biedt een mooi uitzicht op het scheepsverkeer. Het oog wil tenslotte ook wat, maar het zijn vooral uw smaakpapillen die hier zullen juichen dankzij de moderne keuken die niet vies is van technisch vernuft. Terras aan de Oosterschelde en modern interieur met prachtige natuurlijke materialen.

This former ferryboat waiting room boasts wonderful views of passing ships and a terrace that looks out onto the Eastern Scheldt. A pleasant location for modern cooking, which is not averse to employing technical ingenuity to delight the palate. Smart, modern interior.

→ Oosterscheldekreeft met bloemkool, basilicum en dashi. Lamsrug met algen, groene asperge, doperwtjes, pesto en gerookte knoflook. Aardbeien en dadels met combava, rabarber en citroen.

Menu 63/97 € – Carte 79/90 €

Katseveerweg 2, (richting Roodewijk, daarna parallelle route met N 256)
✉ *4475 PB –* ☏ *0113 227 955 – www.katseveer.nl*
– Gesloten 30 december-15 januari, dinsdagmiddag, zaterdagmiddag, zondag en maandag

WILLEMSTAD
Noord-Brabant - Moerdijk – Atlas n° **7**-A2

❀ **Vista restaurant & food bar** (Henrie van der Heijden)   🕸 ⟨ 🏠 ✿

FRANS MODERN · TRENDY XX U zit in een gezellig restaurant, hebt een 🅿 prachtig uitzicht op de jachthaven en het water, en ondertussen geniet u van moderne creaties waar men spontaan blij van wordt. Heerlijk! De chef weet de smaken op te tillen door zijn gerechten af te werken met prachtige sauzen en vinaigrettes. Geprononceerd, fijn, verrassend; dat wordt smullen!

Not only does the cosy room have a magnificent view of the marina but, at the same time, the modern dishes will bring a smile to your face – how wonderful! The chef enhances his creations by using fantastic sauces or vinaigrettes; they are pronounced, refined and surprising; you are in for a treat!

→ Noordzeekrab en langoustine met appel, avocado en basilicum. Crispy zwezerik met Opperdoezer Ronde, broccoli en truffel. Dessertje met gepocheerde perzik, framboos en magnolia.

Lunch 38 € – Menu 45/75 € – Carte 44/85 €

Havenhoofd 2 ✉ *4797 SR –* ☏ *0168 852 212 – www.vistawillemstad.nl – Gesloten 1 tot 10 januari*

WINTERSWIJK
Gelderland – Atlas n° **4**-D2

❀ **Strandlodge** (Mike Vrijdag)   🏠 ✿ 🅿

MODERNE KEUKEN · LANDELIJK XX U komt toe aan een paviljoen bij het openbare natuurzwembad, stapt een restaurant binnen met een country interieur, snuift een relaxte sfeer op ... en dan wordt u verrast. De chef laat u namelijk smullen van frisse (soms gewaagde) combinaties, die hij beheerst uitvoert om er diepgaande smaken mee te creëren. Top!

You arrive at a natural public swimming pond complete with a beach and a pavilion housing a relaxed, country-style restaurant... and then comes the surprise. The chef will skilfully prepare vibrant, often daring combination of flavours with plenty of intensity. This place is great!

→ Kreeft met kropsla, wasabi en sinaasappel. Kalf met knoflook, artisjok en een sausje van rode wijn. Aardbeitjes met Berts geitenkaas en vlierbloesem.

Lunch 28 € – Menu 51/63 € – Carte 47/54 €

Badweg 4 ✉ *7102 EG –* ☏ *0543 769 037 – www.slww.nl – Gesloten 27 december-4 januari, maandag en dinsdag*

WITTEM

Limburg – Gulpen-Wittem – Atlas n° **6**-B3

🍴 Kasteel Wittem ⓝ   ⇐ 🐾 ⇐ 🛎 🏠 💱 🅿

FRANS MODERN · ELEGANT ✕✕ Men vermoedt dat het kasteel in de 11de eeuw werd gebouwd, maar zeker is dat luxe vandaag centraal staat in dit rijksmonument. Het omringende park is rustgevend, de klassiek ingerichte kamers hebben veel uitstraling en het sfeervolle restaurant is om van te smullen. De resoluut moderne chef heeft ambitie, en terecht.

Thought to date back to the 11C, this listed monument is now a luxurious hotel surrounded by peaceful parkland and offering traditionally decorated rooms with plenty of character. The restaurant provides an atmospheric setting for fine cuisine produced by an ambitious and resolutely modern chef.

Lunch 27 € – Menu 37/85 € – Carte 58/69 €

10 kam – 🛏95/135 € 🛏🛏145/185 € – 2 suites – 🍽 20 €

Wittemer Allee 3 ✉ 6286 AA

– ☎ 043 450 1208 – www.kasteelwittem.nl

– Gesloten januari en februari, woensdagmiddag, maandag en dinsdag

WOERDEN

Utrecht – Atlas n° **10**-A2

🍴 De Dukdalf   ⇐ 🏠

STREEKGEBONDEN · GEZELLIG ✕✕ De Dukdalf bevindt zich in een modern paviljoen dat op palen in het water staat. Het geniet van al de charme die de aangrenzende plezierhaven te bieden heeft. Wat een leuk uitzicht! De chef gaat de moderne toer op en speelt graag met texturen en een grote variatie smaken. Het keuzemenu is steeds een interessante optie.

De Dukdalf is located in a modern pavilion built on stilts in the water with charming views of the adjacent marina. The chef here creates modern dishes which play with a wide variety of textures and flavours. The fixed-price menu is always an interesting option.

Lunch 24 € – Menu 36/70 € – Carte 45/54 €

Westdam 2 ✉ 3441 GA

– ☎ 0348 430 785 – www.dedukdalf.nl

– Gesloten 31 december-5 januari, 24 juli-6 augustus, zaterdagmiddag en zondagmiddag

🍴 JanZen   🏠 🆊 ⇄ 🅿

MARKTKEUKEN · LANDELIJK ✕✕ Wat is het toch gezellig bij JanZen! Het huist namelijk in een prachtig art-decopand dat wordt omringd door de polders. Actuele productcombinaties passeren de revue in gerechten die het verschil maken met generositeit en frisheid. Een keuken op basis van smaak.

Eating out is always enjoyable at JanZen, which is housed in a beautiful Art Deco building surrounded by polders. Modern combinations of produce are used to create fresh, generous sized dishes that are full of flavour.

Lunch 29 € – Menu 35/55 € – Carte ong. 50 €

Rietveld 130 ✉ 3443 XE

– ☎ 0348 688 001 – www.restaurantjanzen.nl

– Gesloten zaterdagmiddag en zondag

🏨 Stadshotel Woerden ⓝ   ⇗ 🔲 💱

HISTORISCH · HEDENDAAGS Het voormalige wapenarsenaal (1762) in het hart van Woerden is een nieuw leven gestart. Het is vandaag een uiterst comfortabel hotel dat het karakter van dit rijksmonument goed benut. De houten balken in de kamers passen perfect bij het retro-moderne interieur! De bar/restaurant is een fijne plek om uw honger te stillen.

The former armoury (1762) in the heart of Woerden has taken on a new lease of life having been converted into a comfortable hotel that makes clever use of the character of this listed building. The wooden beams in the guestrooms are a perfect match for the retro-modern decor, while the bar-restaurant is a great place to satisfy your appetite.

25 kam – 🛏90/140 € 🛏🛏110/160 € – 🍽18 €

Meulmansweg 33m ✉ 3441 AT
– 📞 0348 706 500 – www.vanrossumwoerden.nl

WOLFHEZE
Gelderland – Renkum – Atlas n° **4**-B2

🏨 De Buunderkamp   🍃 🐕 🛏 🖼 🏊 ✂ 🔲 ♿ 🛁 🚗

HEDENDAAGS · LUXE Dit hotel in de bossen biedt rust en comfort. Grote gerenoveerde kamers. Loungebar met een mooi terras dat uitkijkt op de natuur. Klassieke keuken in een modern jasje, lunchbuffet. Gezellige lounge salons.
Peace and comfort at this hotel "lost" in the woods, perfect for a relaxing break. Large renovated rooms. Bar-lounge with an attractive terrace looking on to the forest. Classic meals and lunchtime buffet. Cozy lounge salon.

101 kam 🍽 – 🛏90/140 € 🛏🛏110/170 €

Buunderkamp 8 ✉ 6874 NC – 📞 026 482 1166 – www.buunderkamp.nl

WOLPHAARTSDIJK
Zeeland – Goes – Atlas n° **11**-A2

🍴 Meliefste   🍃 ✂ 🅿

CREATIEF · TRENDY XX Thijs Meliefste ... Met zo een naam moet je wel liefdevol koken. Zeker omdat je fantastische producten vindt in de regio van dit fraaie restaurant, waar het terras een uitzicht biedt op de jachthaven. De chef laat ze volledig tot hun recht komen in gerechten die puur en creatief zijn. Zeer bewerkt, maar altijd in evenwicht.
Enjoy views of the marina from the terrace of this charming restaurant. Chef Thijs Meliefste brings out the best of excellent regional ingredients to create authentic yet imaginative dishes. These are eminently accomplished and always well balanced.

Menu 60/100 € – *(een enkel menu)*

Wolphaartsdijkseveer 1, (Noord : 2 km, aan de oever van het Veerse Meer)
✉ 4471 ND – 📞 0113 581 326 – www.restaurantmeliefste.nl – Gesloten
25 december-2 januari, 26 maart-3 april, 25 juni-11 juli, 15 tot 23 oktober, dinsdag, woensdag en donderdag

WOUDRICHEM
Noord-Brabant – Atlas n° **7**-B1

🍴 Kruiden & Jasmijn   🍃 ✂ ♻

MARKTKEUKEN · GEZELLIG XX Net binnen de muren van het vestingstadje vindt u dit leuke restaurant. Zowel het gezellige interieur in pastelkleuren als het terras zullen u verleiden. De gerechten zijn helemaal met de tijd mee en worden met veel zorg bereid. De chef houdt van streekproducten en vooral van oosterscheldekreeft tijdens het seizoen.
This restaurant is just inside the walls of the fortified town. It offers a cosy interior decorated in pastel colours and an attractive terrace for outdoor dining. The carefully prepared dishes are contemporary in style with a focus on local produce, such as the Oosterschelde crayfish, in season.

Menu 43/77 € – Carte 47/95 €

Kerkstraat 43 ✉ 4285 BA – 📞 0183 310 242 – www.kruidenenjasmijn.nl – alleen diner behalve op zondag – Gesloten 2 weken carnaval, 10 tot 27 september, zaterdagmiddag, dinsdag en woensdag

WOUW

Noord-Brabant – Roosendaal – Atlas n° **7**-A2

❀ **Mijn Keuken** (Pieter Bosters)   ☒ 🏠 ⇔

FRANS MODERN · KNUS ✕✕ Stijlvol pand (oud gemeentehuis) op een charmant groen plein aan de voet van de kerk, waar een grote fontein voor verkoeling zorgt op het idyllische terras. Modern, romantisch interieur. Originele, smaakvolle kookstijl.

This distinctive house (former town hall) is near the church. It stands on a delightful grassy square lined by lime trees whose fountain refreshes an idyllic terrace. Romantic modern interior and original, very tasty cuisine.

→ Carpaccio van langoustine met zilte groentjes en crème van verveine. Tarbot op de graat gebraden met hazelnootboter, little gem en peterseliewortel. Creatie van bramen, gesuikerde venkel, meringue en anijsparfait.

Lunch 45 € – Menu 70/120 € – Carte 60/115 €

Markt 1 ✉ 4724 BK
– ✆ 0165 302 208 – www.mijnkeuken.com
– Gesloten zondagavond, maandag, dinsdag en na 20.30 u.

YERSEKE

Zeeland – Reimerswaal – Atlas n° **11**-B2

⍟○ **Oesterput 14**   ⇐ 🏠 ⅛ 🆎 ⇔

VIS EN ZEEVRUCHTEN · DESIGN ✕✕ De oesterputten en de Oosterschelde onthullen al hun geheimen in deze lumineuze zaak, die op-en-top contemporain is. Visliefhebbers schuiven hier graag aan om te smullen van lekkers uit de zee, dat kraakvers en puur op het bord komt. Wie een lekker stuk vlees verkiest, vindt ook een aanbod op maat.

The oyster tanks and the Eastern Scheldt reveal all their secrets in this sparkling establishment, which is the height of contemporary cuisine. Fish-lovers are well placed here for mouthwatering sea delicacies delivered fresh and unadulterated to the plate. Those who opt for a delicious piece of meat will also find tailored dishes on offer.

Menu 40/50 € – Carte 49/74 €

Havendijk 21 ✉ 4401 NS
– ✆ 0113 760 500 – www.oesterput14.nl
– Gesloten maandag behalve feestdagen en zondag

⍟○ **Oesterbeurs**   🏠 ⇔

VIS EN ZEEVRUCHTEN · FAMILIAAL ✕✕ Met een naam als Oesterbeurs en een locatie vlak bij de Oosterschelde weet u dat vis hier koning is. Toch verrast de chef door creativiteit te verwerken in zijn bereidingen.

With a name like Oesterbeurs (which means 'oyster market') and a location near the Oosterschelde tidal basin, it is no surprise that fish and seafood take pride of place on the menu at this restaurant. Creative and occasionally surprising cuisine.

Lunch 38 € – Menu 48/62 € – Carte 50/85 €

Wijngaardstraat 2 ✉ 4401 CS
– ✆ 0113 572 211 – www.oesterbeurs.nl
– Gesloten maandag en dinsdag

⍟○ **Nolet's Vistro**   🏠 🆎 ⇔

VIS EN ZEEVRUCHTEN · GEZELLIG ✕ Sympathiek bistrootje vlak bij de Oesterputten. De Oosterschelde is hoofdleverancier voor de specialiteiten van de zaak: vis en schaal- en schelpdieren. De wijnsuggesties zijn uitstekend.

An attractive bistro very close to the Yerseke oyster beds. The Oosterschelde estuary is the main supplier of the restaurant's specialities: fish and shellfish. Excellent wine suggestions.

Menu 34/55 € – Carte 48/74 €

Burgemeester Sinkelaan 6 ✉ 4401 AL
– ✆ 0113 572 101 – www.vistro.nl
– Gesloten nieuwjaarsdag en 14 tot 31 januari

ZALTBOMMEL

Gelderland – Atlas n° **4**-A3

ⅰ○ La Provence   🎜 🎝 🖧

KLASSIEKE KEUKEN · ROMANTISCH XX In dit oude, statige pand wordt u ont-haald door klassieke gerechten en grote bordeauxwijnen. Eetzaal met schitte-rende belle-époqueluchter en een terras met zuidelijke ambiance.

An old mansion house where meals are served under a wonderful Belle Époque chandelier. Classic dishes and vintage Bordeaux from the best years. Provencal atmosphere on the terrace.

Lunch 38 € – Menu 45/55 € – Carte ong. 55 €

Gamerschestraat 81 ✉ 5301 AR – ☎ 0418 514 070 – www.la-provence.nl
– Gesloten eind december, laatste 2 weken juli-eerste week augustus,
zaterdagmiddag, zondag en maandag

ⅰ○ La Folie   🎝 🍸 🖧

MODERNE KEUKEN · INTIEM XX De keuken van chef Kerkhofs heeft een Franse signatuur en is zeker niet bang van vernieuwende technieken; ook exotische invloeden weet hij in zijn culinaire palet te integreren. De uitstekende bediening houdt gelijke tred met de knappe kookkunsten.

Chef Joris Kerkhofs' cuisine is French in style, but also makes good use of inno-vative techniques, integrating exotic influences into his culinary palette. The ex-cellent service is on a par with the culinary expertise demonstrated in his cuisine.

Lunch 33 € – Menu 43/73 € – Carte 59/69 €

Gamerschestraat 45 ✉ 5301 AR – ☎ 0418 684 626 – www.restaurantlafolie.nl
– Gesloten zaterdagmiddag, zondag en maandag

Een lekkere maaltijd voor een scherpe prijs?
Volg onze Bib Gourmand 🔴.

ZEIST

Utrecht – Atlas n° **10**-B2

ⅰ○ Hermitage   🎝 🍸 🖧 **P**

MARKTKEUKEN · KLEURRIJK XX Deze chique, voormalige herberg bruist en valt in de smaak bij zowel vrienden als zakenpartners. Decor in retrostijl met een Engelse touch, eigentijdse kookkunst, terras voor. Eenvoudige kaart in de bodega.

This trendy and lively old inn has a retro bistro setting with English touches, modern cuisine and pavement terrace. Café serving simpler meals.

Lunch 29 € – Menu 35/55 € – Carte 42/61 €

Het Rond 7 ✉ 3701 HS – ☎ 030 693 3159 – www.hermitage-zeist.nl

ⅰ○ HFSLG   🎝 🖧 **P**

CREATIEF · ELEGANT XX HFSLG heeft voor ieder wat wils. Wilt u genieten van een gezellige sfeer en klassieke gerechten, dan kiest u best voor de bistro. Gaat u liever de gastronomische toer op, met meer bewerkte bereidingen die tevens moderner zijn? Ga dan voor het restaurant, waar de all-informules heel interessant zijn.

HFSLG offers something for everyone. For a cosy atmosphere and classical cui-sine, choose the bistro. If you'd prefer to take the gastronomic route, book the restaurant, where the dishes are more modern and complex; the 'all-in' menus (which also include drinks) are very interesting.

Lunch 35 € – Menu 60/90 € – Carte 65/80 €

Vossenlaan 28 ✉ 3735 KN – ☎ 030 225 1051 – www.hfslg.nl – Gesloten
31 december-1 januari, zondag en maandag

ZENDEREN

Overijssel – Borne – Atlas n° **9**-C3

😊 Het Seminar   🐎 🏠 ♿ 🥗 ⇄ 🅿

MODERNE KEUKEN · KNUS XX Dit oude klooster is mooi gerestyled voor de inwendige mens. Groenten komen uit de eigen tuin en schitteren in gerechten (in kleine porties) die fijn en weldoordacht zijn. Wat een balans weet deze chef te creëren! Kunt u niet kiezen uit het aantrekkelijke aanbod? Dan verrast de chef u graag met het Chef's table menu.

A restaurant occupying a beautifully restyled former monastery where the vegetables used to create small but well-composed and highly balanced dishes come from the on-site garden. If you're struggling to choose from the attractive dishes on offer, the staff will be happy to surprise you with the "Chef's Table" menu.

Menu 30/95 € – Carte 28/41 €

Hertmerweg 42 ⊠ 7625 RH – ☏ 074 259 5979 – www.hetseminar.nl – alleen diner ; open vanaf 16.00 u. – Gesloten 27 december-6 januari, maandag en dinsdag

ZEVENBERGEN

Noord-Brabant – Moerdijk – Atlas n° **7**-A2

🏨 Golden Tulip   ✿ 🛗 ⊡ 🆎 ♨ 🅿

BUSINESS · HEDENDAAGS Dit hotel, achter een oude herberg, beschikt over grote, goed ingerichte kamers waar de eigenares haar persoonlijke smaak heeft op kunnen botvieren. U vindt hier ook drie vergaderzalen, een fitness en een ladiesroom. Het restaurant is intiem en straalt gezelligheid uit. U eet er lekker klassiek, met kreeft en oesters vers uit het homarium!

This hotel behind an old inn provides large, well-furnished rooms, one of which offers special comfort for ladies. Three well-equipped conference rooms and fitness facilities are available. The elegant restaurant in an old farmhouse has retained its rustic charm. Classic cuisine takes pride of place, including oysters and lobsters from the lobster tank.

75 kam ⌂ – †94/124 € ††104/134 € – ½ P

Schansdijk 3 ⊠ 4761 RH – ☏ 0168 331 234 – www.hotelzevenbergen.nl

ZIERIKZEE

Zeeland – Schouwen-Duiveland – Atlas n° **11**-B2

🍴 Hostellerie Schuddebeurs   🏠 ♿ ⇄ 🅿

STREEKGEBONDEN · LANDELIJK XX Het klassiek Hollands interieur rijmt volledig met de keuken. De ervaren chef weet namelijk wat traditionele recepten vereisen: verse aanvoer, kracht en smaak! Hij werkt vooral met lekkere Zeeuwse producten, met een hoofdrol voor de oosterscheldekreeft.

The classic Dutch interior of Hostellerie Schuddebeurs perfectly matches the cuisine. The experienced chef understands the requirements of traditional recipes: fresh ingredients and powerful flavours. He prefers to work with produce from Zeeland, especially Eastern Scheldt lobster.

Menu 37/70 € – Carte 42/67 €

Hotel Hostellerie Schuddebeurs, Donkereweg 35, (in Schuddebeurs, Noordoost: 4 km) ⊠ 4317 NL – ☏ 0111 415 651 – www.schuddebeurs.nl – Gesloten 23 december-14 januari

🍴 Bij Kees

FRANS MODERN · BISTRO X Kees Visser bewees bij De Gouwe Geit al dat hij een goede chef is, en bevestigt dat hier opnieuw. Ondanks de eerder rustieke uitstraling is deze zaak helemaal up-to-date. Kees serveert er kleine gerechten die fris zijn, met leuke contrasten, en bulken van de smaak.

Kees Visser proved himself a good chef while working at De Gouwe Geit, and he has established his credentials again here. Despite the rather rustic feel, this establishment is thoroughly up to date. Kees serves small, fresh dishes with pleasant contrasts, brimming with flavour.

Lunch 20 € – Menu 40/60 € – Carte 31/46 €

Lammermarkt 18 ⊠ 4301 ET – ℘ 0111 451 345 – www.bijkeesinzeeland.nl
– Gesloten 31 december-15 januari, 28 april-14 mei, woensdagmiddag,
zondagmiddag, maandag en dinsdag

🏠 Hostellerie Schuddebeurs   🐾 🍴 ☐ & 🏨 🅿

FAMILIAAL · FUNCTIONEEL Het klinkt een beetje als een sprookje: in het bos van een rustig dorpje staat al meer dan 300 jaar deze typische hostellerie. Ontdek de eeuwenlange traditie van Zeeuwse gastvrijheid met een verblijf in dit comfortabele logies. In het restaurant kunt u gerust terecht voor de geuren en smaken van Zeeland.

Like something out of a fairy tale, this typical country hotel has nestled in a quiet village in the woods for more than 300 years. A comfortable place to stay, offering traditional Zeeland hospitality. Guests of the restaurant can enjoy the aromas and flavours of Zeeland.

19 kam ⊑ – †85/169 € ††99/214 € – 3 suites – ½ P

Donkereweg 35, (in Schuddebeurs, Noordoost: 4 km) ⊠ 4317 NL – ℘ 0111 415 651
– www.schuddebeurs.nl – Gesloten 23 december-14 januari
Hostellerie Schuddebeurs ⫶○ – zie restaurantselectie

ZOELEN
Gelderland - Buren – Atlas n° **4**-A3

😊 Herberg de Zoelensche Brug   🍴 🏡 ☼

FRANS MODERN · HERBERG XX Binnen een authentieke Hollandse sfeer, buiten een terras aan het water met uitzicht op de groene velden ... Wat is dit voormalig tolhuis een gezellig restaurant geworden! De chef toont zich gul met zijn moderne gerechten en zet af en toe exotische specerijen in om pit aan zijn bereidingen te geven. Het keuzemenu is hier top!

Inside, diners will find an authentic Dutch ambience, outside, a terrace by the water with a view of green fields. This former tollhouse is now a lively restaurant where the chef proves generous with his modern dishes and occasionally adds a kick to his food with a sprinkling of exotic spices. Excellent set menu.

Lunch 28 € – Menu 35/80 € – Carte 34/59 € – *(eenvoudige lunchkaart)*
Achterstraat 2 ⊠ 4011 EP – ℘ 0344 681 292 – www.zoelenschebrug.nl – Gesloten
maandag en dinsdag

ZOETERMEER
Zuid-Holland – Atlas n° **12**-B2

⫶○ Hofstede Meerzigt   🐾 🏡 & ☼

MARKTKEUKEN · CHIC XxX Het karakter van deze boerderij uit 1640 smelt mooi samen met het chique, stijlvolle decor. Een heerlijke plek om te genieten van een keuken die herkenbaar is. Hier krijgt u product op het bord (het Hollands weiderund van Piet van den Berg is top) met duidelijke smaken. Lekker en verzorgd, net als de ruime wijnkaart.

The character of this farmhouse dating back to 1640 sits beautifully with the chic, stylish decor. A wonderful setting in which to enjoy family-style cooking based on products with clearly defined flavours (Piet van den Berg's Dutch pastured beef is a must). Delicious, well-presented food and an extensive, and equally impressive, wine list.

Lunch 30 € – Menu 40/68 € – Carte 55/67 €
Zonnenberg 10 ⊠ 2716 PG – ℘ 079 351 5902 – www.hofstedemeerzigt.nl
– Gesloten 27 december-3 januari, zaterdagmiddag, zondag en maandag

ZOUTELANDE

Zeeland – Veere – Atlas n° **11**-A2

🕊️⃝ 't Streefkerkse Huis   🔁 🐟 ⬅ 🏠 🕊 **P**

MODERNE KEUKEN • HERBERG ✕✕ Charmante herberg met rieten dak boven op een duin. Gerenoveerde, eigentijdse eetzaal, salon met open haard en panoramisch terras. Hedendaagse kookstijl. Vanuit sommige kamers mooi uitzicht op het dorp en de polder. Up-to-date badkamers.

Adorable thatched inn perched on the top of a dune. A bright, up-to-date dining room, sitting room with fireplace and panoramic terrace. Contemporary fare. Some of the rooms command a view of the village and polders. Attractive bathrooms.

Menu 40/63 € – Carte ong. 48 €

6 kam ⌷ – ♦70 € ♦♦100/115 €

Duinweg 48 ✉ 4374 EG – ✆ 0118 561 521 – www.streefkerksehuis.nl – alleen diner – Gesloten 31 december-15 februari en 11 tot 16 oktober, maandag en dinsdag van oktober tot maart

ZUIDLAREN

Drenthe – Tynaarlo – Atlas n° **1**-B2

❀ De Vlindertuin (Jilt Cazemier)   🏠 🖼 🕊 ⇄ **P**

FRANS MODERN • CHIC ✕✕✕ Deze Saksische boerderij (1719) ontpopt zich tot een heerlijke plek voor een eetervaring. Het interieur is zeer elegant, het terras aan de brink is mooi. U geniet er van eigentijdse gerechten waarin elk ingrediënt iets bijbrengt. De sauzen en garnituren tillen de smaak van het hoofdproduct op en creëren een delicieus evenwicht.

This Saxon farmhouse dating back to 1719 turns out to be a wonderful spot for a culinary experience. The interior is elegant, the farmyard terrace beautiful. Diners enjoy contemporary dishes in which each component adds something. The sauces and garnishes elevate the flavour of the main ingredient to create a delicious balance.

→ Gebakken langoustine met buikspek, bloemkool en amandel. Hollands lam met Opperdoezer Ronde, spinazie, artisjok en kwartelei. Dessert van sinaasappel met witte chocolade, mandarijn, kumquat en vanilleroomijs.

Menu 65/85 € – Carte ong. 65 €

Stationsweg 41 ✉ 9471 GK – ✆ 050 409 4531 – www.restaurant-devlindertuin.nl – alleen diner – Gesloten eind juli-begin augustus, zondag en maandag

ZUIDWOLDE

Drenthe – De Wolden – Atlas n° **1**-A3

❀❀ De Groene Lantaarn (Jarno Eggen)   🐟 🏠 ⅙ ⇄ **P**

CREATIEF • ELEGANT ✕✕✕ Jarno Eggen is een nuchtere chef. Producten moeten niet per se van ver komen om top te zijn, die vind je ook vlakbij je deur. Om dat te benadrukken, heeft hij zelf een kruiden- en groentetuin waarmee hij zoveel mogelijk aan de slag gaat. Het product spreekt hier voor zich, chef Eggen voorziet het van een extra dimensie.

Hij kan zijn creativiteit de vrije loop laten dankzij een uitstekende techniek. Zijn ideeën zijn weldoordacht en hij bezit een zekere naturel om verfijning te creëren. Bij een perfect gegaarde tarbot en een goed gekruide plak ganzenlever serveert hij bijvoorbeeld diverse peulvruchten, een puree van knolselderij en een van paprika en rode biet. Een fijne bruine saus verrijkt met oriëntaalse specerijen brengt de bereiding naar een hoger niveau. Chef Eggen weet geweldige smaaksensaties te creëren met een beperkt aantal ingrediënten.

Pas op: de Groene Lantaarn stopt op 28 april op zijn huidige locatie. Vanaf 31 mei openen ze hun deuren in Staphorst. Met hetzelfde team, evenveel passie en een even grote drang om u te plezieren.

Jarno Eggen is a level-headed chef who believes that top-quality products do not necessarily have to come from far away and can in fact be found close to home. To highlight this, he has developed his own vegetable and herb garden which he uses to maximum effect. The dishes at De Groene Lantaarn speak for themselves, with chef Eggen endowing them with an extra dimension.

Thanks to his superb technical ability he is able to express his full creativity. His ideas are well thought out and he has a natural flair for sophistication. A prime example is his perfectly cooked turbot with a well-seasoned tranche of foie gras, accompanied by a variety of pulses, a purée of celeriac, sweet pepper and beetroot, and a delicate brown sauce enriched with oriental spices that take this dish to the next level. Jarno Eggen has a gift for creating outstanding taste sensations using just a handful of ingredients.

Please note: on 28 April, De Groene Lantaarn will no longer be operating at its current address. From 31 May, the restaurant will be opening its doors in Staphorst with the same team, the same passion, and the same commitment to pleasing its guests.

→ Noordzeekrab met langoustines, koolrabi en dragon. Gebraden duif met witlof, schapenkaas en eigen jus. Tartelette met kwarkmousse, perzik en verveine.

Menu 53/115 € – Carte 70/183 €

Hoogeveenseweg 17, (verhuizing gepland naar Gemeenteweg 364 in Staphorst vanaf mei 2019), (Noord : 2 km) ⊠ 7921 PC – ℰ 0528 372 938 – www.degroenelantaarn.com – Gesloten 31 december-10 januari, 17 tot 21 februari, 29 april-30 mei, 21 tot 31 oktober, zaterdagmiddag, maandag en dinsdag

⌂ BuitenHerberg Ter Linde ⇧ 🍴 ♿ 🅿

HERBERG • EIGENTIJDS Hoe kunt u beter de smaak van het platteland te pakken krijgen dan in een 17de-eeuwse hoeve tussen de weilanden? Ondanks het historische karakter van het gebouw zal het u aan niets ontbreken, want de herberg is helemaal gemoderniseerd.

Where could you find a better place to develop a taste for the countryside than at this 17C farm surrounded by meadows? In spite of its historic character, present-day guests will want for nothing as this country inn has been thoroughly modernised.

14 kam 🖂 – ♦75 € ♦♦95 € – ½ P

Ommerweg 68 ⊠ 7921 TE – ℰ 0528 370 516 – www.buitenherbergterlinde.nl

ZUTPHEN
Gelderland – Atlas n° **4**-C2

⌂ 's Gravenhof ⇧ 🖥 ♿ 🍴 🔧

HISTORISCH PAND • FUNCTIONEEL Dit 16de-eeuwse weeshuis, aan een mooi plein in het oude centrum, is nu een karaktervol hotel met een mix van heden en verleden. Moderne kamers. De gangen zijn net een doolhof. Designbrasserie, terras op het omsloten voorplein, gewelfde kelder met bar.

16C orphanage on a charming square in the old town, now a stylish hotel with décor which marries old with new. Modern guestrooms linked by labyrinthine corridors. Designer brasserie, enclosed courtyard terrace and bar in a vaulted cellar.

58 kam – ♦71/101 € ♦♦81/111 € – 🖵 18 €

's Gravenhof 6 ⊠ 7201 DN – ℰ 0575 596 868 – www.hotelsgravenhof.nl – Gesloten 31 december-1 januari

ZWEELOO
Drenthe – Coevorden – Atlas n° **1**-B2

⌂ Het Buytenhof 🛏 🍴 🔧 🅿 🚭

LANDHUIS • PERSOONLIJK CACHET Voormalige boerderij (1906) met een dak van riet en pannen. Kamers met kitchenette en een bed op de mezzanine (met een steile trap), lounge met open haard, verzorgde tuin. Charmant onthaal.

A charming welcome awaits guests at this former farm (dating back to 1906) with its thatched roof, pan tiles and well-kept garden. Some rooms have a small kitchen and a sleeping area on a mezzanine (accessed by a steep staircase). Lounge with a fireplace.

4 kam 🖂 – ♦80 € ♦♦99 €

Hoofdstraat 24 ⊠ 7851 AA – ℰ 0591 377 250 – www.hetbuytenhof.nl

Austrophoto/Fionline/age fotostock

ONZE AANRADERS... *GOOD TIPS....*

De Librije, voor een unieke culinaire ervaring en een even smaakvolle overnachting. Os en Peper, waar je eet in een zeer gezellige sfeer. De Zwolse blauwvingers en Zwolse balletjes, lokale lekkernijen met een mooi verhaal.

De Librije, for a unique culinary experience and a tasteful overnight stay. Os en Peper, where you can experience a very cosy dinner. The Zwolse blauwvingers and Zwolse balletjes, for local delicacies with an interesting history.

ZWOLLE

Overijssel – 124 896 inw. – Atlas n° **9**-B2

Restaurants

✿✿✿ **De Librije** (Jonnie Boer)   🐌 🚗 🏖

MODERNE KEUKEN • LUXE XxxX De Librije is een instituut. Het werd in 2004 als tweede Nederlandse restaurant in de geschiedenis erkend met drie Michelin sterren. Chef Jonnie en gastvrouw Thérèse Boer zijn ook stuwende krachten achter de sterke evolutie van de Nederlandse gastronomie. Tientallen chefs hebben chef Boer als leermeester gehad.

Duurzame streekproducten, aandacht voor groenten, inventieve technieken. Het zijn termen die vandaag gemeengoed zijn, en dat is mede te danken aan chef Boer. Hij combineert al die elementen in een uiterst persoonlijke keuken. De smaken zijn expressief, elke hap een ontdekking, elk gerecht is memorabel. Rivierkreeftjes kookt hij bijvoorbeeld met gagel (bitter smakende plant) en combineert hij met een terrine en crème van ganzenlever, mosterdzaadjes en frisse zuurtjes. En onderop ontdekt men verstopte blauwe besjes, die ontploffen in de mond en voor een lichte bittere toets zorgen. Wat een combinatie!

De Librije is een restaurant waar alles tot in de details klopt. Van de loungy ambiance die in deze met glas overdekte binnenplaats van een oude gevangenis hangt tot de geweldige wijnassociaties van gastvrouw Thérèse. En uiteraard de meesterwerken van chef Jonnie.

De Librije is a veritable culinary institution that, in 2004, became the second Dutch restaurant to be awarded three Michelin stars. Chef Jonnie Boer and his partner Thérèse are the driving forces behind the strong evolution of Dutch cuisine, with dozens of chefs benefiting from Jonnie's teaching methods over the years.

Sustainable regional produce, a strong focus on vegetables and inventive techniques are all common features nowadays that can be attributed to chef Jonnie Boer. He combines all these elements in his highly personal cuisine in which the flavours are always expressive, every bite is a discovery, and every dish is memorable. To illustrate this, he cooks crayfish with sweet gale (a plant with a bitter taste) and combines it with a terrine and cream of foie gras, mustard seeds and a hint of acidity. Hidden at the bottom you will find blueberries that explode in your mouth and give the dish a slight bitterness which combines superbly with the other ingredients.

De Librije is a restaurant where everything is just right, from the loungy ambience in the glass-covered courtyard, once part of an old prison, to the superb wine selections of sommelier Thérèse Boer and, of course, the culinary masterpieces created by chef Jonnie.

→ Rivierkreeftjes, ganzenlever en gagel. Boerenduif met koolrabi en hazelnoot. Dalfsen Bangkok.

Menu 188/203 € – Carte 101/177 €

Plattegrond: B1-x – *Spinhuisplein 1* ✉ *8011 ZZ* – ✆ *038 853 0000* – *www.librije.com*
– alleen diner behalve vrijdag en zaterdag – Gesloten 27 december-7 januari, 17 tot 25 februari, 27 april, 21 juli-12 augustus, zondag en maandag

'tO 't Pestengasthuys   🏠 AC 🔄

MARKTKEUKEN · KLASSIEK XX Bakstenen gevel, entresol, moderne eetzaal met hoog plafond en houten balken: dit pand (uit 1450) heeft karakter! Eigentijdse keuken op basis van lokale, bij voorkeur bioproducten. Bent u vegetarisch of hebt u allergieën? De chef past met plezier zijn gerechten aan, zonder dat u aan kwaliteit hoeft in te boeten.

The brick façade, mezzanine floor and modern dining room with a high ceiling and timber beams lend plenty of character to this building, which dates back to 1450. The restaurant serves contemporary cuisine with a preference for local, organic produce. The chef will happily adapt his dishes for vegetarians or guests with allergies without compromising on quality.

Menu 40/75 € – Carte 52/67 €

Plattegrond: B1-k – *Weversgildeplein 1* ✉ *8011 XN* – ✆ *038 423 3986*
– www.pestengasthuys.nl – alleen diner – Gesloten maandag

'tO Os en Peper   AC 🔄

FRANS MODERN · KNUS X Op de Ossenmarkt, onder de Peperbuskerk, vindt u deze gezellige zaak. Het heeft wat weg van een ouwerwetse bistro en is gewoonweg een leuke plek om ongedwongen te genieten. De vele huisbereidingen worden ingezet om Frans-Hollandse gerechten, met wereldse invloeden, lekker eigentijds te laten smaken.

This lively establishment is situated on the Ossenmarkt, by the church (Peperbuskerk). It has the feel of an old-fashioned bistro and is simply a pleasant place to enjoy a relaxed meal. The many house techniques are applied to French-Dutch dishes, with international influences, to make them taste deliciously contemporary.

Menu 37 € – Carte 58/68 €

Plattegrond: A1-b – *Ossenmarkt 7* ✉ *8011 MR* – ✆ *038 421 1948*
– www.osenpeper.nl – alleen diner – Gesloten zondag en maandag

Hotels

🏨 Librije's Hotel   🛎 ⬆ ⚙ AC 🏋 🅿

LUXE · DESIGN In deze voormalige vrouwengevangenis uit de 18de eeuw ervaart u pure luxe. Het verleden van het pand is nog voelbaar, maar de open-top contemporaine inrichting zorgt voor een levendige ambiance. U kunt hier zelfs gebruik maken van een butlerservice. Klasse! En dan dat ontbijt .... Een verwennerij!

At this former 18C women's prison, guests can now experience pure luxury. While the history of the building is still perceptible, the thoroughly contemporary decor gives the place a lively ambience. This classy property even offers butler service, and breakfast here is a real treat.

19 kam – 🛏165/240 € 🛏190/310 € – 🍽 40 €

Plattegrond: B1-x – *Spinhuisplein 1* ✉ *8011 ZZ* – ✆ *038 853 0000*
– www.librije.com – Gesloten 27 december-7 januari, 17 tot 25 februari, 27 april, 21 juli-12 augustus, zondag en maandag

De Librije ✿✿✿ – zie restaurantselectie

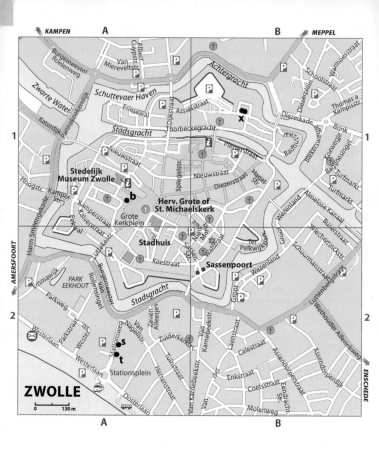

🏨 Grand Hotel Ter Borch   🕭 🎱 🛁 ❀ 🅰 🈂 🎿 🅿

BUSINESS · ELEGANT Het voormalig politiebureau waar dit monumentaal boe-tiekhotel in huist, is volledig onder handen genomen om de gasten nog beter te kunnen bedienen. Operatie geslaagd! Al het modern comfort is hier aanwezig om heerlijk te overnachten. En dankzij het a la carte ontbijt kan uw dag niet beter beginnen.

The former police station that houses this monumental boutique hotel has been thoroughly and successfully renovated in order to provide even better service. The establishment offers every modern comfort for a wonderful night's stay and there is no better way to start the day than with the à la carte breakfast.

41 kam – 🛏190/250 € – 🛏190/250 € – ⌣ 25 € – ½ P

Plattegrond: A2-t – Stationsweg 9 ✉ 8011 CZ – ☎ 038 425 6789
– www.pillowshotels.com

🏨 Grand Hotel Wientjes   🕭 ❀ 🅰 🈂 🅿

TRADITIONEEL · FUNCTIONEEL Dit hotel met neoklassieke uitstraling, op 200 m van het station, is erg in trek bij het zakenleven. Tiptop kamers, vergaderzalen, lounge en een café in retrochic. Chique brasserieambiance in het restaurant, tra-ditionele schotels en verfijnde gerechten.

This neoclassical hotel a stone's throw from the station is justly appreciated by a business clientele. Stylish bedrooms, conference rooms, lounge and chic 1900s café. A select brasserie atmosphere, traditional cuisine and more elaborate dishes offered at the restaurant.

57 kam – ♦89/159 € ♦♦99/169 € – � 18 €

Plattegrond: A2-s – *Stationsweg 7* ✉ *8011 CZ* – ☎ *038 425 4254*
– *www.bilderberg.nl*

⌂ Fidder   ⇗ ⇦ ⇙

FAMILIAAL · KLASSIEK De nostalgische charme, dat is de troefkaart van dit hotelletje. Verwacht u dus aan hoge plafonds, authentieke ornamenten, antiek meubilair en een warme inkleding. Heerlijk om in te ontwaken na een zachte nachtrust. In het restaurant serveert men producten uit de streek en bereidingen van vandaag.

The nostalgic charm is the best asset of this small hotel, with its high ceilings, ornaments and antique furnishings. Expect a warm feeling throughout; this is a great place to wake up after a good night's sleep. Enjoy local produce and daily specials in the restaurant.

23 kam ☐ – ♦95/135 € ♦♦95/135 €

Koningin Wilhelminastraat 6 ✉ *8019 AM* – ☎ *038 421 8395* – *www.hotelfidder.nl*
– *Gesloten 20 december-4 januari*

Gastronomische Woordenlijst

Gastronomical lexicon

GASTRONOMISCHE WOORDENLIJST
GASTRONOMICAL LEXICON

🇳🇱	🇬🇧	🇳🇱	🇬🇧
A			
aardappelen	potatoes	artisjokken	artichoke
aardbeien	strawberries	asperges	asparagus
amandelen	almonds	augustus	August
appelen	apples	autoband	tyre
april	April	avond	evening
art deco	art deco	azijn	vinegar
B			
badkamer	bathroom	boerderij	farm
bagage	luggage	boot	ship
bandenpanne	puncture	boter	butter
bed	bed	bouillon	clear soup
betalen	to pay	brood	bread
bier	beer	brug	bridge
bladerdeeg	puff pastry	buitenlucht	outside
bloemkool	cauliflower		
C			
café-restaurant	café-restaurant	citroen	lemon
carnaval	carnival	collectie	collection
champignons	mushrooms	commissariaat	police headquarters
charcuterie	pork butcher's meat	courgetten	courgette
D			
december	December	droge witte wijn	dry white wine
dieet	diet	droog	dry
dienst inbegrepen	service included	druif	grape
dinsdag	Tuesday	duif	pigeon
dokter	doctor	dunne plakjes	thin slices
donderdag	Thursday		
E			
eend	duck	envelop	envelopes
eetkamer	dining-room	erwtjes	green peas
ei	egg	everzwijn	wild boar
enkel hotelgasten	residents only		

344

F

fazant	pheasant	forel	trout
februari	February	frambozen	raspberries
feest, feestdagen	bank holidays	fruitig	fruity
fles	bottle	fruitsap	fruit juice
fooi	tip		

G

garnalen	shrimps	gerookt	smoked
gebak	pastries	gesloten	closed
gebraad	roast	gesmoord, in saus	stewed, with sauce
gedroogd vlees	dried meats	gevogelte	poultry
gefrituurd	fried	gevuld	stuffed
gegrild	grilled	gisteren	yesterday
gemarineerd	marinated	glas	glass
gember	ginger	goed	good, well
gemeentehuis	town hall	groenten	vegetables
gepaneerd kalfslapje	escalope in breadcrumbs	grot	cave

H

haas	hare	hoeveel	how much
ham (rauw, gekookt)	ham (raw, cooked)	hond	dog
		honing	honey
herberg	inn	houtsculpturen	wood carvings
herfst	autumn	huis	house

I-J

inlichtingen	information	inwoners	residents, inhabitants
inrichting	installation		
januari	January	juli	July
jenever	juniper berry	juni	June

K

kaas	cheese	kip	chicken
kalfshersenen	calf's brain	knoflook	garlic
kalfskotelet	veal chop	knol	turnip
kalfslever	calf's liver	koek	cake
kalfszwezeriken	sweetbread	koffie	coffee
kamer	room	komkommer	cucumber
kaneel	cinnamon	confituur	jam
kappertjes	capers	konijn	rabbit
kassa	cash desk	kool	cabbage
kasteel	castle	kort gebakken	rare
kasteeltje	manor house	krachtig	full bodied
kerk	church	krant	newspaper
kermis	fair	kreeft	lobster

kersen	cherries	kuikentje	young chicken
Kerstmis	Christmas	kwark	curd cheese
kinderbed	child's bed	kwartel	partridge

L

lam	lamb	lente	spring
landschap	site, landscape	licht	light
langoest	spiny lobster	linzen	lentils
langoustine	Dublin bay prawns	luchthaven	airport

M

maaltijd	meal	molen	mill
maandag	Monday	monument	monument
maart	March	mooi	fine, lovely
mei	May	morgen	tomorrow
melk	milk	morieljes	morels
mierikswortel	horseradish	mosselen	mussels
mineraalwater	mineral water	mosterd	mustard

N-O

niertjes	kidneys	nootjes	hazelnuts, nuts
noedels	noodles	november	November
oesters	oysters	op aanvraag	on request
oktober	October	ossenstaart	oxtail
olijfolie	olive oil	oud, antiek	old, antique
ontbijt	breakfast		

P

pannenkoeken	pancakes	perziken	peaches
parelhoen	guinea fowl	platteland	country
Pasen	Easter	politie	police
patrijs, jonge patrijs	partridge	poon	red mullet
pensen	tripe	postkaart	postcard
peper	pepper	prei	leek
peren	pears	pruimen	plums

R

rauwkost	raw vegetables	rivier	river
ree	roe deer (venison)	rivierkreeftjes	crayfish
reisagentschap	travel bureau	rode kool	red cabbage
rekening	bill, check	rode wijn, rosé	red wine, rosé
reservering	booking	room	cream
reserveren aanbevolen	booking essential	rund	beef
		rundsfilet	fillet of beef
rijst	rice	rustiek	rustic

S

saffraan	saffron	soepel	mellow
salie	sage	spinazie	spinach
schaaldieren	shellfish	spruitjes	Brussel sprouts

schaduwrijk	shaded	spuitwater	sparkling water
schilderijen	paintings	St Jacobsschelpen	scallops
selder	celery	station	station
september	September	stomerij	laundry
slakken	snails	straat	street
sleutel	key	strand	beach
sneeuw	snow	suiker	sugar
snoekbaars	perch pike		

T

taart	tart	tong	tongue
tarbot	turbot	tong	sole
te huur	for hire	tonijn	tuna
tentoonstelling	exhibition, show	trein	train
thee	tea	truffels	truffles
toegangsbewijs	admission ticket	tuin, park	garden, park
toerismebureau	tourist information office	tussenribstuk	sirloin steak

U-V

uien	onions	verdieping	floor
uitstap	excursion	vergezicht	view
vakantie	holidays	verse worst	sausage
vakantiedagen	bank holidays	vertrek	departure
vandaag	today	vis	fish
varkensfilet	fillet of pork	vliegtuig	aeroplane
varkenskotelet	pork chop	vlier	elderberry
veerpont	ferry	voetgangers	pedestrians
venkel	fennel	vragen	to ask for
verboden	prohibited	vrijdag	Friday

W

wagen	car	wissel	exchange
wandeling	walk	witloof	chicory
week	week	woensdag	Wednesday
wekelijks	weekly	worst	sausage
wijngaard	vines, vineyard	wortelen	carrots
wild	game	woud, bos	forest, wood
winter	winter		

Z

zacht	sweet, mild	zomer	summer
zalm	salmon	zondag	Sunday
zaterdag	Saturday	zonnevis	John Dory (fish)
zeeduivel	monkfish	zout	salt
zeevruchten	seafood	zuring	sorrel
zeewolf	sea bass	zwembad	swimming pool
ziekenhuis	hospital		

Onderscheidingen

Thematic index

DE STERREN-RESTAURANTS ❀

STARRED ESTABLISHMENTS

❀ ❀ ❀

Kruiningen	Inter Scaldes
Vaassen	De Leest
Zwolle	De Librije

❀ ❀

Amstelveen	Aan de Poel
Amsterdam	Ciel Bleu
Amsterdam	&Moshik
Amsterdam	Spectrum
Breskens	De Kromme Watergang
Cadzand	Pure C **N**
Giethoorn	De Lindenhof
Haarlem	De Bokkedoorns
Harderwijk	't Nonnetje
Heeze	Tribeca
Maastricht	Beluga
Nuenen	De Lindehof
Roermond	Sabero **N**
Rotterdam	FG - François Geurds
Rotterdam	Fred
Rotterdam	Parkheuvel
Waalre	De Treeswijkhoeve
Zuidwolde	De Groene Lantaarn

❀

Aduard	Herberg Onder de Linden
Amersfoort	Blok's
Amsterdam	Bolenius
Amsterdam	Bord'Eau
Amsterdam	Bougainville **N**
Amsterdam	Bridges Dining
Amsterdam	The Duchess
Amsterdam	Lastage
Amsterdam	MOS
Amsterdam	Le Restaurant
Amsterdam	Restaurant 212 **N**
Amsterdam	RIJKS®
Amsterdam	RON Gastrobar
Amsterdam	Sinne

Amsterdam	Vermeer
Amsterdam	Vinkeles
Amsterdam	The White Room by Jacob Jan Boerma
Amsterdam	Yamazato
Beetsterzwaag	De Heeren van Harinxma
Bennekom	Het Koetshuis
Blokzijl	Kaatje bij de Sluis
Breda	Wolfslaar
Breskens	Spetters
Bussum	Soigné
Cadzand	AIRrepublic
Capelle aan den IJssel	Perceel
Castricum	Apicius
Doornenburg	Rijnzicht **N**
Driebergen-Rijsenburg	La Provence
Duiven	't Raedthuys
Eindhoven	De Karpendonkse Hoeve
Eindhoven	Wiesen
Eindhoven	Zarzo
Etten-Leur	De Zwaan
Den Haag	Calla's
Haarlem	ML
Haarlem	Olivijn **N**
Haarlem	Ratatouille Food en Wine
Harderwijk	Basiliek
Heelsum	De Kromme Dissel
Heemstede	Cheval Blanc
Helmond	Derozario **N**
Hengelo	't Lansink
's-Hertogenbosch	Noble
's-Hertogenbosch	Sense
Holten	De Swarte Ruijter
Hoorn	Lucas Rive
Houten	Kasteel Heemstede
Kerkdriel	Flicka **N**
Koewacht	't Vlasbloemeken
Leersum	Voltaire **N**
Leuvenum	Het Roode Koper
Linschoten	De Burgemeester
Loenen aan de Vecht	't Amsterdammertje
Loenen aan de Vecht	Tante Koosje
De Lutte	De Bloemenbeek
Maasbracht	Da Vinci
Maastricht	Tout à Fait
Monnickendam	Posthoorn
Noordeloos	De Gieser Wildeman
Noordwijk aan Zee	Latour
Rijswijk	Niven
Roermond	One
Rotterdam	Amarone

Rotterdam	FG Food Labs
Rotterdam	Fitzgerald
Rotterdam	Joelia
Rotterdam	The Millèn **N**
Santpoort	De Vrienden van Jacob
Schipluiden	Aan de Zweth
Schoonloo	De Loohoeve **N**
Schoorl	Merlet
Sint-Oedenrode	Wollerich
Sint Willebrord	O&O **N**
Sluis	La Trinité
Texel	Bij Jef
Tilburg	Monarh **N**
Ubachsberg	De Leuf
Uden	OONIVOO **N**
Venlo	Valuas
Vreeland	De Nederlanden
Vught	De Heer Kocken
Warmond	De Moerbei
Well	Brienen aan de Maas
Wilhelminadorp	Katseveer
Willemstad	Vista restaurant en food bar
Winterswijk	Strandlodge
Wouw	Mijn Keuken
Zuidlaren	De Vlindertuin

BIB GOURMAND 😊

BIB GOURMAND

Almelo	Ledeboer
Almere	Brasserie Bakboord
Amersfoort	De Aubergerie
Amstelveen	De Jonge Dikkert
Amstelveen	Kronenburg **N**
Amsterdam	A-Fusion
Amsterdam	Arles **N**
Amsterdam	Brasserie van Baerle
Amsterdam	Café Caron **N**
Amsterdam	Elkaar
Amsterdam	Le Hollandais
Amsterdam	Hoofdstad
Amsterdam	Nacarat **N**
Amsterdam	Oud-Zuid
Amsterdam	Rijsel
Amsterdam	Scheepskameel
Amsterdam	Serre
Amsterdam	Tempo doeloe
Amsterdam	Van Vlaanderen
Andelst	Kromhout
Apeldoorn	Sizzles
Apeldoorn	Twenty2
Assen	Bij Jaap
Beek	De Lindeboom New Style
Beetsterzwaag	Bistro Nijeholt
Bergen	DjaDjan
Berg en Dal	In Geuren en Kleuren
Berg en Dal	Puur M
Bergen op Zoom	Hemingway
Bilthoven	Brasserie le Nord **N**
Borne	Dorset
Breda	Salon de Provence
Breda	De Stadstuin
Brummen	Tante Blanche
Bussum	Faulk
Castricum	Le Moulin
Dalfsen	Herberg de Witte Gans
Delft	Le Vieux Jean
Deventer	Bouwkunde
Doetinchem	LEV
Druten	Old Skool **N**
Echt	Hof van Herstal
Ede	Het oude Politiebureau
Eersel	Promessa

Eindhoven	Umami by Han
Eindhoven	Valenzia by Zarzo
Elsloo	Kasteel Elsloo
Etten-Leur	Bistro Het Lelijke Eendje
Gouda	Jean Marie
Groningen	Bistro 't Gerecht
Den Haag	Basaal
Den Haag	Oogst
Den Haag	Tapisco **N**
Harderwijk	Klein Parijs
Heemstede	Red Orchids
Heerlen	Mijn Streek **N**
Den Helder	C'est la vie
Hellendoorn	De Uitkijk
's-Hertogenbosch	Auberge de Veste **N**
Hilversum	Spandershoeve
Hoeven	Pouwe **N**
Holten	Hoog Holten
Kaag	Tante Kee **N**
Lamswaarde	Petrus en Paulus Hoeve
Lattrop	Landgoed de Holtweijde
Leidschendam	Bij Erik
Linschoten	Bij Mette
Lisserbroek	Het Oude Dykhuys
Maartensdijk	Zilt en Zoet
Maastricht	L'Auberge
Maastricht	Danyel **N**
Maastricht	Harry's
Maastricht	Novo **N**
Maastricht	Umami by Han
Malden	Lime
Meppel	Sukade
Middelharnis	Brasserie 't Vingerling
Montfoort	De Schans
Muiden	De Doelen **N**
Nederweert	Diverso **N**
Nijmegen	Bistro Flores
Nijmegen	Witlof
Noordeloos	Bistro
Noorden	De Watergeus
Noordwijk aan Zee	Onder de Linde
Nootdorp	Calva
Ossendrecht	Jagersrust
Otterlo	Cèpes
Oudendijk	La Mère Anne
Papendrecht	Bistro De Ertepeller
Ravenstein	Versaen
Renkum	Oude Post
Rhenen	Het Oude Gemeentehuis
Rotterdam	Asian Glories

Rotterdam	Ayla
Rotterdam	Gym & Gin
Rotterdam	Huson
Rotterdam	In den Rustwat
Rotterdam	Kwiezien
Rotterdam	The Park - Inspired by Erik van Loo
Rotterdam	Umami by Han
Ruurlo	De Tuinkamer
Simpelveld	Bellevue
Sint-Oedenrode	De Beleving
Sittard	Silvester's
Sleeuwijk	Brasserie BovendeRivieren
Sneek	Le Petit Bistro
Steenbergen	In de Oude Stempel **N**
Steenwijk	Bovenmeester
Stevensweert	Herberg Stadt Stevenswaert
Streefkerk	De Limonadefabriek
Texel	Vincent Eilandkeuken
Tilburg	Brasserij Kok Verhoeven
Tilburg	Hofstede de Blaak
Tilburg	De Houtloods
Tubbergen	Droste's
Utrecht	ElVi
Utrecht	Héron **N**
Veere	De Campveerse Toren
Velp	De Watermolen
Venlo	Brasserie Valuas
Vijlen	Uit de Kunst
Voorschoten	De Knip
Wamel	De Weeghbrug
Weert	Flavours
Weidum	WeidumerHout **N**
Wervershoof	Oxalis **N**
Zenderen	Het Seminar
Zoelen	Herberg de Zoelensche Brug

AANGENAAM OVERNACHTEN

PARTICULARLY PLEASANT HOTELS

Amsterdam	Amstel
Amsterdam	Okura
Amsterdam	Sofitel Legend The Grand

Amsterdam	Andaz
Amsterdam	Conservatorium
Amsterdam	Hotel de l'Europe
Amsterdam	TwentySeven
Amsterdam	Waldorf Astoria
Beetsterzwaag	Landgoed Lauswolt
Den Haag	Hotel Des Indes
Den Haag	Kurhaus
Houthem	Château St. Gerlach
Leersum	Parc Broekhuizen
Zwolle	Librije's Hotel

Amsterdam	Ambassade
Amsterdam	Canal House
Amsterdam	The Dylan
Amsterdam	Estheréa
Brummen	Kasteel Engelenburg
Groningen	Prinsenhof
Den Haag	Carlton Ambassador
Kruiningen	Le Manoir
Lattrop	Landgoed de Holtweijde
Leuvenum	Het Roode Koper
De Lutte	Landhuis De Bloemenbeek
Maastricht	Kruisherenhotel
Rijswijk	Savarin
Rotterdam	Pincoffs
Santpoort	Landgoed Duin en Kruidberg
Schoorl	Merlet
Slenaken	Klein Zwitserland
Texel	Grand Hotel Opduin
Voorst	Thermen Bussloo

🏠

Amsterdam	Albert
Amsterdam	The Albus
Amsterdam	De Hallen
Blokzijl	Kaatjes Résidence
Den Haag	Paleis
Monnickendam	Posthoorn
Noordwijk aan Zee	Vesper
Oostkapelle	Villa Magnolia
Otterlo	Sterrenberg
Slenaken	Het Gulpdal
Texel	Texel
Wageningen	De Wereld

🏠

Apeldoorn	ZenZeZ
Castricum	Het Oude Raadhuis
Leiden	De Barones van Leyden
Makkum	Villa Mar
De Rijp	Het Pakhuys
Utrecht	Mary K

🏠

Almen	Villa Rozenhof
Broek in Waterland	Inn on the Lake
Maastricht	Haas op het Vrijthof
Nijensleek	De Nijenshof
Well	La Belle Meuse

SPA

Amsterdam	Andaz
Amsterdam	Conservatorium
Amsterdam	Hotel de l'Europe
Amsterdam	Okura
Amsterdam	Pestana Amsterdam Riverside
Amsterdam	W Amsterdam
Amsterdam	Waldorf Astoria
Beetsterzwaag	Landgoed Lauswolt
Cadzand	Strandhotel
Eindhoven	ART
Eindhoven	Pullman Eindhoven Cocagne
Den Haag	Hotel Des Indes
Den Haag	Kurhaus
Heelsum	Klein Zwitserland
Heerenveen	Tjaarda
Hoogeloon	Gasterij Landschot
Houthem	Château St. Gerlach
Kamperland	De Kamperduinen
Lattrop	Landgoed de Holtweijde
Leeuwarden	WTC
De Lutte	Landgoed de Wilmersberg
De Lutte	Landhuis De Bloemenbeek
Nijmegen	Scandic Sanadome
Noordwijk aan Zee	Grand Hotel Huis ter Duin
Ootmarsum	De Wiemsel
Otterlo	Sterrenberg
Purmerend	Fort Resort Beemster
Rijswijk	Savarin
Schoorl	Merlet
Sint Maartensdijk	Het Raedthuys
Slenaken	Klein Zwitserland
Steenwijk	Huis ten Wolde
Texel	Grand Hotel Opduin
Texel	Texel
Utrecht	Grand Hotel Karel V
Vaals	Kasteel Vaalsbroek
Valkenburg	Thermae 2000
Veenhuizen	Bitter en Zoet
Venlo	De Bovenste Molen
Voorst	Thermen Bussloo
Terschelling	Schylge
Vlieland	Strandhotel Seeduyn
Westerlee	Landgoed Westerlee

Uw mening interesseert ons.
Wat vindt u van onze producten?

Geef uw mening op

satisfaction.michelin.com

U vindt onze hele selectie op
www.viamichelin.nl

Michelin Travel Partner

Société par actions simplifiée au capital de 15 044 940 €
27 Cours de l'Ile Seguin - 92100 Boulogne-Billancourt (France)
R.C.S. Nanterre 433 677 721

Typesetting: JOUVE, Saran (France)
Printing - Binding: LEGO PRINT (Italy)

Town plans: © MICHELIN & © 2006-2017 TomTom. All right reserved.

Topografische onderground Copyright © dienst voor het kadaster en de openbare registers, Apeldoorn 2017.

De redactie heeft zeer veel zorg besteed aan de samenstelling en controle van deze gids. Bovendien moet de praktische informatie (administratieve formaliteiten, prijzen, adressen, telefoonnummers, internetadressen ...) beschouwd worden als indicatief gezien de voortdurende evolutie van deze gegevens : het is niet geheel uitgesloten dat, op het ogenblik van verschijning van de gids, zekere gegevens niet meer correct of volledig zijn. U wordt ook verzocht zich te bevragen bij de officiële instellingen alvorens bepaalde stappen te ondernemen (vooral administratieve en douane formaliteiten). Wij nemen geen enkele verantwoordelijkheid voor deze informaties.

Our editorial team has taken the greatest care in writing this guide and checking the information in it. However, practical information (administrative formalities, prices, addresses, telephone numbers, Internet addresses, etc) is subject to frequent change and such information should therefore be used for guidance only. It is possible that some of the information in this guide may not be accurate or exhaustive as of the date of publication. Before taking action (in particular in regard to administrative and customs regulations and procedures), you should contact the appropriate official administration. We hereby accept no liability in regard to such information.